CRESCENDO COM OS SEX PISTOLS

Precisa-se de Sangue Novo

Alan G. Parker e Mick O'Shea

CRESCENDO COM OS SEX PISTOLS

Precisa-se de Sangue Novo

Tradução:
Neuza Paranhos

MADRAS®

Publicado originalmente em inglês sob o título *Young Flesh Required – Growing Up With The Sex Pistols*, por Soundcheck Books.
© 2011, Alan G. Parker e Mick O'Shea.
Direitos de edição e tradução para todos os países de língua portuguesa.
Tradução autorizada do inglês.
© 2012, Madras Editora Ltda.

Editor:
Wagner Veneziani Costa

Produção e Capa:
Equipe Técnica Madras

Tradução:
Neuza Paranhos

Revisão da Tradução:
Cristian Clemente

Revisão:
Sílvia Massimini Felix
Maria Cristina Scomparini
Jerônimo Feitosa

Dados Internacionais de Catalogação na Publicação (CIP)
(Câmara Brasileira do Livro, SP, Brasil)

Parker, Alan G.
Crescendo com os Sex Pistols: precisa-se de sangue novo / Alan G. Parker, Mick O'Shea; [tradução Neuza Paranhos]. – São Paulo: Madras, 2012.
Título original: Young flesh required: growing up with Sex Pistols.
ISBN 978-85-370-0770-9

    1. Músicos de rock – Inglaterra – Biografia
    2. Sex Pistols (Grupo musical) 3. Sex Pistols
    (Grupo musical) – Biografia I. O'Shea, Mick. II. Título.

12-05999   CDD-782.421660922

    Índices para catálogo sistemático:
    1. Sex Pistols: Grupo musical: Biografia
    782.421660922

É proibida a reprodução total ou parcial desta obra, de qualquer forma ou por qualquer meio eletrônico, mecânico, inclusive por meio de processos xerográficos, incluindo ainda o uso da internet, sem a permissão expressa da Madras Editora, na pessoa de seu editor (Lei nº 9.610, de 19.2.98).

Todos os direitos desta edição, em língua portuguesa, reservados pela

MADRAS EDITORA LTDA.
Rua Paulo Gonçalves, 88 – Santana
CEP: 02403-020 – São Paulo/SP
Caixa Postal: 12183 – CEP: 02013-970
Tel.: (11) 2281-5555 – Fax: (11) 2959-3090
www.madras.com.br

*Este livro é dedicado a Alexa Morris,
por me entender melhor que eu mesmo… (AGP)*

Provavelmente, a coisa mais parecida com um autógrafo da banda neste livro que você vai conseguir ter!

Nota do editor internacional:

Fizemos todos os esforços para cumprir os requerimentos no que diz respeito aos direitos autorais do material. Os autores e editores retificarão, prontamente, quaisquer omissões.

Índice

Introdução de Alan 9
Introdução de Mick 15
Capítulo 1   Minha Crença em Ruínas 17
Capítulo 2   A Verdade Gosta de Correr Nua 39
Capítulo 3   Preciso-se de Sangue Novo 55
Capítulo 4   Os Garotos Olharam para Johnny 71
Capítulo 5   Circo Subterrâneo 93
Capítulo 6   O Ridículo Não Deve Ser Temido... 109
Capítulo 7   Não no Meu Quintal 125
Capítulo 8   E a Aceitação Incondicional é um Sinal 143
Capítulo 9   And We're So Pretty... Oh So Pretty We're Vacunt! ... 163
Capítulo 10 Nunca Confie em um *Hippie* 183
Capítulo 11 Deus Salve os Sex Pistols 207
Capítulo 12 Anarchy In The USA 223
Capítulo 13 Três Lados da Mesma História; o Seu,
             o Meu e a Verdade! 249
Capítulo 14 And Now, The End Is Near... 269
Capítulo 15 Quem Matou Russ Meyer? 291
Capítulo 16 Gordos, Quarentões e de Volta com Tudo! 309
Posfácio de Alan 331
Discografia dos Sex Pistols 335
Agradecimentos de Alan ao Mundo 345
Agradecimentos de Mick 346
Índice Remissivo 347

Crachá vip de Alan na exposição dos Sex Pistols que ele organizou no Japão.

INTRODUÇÃO DE ALAN

Pontes em Chamas

"Crédito total a Parker, que chegou a todos que importam."
Richard Taylor (Resenha de *Who killed Nancy* no jornal *The Times*)

Estou dentro do cinema Glasgow Odeon por volta das 20 horas de uma noite fria de fevereiro de 2009. As luzes estão para se apagar, e estou de pé na parte de trás da sala bebericando uma taça de vinho tinto quando Paul McAvoy, da equipe do *Frightfest*, me dá um toque no ombro. "É isso aí, cara", sussurra. Na grande tela à minha frente, está a ponto de iniciar a estreia do meu filme *Who killed Nancy* como parte do Festival de Cinema de Glasgow 2009. Antes disso, esperam algumas palavras de sabedoria do diretor, que nesse caso sou eu! Começo a descer vagarosamente pelo lado direito dos assentos, desabotoando a jaqueta com uma das mãos.

Enquanto avanço, aparece de repente um cara segurando um exemplar do meu livro *Vicious: Too Fast To Live*; ele fica quase na minha frente. "Você poderia assinar isso, por favor, Alan?", diz enquanto passo. Escuto-me dizendo: "Mais tarde, sem problemas, amigo", enquanto começo a subir os degraus para o palco. "Vamos dar as boas-vindas de Glasgow para Alan G. Parker", diz o sujeito no palco; o lugar vem abaixo. "Boa-noite", digo nervosamente ao microfone. "Vocês sabem, meu professor de inglês dizia que eu não valia nada!". Muitos riem. "No entanto, que eu saiba, ele nunca fez nenhum filme!".

Mais tarde, naquela noite, um carro levou-me até a Estação Central de Glasgow, onde embarquei em um trem para a estação terminal de Euston, em Londres. Lá, à minha espera, havia um tipo com uma placa "Senhor Parker" em letras berrantes. Por volta de 1h20, eu estava na cama exausto. O dia seguinte foi inteiramente preenchido com entrevistas e na segunda-feira tivemos uma festa de lançamento do DVD de *Who Killed Nancy* em Leicester Square, no mesmo lugar onde Sid tocou baixo para os Sex Pistols pela primeira vez.

Na manhã seguinte (uma terça-feira), eu estava indo para Los Angeles com uma equipe de filmagem para continuar o trabalho do filme *Monty Python: Almost the Truth,* que ocuparia intensamente os próximos cinco meses de minha vida. No voo, tive de me beliscar: como cheguei aqui? O que colocou um garoto da classe operária de Blackburn no olho desse furacão? Bem, para responder a essa questão corretamente, preciso fazê-los voltar no tempo até o lançamento de um livro. É 12 de setembro de 1999, por volta das 15 horas.

De minha parte, estou fazendo quase a mesma coisa que ontem, pintando paredes de branco! Sim, você ouviu bem da primeira vez. Estou em um prédio chamado The Tabernacle, à distância de um passo da estação de metrô de Notting Hill, e, embora eu ainda não saiba realmente, a uma simples caminhada do lugar que irei eventualmente chamar de lar no distrito postal W9 de Londres.

Umas poucas semanas antes, Edward Christie da Abstract Sounds telefonou: "Achamos um lugar para a festa de lançamento de *Satellite*, o único inconveniente é que eles não têm tempo suficiente para deixar o lugar pronto após o último evento antes da data que precisamos!". Lembro-me de pensar: "Tudo bem, nós mesmos preparamos". É claro que, enquanto eu pensava, não sabia realmente quanto trabalho isso envolvia! Não ligo de sujar as mãos, mas pintar paredes?

Graças ao incrível planejamento de meu amigo Dave Henderson, decidimos chegar a Londres alguns dias antes do necessário. Estavam comigo o coautor do livro *Satellite*, Paul Burgess, e mais uma turma de amigos saídos de todos os cantos do Reino Unido: entramos no prédio três dias antes da festa de lançamento. Fizemos um bom trabalho, porque o lugar precisava ser pintado, ajeitado e de uma forma geral reorganizado antes que se pudesse fazer qualquer coisa nele. Finalmente, depois de três dias pintando, serrando, batendo e martelando, o salão ficou mais parecido com um espaço para negócios; onde um livro sobre o Sex Pistols estava para ser lançado. O que aquele salão não me deixava prever, com seus pôsteres de *Never Mind the Bollocks* ou suas enormes ampliações da manchete "Ronnie Biggs diz que o Crime Compensa – é um SUCESSO", era como os próximos dez anos de minha vida seriam fascinantes, e quão perto da chama uma mariposa precisa chegar antes de queimar-se!

Fui um fã do Sex Pistols na escola; desde o minuto em que a agulha atingiu o sulco de "God Save The Queen", eles me ganharam. Fui fisgado, e minha isca e meu anzol foram arrastados muito rapidamente. Mas aos 15 anos você não tem muita ideia de qual seja seu destino. Então como eu poderia saber o que aconteceria? Era fã de rock desde os 8 anos, quando meu pai começou a comprar compactos para mim e meu irmão. Éramos crianças *glam* comprometidas, com uma boa coleção de discos e um quarto coberto de pôsteres para fazer jus à nossa devoção. Quatro rapazes de Wolverhampton chamados coletivamente de Slade eram o que de mais próximo tínhamos por heróis. Por volta do auge de minha adolescência, fiquei obcecado pelo punk, mas o negócio é que sempre tive um gosto muito eclético. Então, continuava bastante na onda *glam*, e o metal também estava tendo um rápido impacto no meu mundo. De fato, em um ano meu último cabelo espetado deu lugar a um cabelo cada vez mais comprido, e Iron Maiden, Mötley Crüe e Metallica significavam tudo para mim.

Mas estou divagando: Sex Pistols, ah, sim... Aqueles adoráveis topetes espetados de Shepherd's Bush, ou o que fosse que seu primeiro *press release* nos fizesse acreditar. O cantor era na verdade de Finsbury Park, mas só soubemos disso mais tarde. O baixista, que os ensinou a tocar e na verdade a ser uma banda, também nunca perturbou Shepherd's Bush com sua presença!

Caso minha memória desvanecente não estiver me traindo, a primeira coisa que fiz em relação ao grupo passível de ser remotamente considerado uma "oportunidade de carreira" por alguém foi um artigo para um *fanzine* intitulado "Who Killed the Sex Pistols?". Mais tarde descobri que tanto Anne Beverley (mãe de Sid) como Malcolm McLaren o tinham lido. Minha relação de trabalho com Anne Beverley tem sido divulgada até o enésimo grau. Se você é novo por essas bandas ou chegado recentemente de Vênus a este planeta, aqui está a versão resumida:

Garoto encontra mãe de astro punk: mãe pede ao garoto que escreva a biografia do filho; após algumas semanas assistindo a Gary Oldman interpretar o papel do filho falecido em um estúdio de filmagem, o livro finalmente fica pronto. Garotos punks o saúdam ruidosamente; dizem que adoraram; o garoto e a mãe do astro punk continuam a fazer muitos negócios. Como resultado, são lançados mais CDs, discos, camisetas e pôsteres do filho lendário. Mãe segue sua própria vida. O garoto decide levar a história adiante depois de conversar com a família, seguem-se outros dois livros, muitas inserções no rádio e alguma televisão, espaço na campanha publicitária de aniversário dos tênis Converse, e um filme que gostamos de chamar *Who Killed Nancy*, sobre o qual o primeiro empresário dos Rolling Stones, Andrew Loog Oldman, disse: "O melhor filme de rock 'n' roll a que assisti nos últimos dez anos!". Obrigado, cara.

Bingo! Tarefa cumprida, você deve estar pensando. Mas já havia um gosto ruim em minha boca. Na verdade eu não ouvia um único disco dos Sex Pistols havia mais de cinco anos. Eles já tinham deixado de ter qualquer significado para mim. Eu estava finalizando uma biografia do Vince Neil do Mötley Crüe em Las Vegas e ia começar a dirigir o documentário de 40º aniversário do Monty Python. Isso tinha tudo a ver com morar no The Standard Hotel em Los Angeles por seis semanas (vida dura, hein?), depois de ser nomeado para um prêmio Emmy: ninguém teria imaginado! Eu via dias ensolarados no que antes tinha sido um túnel bem escuro. O aspecto Sex Pistols de minha carreira havia acabado, e eu pessoalmente tinha martelado o último prego no caixão.

Assim, como surgiu *Crescendo com os Sex Pistols*, ouço você perguntar? Bem, é uma história engraçada. Sean Body (figurão da editora Helter Skelter) e eu estávamos tomando um café na livraria Foyles da movimentada Charing Cross Road, em Londres. O lugar fica a um passo da Escola de Arte St. Martins e dos estúdios de ensaio dos Pistols na rua Denmark, de modo que você não ficará surpreso ao saber que a conversa não demorou muito a versar sobre o grupo. Mas é melhor eu acrescentar outro fato importante: o ano é 2005. Estávamos lá na verdade para discutir sobre Steve Grantley e eu escrevermos um livro sobre o The Who, talvez o The Clash ou coisa parecida. No entanto, acho que as redondezas influenciaram o rumo que a conversa tomou, no fim das contas!

"Você deve conhecer bem todos daquela cena hoje em dia", disse Sean. Era um bom ponto. Eu havia bebido com Steve "Roadent" Connolly na noite anterior, tinha encontrado Steve English no bar Phoenix havia menos de uma semana, esbarrado em Alan "Couro & Ossos" Jones no metrô (um lugar onde é comum esbarrarmos uns nos outros, para ser honesto!), havia sido arrastado por John "Boogie" Tiberi para um café na Portobello Road na tarde anterior e visto Glen Matlock no café local naquela mesma manhã. Bem, vivemos na mesma área, então não se trata de nenhum milagre.

Sean estava muito interessado em algumas histórias que eu havia contado de uma noite de excelentes bate-papos com Roadent. Apesar de ele ter relembrado o caso no livro *Only Anarchists Are Pretty* (Helter Skelter, 2004), de Mick O'Shea, lançado recentemente, e que conta como Mick e eu tínhamos decidido em uma noite de sexta-feira dar uma passada em um dos muitos bares de Maida Vale para um drinque rápido antes de encontrar amigos no West End, mas acabamos trombando com o Glen, e ficamos em Maida Vale até a hora de fechar! Sean sorriu: "Você sabe que poderia escrever um ótimo livro sobre os Pistols, Alan. Conte a história a partir de seu ponto de vista e revisite alguns desses casos inacreditáveis, isso vai dar a toda a história um novo rumo".

O destino, é claro, pode ser bizarro. Sean não viveu para ver a versão final deste livro. Perdeu sua batalha contra a leucemia. Então, gostaria que ele tivesse se orgulhado do que foi alcançado com este livro por causa do envolvimento de Phil e Sue da editora Soundcheck Books, seus velhos camaradas. Se você está de olho no que acontece aí de cima, amigo, nós conseguimos – aquele sonho inicial em Charing Cross Road tornou-se realidade. Eu acho que é um final perfeito para minha odisseia pessoal sobre os Sex Pistols, um pouco como passar o bastão quase no meio da corrida. Se eu ganhasse uma libra por cada mentira que tem sido falada ou escrita sobre mim e aquele grupo, ganharia milhões por ano. Se alguém mais tem uma opinião, então ótimo, faça alguma coisa com ela: escreva seu próprio livro; comece uma banda; faça a diferença – afinal não era sobre isso que versava uma parte da batalha original dos Pistols? Acho que já fiz minha parte. No que me diz respeito, minha voz foi ouvida. Minhas memórias sobre os Pistols já estão empacotadas e prontas para chegar ao seu destino final, seja lá o que Deus quiser. Conheço alguns fãs de carteirinha que já reservaram coisas de um vendedor de discos em particular, porque sabem que uma vez elas me pertenceram. Enquanto escrevo esta introdução, meu celular pisca por ter recebido um torpedo dizendo que o Public Image Limited vai gravar um álbum na esteira de um livro de 400 libras de John chamado *Mr. Rotten's Scrapbook*: vivemos tempos estranhos.

Enquanto ouço Metallica, com o novo álbum do Manic Street Preachers e uma pilha de relançamentos por causa do 70º aniversário de John Lennon na fila, a vida em St. John's Wood ainda é boa e outro capítulo de meu livro pessoal está completo. O destino pode decidir o próximo passo...

Alan G. Parker – ahnãoeleoutravez!

"Think you know what you think you want?
You just want to be God all the way
Her stone-washed face and your violent persuasion
Aren't you sick of eating cornflakes all bloody day?
Hey! It's alright, you've got your anarchy head screwed on tight
And she said; 'We're burning alive, crack and divide!'"*
(Ricky Warwick)

Você só quer ser Deus o tempo todo
O rosto dela abatido e sua persuasão violenta
Você não está cansado de comer sucrilhos todo santo dia?
Ei! Tudo bem, sua cabeça anárquica foi bem parafusada
E ela disse: "Estamos queimando vivos, quebrados e divididos!".

---

*N.T.: Pensa que você sabe o que pensa que quer?

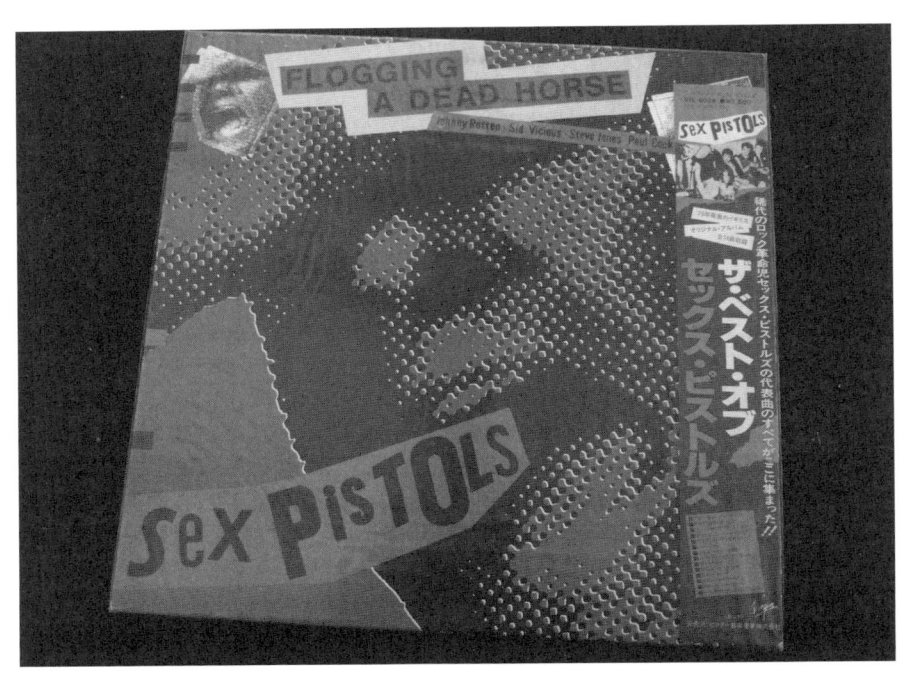

Acima: Versão japonesa de *Flogging a Dead Horse*.
Abaixo: Versão japonesa da caixa de DVDs *Filth and the Fury*.

INTRODUÇÃO DE MICK

Antes de começarmos, sei que há quem questione nosso direito de escrever livros sobre os Sex Pistols, já que nem Alan nem eu pertencíamos à cena nos dias consagrados no passado. Mas há dezenas de livros sobre a queda de Roma Antiga disponíveis na Amazon e até agora ninguém criticou seus autores por não estarem por perto para testemunhar César atravessando o Rubicão.

Meu batismo em Sex Pistols aconteceu em um domingo a 4 de setembro de 1977, assistindo à banda tocar "Anarchy In The UK" em uma repetição de *So It Goes*, o programa noturno de música apresentado pelo falecido Tony Wilson. Sim, tinha ouvido alguma coisa sobre suas excentricidades no programa *Today*, e ouvido sobre a indignação nacional por terem supostamente chamado a rainha Elizabeth II de "idiota" durante o ano de seu jubileu de prata. Mas, como eu não tinha interesses maiores em música além de assistir ocasionalmente ao *Top Of The Pops* nas noites de quinta-feira, simplesmente assumi que os Sex Pistols eram como qualquer outro grupo de rock cabeludo de jeans boca larga da época, ainda que tivessem nomes bizarros como Johnny Rotten e Sid Vicious. (Minha ignorância era tal que eu estava candidamente desavisado de que o baixista que estava vendo no palco do *So It Goes* era na verdade Glen Matlock – desculpe, cara.)

Ouvi "Pretty Vacant" – sua canção mais apropriada para o rádio –, na parada de sucessos da Radio One, de modo que eu sabia como os Pistols soavam em vinil. Mas vê-los ao vivo e soltos era um assalto caleidoscópico aos meus sentidos, e o gutural "get off your arse" de John era o chamado dos clarins pelo qual eu estivera esperando. Em cinco minutos minha vida mudou para sempre. Meu rito de passagem tinha começado. Talvez valha a pena mencionar que minha coleção de discos àquelas alturas consistia em um duvidoso LP de Elvis e um compacto de sete polegadas para futebol de mesa com três minutos de ovação da torcida, para recriar a atmosfera de uma verdadeira partida de futebol, e canções bobinhas, tais como "She'll Be Coming Round The Mountain (When She Comes)". Assim, minha chegada em casa com uma cópia de *Never Mind The Bollocks Here's the Sex Pistols* foi uma espécie de alerta para meus perplexos pais.

É claro que houve tempos em que desejei ter sido concebido vários anos antes de quando efetivamente fui, já que assim teria indubitavelmente entrado na onda dos Sex Pistols muito mais cedo e os seguido passo a passo em seu caminho para a infâmia, e quem sabe aonde tal aventura teria levado? Mas, às vezes, não ter participado do desenrolar da história torna tudo mais fascinante, especialmente para um impressionável garoto de 15 anos provinciano. E, caso eu tivesse sido frequentador do 100 Club, velejado no *Queen Elizabeth* no dia do jubileu e desfrutado de um pedaço do bolo de Natal no Ivanhoe's, teria minha fascinação pelos Sex Pistols persistido nas décadas vigentes?

Mick O'Shea

CAPÍTULO 1

Minha Crença em Ruínas

> *"Quem é Malcolm McLaren? O excêntrico inglês branco que formou os Sex Pistols? O anarquista da escola de arte que perdeu sua virgindade para a estilista Vivienne Westwood, casou com ela e abriu uma butique punk em Londres, onde 'nada estava à venda'? O alquimista cultural a quem foi pedido que 'reetiquetasse a Polônia'? O Svengaliególatra e marketeiro que afirma ter enganado a indústria do disco?"*
> Revista *Swindle* – nº 5, 2005

Você já ouviu os mais velhos dizerem "Se 'ses' e 'es' fossem potes e panelas, não haveria mais trabalho para as mãos dos latoeiros"? (Do provérbio original em inglês "If 'ifs' and 'ands' were pots and pans there'd be no work for tinkers' hands"). É o tipo de frase que sua mãe repetia com monótona regularidade quando você, criança ainda, desejava que as coisas fossem diferentes da realidade. Ela diria então para você parar com a manha e seguir em frente, sem se importar com seu objetivo.

Talvez John Lennon tenha expressado melhor esse sentimento quando disse que a vida é o que acontece quando paramos de fazer outros planos. Pode-se passar a eternidade discutindo sobre o velho provérbio dos "ses" e "es", mas, mesmo se o destino, a providência ou a sorte – chame como quiser – for um termo conveniente para explicar ou desculpar os acontecimentos, não pode haver dúvida de que tais fatos aparentemente aleatórios mudaram o curso da história.

Sem querer soar muito filosófico, um exemplo primordial disso aconteceu em Londres, durante o verão de 1971. Um americano chamado Bradley Mendelson começou sua trajetória na capital trabalhando em uma butique de moda retrô chamada Paradise Garage, localizada no número 430 da King's Road, no então fora de moda World's End de Chelsea (muito longe do metrô, muito perto dos torcedores de futebol). Ele estava parado na porta da loja, olhando o mundo girar, quando seus olhos captaram um tipo ruivo com um casaco de tecido tipo *teddy boy** e um par de atraentes calças de lurex justas, à altura dos tornozelos, à moda dos jeans dos anos 1950.

O portador das calças justas era Malcolm McLaren, um recém-formado na faculdade a caminho do mercado de rua Beaufort, nas vizinhanças, para alugar um espaço onde pudesse vender sua coleção de discos de rock 'n' roll. Ele rapidamente aceitou a afável generosidade americana e a não solicitada oferta para sublocar os fundos da loja. Então, voltando ao provérbio dos "ses" e "es" ameaçando a sobrevivência do honesto latoeiro: *se* Mendelson estivesse ocupado com outra coisa nessa tarde ou *se* McLaren tivesse tomado uma rota alternativa para o mercado, ou mesmo *se* ele tivesse escolhido usar outras calças, então é razoável dizer que o nº 430 da King's Road não teria se tornado um ponto de encontro para descontentes e canalhas. Nem, por essa lógica, teria gerado os Sex Pistols, que por sua vez lideraram a revolução da contracultura conhecida como punk rock no final dos anos 1970.

Mas Malcolm acabou *efetivamente* assumindo a loja e os Sex Pistols evoluíram como um subproduto bastardo de seus esforços... e aqui – pela primeira vez para muita gente do meio – está a verdadeira história por trás da banda e seus quatro/cinco membros autoconfiantes, que positivamente se saíram bem como a combinação certa de sangue novo necessário para preencher o vazio musical da classe trabalhadora. Como Shakespeare poderia ter dito: "O resto é violência".

#

Malcolm McLaren e sua namorada de 30 anos, Vivienne Westwood, estabeleceram-se no espaço confinado ao anexo do andar térreo do nº 430 da King's Road; um estreito prédio da última época vitoriana com quatro andares, localizado no arruinado World's End de Chelsea, um lugar que ao longo do século já havia abrigado boêmios locais e uma clientela depauperada com uma loja de penhores e mais tarde um café.

Por volta dos anos 1960, no entanto, com Londres em plena efervescência, a adjacente King's Road – com as outras vias da moda da capital, como Carnaby Street e Portobello Market – foi saudada como o epicentro de cultura e da costura onde os dândis de Chelsea passeavam em roupas de corte estreito, paletós de veludo de peito trespassado, gravatas

---

*N.T.: Designação dos garotos ingleses da classe operária e que gostavam de rock nos anos 1950.

pintadas à mão e cachecóis de cetim para rivalizar com seus heróis e astros pop: os Beatles, o The Who e os Rolling Stones.

O World's End – embora pertíssimo da descolada King's Road, ladeada por fileiras de árvores, com suas butiques de moda, como a Granny Takes A Trip e a Alkasura, acompanhadas dos cafés-bares surgidos para atender sua clientela rica e bem-nascida – era considerado um tipo de parente pobre; um lar para pequenos criminosos, viciados em drogas e outros vagabundos. A expansão econômica, no entanto, não liga para a demografia ou para códigos postais e de forma muito lenta, mas segura, aqueles empreendedores ávidos por dinheiro, sempre em busca de meios para lucrar, começaram a alugar os edifícios em ruínas situados ao longo da rua. O número 430, por conseguinte, cessou suas atividades como empório da comunidade local e sediou brevemente os negócios de um agente de iatismo seguido por um vendedor de lambretas, antes de começar sua longa temporada como loja de roupas, quando Michael Rainey (na época um dos principais estilistas de Londres) mudou para lá sua butique masculina Hung On You da Cale Street, na mesma região.

O *Evening Standard* descreveu uma vez, impiedosamente, a Hung On You como um "pesadelo dipsomaníaco". O próprio Rainey esvaziava garrafas com entusiasmo crescente dizendo que o World's End não estava pronto para camisas com babados e ternos de peito trespassado em tons pastéis. Em vão lutou por um ano ou mais antes de fechar as portas de seu empório Day-Glo, em janeiro de 1969. O aluguel foi assumido pelo astuto empresário *cockney* Tommy Roberts que, junto com seu sócio de 22 anos, Trevor Miles, possuía uma butique chamada Kleptomania na Carnaby Street. Tendo nomeado a nova loja como "Mr. Freedom", em homenagem à animação política de mesmo nome do cineasta e fotógrafo William Klein, o par começou a vender roupas e objetos variados no estilo mais espalhafatoso dos anos 1950, e que incluíam desde jaquetas do Super-Homem, camisetas do Mickey, camisetas femininas na altura dos joelhos, que podiam ser usadas como vestidos, saias *jitterbug*,* calças e paletós em pele falsa de leopardo. Clientes perplexos atravessavam o limiar do novo estilo *art déco* para ser saudados por um gigantesco gorila de pelúcia de 2,5 metros de altura, com pelagem tingida em azul florescente.

Embora os negócios estivessem indo bem, havia pouca necessidade – ou espaço disponível, dada a estatura corpulenta de Roberts – de dois reis em um castelo tão compacto e Roberts dissolveu a sociedade,

---

*N.T.: Tipo de dança *swing* dos Estados Unidos.

abrindo outra butique maior com o mesmo nome na Kensington Church Street, em funcionamento até hoje.

Miles, decidido a continuar com a loja, embarcou em uma maratona de compras em Nova York, gastando 5 mil libras em centenas de pares de jeans Levi's de segunda mão, macacões Oshkosh, jaquetas de boliche e camisas havaianas. Para complementar a nova linha de roupas, Miles escolheu o nome "Paradise Garage", deu fim no macaco azul e em todos os vestígios do empório *kitsch* dos anos 1950. Em seu lugar, erigiu uma fachada em ferro ondulado pintado de verde, na qual o nome da loja aparecia escrito em letras de bambu de 40 centímetros de altura, no estilo havaiano. Uma bomba de gasolina americana, tipo de antiguidade com a qual James Dean parou de contar depois de sua última e fatal corrida de automóveis, ficava próxima à entrada. O interior era também lotado de bambu, incluindo gaiolas de bambu, com o romantismo exótico de pássaros arrulhando entre si, enquanto clientes vasculhavam pilhas de roupas.

A Paradise Garage foi um sucesso instantâneo, mas, em lugar de ver o dinheiro entrar sossegado, Miles ingenuamente acreditou que era o rei Midas do mundo da moda e buscou extrair mais ouro daquelas lavras. No começo de 1971, depois de dispensar o bambu e as esteiras, pintou paredes, assoalho e teto da loja no tom preto das boates da época; instalou uma pista de dança móvel, bem como uma autêntica *jukebox* no estilo dos anos 1950; a mesma na qual uns cinco anos depois John Lydon seria testado para o posto de vocalista dos Sex Pistols.

Ele então encheu as prateleiras com roupas pretas: calças pretas, *blazers* pretos, saias pretas e meias-calças pretas; tudo tinha de ser preto. Embora a ideia finalmente vingasse no final da década com os punks periféricos The Stranglers e, ainda mais tarde, com o movimento gótico, os descolados da moda de Londres queriam cor para avivar sua monótona existência e começaram a comprar suas roupas em outro lugar.

Em vez de tentar salvar seu negócio, Miles Midas casou-se com sua namorada dinamarquesa e partiu para uma lua de mel caribenha de três semanas, deixando seu amigo Bradley Mendelson cuidando da loja. Mendelson (que hoje é um corretor de imóveis comerciais bem-sucedido em Manhattan) dificilmente poderia ter percebido que, enquanto ele e Malcolm acertavam os pontos naquela tarde de verão ameno, tinham inadvertidamente colocado em movimento uma reação em cadeia que afastaria o rock 'n' roll dos gordos dinossauros do rock dos anos 1960, acomodados em sua vida em paraísos fiscais, e o devolveria rapidamente às ruas, que era o lugar a que pertencia; uma reação capaz de trazer mudanças sísmicas, que reverberam até os dias de hoje, tanto na atitude como na percepção da juventude descontente do país.

Malcolm, que havia saído do Goldsmiths College sem se incomodar em completar sua graduação e seu projeto de último ano – um filme psicogeográfico sobre a famosa rua comercial de Londres, Oxford Street –, estivera vagando sem rumo e nenhum senso real de propósito na vida. No entanto, informou-se rapidamente sobre Mendelson e soube que os negócios na Paradise Garage não estavam em sua melhor forma. Soube reconhecer a oportunidade quando esta se apresentou. Fez um trato com o americano no qual ele, Vivienne e seu amigo estudante de arte Patrick Casey – que tinha faro para achar raridades e, o que era mais importante para Malcolm, roupas baratas de segunda mão como jaquetas de couro e ternos *zoot* no estilo dos anos 1950 – assumiriam os fundos da loja e uma fatia proporcional do aluguel. Vivienne abandonou seu emprego como professora em favor de uma máquina de costura Singer. Enquanto isso, Malcolm apaixonou-se pelo rock 'n' roll dos anos 1950, particularmente por Billy Fury, e tinha acumulado uma grande coleção de compactos de sete polegadas, que pretendia vender junto com as ecléticas roupas retrôs de Casey. Selecionou suas músicas favoritas e as colocou na *jukebox*.

#

Malcolm Robert Andrew McLaren nasceu em 22 de janeiro de 1946, no lar da família McLaren, que consistia em dois pequenos sobrados geminados nos números 47-49 da Carysfort Road, em Stoke Newington, Londres. Na época, tratava-se de um tradicional e respeitável bairro judeu a apenas uma curta caminhada de Clissold Park, que anos mais tarde seria lar de um tal de Simon John Ritchie, vulgo John Simon Beverley, vulgo Spiky John, vulgo Sid Vicious. O pai de Malcolm, Peter James Philip McLaren, havia servido como sapador na divisão de engenheiros do Exército Real durante a Segunda Guerra Mundial, antes de entrar para a Civvy Street [divisão da Real Legião Britânica] como montador de motores. A mãe de Malcolm, Emily Isaacs, veio de uma rica e bem-posta família judia de cortadores de diamantes. Não era um casal perfeito, no que concernia ao McLaren pai, já que ele não tinha esperanças de conseguir manter Emily no mesmo tipo de vida a que ela estava acostumada. Ele não só tinha dificuldades em seu trabalho, mas provou ser igualmente pouco confiável como pai e marido; acabou deixando Emily para criar sozinha Malcolm, então com 18 meses de idade, e seu irmão Stuart, de 4 anos.

Não deixa de ser um pouco surpreendente que Emily, ou Emmy, como era conhecida, não estivesse inclinada a aceitar uma vida de labuta na pia da cozinha. Em vez disso, ela iniciou um relacionamento com o chefão da Selfridges, *sir* Charles Clore! Emmy sumia frequentemente com o milionário para fins de semana ilícitos em Monte Carlo, deixando os garotos aos cuidados da avó Rose Corré Isaacs. Os sumiços demorados e frequentes da mãe teriam um efeito devastador sobre Malcolm e Stuart – este último disse a Jon Savage no livro *England's Dreaming* (Faber & Faber) que, apesar de ela finalmente ter voltado a assentar-se depois do casamento com Martin Levi (que era judeu e infinitamente mais digno da atenção dos Isaacs do que um mecânico de motores escocês), permaneceu ainda em falta como mãe.

Levi, que trabalhava no comércio de tecidos, mudou seu nome para o mais inglês Edwards e, junto com Emily – que mudou seu primeiro nome para Eve – abriu uma fábrica de *shmatte* (roupas) no East End de Londres, chamada Eve Edwards London Ltd. O negócio tornou-se logo bem-sucedido, mas, em lugar de ficar em casa com os filhos, Eve escolheu continuar sua carreira e gastava a maior parte da semana atravessando o país em viagens de negócios.

A ausência de uma figura paterna, em lugar de resultar em uma personalidade do tipo *O Pequeno Lorde* (clássico da literatura infantil inglesa), parecia não haver causado efeitos adversos em Malcolm. A cada final de tarde, depois de voltar para casa da escola, dirigia-se à casa ao lado, onde os Isaacs ainda moravam, para o chá e os sanduíches de geleia com Rose. Em seguida, depois de uma noite de sono em sua própria casa, ele vestia o uniforme e pulava por cima do pequeno muro de cimento, que separava os dois quintais nos fundos, para tomar café da manhã antes de voltar à escola.

De acordo com Malcolm, em sua biografia não oficial escrita por Craig Bromberg, *The Wicked Ways of Malcolm McLaren* (Harper & Row), todos que tinham contato com sua avó Rose – uma talentosa contadora de histórias que teve uma carreira de atriz negada por seus conservadores pais, judeus sefarditas – caíam de amores pela velha senhora e a viam como alguém especial. Embora os dois meninos fossem ignorados pela mãe, foi Malcolm quem ficou com uma fatia maior do afeto da vovó Rose. Ele odiava a escola com paixão e, em lugar de ser mandado para a escola primária William Patton, em Stoke Newington, nos arredores, conseguiu de alguma forma convencer Rose a ensiná-lo em sua aconchegante sala de estar. O arranjo durou tempo considerável. "Você tem de entender que ela definitivamente odiava a escola", disse sobre a incorrigível Rose Corré. "Além disso, não havia aulas que pudessem competir com suas histórias fantásticas". Especialmente aquelas sobre a Londres de Dickens, na qual sua própria avó havia nascido. Malcolm já conhecia *Oliver Twist* antes de fazer seu exame de admissão para a escola secundária.

Emmy, como ainda era conhecida, pode ter sido negligente como mãe, mas em um ano de casamento com Levi/Edwards – durante o qual mudou legalmente o sobrenome dos filhos para Edwards – buscou restabelecer sua autoridade sobre a prole desregrada. Sua prioridade era que os garotos aprendessem o conceito de disciplina, bem como tivessem uma educação adequada, então os matriculou em uma escola dos arredores dirigida por judeus, a Avigdor, em Lordship Road.

O velho ditado inglês sobre levar um cavalo até um manancial* aplica-se à ida de Malcolm para a escola. Embora seus pais o tivessem tirado das garras da vovó Corré – ao menos parte do dia – para colocá-lo em um lugar "adequado" ao aprendizado, eram incapazes de fazê-lo interessar-se pelo currículo da escola. Em uma última tentativa desesperada de fazê-lo passar no exame de admissão, que naqueles tempos era a única forma de avançar para a escola secundária, seus pais contrataram um professor particular. A ideia de contar com reforço para conseguir algo que desprezava era inadmissível para um agitador como Malcolm, que propositadamente frustrou todas as tentativas de continuar sua educação. Em setembro de 1957, por não ter passado em seu exame de admissão, Malcolm foi aos 11 anos para o colégio linha-dura Whitechapel Foundation Secondary School, onde ficaria nos próximos 12 meses. Ele poderia ter sido obrigado a suportar os cinco anos do secundário por lá se não fosse por seu padrasto que, graças à sua recém-adquirida riqueza, decidiu desenraizar a família (incluindo Rose Corré e seu pobre marido Mick, alfaiate de profissão) e mudar-se para os subúrbios.

O clã Edwards e Corré passaram a residir em uma casa de três andares em Cheyne Walk, Hendon. Lá, Malcolm foi matriculado em um colégio dos arredores, o Burnt Oak Secondary School, em Orange Hill. No entanto, em lugar de reunir a família, esses novos arranjos de moradia – em que Malcolm passou a dividir os quartos do andar superior com Mick e Rose, enquanto Martin, Emmy e Stuart ocuparam o andar debaixo – serviram para criar uma lacuna irrevogável entre os Edwards e seu filho mais novo. A aversão de Malcolm por seus pais, especialmente por seu

---

*N.T.: Você pode levar um cavalo até a água, mas não pode fazer com que beba.

padrasto, a quem ele desprezava com esnobismo por suas origens na classe trabalhadora e sua veneração pelo trabalho duro, era ultrapassada apenas por sua virulência contra a educação secundária. Ele acabou deixando a escola no verão de 1961 com apenas dois "Cs" nas provas.

Embora estivesse livre das algemas escolares, Malcolm não tinha ideia do que fazer da vida. No entanto, uma visita à agência de empregos local, com uma preocupada Emmy Edwards a reboque, levou-o a um emprego com os mercadores de vinho na Sandeman's Port & Sherry, na Orange Street, em Piccadilly. Logo se demitiu ao saber que seus empregadores exigiriam que ele passasse parte significativa do ano em Jerez, sudoeste da Espanha, supervisionando as vinhas da companhia. Seu segundo e último breve período em um emprego remunerado foi como balconista em uma lojinha do West End, em Burlington Arcade. Mas sonhadores dificilmente se adaptam a uma existência mundana que acompanha uma vida banal tipo "das nove às cinco", e em uma noite durante a primavera de 1963, caminhando pela Charing Cross Road, ele passou em frente ao St. Martins School of Art. Malcolm ficou fascinado pelo estilo chamativo e colorido das turmas de estudantes, então vagou um pouco dentro da escola e acabou matriculando-se como aluno de meio período no curso de desenho de modelo vivo.

Sua mãe, embora satisfeita por ver seu filho mais velho ter finalmente demonstrado interesse em alguma coisa, estava de alguma forma menos entusiasmada com sua escolha nos estudos. Nenhum de seus filhos iria sentar-se entre desenhos de nus e, apesar dos apelos sentidos de Malcolm, telefonou para a escola no dia seguinte cancelando a matrícula. Malcolm sentiu raiva e ficou fora de si, mas, como ainda estava em seus tímidos 17 anos, não havia nada que pudesse fazer. Determinado a não ser vencido por sua mãe autoritária, Malcolm pediu transferência para um curso de design gráfico em 3D. É claro que aprender sobre forma, conteúdo e cor não era nem de longe tão agradável como desenhar corpos nus, mas a faísca criativa, adormecida até então, foi muito bem acesa.

Em questão de semanas passou a ficar depois das aulas, bombardeando seus professores com perguntas para saciar sua recém-descoberta sede de conhecimento. Ele poderia muito bem ter feito um curso de período integral na faculdade, mas o pré-requisito para qualquer aspirante ao St. Martins, e na verdade para qualquer estudante de faculdade de artes, era possuir ao menos quatro exames de nível "C", o que significava que Malcolm teria de engolir seu orgulho e voltar para a escola. Ele matriculou-se em um curso de reforço em Edgware e ganhou as qualificações necessárias. A Geografia, porém, não estava entre as matérias que escolheu, já que o Passeio Cheyne (via londrina) se situava no bairro errado para obter uma vaga na St. Martins. Em lugar dessa faculdade, teve de ir para a Harrow Art School, na mesma região, onde conseguiu entrar no curso de Arte e Design, mesmo assim só porque seus pais concordaram em pagar a mensalidade integral.

Porém, os tempos estavam mudando, como já tinha observado Bob Dylan, e, em 1964, o Partido Trabalhista foi finalmente eleito após 13 anos com o Partido Conservador no poder, em consequência do escândalo sexual de Profumo 12 meses antes. Este havia envolvido o então secretário de Estado para Guerra, John "Jack" Profumo, a dançarina de 21 anos Christine Keeler e o adido naval soviético Eugene Ivanov, embora não fosse um *ménage a trois*! Profumo havia tentado salvar a própria pele – bem como sua carreira política – primeiramente negando qualquer impropriedade em sua relação com Keeler; depois, uma vez que sua afirmação não estava recebendo crédito, tentou negar que a dita impropriedade fosse uma questão de quebra de segurança. Outra mudança enorme veio do *front* musical com a conquista dos Beatles – que já controlavam as paradas britânicas – nos Estados Unidos, onde adolescentes, aparentemente em massa, diziam adeus aos topetes e pernas trêmulas dos seus antigos heróis do rock 'n' roll em favor dos quatro cabeludos do Merseyside.

Contudo, no que concernia a Malcolm, não havia acontecido nenhuma revolução. Continuava a queimar seu incenso de fã no altar de Eddie Cochran, morto no domingo de Páscoa de 17 de abril de 1960, por conta de ferimentos sofridos quando o táxi que transportava o músico, sua namorada Sharon Sheeley e o amigo Gene Vicent para o aeroporto depois do último show de sua turnê de estreia no Reino Unido no Hipódromo de Bristol bateu em um poste na A4 em Chippenham, Wiltshire. Outro herói cuja vida havia sido encurtada tragicamente era Buddy Holly, a quem Malcolm e seu irmão Stuart tinham assistido ao vivo em uma apresentação no Finsbury Park Astoria (mais tarde renomeado The Rainbow), em 1957. Os Beatles podiam ter perdido a inocência tocando em clubes de *strip-tease* no Reeperbahn de Hamburgo, mas ainda tinham fama de bons rapazes. Malcolm preferia o carisma perigoso de Mick Jagger, Keith Richards e o restante dos Rolling Stones, que causaram consternação no Festival de Montreux, em Genebra, naquele abril, por terem subido ao palco em roupas "descuidadas e bizarras".

Foi enquanto ainda estava matriculado em Harrow que Malcolm conheceu e tornou-se amigo de Fred Vermorel, o culto e astuto – tanto

Capa pirata no estilo do álbum
The Beatles, edição 5 – Johnny e Steve.

intelectual como politicamente – filho de um químico francês que havia trocado pílulas e receitas médicas por bombas e balas ao unir-se à resistência a fim de impedir os nazistas de ocuparem seu país durante a guerra. Outro encontro de Harrow foi com seu futuro colaborador em King's Road, Patrick Casey. Talvez, porém, a pessoa mais importante encontrada por ele no labiríntico prédio de pedras brancas de Harrow (e o homem que logo iria substituir Fred Vermorel como seu melhor amigo) tenha sido o despretensioso Gordon Swire, de 20 anos e cara de bebê, cuja impressionante irmã mais velha, Vivienne, iria mais tarde ter um importante papel em sua vida.

#

Vivienne Isabelle Swire nasceu em 16 de abril de 1941. Como seu irmão Gordon e o restante dos Swire, veio de Hollingworth, uma pequena cidade de Derbyshire, aninhada entre Yorkshire Dales e os Peninos, perto da rodovia Snake Pass, à altura de Tintwistle. O patriarca Gordon Swire era negociante de frutas no comércio, mas havia servido como gerente de vendas durante a guerra na fábrica de aeronaves A.V. Roe

– que fazia os famosos bombardeiros Lancaster – em Trafford Park, Grande Manchester [hoje sede de um enorme parque comercial]. Sua esposa e parceira de dança de salão, Dora, trabalhou como operadora de tear na tecelagem local. Quando a guerra acabou, Gordon arranjou um emprego na fábrica de sorvetes Wall's e completava o orçamento familiar fazendo bicos na vizinhança.

Diferentemente de Malcolm, Vivienne foi aprovada em seu exame de admissão e estudou na Glossop Grammar School, onde, embora com dentes protuberantes – que mais tarde ela corrigiria – e, pior ainda, um peito liso, não era considerada pouco atraente por seus pares masculinos; mais tarde viria gabar-se de ter um namorado diferente a cada semana. Como sua mãe, que fazia seus próprios vestidos de baile, Vivienne veio a reconhecer o poder e a beleza das roupas e frequentemente chegava em casa da escola nas tardes de sexta-feira com um pedaço de tecido colorido, que ela própria cortava e costurava para usar em um baile na mesma noite. Ao deixar a escola no verão de 1957, quando a família já havia mudado para os arredores de Tintwistle, por conta de sua mãe, Dora, ter ganhado o posto de gerente de correio da cidade, Vivienne, com pouca ou nenhuma ideia do que fazer da vida, tirou férias de seis semanas de seu emprego na fábrica de conservas Pickering. Ela e todas as suas colegas de trabalho eram apelidadas de "ervilhas pixie" por conta do macacão e boné verde que eram obrigadas a usar durante seu turno de dez horas.

A aparentemente despreocupada Vivienne poderia muito bem ter sido levada a uma vida medíocre de empregos servis, abrilhantados apenas pelos bailes semanais, antes de casar e se estabelecer criando sua própria família, não tivesse o destino interferido. Mais tarde, naquele mesmo ano, sua mãe, por conta do pai Gordon estar sem trabalho e lutando para encontrar um emprego, seguiu com toda a família para o sul, mais próspero, a fim de assumir a gerência de outro posto nos correios, em uma agência que também era um mercado, em Harrow, noroeste de Londres. Enquanto seus pais se ocupavam em providenciar selos e batatas para a comunidade local, Gordon Jr. matriculou-se na London School of Film Technique (LSFT), a irmã mais nova Olga foi estudar Sociologia na universidade, e Vivienne passou a frequentar um curso de ourivesaria e produção de joias na Harrow Art School. Seu tempo na Harrow, porém, provar-se-ia ainda mais fugaz que o de Malcolm, com Vivienne deixando o curso após um único período para dedicar-se a um emprego de secretária.

Como seus pais, Vivienne vivia para dançar, e ao mesmo tempo em que floreava sobre o tapete de um salão de dança do bairro que ela conheceu e foi imediatamente arrebatada por um aprendiz de ferramenteiro da fábrica Hoover, chamado Derek John Westwood. Derek, dois anos mais velho que ela, dividia sua paixão pela dança e pelo rock'n'roll e complementava seu magro salário trabalhando à noite em salões de bingo e hotéis. Seu sonho, no entanto, era tornar-se piloto de avião e, algumas semanas depois de conhecer Vivienne, conseguiu um cargo de comissário de bordo na British European Airways, o que apenas serviu para alimentar sua ambição de ser aviador. Empolgado com as perspectivas, Derek pediu Vivienne em casamento; a moça havia acabado de abandonar seu trabalho de secretária para tornar-se professora primária no norte de Willesden. Embora Vivienne confessasse mais tarde que não queria casar-se com seu pretendente bonitão, não conseguiu recusar o pedido. Então, em 21 de julho de 1962, o pai conduziu-a pela igreja de St. John the Baptist de Greenhill para que ela se tornasse a senhora Derek Westwood. Seguindo-se a uma lua de mel em Devon, os recém-casados estabeleceram seu lar perto do posto de correio dos Swire em Harrow, e, em 3 de dezembro de 1963, Vivianne deu à luz seu filho Benjamin Arthur Westwood.

Para complementar o salário de seu marido na companhia aérea, Vivienne foi trabalhar na fábrica da Kodak. Como era de se esperar, o trabalho servil a aborreceu terrivelmente e, a despeito da admiração e do amor inabalável de Derek, sentia-se igualmente aborrecida com o casamento e a vida doméstica. Sentia inveja de seus irmãos, especialmente de Gordon, que estava superando as expectativas no LFST e se mudara para um círculo social excitante, o qual, por essa época, incluía um certo Malcolm Ewards. Vivienne conheceu Malcolm em uma noite no final de 1965, quando estava ajudando Derek, então gerente, como guarda-volumes no Railway Hotel, adjacente à estação de metrô Harrow and Wealdstone. A mais nova melhoria de salário de Derek tinha sido cortesia de uma empresa de produção artística chamada Commercial Entertainments. A companhia era peixe pequeno comparada ao conglomerado Tin Pan Alley de Larry Parnes, mas ostentava em sua lista vários artistas que fariam sucesso, incluindo The Detours, que logo seriam rebatizados como High Numbers antes de ganhar fama mundial como The Who.

Uma das vantagens de trabalhar com produção artística era que Derek e Vivienne (assim como seu irmão que, mais frequentemente que nunca, aparecia acompanhado de Malcolm e Fred Vermorel) podiam ter acesso fácil e livre no circuito burguês do *rhythm and blues*.

Viram shows de Alexis Korner, dos Yardbirds e dos Rolling Stones em espaços descolados como The Marquee, Ealing Jazz Club, The Flamingo, Club 11 e The 100 Club. Este último, é claro, viria a ser como um segundo lar de Malcolm daí a pouco mais de uma década.

Nessa época, Gordon Jr. já havia mudado do posto de correio de seus pais para ocupar um dos quartos de uma esquálida casa vitoriana no número 31 da King's Avenue, em Clapham North, tendo convidado Malcolm para juntar-se a ele. A casa era pequena e apertada, mas Malcolm não ligava, já que a maior parte do aluguel mensal estava sendo paga por dois amigos norte-americanos de Gordon, também matriculados na LSFT. Mas, depois de alguns meses de sua chegada, um deles, Chuck Coryn, resolveu estupidamente deixar a escola para traficar drogas. As rondas noturnas de Chuck tiveram um final abrupto quando oficiais aduaneiros em Heathrow o pararam para uma revista de rotina e encontraram a malfadada mala do norte-americano cheia de substâncias ilícitas. Enquanto Chuck se estabelecia em seu novo quarto na "casa de muitas portas" para o Prazer de Sua Majestade, seu antigo quarto na King's Avenue foi ocupado por Vivienne que, cansada do afeto de Derek, finalmente se mudou para lá, levando consigo seu filho Ben, de 3 anos.

#

Na época de sua mudança para a casa da King's Avenue, Vivienne, como ela própria admite, olhava para Malcolm como nada mais que um amigo chegado de seu irmão e, portanto, como parte de seu próprio círculo social. Ela certamente não achou aquele ruivo magrela sexualmente atrativo. Ele tinha uma face avermelhada que tentava disfarçar sem sucesso com talco, ganhando assim o duradouro apelido de Talcy Malcy. O outro (e mais cumpridor da lei) norte-americano da casa, John Broderick, que eventualmente acabou se tornando gerente e diretor de produção em Hollywood, comparou a experiência de morar na King's Avenue a uma peça de Harold Pinter. Aparentemente, toda santa noite, os quatro adultos da casa juntavam-se na cozinha para uma refeição noturna, a qual consistia normalmente em feijões com torradas regados por infindáveis xícaras de chá, antes de acomodar-se em frente ao pequeno aquecedor elétrico, armados de uísque e cigarros Woodbines para discutir arte, música e assuntos do dia até altas horas.

Seria talvez inevitável, dado o ambiente de proximidade, que Malcolm desenvolvesse uma queda pela irmã de seu melhor amigo. Mas, em lugar de convidar Vivienne para sair e conquistá-la como se deve, ele a atraiu para sua toca apelando para seus instintos maternais, fingindo uma dor de estômago grave que ele sabia, por vê-la cuidando de Ben, que ela não poderia ignorar. E funcionou! Ao ver Malcolm em posição fetal sobre um velho colchão sobre o assoalho, em suposta agonia, convidou-o para deitar-se em sua cama enquanto ela buscaria algo para aplacar sua dor. Ela então passou o resto do dia cuidando de seu pálido paciente e, quando chegou a hora de ir para a cama – e Malcolm não deu sinal de recolher-se para seu próprio quarto –, ela não teve outra opção senão se deitar ao lado dele. Embora pudesse ter resistido aos seus avanços amorosos, escolheu não fazê-lo. A natureza seguiu seu curso e, dois meses mais tarde, tempo no qual ela estava começando a cair por Malcolm de qualquer forma, o médico a informou de que estava grávida. Da parte dele, embora menos do que emocionado com a perspectiva de ser pai (ele acreditava que Vivienne, mulher casada e bem informada, estaria a par da contracepção), Malcolm estava exultante por finalmente ter uma garota para chamar de sua. Sua querida avó Rose, no entanto, já tendo formado uma firme antipatia por Vivienne, que via como uma coroa calculista, sobrecarregada pelo filho de outro homem, defendia firmemente a interrupção da gravidez.

Embora a Lei do Aborto, legalizando abortos feitos por praticantes registrados, não entrasse em vigor até abril de 1968, a operação poderia ser feita a preço exorbitante em uma das muitas clínicas da Harley Street, em Londres. A velha senhora estava mesmo se dispondo a arcar com os custos de uma delas, caso isso significasse manter seu neto livre das garras de Vivienne. Malcolm chegou a abordar a possibilidade com Vivienne, e, embora ela não estivesse disposta a aceitar a caridade de Rose Corré, a única alternativa restante era submeter-se a um aborteiro clandestino, armado de agulha de tricô e um quarto de gim.

As deliberações duraram várias semanas; mas tempo, evidentemente, era o cerne da questão. E Vivienne finalmente aquiesceu e aceitou fazer o aborto. De acordo com Malcolm, eles chegaram aos degraus da clínica de um médico da Harley Street dispostos a realizar o procedimento, mas Vivienne não conseguiu atravessar a soleira da porta. Em lugar disso, com o dinheiro de Rose Corré queimando no bolso, saiu correndo para a Bond Street para comprar um casaco novo! Em 30 de novembro de 1967, Vivienne foi levada às pressas para o hospital onde, depois de um curto mas intenso trabalho de parto, deu à luz seu segundo filho, que eles chamaram de Joseph Ferdinand Corré; o estranho segundo nome foi em homenagem ao retrato de Velázquez favorito de Malcolm, *Arcebispo Fernando de Valdés y Llanos*, pendurado na National Gallery.

No entanto, sua decisão de conceder ao recém-nascido o sobrenome da avó Rose pouco contribuiu para apaziguar a senhora, cuja aversão por Vivienne chegou a ponto de tentar dissuadir Malcolm de comparecer ao parto.

Naquele outono, enquanto os jovens talentos da nação estavam no ar na Radio One, a nova rádio descolada que a BBC havia lançado para combater a Radio Caroline e sua pirataria, Vivienne estava ocupada sendo mãe e lendo novelas de Thomas Hardy no recém-adquirido apartamento térreo em Aigburth Mansions, em Hackford. Malcolm, por sua vez, matriculou-se no Croydon College of Art and Design para estudar pintura. Porém, a temporada maternal de Vivienne teria vida curta. A bolsa de Malcolm não chegava para cobrir todo o aluguel, então relutantemente ela voltou ao trabalho de professora, deixando Ben, de 4 anos, com seus pais, e o bebê Joseph, em uma creche da vizinhança. Outra desvantagem da última aventura escolar de Malcolm era que, como o Croydon College não queria que seus estudantes se importassem com reles graduações, não haveria diploma esperando por ele no final do curso.

Foi no Croydon que Malcolm conheceu e travou amizade com Robin Scott que, em 1979, sob o desconcertante pseudônimo de "M", obteve sucesso nas paradas com seu único sucesso "Pop Music". Robin, um oportunista confesso, que iria graduar-se no Croydon Technical College sem ambição ou projetos, disse a Jon Savage em *England's Dreaming* que havia se matriculado no Croydon College para permanecer perto de casa, assim poderia manter-se ligado no que acontecia em Londres. Ele admitiu sem reservas que ele e Malcolm passavam pouquíssimo tempo dentro de seus próprios estúdios e preferiam vagar pelos corredores chamando os colegas e criticando seus trabalhos. Outro contemporâneo no Croydon era Jamie Reid, seu futuro colaborador punk e o homem que obteria aclamação nacional – ou ignomínia, dependendo do ponto de vista – por colocar um alfinete de segurança através do nariz ou lábio da monarca (depende do trabalho que você tem em mãos). Jamie Reid, ou MacGregor Reid, para dizer seu nome completo, veio de uma longa linhagem de ativistas políticos. Seu pai, John MacGregor Reid, era o editor de Cidades do *Daily Sketch*, enquanto o avô, dr. George Watson MacGregor Reid, havia disputado o parlamento como um dos primeiros candidatos do Partido Trabalhista e foi também líder da Ordem do Druida, em cujo posto havia defendido veementemente o direito da Ordem de desempenhar o rito cerimonial ancestral druídico em Stonehenge, no solstício de verão. Bruce, o irmão de Jamie, trabalhava como assessor de imprensa do *Committee of 100*, o grupo antiguerra britânico fundado em 1960 por lorde Bertrand Russel. Assim como o mais tranquilo Robin, Jamie era um nativo de Croydon, criado no novo subúrbio de Shirley, a leste da cidade. Como Malcolm, havia sido um aluno relutante tanto na John Ruskin Grammar School quanto no Wimbledon Art College, onde desenvolveu uma paixão por política utópica e Jackson Pollock.

Mas então aconteceu a célebre manifestação estudantil de 5 de junho, que viu Malcolm, Robin, Jamie e cerca de 300 colegas entrincheirarem-se no anexo de South Norwood da faculdade em apoio a seus homólogos parisienses, que estavam pressionando o governo francês e exigindo o fim dos exames e um afrouxamento das exigências para admissão na faculdade. Há ainda rumores de que rebeldes mais radicais puseram fogo em uma escrivaninha. *Sacre bleu!*

As manifestações de maio de 1968 em Paris e, em menor grau, as de Croydon, foram um chamado para Jamie e despertaram suas tendências políticas latentes, transformando-o de uma criatura absorta em si mesma, solenemente preocupada com o que o afetava pessoalmente, em um agitador radical. Sua postura rebelde em Croydon iria custar-lhe um lugar já garantido em um curso de pós-graduação em St. Martins, mas a pintura tinha ficado em segundo plano; e, ao deixar Croydon em 1970, fundou com Nigel Edwards e Jeremy Brook o *Suburban Press*, jornal dedicado a promover liberdades civis e expor a corrupção do governo local na região de Croydon. O trio de agitadores estava sempre sem dinheiro, de modo que Jamie era forçado a improvisar usando tipos e imagens de jornais e revistas, recurso que mais tarde empregaria nos trabalhos de arte dos Sex Pistols. Além de inundar Londres com adesivos anunciando *slogans* subversivos como "Economize petróleo – queime carros", "Aqueça-se neste inverno, arrume encrenca", o *Suburban Press* teve cinco edições produzidas em seu escritório na Sidney Street, em Stepney, East London. Ironicamente, a quinta e última edição, que também é a mais rara, intitulada "Salve! Nasce um Monstro" e que protestava contra os planos de renovação de Croydon na metade da década de 1970, é hoje um item apreciado na coleção da biblioteca de Croydon.

Os tumultos em Paris começaram em 22 de março, espalhando-se pelo resto da França e, em última análise, provocando o colapso do governo do presidente Charles de Gaulle. A agitação começou quando uma banda de conhecidos poetas e músicos parisienses uniu forças a cerca de 150 estudantes sem direito a voto, invadindo um prédio administrativo da Universidade de Nanterre em Paris, em protesto à burocracia política no controle dos financiamentos da universidade. Isso, por sua vez, levou a uma série de protestos estudantis em várias outras universidades e liceus, incluindo a Sorbonne (onde o amigo de Malcolm, Fred Vermorel, estava estudando arte). Cassetetes da polícia montada e gás lacrimogêneo foram usados contra 20 mil estudantes, resultando em muitas pessoas seriamente feridas e uma quantidade ainda maior de presos. A reação desmedida do governo provocou uma onda de simpatia pública e resultou em uma greve geral envolvendo 10 milhões de trabalhadores franceses (dois terços da força de trabalho da nação), deixando De Gaulle com poucas opções além da renúncia. Malcolm mais tarde diria ter sido um participante ativo das manifestações, marchando com *les enragés*. Embora tenha estado com Fred Vermorel na capital francesa um pouco depois nesse mesmo ano, quando foi levado a um passeio turístico pelo Quartier Latin, onde as batalhas haviam acontecido, a verdade é que, enquanto os zangados estudantes parisienses estavam concentrados sob o cartaz "*Sois Jeune et Tais Toi*" ("Seja Jovem e Cale-se"), Malcolm não deixou os limites de Croydon.

O atônito corpo docente de Croydon, seguro de que nem cassetetes nem gás lacrimogêneo seriam necessários, organizou um encontro

Capa francesa do disco *Rock 'n' Roll Swindle*.

com os estudantes no prédio principal da faculdade. Robin Scott, que logo depois abandonaria completamente seus estudos por uma carreira escrevendo música para a televisão, era um dos seis representantes estudantis que negociariam com a administração da faculdade. O encontro durou seis horas e, quando ele e outros estudantes cansados voltaram ao anexo, descobriram-se trancados do lado de fora. E gritaram "sujeira", alegando que o corpo docente os havia enganado com a história do encontro. O digníssimo reitor, senhor L. Marchbank Salmon, no entanto, alegou que o ato não fora intencional e tinha muito mais a ver com um zelador consciencioso demais do que com um esquema diabólico para acabar com a rebelião.

Malcolm, que havia adotado o risível nome de guerra "Malcolm, a Rosa" durante a agitação, também foi escolhido para participar das negociações, mas surpreendeu a todos optando por ficar em segundo plano. Fez com que acreditassem que sua decisão se devia ao fiasco dos estudantes sendo trancados fora de sua própria manifestação, mas na verdade, por trás de sua hesitação, estava o fato de sua aplicação para o Goldsmiths College, da Universidade de Londres, já ter sido aceita. Não é preciso dizer que o protesto, tendo perdido muito de seu ímpeto, logo esfriou e os estudantes voltaram a contragosto aos estudos. Malcolm, seguro de que seu futuro imediato residia em outro lugar, foi a Paris reviver *la révolution étudiante* com Fred Vermorel, não sem antes ir à costa sul onde Vivienne, com o dinheiro da passagem emprestado de sua mãe e depois de deixar Ben e Joe em uma creche, juntou-se a ele para sua primeira aventura no exterior. Livre das responsabilidades de pais, o casal montou sua barraca na praia de Le Trayas, onde passaram várias semanas em harmonia boêmia, antes de uma maré alta roubá-los de sua barraca e demais pertences, incluindo as roupas.

Em outubro de 1968, quando o contrato de aluguel do apartamento em Aigburth Mansions tinha expirado e Vivienne desistira de seu emprego de professora, mudando-se com os dois filhos para o chalé de seus pais, agora aposentados, em Banbury, Oxfordshire, Malcolm chegou a Goldsmiths para estudar cinema e fotografia. Foi lá que conheceu uma rica judia sul-africana chamada Helen Mininberg (mais tarde Helen Wellington-Lloyd), que sofria de *acondroplasia* – uma doença que causa nanismo – e com quem ele começou um caso. Também conheceu Jocelyn Hakim, uma judia turco-francesa com quem casou para que ela pudesse permanecer na Grã-Bretanha e continuar seus estudos. As 50 libras que Hakim pagou a Malcolm para assegurar seu comparecimento ao cartório de Lewisham seriam usadas para financiar seu projeto estudantil em Goldsmiths: as 2 mil libras necessárias para o divórcio recaíram inevitavelmente sobre vovó Rose.

Vivienne, enquanto isso, logo cansada dos limites claustrofóbicos do chalé de Oxfordshire, para não mencionar a desaprovação de seus pais quanto ao estilo de vida despreocupado de Malcolm e sua indiferença para com deveres paternais, mudou-se com os filhos para o *trailer* de sua tia em um estacionamento de *trailers* bem na saída de Prestatyn, no norte do País de Gales. Oito meses se passariam antes de que eles pudessem voltar à capital, alugando um apartamento em Nightingale Lane, em South London, perto de Wandsworth Common; o preço negociado por Malcolm foi 3,10 libras por semana. Vivienne batalhava o dinheiro do aluguel vendendo joias artesanais em Portobello Market. O casal permaneceria unido nesse endereço até sua separação, em 1980.

Não demorou muito para Malcolm começar a mostrar suas cores não conformistas em Goldsmiths. O então presidente do centro acadêmico e futuro diretor distrital do Partido Trabalhista para o Conselho de Brent, Russell Profitt, disse a Craig Bromberg, em *The Wicked Ways of Malcolm McLaren,* que "Malcolm Vermelho", como ele era conhecido tanto por seu flamejante cabelo vermelho quanto por sua posição política à esquerda, expressou seus sentimentos em um encontro geral bombardeando os membros do SEC (Student Executive Comittee)* com tomates podres.

Durante sua estada em Goldsmiths, as provocações políticas de Malcolm foram mais significativas que sua pintura, mas no verão de 1969 ganhou a confiança de seus colegas estudantes com planos para realizar um grande festival ao ar livre – como o show recente dos Rolling Stones no Hyde Park –, no anfiteatro situado atrás do anexo de arte da faculdade. Reuniu um elenco impressionante que incluiu Pretty Thing, King Crimson, o grupo de mímicos de Lindsey Kemp, o famoso escritor William Burroughs, que daria uma palestra, o psicólogo *cult* R. D. Laing e o romancista pornográfico Alexander Trocchi. Notícias sobre o festival ao ar livre de Goldsmiths espalharam-se pelo circuito universitário de Londres; chegado o grande dia, cerca de 20 mil pessoas – a maioria estudantes – convergiram para a faculdade, cada vez mais agitados e zangados à medida que cada um dos artistas convidados não comparecia. Malcolm, talvez não muito surpreendentemente, também sumiu, e, enquanto Profitt tentava desesperadamente encontrá-lo, o festival continuou, inabalável, com uma série de bandas não programadas, desordeiras – e muito ruins –, aproveitando a oportunidade de

---

*N.T.: Comitê Executivo Estudantil.

apresentar-se para uma grande audiência. Os que estavam na segurança tentavam manter a ordem, mas, com a invasão de 20 mil desordeiros na faculdade, servindo-se de qualquer coisa que estivesse ao alcance, a situação tornou-se caótica. "Alguns estudantes", Profitt disse a Bromberg, "queriam a cabeça de Malcolm em uma bandeja, enquanto outros queriam que ele fosse glorificado como um santo por trazer vida a Goldsmiths". Tendo escapado milagrosamente de uma expulsão por conta do fracasso do festival, Malcolm decidiu manter-se longe dos holofotes e concentrar-se em um dos seus projetos de estudante: um filme conceitual baseado na Oxford Street de Londres, focando o efeito desumanizante do consumo. Tomou emprestada a única câmera de Goldsmiths, uma Bolex, e recrutou Fred Vermorel, que havia retornado recentemente a Londres, para operar o som, com Helen na assistência de direção. Os intrépidos cineastas dirigiram-se à famosa rua das compras e gastaram vários rolos de filme antes de perder a filmadora no metrô, segundo os próprios. No entanto, se o que dizem Bromberg e Jane Mulvagh, autora de *Vivienne Westwood: An Unfashionable Life*, for verdade, Malcolm mais tarde vendeu a Bolex para financiar sua nova aventura no World's End, no número 430 da King's Road.

Por volta de maio de 1970, um esboço de filme começava a tomar forma. Ele começa no interior da loja Mr. Freedom, de Tommy Roberts, na Church Street, em Kensington, onde uma tela de tevê alardeava a importância da moda feminina na sociedade, enquanto a melodia de "Satisfaction" dos Rolling Stones entrava e saía de sintonia. Malcolm também estava ávido para traçar a história da Oxford Street, que segue a rota de uma rodovia romana, a via Trinobantina, e segue por aproximadamente 2,5 quilômetros de Marble Arch ao canto nordeste do Hyde Park, passando pelo Oxford Circus até o St. Giles Circus, na interseção com a Charing Cross Road e a Tottenham Court Road. Entre o século XII e 1782, a via foi conhecida como Tyburn Road, por conta do rio de mesmo nome que corria ao sul e nos dias de hoje corre no subterrâneo. Essa rota tornou-se famosa por ser a mesma utilizada pelos prisioneiros em sua última jornada da prisão de Newgate ou Horsemonger Lane Gaol, em Southwark, até a forca em Tyburn, perto do atual monumento de Marble Arch. O filme, então, segue focalizando as Revoltas de Gordon de 1780, nome dado por conta do agitador religioso lorde George Gordon (1751-1793), que liderou a oposição protestante ao Ato Papista de 1778, que livrara a população católica do país de penalidades que lhe foram impostas durante o reino de Guilherme III.

Por ocasião da última – e inacabada – edição do filme, por volta de maio de 1971, no entanto, Malcolm tinha visivelmente perdido o interesse por história anárquica e voltou sua atenção para seu herói do rock 'n' roll, Billy Fury. Por entre imagens de vários golfinhos fazendo truques ao lado de dançarinas aquáticas parcamente vestidas, tudo nos limites de um tanque medindo apenas 3 metros de profundidade, 14 metros de comprimento e 5 metros de largura (cujas filmagens haviam sido feitas no Dolphinarium de Londres, sediado na revista de *striptease* chique do Pleasurama, no nº 65 da Oxford Street), vemos a líder do fã-clube britânico de Billy Fury falar mundos e fundos sobre seu ídolo. Ao fundo, há fotografias de trabalho de Fury e das capas de seus discos, bem como filmagens de fãs de Billy em filas do lado de fora de teatros esperando para assistir ao seu herói apresentar sucessos como "Maybe Tomorrow", "It's Only Make Believe", "Jealousy" e "Halfway To Paradise".

As ideias podem ter fluído livremente, mas as 50 libras de Jocelyn Hakim foram gastas havia muito. Após uma última tentativa desesperada – e infrutífera – de levantar fundos com Larry Parnes, o empresário mão-fechada de Fury, conhecido na indústria musical como "Parnes, Centavos e Tostões", Malcolm arquivou o filme e deu um fim a suas andanças na faculdade de artes saindo da Goldsmiths. A falta de financiamento podia ter forçado Malcolm a congelar o projeto da Oxford Street, mas os amigos mais chegados acreditavam que no futuro ele reativaria sua paixão cinematográfica. Só precisava achar outros meios de bancar seus sonhos de celuloide.

CAPÍTULO 2

A Verdade Gosta de Correr Nua

> *"Desconfie de qualquer empreendimento*
> *que exija roupas novas."*
> Henry David Thoreau (1817-1862)

O ano de 1971 provou-se crucial para Malcolm em vários sentidos. Não só foi o ano em que se despediu da academia e iniciou sua trajetória empresarial, como também mudou seu sobrenome por meio de ação legal para MacLaren, com o qual havia nascido.

Vivienne, para liquidar simbolicamente os últimos vestígios de seu passado provinciano, cortou os cabelos em um salão da moda em Mayfair e voltou ao apartamento da Nightingale Road onde – tesoura em punho – começou a transformar suas mechas já bem curtas em pontas irregulares que, com ajuda de gel de cabelo, ficaram espetadas. Ela então completou sua transformação capilar de Jean Brody para Jean Genie descolorindo sua crina espetada. Mais tarde viria a orgulhar-se de ter sido a primeira pessoa em Londres a ostentar o visual de cabelo espetado e descolorido, que se tornaria sinônimo da cena punk britânica. De fato, o funcionário fixo e ocasional da SEX, Simon Barker, do Bromley Contigent (grupo de fãs e seguidores de David Bowie e posteriormente dos Sex Pistols), acredita que David Bowie, que em 1971 estava cansado de dedilhar élficas canções folclóricas e andava em busca de ideias com as quais pudesse reinventar-se, copiou o corte de cabelo da era espacial de Vivienne para seu alterego andrógino Ziggy Stardust.

#

Malcolm, Vivienne e Patrick Casey mudaram suas mercadorias para a parte de trás do número 430 da King's Road em algum momento de novembro de 1971. Com um cavalete ilustrado com guitarras e notas musicais anunciando "Let It Rock na Paradise Garage", o trio esperou seu primeiro cliente. Continuavam esperando na hora de fechar e, quando chegaram à loja na manhã seguinte, Mendelson, que já os alertara de que os negócios andavam lentos nos últimos tempos, não estava em lugar nenhum. O americano não apareceu e, embora Malcolm, Vivienne e Patrick estivessem felizes em substituí-lo como forma de agradecimento pela oportunidade, depois de uma semana inteira de sumiço o trio fez o que qualquer empreendedor iniciante faria: requisitou toda a loja.

Há várias versões sobre o que aconteceu quando Miles voltou da lua de mel e achou sua loja cheia de discos velhos e roupas retrô, mas o consenso geral é o de que ele não ficou muito contente. Felizmente para Malcolm, no entanto, as baixas vendas não punham Miles em posição de discutir, de modo que ele permitiu aos intrusos ficar desde que lhe entregassem 40 libras por semana pelo aluguel. Malcolm e Patrick aceitaram a proposta, mas não fizeram nenhum movimento para levar suas mercadorias de volta para os fundos da loja. Para eles, ao menos, a tomada de posse estava só começando.

"Eu não sumi exatamente", Miles recordou na biografia não oficial de Craig Bromberg sobre seu antigo parceiro de negócios. "Mas porque eu não tinha dinheiro, minha mulher começou a sair sozinha e acabou me trocando por outro. Eu não tinha dinheiro e não poderia me livrar de Malcolm. Estava devastado e não via como sair daquilo." Miles, imaginando que a merda estava para alcançar o ventilador financeiro em proporções sísmicas, declarou-se falido e retirou-se, deixando Malcolm, Vivienne e Patrick no controle total da loja. Ele não poderia imaginar que tinha inadvertidamente colocado em movimento uma revolução contracultural que mudaria para sempre o panorama musical e cultural britânico; e obtido para ele, como barganha, uma nota de rodapé na história do rock'n'roll.

Malcolm e Patrick gastaram pouco tempo liquidando todos os traços do antigo visual da loja. Com um empréstimo de 50 libras da antiga amante de Malcolm, Helen Wellington-Lloyd (nascida Mininberg), puseram abaixo o letreiro de bambu da fachada ondulada, que pintaram de preto e picharam com spray vermelho "Let It Rock" em letras grandes. Todo o seu estoque consistia em objetos *kitsch* retrô dos anos 1950, incluindo velhos rádios valvulados de baquelita cuidadosamente restaurados e espelhos de cromo em formato de guitarra comprados prontos. Remodelaram a parte da frente do interior da loja para assemelhar-se a uma sala de estar do tempo da coroação da rainha Elizabeth II, completando a decoração com papel de parede, carpete e mobília autênticos do período, incluindo um aparador de teca com painéis de vidro e armários de fórmica, nos quais dispunham suas mercadorias. Para completar a ilusão, pilhas de revistas da época ficavam espalhadas pelo ambiente, de forma que os clientes pudessem sentar e ler enquanto tomassem uma xícara de chá, sem medo de ser incomodados pelos proprietários para que fizessem compras.

#

No verão de 1972, quando Patrick já tinha dissolvido sua sociedade com Malcolm, a cena musical britânica – embora ainda a uns três anos de seu ponto mais baixo – estava em decadência. As bandas que haviam sobrado dos anos 1960 estavam acabadas ou muito drogadas para entrar em contato com a realidade. A trindade profana de triunvirato norte-americano formado por Hendrix, Morrison e Joplin estava morta, ao passo que os Beatles, tendo há muito perdido sua razão de ser, tinham cantado sua última melodia em honra dos velhos tempos na cobertura do prédio de sua malfadada Apple, em Savile Row, antes de caírem fora para prosseguir em suas carreiras solo. Assim, a Let It Rock – com seu aconchegante interior *kitsch*, roupas e objetos retrô, e ainda rock'n'roll *vintage* berrando sempre na *jukebox* – funcionava como um sinaleiro, atraindo almas afins que ansiavam por um retorno ao passado: aos tempos do Elvis sem cabelo militar, de Eddie e Buddy, quando o rock'n'roll era rei.

Graças ao boca a boca, a loja estava começando a decolar, mas, sem contar com Patrick, não demorou muito para que Malcolm e Vivienne começassem a ficar sem estoque. Embora o rock'n'roll estivesse passando por uma espécie de renascimento no começo dos anos 1970, o visual *teddy boy* autêntico e original estava tornando-se cada vez mais difícil de achar. Então Vivienne, que vinha fazendo suas próprias roupas desde a metade da adolescência, foi recrutada para remendar o que houvesse à mão. Isso logo a levou a reproduzir habilmente os *blazers* drapejados de cores brilhantes preferidos dos *teddy boys*, que frequentavam as fortalezas dedicadas ao revival do rock'n'roll, como o *pub* The Black Raven em Bishopsgate, Londres, que ela e Malcolm visitaram em muitas ocasiões. Enquanto Malcolm escapava sorrateiramente por uma esquina, Vivienne, provocantemente vestida em um suéter amarelo-canário de mohair, calças pretas de esqui bem justas e escarpins, bebia com a clientela de topete do pub para descobrir onde aquelas pessoas compravam suas coisas e, o mais importante, quanto estavam dispostas a pagar por elas.

Depois de descobrir que os *teddy boys* de Bishopsgate eram obrigados a comprar suas roupas sob medida, o que comprovadamente custava tempo e dinheiro além da conta, o casal retornou ao World's End seguro de que, caso pudesse ter acesso ao material necessário, não haveria problemas para reproduzir calças em massa, visto que seu contato, o alfaiate do East End Sid Green, podia cobrar menos que qualquer alfaiate de Londres. A loja podia estar dando lucro, mas sacrifícios – incluindo o corte do telefone no apartamento em Nightingale Lane – ainda foram feitos para financiar a compra de uma robusta máquina de costura Singer de segunda mão. O gasto foi logo recuperado assim que, em questão de semanas, o mesmo público de Bishopsgate estava formando fila na porta da Let It Rock, nas manhãs de sábado, esperando pela abertura da loja.

Mas não eram apenas *teddy boys* que apareciam na fila de topete e gel no World's End. Astros como David Bowie, Marc Bolan e Bryan Ferry iam para garimpar itens para usar no *Top Of The Pops* (tradicional show musical televisivo da BBC, no ar entre 1964 e 2006). Figurinistas de televisão, companhias de teatro e cinema também baixavam na Let It Rock, e o grande momento de Malcolm e Vivienne aconteceu quando foram chamados para desenhar o figurino do filme de Ray Connelly *That'll Be The Day*, estrelado por David Essex, Ringo Starr e o ídolo de Malcolm, Billy Fury. Encorajados pelo interesse que estavam recebendo, Malcolm e Vivienne decidiram expandir os negócios. Em agosto de 1972, reservaram um espaço no enorme festival Rock'n'Roll no Estádio de Wembley e imprimiram centenas de camisetas com o inovador duende pianista do rock'n'roll, Little Richard, e o slogan "Vive Le Rock". Mas, embora um público estimado em 50 mil pessoas tenha comparecido ao festival, que contou com atrações como Bill Haley, Little Richard, Chuck Berry e Billy Fury, poucas pessoas sentiram-se inclinadas a comprar as camisetas de Malcolm.

Apesar desse revés, os primeiros 12 meses de vendas da loja tiveram sucesso. O ano, no entanto, acabaria com uma nota trágica quando, em 12 de dezembro, Malcolm chegou ao apartamento de vovó Rose e ficou mortificado ao encontrar a velha senhora sentada nua e retorcida em sua cama... morta há um tempo considerável. Sua saúde viera deteriorando-se inexoravelmente até o ponto de não poder cuidar propriamente de si. Seu marido, Mick Isaacs, tinha falecido antes naquele mesmo ano. Porém, sua lealdade a Malcolm, que alguns diriam ser equivocada, significava que ela não aceitaria ajuda de Emmy ou do resto dos Edwards. Como resultado, havia morrido de fome. O apartamento em

Nightingale Lane não ficava a mais de cinco minutos do apartamento de Rose em South Clapham, de maneira que houve um acordo tácito entre Malcolm e sua família desgarrada segundo o qual ele e Vivienne iriam encarregar-se de cuidar da velha senhora. Mas o trabalho de tocar um negócio foi tomando mais e mais o tempo de Malcolm, e as visitas semanais para cuidar de vovó Rose foram rareando. Aparentemente Malcolm ficou tão consternado pela culpa de ter negligenciado a pessoa que sempre fora presente em sua vida que sequer compareceu ao funeral.

#

That'll Be The Day, o primeiro filme britânico de maior vulto a revisitar a década de 1950, foi lançado em abril de 1973. Nesse mesmo ano, a Universal Pictures lançou o filme do futuro criador de *Guerra nas Estrelas*, George Lucas, *Loucuras de Verão*, estrelado por Richard Dreyfus e Ron Howard, ao lado do então ilustre desconhecido Harrison Ford. Esses dois filmes, juntamente com a abertura no West End do esmagador musical da Broadway *Grease*, trouxe uma onda avassaladora de nostalgia do outro lado do Atlântico.

O endereço King's Road, nº 430 pode ter sido o lugar para quem buscava um elo autêntico com os anos 1950, mas Malcolm e Vivienne sabiam que não poderiam competir quando o comércio de tecidos tivesse incorporado o estilo. Assim, aos poucos começaram a diversificar em direção ao elemento motociclista, com tachas e couro. Por volta da primavera de 1973, embora os *blazers* drapejados ou salpicados ainda pudessem ser encontrados nos fundos da loja, o casal começou a explorar outras paragens da moda. Uma dessas ideias foi estampar nomes em *glitter*, como Elvis, Eddie Cochran, Buddy Holly, bem como das marcas de motocicletas dos anos 1950, Triumph e Norton (que eram ressaltados por tachas), em camisetas justas e sem mangas como as usadas por Gene Vicent e seus Bluecaps. Outra ideia foi a "camiseta de pneu de motocicleta", feita de partes unidas de velhos pneus de motocicleta em volta das axilas das camisetas, enquanto outra – e talvez a ideia mais original de todas – consistia na inscrição de motivos como "Rock'n'Roll" ou "Let It Rock" usando ossos fervidos de galinha pregados nas camisetas com pequenas correntes.

Como era de se esperar, a clientela da loja mudou dos *teddy boys* para os motociclistas ou "*Ton-up Boys*", como os roqueiros embalados em couro preferiam ser chamados. Embora a Let It Rock tivesse a ver com o universo motoqueiro, Malcolm e Vivienne começaram a pensar em uma mudança do nome da loja que refletisse sua transformação. Este veio graças a um dos seus mais criativos ajudantes de sábado, cujo último design de camiseta se valera do mote que as gangues americanas de motoqueiros adotaram em homenagem ao ídolo adolescente dos anos 1950 James Dean (morto sob as rodas de seu Porsche 550 Spyder em 30 de setembro de 1955). O nome em vermelho Let It Rock no letreiro corrugado da fachada desapareceu sob uma nova camada tosca de tinta preta, na qual foi escrito o novo nome da loja "Too Fast To Live, Too Young To Die" ("Muito Rápido para Viver, Muito Jovem para Morrer") acompanhado de um reluzente crânio branco com ossos cruzados. A mudança assegurou que faturassem com outro figurino, desta vez para *Mahler*, de Ken Russel, o ostensivo filme biográfico do diretor sobre a vida do compositor austríaco Gustav Mahler, estrelado por Robert Powell. Malcolm e Vivienne receberam bastante publicidade por seu vestuário sadomasoquista em couro e tachas, mas, de acordo com Shirley Russell, figurinista do filme e ex-mulher do diretor, o traje em questão foi na verdade desenhado por Lenny Pollock. O nome Let It Rock, de qualquer forma, não foi completamente erradicado da memória, já que Malcolm e Vivienne mantiveram o título como marca de suas criações.

Capa pirata no estilo da Edição 1 dos Beatles – banda original.

Em agosto de 1973, Malcolm e Vivienne, com vários outros proprietários dos empórios mais *avant-garde* da King's Road, foram convidados a mostrar suas coleções no National Boutique, uma feira de moda em Nova York. O lugar era o diminuto hotel McAlpin, onde cada um deles recebeu uma sala para expor suas mercadorias. Para se promover, Malcolm e Vivienne haviam impresso algumas poucas centenas de panfletos de uma só cor com o novo logotipo de crânio e ossos cruzados e, para não confundir sua potencial clientela, acrescentaram a legenda: "Roupas da Let It Rock, King's Road, 430, Inglaterra". A mostra duraria três semanas e o casal esperava ir bem; afinal, os Estados Unidos eram o lar da cultura dos motociclistas foras da lei. Mas camisetas com tachas e pneus de motocicleta e camisas com motivos de ossos de galinha estavam além dos limites dos perplexos nova-iorquinos. E um desapontado Malcolm depois admitiu que não tinha recebido um único pedido durante toda a sua estadia. A viagem podia ter sido um gasto de tempo em termos comerciais, mas serviria como o catalisador que colocou Malcolm pela primeira vez na rota para tornar-se um Svengali pop.

Foi enquanto era ignorado pelos ditos especialistas de moda nova-iorquinos que ele encontrou o guitarrista dos New York Dolls, Sylvain Sylvain (nascido Ronald Mizrahi), e Johnny Thunders (nascido John Anthony Genzale Jr.). Além de ser um Doll, Sylvain tinha uma produção paralela de suéteres psicodélicos tricotados à mão, com a etiqueta de sua marca Truth & Soul. Tanto Sylvain como Thunders conheciam a Let It Rock, já que os Dolls tinham visitado rapidamente o número 430 da King's Road (em um dia em que Malcolm não estava na loja) durante a miniturnê no Reino Unido que a banda havia feito no ano anterior. Eles haviam aparecido no Empire Pool, em Wembley, tocando junto com os Pink Fairies e os The Faces para 8 mil pessoas.

O grupo New York Dolls estava reunido havia 18 meses nessa época e cultivara um pequeno mas fanático grupo de fãs em razão do hábito de seus membros de subir ao palco vestidos como prostitutas do Harlem enquanto tocavam rock'n'roll quente e de alta energia. Tinham gravado um álbum que fazia valer sua marca registrada: vinhetas de dois a três minutos sobre o submundo de Nova York. Frequentemente dividiam os espetáculos com os igualmente desconhecidos Kiss, porque os bateristas das duas bandas haviam feito parte da mesma gangue de rua! Como Malcolm, os cinco Dolls eram fissurados pelo rock'n'roll dos anos 1950 e seu som estridente era um híbrido desse estilo, somado aos Beatles da fase de Hamburgo, e o R&B frenético dos Rolling Stones; tudo servido com uma pitada de doo-wop *a la* Shangri-Las e outras bandas femininas dos anos 1960, como Ronettes, Crystals e Shirelles.

Em contraste com Nova York, no entanto, onde a imprensa do *mainstream* os rejeitava como homossexuais e aberrações, a imprensa musical britânica não se cansava dos Dolls. Antes que a banda assegurasse um contrato de gravação, o *Melody Maker* e o *NME* deram o passo sem precedentes de estampá-los em suas respectivas capas. Antes de sua excursão ao Reino Unido, apenas a Warner Bros e a Mercury Records haviam mostrado algum interesse em contratar os Dolls, mas logo começou a guerra de lances. Várias entre as principais gravadoras estavam competindo por suas assinaturas em um contrato, incluindo a Phonogram, a recém-estabelecida Virgin Records e a Atlantic Records, cujo CEO, Ahmet Ertegun, enviou um telegrama ao time de empresários dos Dolls, Steve Leber, David Krebs e Marty Thau, oferecendo contratar a banda por 50 mil dólares à vista, de olhos fechados. Os Rolling Stones estavam igualmente ansiosos para ter os Dolls em seu selo próprio, assim como Kit Lambert do The Who e o antigo empresário do T. Rex, Tony Secunda. Na verdade, Leber e Thau estavam em negociações para um acordo de 100 mil libras com este último, quando souberam que o baterista da banda, nascido na Colômbia, Billy Murcia, tinha morrido.

Billy tinha ficado com o restante da banda no hotel The Whitehouse, em Kensington. Lá, foi visto pela última vez quando foi ao quarto de Thau pedir emprestado 5 libras para comprar mais Mandrax ou *mandies*, como a droga era coloquialmente conhecida na rua, um poderoso – e altamente viciante – sedativo parecido com o Quaalude americano* e droga da cena rock'n'roll da época. O baterista, então, retornou ao seu quarto, onde, em uma macabra intervenção do destino, recebeu um telefonema de um estranho convidando outra pessoa para uma festa nas redondezas, mas claramente tinha o número de quarto errado. Em lugar de desligar, Billy decidiu que poderia muito bem ir à festa onde, por causa de uma combinação de Mandrax e álcool, desmaiou. Embora Mandrax fosse permitido sob prescrição médica – não seria banido até 1977 –, os outros convidados da festa estavam obviamente sob efeito de substâncias que teriam atraído a atenção das autoridades. Então, após várias tentativas falhas de ressuscitação, entraram em pânico e arrastaram o baterista apagado para o banheiro, colocando-o em uma banheira cheia de água fria, antes de tentar revivê-lo despejando café quente em sua garganta. Em algum momento, Billy sufocou. Caso não

---

*N.T.: Mandrix no Brasil.

tivesse atendido aquele telefonema, teria escrito seu nome no contrato de seis dígitos junto com os outros Dolls. Em vez disso, deitou-se sobre uma laje mortuária longe de casa, enquanto seus atordoados colegas de banda se amontoavam no próximo voo de volta a Nova York.

Embora Malcolm não tivesse visto os Dolls tocarem ao vivo durante sua estada em Nova York, ele saiu com a banda – que então incluía o substituto de Murcia, Jerry Nolan (posto para o qual o melhor amigo de Nolan, Peter Criss, do Kiss, também tinha feito um teste) – e foi a muitas festas no McAlpin, bem como no *loft* de ensaio dos Dolls. Foi em uma dessas hoje lendárias festas no *loft* que Malcolm ouviu pela primeira vez – e expressou seu desagrado – o seminal álbum de estreia dos Dolls. Durante a cena da banheira no filme *A Grande Trapaça do Rock'n'Roll,* pontificaria para Helena de Troia (Helen Wellington-Loyd) as vantagens de ter uma banda que não tocava, em oposição a uma que tocava. E foi com certeza ouvindo o álbum dos Dolls que essa estética invertida surgiu pela primeira vez.

Os Dolls podiam não ser o grupo musicalmente mais elaborado da cidade, mas tinham a energia crua que havia feito muita falta desde os anos 1950. Também esbanjavam estilo e atitude, traços que Malcolm apreciava muito. Os Dolls voltaram a Londres – como parte da turnê europeia – no final de novembro de 1973, onde fizeram dois shows em noites consecutivas no Rainbow Room, da loja Biba, bem como uma aparição memorável no *The Old Grey Whistle Test* (antigo show musical da BBC). Malcolm apegou-se à banda e em particular a seu carismático homem de frente a Jagger, David Johansen. De fato, tal era seu encanto pelos norte-americanos que seguiu a banda até Paris e permaneceu com eles durante o restante da turnê. Não voltou a Londres até o Ano-Novo, quando sua percepção do pop já havia sido irrevogavelmente alterada: estava convencido de que os New York Dolls eram o futuro do rock'n'roll. Seu único pensamento agora era como poderia intrometer-se na vida deles. Conseguiu, convencendo-os a tê-lo como empresário, sua primeira incursão na linha de trabalho que imprimiu seu nome na consciência coletiva do público.

Sua prioridade, no entanto, era afastar o número 430 da King's Road para bem longe de suas serenas raízes retrô e lançá-lo para o futuro. Como ele disse mais tarde para Jon Savage: "O preto parecia ser a melhor cor; ali nossas ideias eram as mais empolgantes. Decidi abrir uma loja inteiramente em preto e com um projeto definido, que seria expor peças sexualizadas, normalmente vendidas como roupas fetichistas". Vivienne, embora menos entusiasmada com o conceito de fetiche, deu seu total apoio e o par embarcou em uma busca diligente em Londres de fornecedores especializados em trajes de borracha e couro como John Sutcliffe da AtomAge, na Dryden Street, em Covent Garden, e a London Leatherman, em Battersea. É claro que a nova diretriz implicava uma reforma total do interior e exterior da loja, mas o pedreiro contratado para realizá-la provou-se não só pouco confiável, mas incompetente. Malcolm e Vivienne acabaram eles mesmos fazendo a maior parte do trabalho.

O inepto operário tinha desolado a minipista de dança de Miles, e coube a Malcolm e Vivienne limpar o assoalho coberto de pó e entulho. Depois de se livrar dos escombros, começaram a lixar, envernizar e biselar os trilhos de madeira, que foram então recolocados nas paredes em forma de barras de ginástica. As paredes e o teto foram cobertos com folhas de borracha cirúrgica cor de pêssego e espuma cinza com textura esponjosa comprada da Pentonville Rubber Company. Para finalizar sua obra-prima, Malcolm pichou o interior uterino com *slogans* e citações tiradas da literatura pornográfica. Estas, por fim, apareceriam em designs de camisetas, incluindo o manifesto SCUM (Society for Cutting Up Men ou Sociedade para Despedaçar Homens), de Valerie Solanas (que tentou matar Andy Warhol em 1968), e *School for Wives* e *Thongs*, de Alexander Trocchi. Embora a *jukebox* tenha permanecido, perdeu o posto de ponto focal da loja para uma enferrujada cama cirúrgica, que foi inexplicavelmente posicionada no canto e coberta com uma folha de borracha cor-de-rosa. Para acompanhar a nova linha de objetos fetichistas de borracha e couro, bem como os próprios designs de Vivienne, uma coleção lasciva de acessórios fetichistas e sadomasoquistas, como máscaras infláveis de borracha, chicotes, correntes e grampos para mamilos cobria as paredes; enquanto a parte superior do dorso de vários manequins nus e sem cabeça apareciam empilhados uns sobre os outros – moda orgíaca – nas janelas.

Uma vez satisfeitos com o interior da loja, Malcolm e Vivienne investiram na fachada: despojaram-na de sua porta de aço ondulado, substituída pela nova identidade SEX, escrita em tipos no estilo Claes Oldenburg de quase um metro de altura e em provocativo plástico acolchoado cor-de-rosa. Sobre a porta, Malcolm pichou um apropriado aforismo do filósofo francês do século XVIII Jean Jacques Rousseau: "A arte deve usar roupas, mas a verdade gosta de andar nua".

Nem é preciso dizer que tirar o decadente vestuário fetichista das páginas de trás das revistas pornográficas para desfilá-lo no alto comércio atraiu uma certa clientela: indivíduos que somente obtêm satisfação sexual vestindo-se dos pés à cabeça em borracha, com complementos de metal em seus mamilos e genitais. Embora a SEX, que abriu suas portas em abril de 1974, tenha ofendido a moral da maioria – e certamente foi idealizada para fazê-lo –, também começou a atrair um círculo de curiosos e determinados, muitos dos quais iriam, mais dia, menos dia, acabar na folha de pagamento da loja. Essas pessoas estavam em busca de algo além do que estava disponível na King's Road e no resto das casas de moda londrinas. A mais notável, é claro, era Pamela Rooke, de 19 anos, uma curvilínea modete de olhos delineados de *kohl*, que costumava chamar a si mesma de Jordan. De fato, o autor de *England's Dreaming*, Jon Savage, acredita que Jordan foi a primeira Sex Pistol. Esta teoria certa-

Hotel O Estuprador de Cambridge, um adereço do filme
A Grande Trapaça do Rock'n'Roll.

mente corresponde à verdade, já que ela servia como figurante do número 430 da King's Road muito antes de Steve, Paul, Glen e John subirem ao pequeno palco da St. Martins School of Art em 6 de novembro de 1975.

Ela vinha experimentando com a própria aparência desde o começo da adolescência em sua casa em Seaford, Sussex, e tinha desenvolvido um estilo impecável nas boates da região de Brighton antes de gravitar na cena dos clubes gays de Londres. "Eu ia ao Masquerade

Club, no Earls Court, que era ousado mesmo para os padrões atuais", ela disse a Savage. "Eles eram muito reticentes quanto às mulheres frequentarem seus clubes, então o único meio de você entrar era pelo visual. Se você tinha uma aparência maluca ou ousada, então estava de acordo." Logo depois de conseguir um emprego na SEX, no entanto, ela perdeu seu apartamento em Drayton Place, o que significava ser forçada a voltar a dormir em Seaford e ter de se locomover até Londres todas as manhãs. Suas roupas provocantes, maquiagem esquisita, os cabelos oxigenados penteados para alto, no estilo colmeia, faziam com que executivos de chapéu-coco se mexessem nervosamente em seus assentos, escondendo-se estrategicamente atrás de seus jornais.

O número crescente de jovens libertinos que estava abrindo caminho para o World's End tinha pouco interesse pela linha fetichista da loja, mas estavam fazendo fila para comprar a nova coleção de camisetas sexualmente explícitas de Malcolm e Vivienne. De fato, o termo "camiseta" não se aplicava verdadeiramente às roupas toscamente elaboradas, já que Vivienne via as mangas como supérfluas e simplesmente costurava dois retalhos de algodão deixando espaço para a cabeça e os braços. Os primeiros modelos, com esmero impressos à mão xilograficamente na mesa da cozinha de Vivienne, no apartamento da Nightingale Lane, incluíam imagens dos camundongos da Disney, Mickey e Minnie, fazendo sexo, um garoto pré-pubescente fumando sugestivamente um cigarro e a camiseta "Estupro", que continha frases tiradas de *School for Wives*, de Trocchi. Os motivos, embora obscenos para a Inglaterra da metade dos anos 1970, eram relativamente inofensivos, mas outros designs, como o que imitava uma máscara de face inteira como a usada por Peter Samuel Cook, mais conhecido como o famoso "Estuprador de Cambridge", eram mais controversos. Cook, finalmente considerado culpado pela Corte de Norwich Crown, em 1975, por estuprar seis mulheres e ferir outras duas, foi sentenciado a duas prisões perpétuas. O modelo foi mais tarde alterado para incluir a legenda: "It's Been A Hard Day's Night" ("É a noite de um dia difícil"), uma referência indireta à morte do empresário dos Beatles, Brian Epstein, que faleceu em agosto de 1967.

Malcolm supostamente teve a ideia para a camiseta depois de uma visita à SEX por uns detetives da Polícia Metropolitana que seguiam a informação de que o estuprador teria comprado sua lúgubre máscara na loja. Outro modelo que colocaria a SEX sob a atenção da lei, resultando em uma batida na loja e um processo contra Malcolm e Vivienne, foi a famosa camiseta "Dois Cowboys". Desenhada no estilo Tom of

Finland,* mostrava dois cowboys nus da cintura para baixo, exceto por suas botas e com seus pênis flácidos quase se tocando. Os problemas começaram em julho de 1975, quando o empregado da SEX Alan "Leather & Bones" Jones (que hoje é um crítico de cinema de sucesso, especializado em horror, e o cérebro por trás do festival anual de cinema "Frightfest" em Londres) foi preso em Picadilly por usar a camiseta e levado à delegacia de Vine Street, onde foi acusado de "ter exposto à visão pública uma imagem indecente".

Malcolm ficou fora de si, com raiva do que entendia ser uma censura draconiana, e prometeu a Jones contratar os melhores advogados para defendê-lo. Mas, quando o caso foi aos tribunais, Malcolm, como sempre, sumiu de vista e Jones, achando-se sozinho, declarou-se culpado. No entanto, esse não foi o final do caso. Em 7 de agosto, depois de uma batida na loja, quando os policiais removeram uma série de peças consideradas ofensivas – incluindo todas as cópias da camiseta "Dois Cowboys" –, Malcolm e Vivienne foram presos e acusados sob a mesma lei arcaica do século XIX que Jones, e também foram devidamente multados.

#

A loja podia ter tomado uma nova direção, mas, semanas depois da transição, Malcolm deteve-se na encruzilhada da indecisão. Sua turnê europeia com os Dolls havia fortalecido seu desejo de envolver-se com a banda. Deixou Vivienne dirigindo a loja e marcou um voo para Nova York. Outra, e infinitamente mais pessoal, razão para sua viagem era tentar localizer Addie Isman, filha errante de uma próspera família de Nova Jersey com quem havia tido um breve caso durante o igualmente breve período dela como assistente na TFTLTYTD (Too Fast to Live, Too Young to Die, a loja de Malcolm). Pouco se sabe a respeito da misteriosa Addie, além do fato de ela ter voltado a Nova York para tentar competir com seu pai (que possuía um franquia da cadeia de lojas de varejo Two Guys), fazendo um nome por si mesma no mundo da moda e depois morrendo de overdose acidental por barbitúricos em 1978.

Vários dos canalhas que quase sempre vadiavam nos fundos da loja tinham formado uma banda. Seu líder, um semianalfabeto, cleptomaníaco confesso chamado Steve Jones, havia voltado a importunar Malcolm para que fosse empresário da banda. Na época, Malcolm havia estado muito absorvido supervisionando a reforma da loja, mas depois

---

*N.T.: Artista finlandês conhecido por seu trabalho de caráter homoerótico.

colocou os rapazes em contato com seu novo ajudante dos sábados, um estudante de arte de 18 anos chamado Glen Matlock, que por acaso estava aprendendo a tocar baixo sozinho. Embora Malcolm não tivesse interesse algum em envolver-se com aqueles garotos, que tinham feito um único show e estavam se divertindo com o nome "Swankers", ficou cativado pela tenacidade infantil de Jones. Então, antes de ir a Nova York, em novembro de 1974, pagou por uma sala de ensaio no Centro, Comunitário de Covent Garden e instruiu seu parceiro de negócios Bernard Rhodes para ficar de olho na banda de Steve.

Bernard Rhodes (ou "Bernie", como se tornou conhecido mais tarde durante sua temporada como empresário dos contemporâneos punk dos Sex Pistols, o Clash) era, como Malcolm, de ascendência judaica e tinha sido criado por sua mãe. Ela era uma imigrante russa no East End de Londres, onde, de acordo com Bernie, fora forçada a comprar uma certidão de nascimento falsa no mercado negro para escapar da deportação à terra natal. Durante os anos 1950, a mãe de Bernie havia trabalhado como costureira para vários alfaiates da Savile Row; foi na época em trabalhava na Hawes & Curtis que se tornou aprendiz de John Pearse, o mesmo que, cerca de uma década depois, fundaria o renomado empório de moda psicodélica da King's Road, Granny Takes a Trip.

Em 1963, quando Bernie estava na escola de arte, ele e Pearse dividiram um apartamento no número 68 da Hamilton Terrace, em St. John's Wood. Graças a Mick Jagger supostamente ter uma de suas amantes morando no apartamento de cima, a casa tornou-se um ponto de encontro para uma turma colorida de desajustados *flower power* como Donovan, o elfo dançante prestes a ser o famoso Marc Bolan, e ainda Pete Townshend e Roger Daltrey, do Who.

Foi nesse período que Bernie também conheceu Malcolm, já que ambos eram frequentadores habituais da cena dos cafés-bares do Soho. Tornaram-se amigos, perdendo o contato apenas quando Malcolm se envolveu com Vivienne. No final da década, Bernie também havia caído pelas graças de uma donzela e casou-se com sua namorada Sheila, que trabalhava como bibliotecária na London School of Economics. O casal teve um bebê logo depois e comprou um apartamento na Camden Road, localizado a poucos passos da Harry's, a concessionária/garagem da Renault alojada em um galpão de dois andares e tijolos vermelhos – um armazém ferroviário abandonado – na Chalk Farm Road, em Camden Town; Bernie era um dos proprieários desse prédio. Embora tenha virado as costas para a cultura pop, Bernie tinha uma tenda no mercado de antiguidade Chelsea's Antiquarius, onde vendia jaquetas de couro usadas. Um encontro casual com Malcolm levou a um convite para ir ao número 430 da King's Road, o que serviu para reacender sua paixão pela contracultura e ele aceitou prontamente a oferta de Malcolm para ajudar com o design das camisetas destinadas à venda na SEX.

Pouco antes de embarcar para sua tentativa de conquistar Nova York, Malcolm colaborou com Vivienne e Bernie em uma nova camiseta que, ao longo dos 12 meses seguintes, se tornaria seu manifesto. Intitulado "You're Gonna Wake Up One Morning And Know Which Side Of The Bed You've Been Lying On" ("Você vai acordar uma manhã e saber de qual lado da cama esteve deitado"), o polarizado design dava uma lista de "odeio" no lado esquerdo e uma lista de "amo" no direito. Sem nenhuma surpresa, a coluna "odeio" consistia em ideais antiquados, instituições em crise, roqueiros pomposos e fascistas; enquanto a "amo" defendia renegados, foras da lei e outros heróis desajeitados e excêntricos. Listado ao lado de Bob Marley, Jimi Hedrix e Sam Cooke, estava a primeira menção impressa à banda que iria, no curso dos próximos três anos, remodelar o cenário musical: Kutie Jones e seus Sex Pistols.

CAPÍTULO 3

Precisa-se de Sangue Novo

> *"É como meu pai costumava dizer: melhor ser julgado por 12 homens que carregado por seis!"*
> Do filme *Ruas de Sangue*

Ok, então, se concordamos que, sem Bradley Mendelson, Malcolm não teria tomado posse do número 430 da King's Road e os Sex Pistols não teriam acontecido – ao menos não da forma que o mundo veio a conhecer. Logo, é igualmente justo argumentar que sem Warwick "Wally" Nightingale não teria existido uma banda que Malcolm poderia moldar nos Sex Pistols. O muito criticado Wally morreu de um ataque do coração em 1996, pouco antes que os Sex Pistols reconstituídos embarcassem em sua turnê mundial apropriadamente intitulada *Filthy Lucre* ("Lucro Sujo"), logo após ele ter finalmente recebido um cheque de *royalties* por sua participação na música "I Did You No Wrong". No documentário de Julien Temple de 1999, *O Lixo e a Fúria,* Wally é tratado com desdém até mesmo por Paul Cook e Steve Jones. Porém, sem Wally, Paul estaria trabalhando como um eletricista comum, com emprego das 9 às 17 horas enquanto Steve – como ele mesmo admitiu – estaria provavelmente cumprindo cinco anos de cadeia na prisão de Wormwood Scrubs, comendo apenas mingau de café da manhã!

Hoje, Wally é visto como o equivalente a um Pete Best dos Sex Pistols. Mas, diferentemente do baterista original dos Beatles, que foi substituído por Ringo Starr pouco antes da *beatlemania* varrer o globo, foi negado a Wally tanto o reconhecimento por haver plantado a semente da qual os Sex Pistols iriam germinar, como seus subsequentes *royalties* – apesar de ter escrito a melodia para "Scarface", que evoluiu para "Did You No Wrong", o lado B de "God Save The Queen". Embora Malcolm citasse prontamente Steve como o progenitor da banda, acrescentando que não haveria Sex Pistols sem sua "astúcia", era Wally quem já estava familiarizado de verdade com o funcionamento de uma guitarra; foi ele quem convenceu Steve e Paul – assim como os colegas reprovados da Christopher Wren School, Jimmy Mackin e Stephen Hayes – a formarem uma banda.

Wally, assim como Steve, estava totalmente desinteressado da escola e, no terceiro ano, abandonou os três "Rs" para ficar em casa, na Hemlock Road, nº 50, em Acton, aprendendo sequências de rock'n'roll em sua cópia de Les Paul. Como os pais de Wally estavam sempre fora, trabalhando o dia todo, era natural que os cinco fugitivos aproveitassem as tardes de seu último ano de colégio valendo-se da cerveja do pai de Wally e de vinho caseiro enquanto ouviam música no quintal. Quando chegou a época de dizer adeus à escola secundária, a turma pouco afeita ao trabalho – com exceção de Paul, que havia ganhado um posto de aprendiz no Watney's Brewery em Mortlake – solicitou o auxílio desemprego e gastava o dinheiro recebido semanalmente no pub local. Steve diria depois a Fred Vermorel em *The Sex Pistols* (Universal 1977, escrito com Judy Vermorel) que era preguiçoso demais para se inscrever no benefício, o que – a menos que estivesse fazendo dinheiro suficiente com seus roubos – parece estar em desacordo com seu amor pelo dinheiro fácil.

Stephen Philip Jones nasceu em 3 de setembro de 1955 no Hospital Queen Charlotte's [Hammersmith & Chelsea] – ao lado da prisão Wormwood Scrubs – na Du Cane Road, em Shepherds Bush, Londres. Logo após o nascimento de Steve, ele e seus pais mudaram-se para um pequeno apartamento de um dormitório no porão do número 13 da Benbow Road (a família mais tarde passaria para o apartamento do primeiro andar), perto da área comum de Shepherd's Bush e – sem que ele soubesse na época – a um passo do lar de seu futuro melhor amigo e parceiro do Sex Pistol, Paul Cook, cuja família morava por ali, na Carthew Road. Diferentemente de Paul, no entanto, a Steve foi negada uma criação estável por seu pai, um aspirante a boxeador peso médio chamado Don Jarvis, ter jogado a toalha da paternidade enquanto o filho ainda usava calças curtas. Steve manteria em segredo a história do sobrenome Jarvis para todos, com exceção de seus confidentes mais próximos, durante todo o tempo com os Sex Pistols, e só mencionou o papel do boxeador – ou sua falta – ao falar sobre sua infância turbulenta em *O Lixo e a Fúria*. Sua mãe, Mary, que trabalhou como cabeleireira, voltou a se casar quando Steve tinha 2 anos de idade. E, embora seu novo marido estivesse disposto a assumir "o prejuízo", por assim dizer, bem como proporcionar respeitabilidade adotando Steve e dando a ele seu sobrenome, a relação entre padrasto e filho foi turbulenta desde o início.

É fato que Steve brigava com a vida escolar e, embora discórdia doméstica não seja desculpa para deixar de ir à escola, a falta de orientação firme dos pais fez com que ele – como qualquer outra criança em sua posição – tivesse autonomia para decidir se ia à escola ou buscaria outras formas de passar o dia. Mary, que admitia ter problemas de comunicação com seus próprios pais, prontamente confessou a Fred e Judy Vermorel que tinha pouco ou nenhum controle sobre seu filho desobediente. Na época, Londres estava em plena efervescência do *swinging*, e Mary andava muito ocupada penteando adolescentes à Beatles ou no estilo colmeia, e à Dusty Springfield, para supervisionar a vida escolar do filho.

#

Embora Steve e Paul vivessem à distância de um passo um do outro, frequentaram escolas primárias diferentes e não se tornaram amigos até que ambos – reprovados no exame de admissão – foram matriculados na escola Christopher Wren Secondary Modern, perto da escola municipal Wormholt Estate e do estádio Loftus Road, do clube de futebol Queen's Park Rangers. Nessa época, Steve começava a desenvolver um tipo de cleptomania, e Paul mais tarde admitiu que uma de suas primeiras lembranças é de estar no apartamento no porão de Jones observando enquanto seu amigo montava e desmontava motocicletas adquiridas de forma inconfessável.

Na entrevista dos Sex Pistols para o *The Knowledge,* Steve confessa que o depósito externo de carvão do apartamento era usado para esconder seus ganhos ilícitos. Como todos sabem, Malcolm, em uma cena de sua lamentavelmente imprecisa e fantasiosa história dos Sex Pistols *A Grande Trapaça do Rock'n'Roll*, exaltou Steve por ser um "ladrão brilhante". E, embora parte de suas façanhas gatunas pré-Pistols valha a pena ser mencionada, suas incursões adolescentes no crime não costumavam ser bem-sucedidas e geralmente resultavam em sua gola sendo puxada pelos tiras. Na verdade, ele admitiria para Fred Vermorel que havia sido pego – e condenado – 13 vezes em um período de três anos, por uma variedade de crimes que iam desde pequenos roubos e invasão de domicílio até roubo de carros e dirigir sem idade para tal, sem licença ou seguro. Embora várias dessas condenações tivessem resultado em seu encarceramento no Centro de Prisão Preventiva Juvenil Stanford House, bem como em três semanas por travessuras mais graves no Ashford Remand Centre, em Kent, o guitarrista achava que tinha sorte por não ter sido enviado para Borstal.

Em sua entrevista a Fred Vermorel, Mary lamentou-se das ligações recebidas tarde da noite, feitas a partir de fosse qual fosse a delegacia onde estivesse Steve. Como ela não dirigia, seu atribulado padrasto – que começava a trabalhar às 6 da manhã – tinha de levá-la para pegar Steve. Novamente, a falta de pulso firme dos pais não é desculpa para roubar, mas explica de alguma forma, ao menos, por que Steve não distinguia entre certo e errado. Na verdade, suas próprias memórias de infância incluem lembranças de acompanhar os pais em incursões de furtos a supermercados locais, o que sugere uma desordem em sua visão de "meu" e "seu".

Como já foi dito, Paul, que nasceu em 20 de julho de 1956, o segundo de três filhos e único menino, pertencia a uma estável família de trabalhadores. Seu pai, Thomas, era carpinteiro e marceneiro por profissão, enquanto a mãe, Sylvia, trabalhava como faxineira. Diferentemente de Steve, que já era a maldição da vida profissional da maioria dos professores e havia repetido de ano por suas falhas acadêmicas, Paul aparentava ser diligente e consciencioso; e é de se perguntar por que seus professores não tomaram providências quando seus boletins começaram a decair. Seu boletim final de 1967-1968 o pintava como um campeão, com presença de 229 em 230 aulas, além de mostrar boas notas (na maioria A e B+); enquanto durante o período de 1969-1970 – embora ainda campeão – as notas de Paul tenham começado a cair, assim como sua presença (agora 277 em 294 aulas).

Seu antigo professor, ainda que suficientemente observador para expressar sua preocupação quanto às escolhas de amigos de Paul, que ocasionalmente lhe causavam problemas, não fez nada para separá-lo de Steve. O boletim final de Paul, embora mostrando notável melhora em presença, 110 aulas de 112 (o que significava, já que ele mesmo admitiu cabular a maioria das tardes com Steve e Wally, que ele enrolava até a hora da chamada antes de fugir da escola), mostrava que algumas de suas notas tinham caído perigosamente para C e D. Novamente, seu antigo professor chama à questão a escolha de amigos de Paul, e sua falha em viver longe dessas "influências desfavoráveis". As "influências desfavoráveis" a que o professor se refere são, é claro, Steve, Wally e Stephen Hayes. Os três eram vadios incorrigíveis e iriam persuadir o facilmente influenciável Paul a abandonar as aulas do dia e seguir para o centro comercial local, onde estariam se tornando garotos problema, roubando o que estivesse ao alcance da mão. Anos depois, durante a filmagem de *A Grande Trapaça do Rock'n'Roll* na descolada cidade brasileira do Rio de Janeiro, Steve confessaria a Ronnie Biggs, autor do grande assalto ao trem de 1963, que seu primeiro roubo havia sido o furto de canetas e lápis da Woolworths (como Don Jarvis, ele tinha aversão a borrachas!), os quais – a menos que pretendesse vendê-los a seus colegas pupilos – pareciam uma escolha estranha para alguém sem pendores acadêmicos.

#

Aos 16 anos, Steve saiu de casa e, depois de passar seis meses no sofá dos Hayes, mudou-se para os Cooks, na Carthew Road, ficando com o quarto da irmã mais velha de Paul, que havia se casado recentemente. Como a maioria dos adolescentes, Steve e Paul seguiam a moda e as bandas do momento e eram assíduos frequentadores de shows. Mas, como Steve já havia desenvolvido uma aversão ao trabalho, e o escasso salário de aprendiz de Paul não era suficiente para comprar ingressos, eles – sempre acompanhados por Wally, Mackin e Hayes – entravam na maioria das vezes por uma porta lateral ou pela janela. Foi assim que assistiram ao show do The Faces no Empire Wembley Pool Arena, em

Capa pirata no estilo da quarta edição de
The Beatles – Pistols originais com Glen.

outubro de 1972, que, como já foi mencionado, também incluía os New York Dolls. De acordo com Wally, eles conseguiram entrar no show arrombando uma porta lateral e, depois de assistirem, alcançaram os bastidores e aproveitaram a bebida grátis, enquanto Ronnie Wood e Rod Stewart (que logo depois deixariam o The Faces para embarcar em carreiras solo) observavam divertidos. Embora seja mais do que provável que essa fábula poderia facilmente ter sido manufaturada por qualquer um que se importasse em escutar, a verdade é que a reputação desses "três mosqueteiros" crescia rapidamente.

Isso, naturalmente, acontecia no auge da cena *glam* britânica. Gary Glitter era o autoproclamado líder de uma gangue que incluía a "mulher gata" Suzi Quatro e os "bandidos de lantejoulas" Slade e Sweet, ambos figuras quase permanentes nas paradas britânicas de *singles*, exibindo seu estilo em botas de plataforma no *Top Of The Pops*. Noddy e companhia (do Sweet) estavam sob a artilharia por conta da forma intencional de escrever errado alguns dos títulos de suas músicas, como "Gudbuy T'Jane", "Cum On Feel The Noize" e "Mama Weer All Crazee Now". Ninguém, no entanto, pensava em questionar o loiro vocalista do Sweet, Brian Connelly, e seu provocativo escudeiro Andy Scott, que subiam ao palco do *Top Of The Pops* regularmente vestidos com Cruzes de Ferro e outros símbolos nazistas – um luxo que não seria permitido aos Sex Pistols ou a qualquer outra banda associada à nascente cena punk do Reino Unido.

Com a semente "vamos montar uma banda" firmemente plantada, os cinco malucos irresponsáveis e impetuosos ligados em moda começaram a se vestir como seus heróis. A cada sábado iam à King's Road – geralmente em um carro roubado, cortesia de Steve – e vagavam, e roubavam, por lojas como Alkasura, Granny Takes A Trip e City Lights, lugares onde Rod Stewart, David Bowie e a banda *glam* favorita da gangue, Roxy Music, faziam seus extravagantes trajes de palco. Outro dos lugares favoritos da King's Road que a banda frequentava regularmente era a recém-aberta Too Fast To Live Too Young To Die, que estava no radar de Steve desde sua encarnação como Let It Rock. Embora considerassem Malcolm um esquisitão pervertido, sabiam que poderiam passar o tempo lá ouvindo música ou vendo o mundo girar, sem perigo de ser pressionados a comprar alguma coisa. Steve, porém, não estava satisfeito em simplesmente se parecer com seus heróis musicais – ele foi um passo além, roubando deles também. Um caro casaco de peles comprido foi fruto de uma visita noturna ao The Wick, em Richmond

Hill, a casa do século XVIII do divertido guitarrista dos Faces (a seguir nos Rolling Stones), Ronnie Wood. A casa em Cheyne Walk, em Chelsea, do inveterado guitarrista dos Stones, Keith Richards, rendeu mais roupas chiques e uma televisão colorida de última linha.

Obviamente, vestir-se e agir como astro de rock, não importa quão romântico, não é como ser um na realidade. Se os meninos estavam sempre buscando trazer seus sonhos luxuosos para a realidade, iriam precisar obter os instrumentos necessários para acompanhar a humilde cópia da Les Paul e o amplificador de ensaio de Wally. Havia pouco sentido em seu exame cuidadoso nos instrumentos requisitados na famosa via musical de Londres, Denmark Street – coloquialmente conhecida como Tin Pan Alley –, já que os vendedores de lá esperavam que o dinheiro trocasse de mãos antes de liberarem as mercadorias. Então os rapazes arquitetaram um plano astuto. A gangue alvejava clubes locais que possuíssem licença para música e ficavam do lado de fora à espera. Enquanto o grupo que iria tocar na noite em questão entrava para se apresentar ao dono, os meninos se abasteciam com o conteúdo de sua van.

Essas incursões no estilo grupo de ação estratégica providenciaram à banda novata um sistema PA (*Public Adress System*, em inglês), um amplificador e um baixo Fender. Outra incursão ousada à casa de outro astro de rock – desta vez a mansão de Rod Stewart em Windsor – rendeu duas guitarras, uma das quais era uma genuína Les Paul. Para manter os instrumentos afinados, um afinador estroboscópico de palco foi adquirido com 100% de desconto do Roxy Music. Vários componentes de um kit de bateria Premier foram "emprestados" do estúdio da BBC em Shepherd's Bush, e, como Paul havia sido designado baterista da banda em sua formação original – e o único com um salário fixo –, ele realmente economizou para comprar o restante dos equipamentos. Stephen Hayes "voluntariou-se" para agir como parceiro rítmico no crime de Paul, e tinha nas mãos um baixo Fender; enquanto Jimmy Mackin, tendo comprado para si um órgão Farfisa, servia como tecladista. Wally trocou alegremente sua guitarra pela Les Paul de Rod Stewart, e Steve, imaginando-se como um tipo de Bryan Ferry, elegeu-se vocalista da banda.

No começo, os rapazes divertiram-se com a ideia de chamar-se Swankers, mas acabaram decidindo-se pelo nome The Strand, em homenagem à música do Roxy Music "Do The Strand", faixa de abertura do segundo álbum da banda *For Your Pleasure*. Os garotos conseguiram uma sala de ensaio no Furniture Cave, localizado na King's Road, nº

533 – perto da SEX –, onde poderiam começar a ensaiar seriamente. Sem músicas próprias, foram obrigados a tocar números que todos conheciam, como "It's All Over Now", de Rod Stewart, e o clássico dos Small Faces "All Or Nothing". As coisas estavam finalmente mudando, mas em poucas semanas Jimmy e Stephen – nenhum deles mostrando nenhum compromisso verdadeiro com a ideia da banda – deixaram de buscar meios alternativos de entretenimento. Steve, Paul e Wally, porém, estavam determinados a continuar. Deciram dispensar os teclados e trazer o cunhado de Paul, Del Noone, para assumir o baixo. Os quatro estabeleceram uma rotina e cada um se ocupava de ensaiar seus respectivos instrumentos. Embora já tivessem mais equipamentos do que o suficiente para preencher suas necessidades, a emoção de roubar de outras bandas tomou conta de Steve e Wally, e em julho de 1973 a dupla arquitetou sua maior – e mais impetuosa – façanha até então.

David Bowie estava na ocasião empolgando o público britânico em uma turnê com ingressos esgotados. A última noite – que também foi filmada por D. A. Pennebaker para futuro lançamento cinematográfico – aconteceria no Hammersmith Odeon. Conseguir entrar no lugar não era problema, já que o Odeon ficava praticamente no quintal dos rapazes; eles descobriram um esconderijo adequado e esperaram até que o desleixado segurança adormecesse para entrar no palco, cada um munido de um alicate. Aliviaram Bowie de todo o seu PA de fundo, que pertencia à gravadora do cantor, RCA: por ter concordado em financiar o filme de Pennebaker, a gravadora incluiu no equipamento vários microfones Neumann, no valor aproximado de 500 libras cada um (e isso em preços de 1973!). O valioso butim foi transportado para sua sala de ensaio na King's Road em uma minivan que Steve havia roubado na noite anterior.

Apesar de terem equipamentos suficientes para reproduzir o festival da Ilha de Wight, bem como um novo espaço para ensaiar no Covent Garden por conta de Malcolm – que ingenuamente acreditou que canalizar as energias de Steve na banda faria com que ele parasse de roubar sua loja –, as coisas não pareciam estar progredindo no *front* musical. Steve tinha até tentado persuadir Malcolm a acompanhá-lo e conferir a banda, mas a falta de comprometimento de Del havia restringido seriamente o tempo de ensaio, e a exibição tornou-se rapidamente caótica.

Wally conseguia reproduzir os *riffs* suficientemente bem, mas seu corte de cabelo à Rod Stewart e óculos fundo de garrafa davam-lhe um visual de carteiro; já Steve, apesar de seu esforço para imitar um astro

Lançamento do livro *Satellite*. Glen Matlock e Kevin Rowland.

de rock, era incapaz de manter-se na melodia. Paul estava em constante luta para achar, manter o ritmo e estava tendo pouca ajuda de seu cunhado, que teria preferido estar em casa deflorando sua mulher!

Havia, porém, algo em meio ao caos cacofônico que atraía a sensibilidade não pop de Malcolm; era algo cativante sobre a presença de Steve no palco. Ele não era Billy Fury com certeza, mas possuía algo a mais que chamava a atenção. Para Malcolm, Steve era a chave, mas não como vocalista. Também tinha de dar um jeito em Wally, mas isso podia esperar, já que havia a questão mais imediata do total desinteresse do cunhado. Foi então que ele se lembrou que o jovem estudante de arte, Glen Matlock, que trabalhava como vendedor na loja aos sábados, tinha mencionado algo sobre aprender a tocar baixo. Glen já sabia de Steve, Paul e Wally, principalmente por causa das instruções de Malcolm para ficar de olho em Steve – especialmente suas mãos! Além disso, ele e Wally tinham sido forçados a fazer o serviço pesado durante a reforma da loja. Embora Malcolm não tivesse certeza de que um tímido arrumadinho como Glen combinaria com os três repetentes desordeiros de Wormholt, decidiu uni-los. Sua chance apareceu mais tarde naquele mesmo mês quando, ao descobrir que Glen era fã do Thin Lizzy, o convidou para ver os roqueiros irlandeses apresentando-se no Marquee, onde tinha certeza de que trombariam com Steve, Paul e Wally.

#

Glen Matlock nasceu em 27 de agosto de 1956 em Kensal Rise, oeste de Londres, único filho de um montador de automóveis e uma escriturária de contas da Companhia de Gás. Apesar de John Lydon sempre ter afirmado o contrário, os anos de formação de Glen não foram passados em um casulo de felicidade suburbana. Na verdade, até os 14 anos, quando o pai de Glen pôde comprar toda a casa, ele e os pais dividiam um sobradinho vitoriano (na Ravensworth Road, nº 18, perto do cemitério Kensal Rise) com uma desregrada família irlandesa. Havia incessantes disputas territoriais acerca de qual família tinha o domínio sobre o esquálido jardim dos fundos, que o próprio Glen mais tarde descreveu como uma lata de lixo de menos de cinco metros quadrados. Ele frequentava a escola primária Princess Frederica e, diferentemente de Steve, Paul ou Wally, passou no seu exame de admissão. Isso lhe permitiu ir para a Escola de Gramática St. Clement Danes, só para meninos, onde provou ser um estudante sério e um pouco tímido. A timidez devia-se a ser ele filho único. Como a maioria de seus amigos da escola de gramática morava fora, em Greenford e Ealing – e como seus amigos de infância o renegaram pela audácia de passar no exame de admissão –, Glen encontrou consolo na música e começou a aprender sozinho a tocar guitarra.

Os pais de Glen alimentavam a esperança de que seu filho fosse para a universidade e se tornasse o primeiro homem da família Matlock a ganhar a vida sem sujar as mãos. Embora Glen tenha diligentemente conseguido "B" e "A" na escola, não tinha interesse em seguir carreira acadêmica. Ele também tinha uma aversão igualmente forte a trabalhar em um emprego padrão das 9 às 17 horas. Conseguiu um meio-termo quando prestou exame – e foi aceito – na St. Martins School of Art. Isso, no entanto, não era em razão de nenhum interesse particular em arte, mas sim porque havia lido que muitos músicos – particularmente John Lennon, Ray Davies e Keith Richards – haviam se matriculado em escolas de arte enquanto passavam o tempo antes de embarcar em suas trilhas musicais.

Foi enquanto estava no último ano da St. Clement Danes que ele começou a trabalhar na King's Road, nº 430. Como a maioria dos garotos de sua idade, Glen arranjou um emprego de meio período para ter algum dinheiro e alimentar pequenos luxos da vida. Seu primeiro contato com empregos casuais foi na loja de departamentos Whiteleys, o grande edifício branco vitoriano localizado na Queensway, em Bayswater, onde, por poucas horas depois da escola nas noites de quintas-feiras e o dia inteiro no sábado, recebia a principesca soma de 36 xelins ou 1,86 libra, seguindo a decimalização de 1971. Sua temporada na Whiteleys teve um fim abrupto em um sábado fatídico, quando a falta de sono – por um show a noite inteira no Lyceum Ballroom – resultou em um erro no caixa do escritório. Em lugar de ficar por perto e esperar até o gerente descobrir a quem culpar, ele abandonou seu posto e saiu em busca de um ganha-pão menos estressante.

Ele também estava em busca de um par de *brothel creepers* (modelo de sapatos) como os usados pelos *teddy boys* que frequentavam a King's Road e por Ronnie Lane dos Faces, seu herói musical da época. Após uma procura infrutífera nas tendas do mercado de rua Beaufort, Glen seguiu sua intuição e foi para a King's Road em direção ao World's End e à loja que satisfaria ambas as suas necessidades, e alteraria irrevogavelmente o rumo de sua carreira. Podemos perdoar Glen por ele ter se sentido como um Mr. Benn* ao entrar na Let It Rock, pois era como se ele estivesse passando através de um portal para a era de ouro do rock'n'roll. À parte os *brothel creepers* expostos na janela, ele também ficou fascinado pela atenção aos detalhes na recriação de uma autêntica sala de estar da metade dos anos 1950. Ele sabia que tinha de envolver-se naquilo de alguma forma e, enquanto o cara atrás do balcão (provavelmente Michael Collins, que gerenciou a loja entre 1972 e 1982) empacotava os sapatos, Glen perguntou se a loja precisava de uma ajuda extra. Era seu dia de sorte, já que não só adquiriu seus cobiçados *creepers* como também

---

*N.T.: Personagem de livro e desenho animado infantil, que começa suas aventuras pelo tempo e espaço adentrando em uma loja.

conseguiu um emprego que veio com um aumento de salário substancial (3,50 libras) para trabalhar apenas aos sábados. E, ainda por cima, podia ficar na cama até mais tarde, já que começava apenas às 11horas.

#

O teste de Glen aconteceu no quarto de Wally, na tarde seguinte ao show do Thin Lizzy. Apesar de ter impressionado seus potenciais companheiros de banda ao dedilhar o intrincado baixo da música dos Faces "Three Button Hand Me Down", seu código postal e o passado na escola de gramática depunham contra ele na opinião dos outros; eles achavam que Glen era muito puro para ser um "Swanker". Steve também estava preocupado se Glen iria hesitar em juntar-se a uma banda que havia roubado a maior parte de seu equipamento; talvez Glen até os denunciasse às autoridades. Então decidiram testar a impetuosidade daquele filhinho da mamãe submetendo-o a uma prova de fogo. Steve tinha recentemente saído da Marari's, na Shaftesbury Avenue, com um baixo, roubado simplesmente para impressionar sua última namorada e ganhar acesso à calcinha da menina. Sem cerimônias, entregou o instrumento a Glen com instruções para que conseguisse vendê-lo a um bom preço em uma das lojas de música do Tin Pan Alley.

Infelizmente para Glen, o esperto lojista farejou patifaria e o manteve esperando tempo suficiente para a chegada da polícia. Para acrescentar humilhação a seu rosto vermelho de vergonha, sua prisão aconteceu na frente de seus colegas da St. Martins, que estavam enfileirados do outro lado da rua acenando enquanto ele era encaminhado para a delegacia central do West End. Porém, em lugar de entregar Steve, Glen disse ao sargento da polícia que havia comprado o baixo de boa-fé de um sujeito no Roebuck Pub, na King's Road, e ainda o descreveu para o crédulo sargento. Vender bens roubados, embora não fosse tão sério quanto roubá-los, ainda era crime aos olhos da lei, mas os bons antecedentes de Glen fizeram com que saísse apenas chamuscado. A banda tinha encontrado seu novo baixista.

Nessa época, o contrato de aluguel de três meses no espaço de ensaio do Covent Garden tinha acabado, mas novamente a providência deu uma mão. O pai de Wally era um eletricista autônomo e tinha recentemente conseguido um contrato de trabalho nos velhos Estúdios Riverside da BBC, na Crisp Road, em Hammersmith (que hoje é um estúdio de televisão e já sediou o *TFI Today*, de Chris Evan). A tarefa do pai de Wally era substituir a fiação velha, o que levaria vários meses. Ao ouvir o dilema do filho, ele arranjou um jogo de chaves extra e os rapazes mudaram seu equipamento para a velha sala acústica do estúdio, uma das melhores da Europa.

Com controle total, embora temporário, sobre as instalações e um bar improvisado – por conta de Paul ter invadido o depósito da Watney's [fabricante de cerveja] –, os rapazes começaram a ensaiar seriamente. Estavam construindo um repertório sólido com clássicos dos anos 1960, como "Call Me Lightning", do The Who; "Understanding", dos Small Faces; "It's All Over Now", dos Rolling Stones; e "A Day Without Love", do Love Affair's. Mas sua escolha mais bizarra, dada sua futura notoriedade, foi "Build Me Up Buttercup", do Foundations, cujo nome mudaram para "Proctor & Gamble" inspirados pela companhia farmacêutica de mesmo nome, que fabricava o xarope infantil para tosse Buttercup.

Foi enquanto ensaiavam no estúdio da BBC em Hammersmith que se tornaram temporariamente uma banda com cinco integrantes: Malcolm trouxe Nick Kent para ser segundo guitarrista a fim de calçar o som e dar credibilidade à banda. Embora a chegada de Kent tenha possibilitado um incremento em seu já eclético repertório – a banda incluiu músicas como "I Can Feel The Fire", de Ronnie Wood, e "Slow Death", do grupo norte-americano Flamin' Groovies –, Steve e os outros nunca o consideraram nada mais do que ele era: um amigo drogado de Malcolm, que os acompanhava às vezes para sair e tocar. Kent podia ser uma ligação com o *NME*, mas definitivamente não era um Swanker, nem material da Strand.* Para começar, era quatro anos mais velho que os outros, tinha ido à universidade e sua criação conservadora de classe média também o colocava em desacordo com o etos de classe trabalhadora dos rapazes. A associação de três meses elegantemente desperdiçada do jornalista com a banda teve um fim abrupto quando Kent voltou para o escritório do *NME* na Carnaby Street. Ele mal poderia imaginar que em três anos a banda sem direção estaria no meio de um fenômeno cultural e musical, ou que seu nome iria se tornar intrinsecamente ligado aos Sex Pistols quando Sid (que por seu costume de empunhar uma corrente de bicicleta iria ganhar a célebre alcunha de Sid Vicious) o atacou sem motivo durante a apresentação da banda no 100 Club em 29 de junho de 1976.

O corte de guitarristas, porém, não terminaria com a partida de Kent. Malcolm voltou a Londres no verão de 1975, depois de uma tentativa mal concebida de ressuscitar a carreira doente dos New York

---

*N.T.: Famosa rua de Londres.

Capa pirata japonesa de "Silly Thing".

Dolls vestindo a banda com roupas de verniz vermelho e fazendo com que tocassem em frente a um fundo com o símbolo comunista da foice e o martelo. Sua primeira medida na volta foi persuadir Steve a abandonar o microfone e ficar com a guitarra, tornando assim obsoleto o serviço de seis cordas de Wally. Malcolm não se importava com o fato de Steve ter dificuldade em soletrar a palavra "guitarra" e, sobretudo, em tirar melodias do instrumento. O empresário vislumbrara o futuro do rock'n'roll em uma espelunca do Bowery chamada CBGB's, onde novas bandas cruas e excitantes como Talking Heads, Ramones e Television tocavam músicas simples de dois a três minutos para públicos extáticos todas as noites.

    Nessa época, os rapazes tinham feito sua estreia "ao vivo" tocando três músicas na festa de um amigo em um apartamento sobre o Café Tom Salter, na King's Road, nº 205. Hoje Glen alega lembrar muito pouco da apresentação a não ser que eles definitivamente tocaram "Scarface" e que foi uma festa ótima. E não é estranho, já que seria o equivalente a ver The Quarrymen ou Little Boy Blue and the Blue Boys – as bandas que antecederam os Beatles e os Rolling Stones – em ambiente mais íntimo, que ainda assim ninguém nunca tenha aparecido para "jurar que estava lá"?

#

Na última viagem de Malcolm aos Estados Unidos, os Dolls implodiram em um parque de *trailers* em Tampa durante uma modesta turnê nos estados do sudeste. Thunders e Nolan deixaram o grupo, e Malcolm e Sylvain ficaram sós sem nada em seu nome além de algumas poucas centenas de dólares e uma perua arrebentada. De volta a Nova York, os dois pararam em Nova Orleans pensando na possibilidade de recrutar alguns músicos de blues. Tocavam na Beale Street em troca do jantar, e queriam formar uma nova banda a ser liderada por Sylvain.

De volta a Nova York, Malcolm rapidamente esqueceu tudo sobre levar o *Big Easy** para a *Big Apple*** logo que testemunhou o que acontecia no Bowery: garotos com jeito de criança abandonada usando roupas baratas, tocando com instrumentos de segunda linha, com pouco ou nenhum talento musical, estavam levantando o lugar. No que dizia respeito a Malcolm, era sua falta de proficiência musical coletiva que tornava a cena toda mais excitante.

A atitude parecia ter substituído a aptidão. O Fleetwood Mac e os Eagles podiam ter enchido o Madison Square Garden, mas as bandas do Bowery eram provas vivas de que o rock'n'roll tinha finalmente retornado às ruas, seu verdadeiro lugar. E, embora cada banda do Bowery tivesse um estilo inimitável, seja no ritmo sincopado dos Talking Heads, seja na imagem caricaturesca dos Ramones, um garoto em particular captou o interesse *fashionista* de Malcolm: o baixista à Rimbaud do Television, Richard Meyers. Meyers chegara a Nova York vários anos antes com aspirações de tornar-se poeta e havia adotado o pseudônimo literário de Richard Hell. Malcolm o viu subindo ao palco do tamanho de um selo postal do CBGB's com cabelo desgrenhado espetado para todos os lados e alfinetes de segurança prendendo suas roupas rasgadas, mostrando-se para o mundo todo como o protótipo de punk que era.

John Lydon sem dúvida nega ter copiado o visual de Hell na sua própria persona punk, Johnny Rotten. Embora John fosse certamente uma figura notável na King's Road por volta de junho/julho de 1975, Hell pôde exibir fotografias tiradas uns 12 meses antes e provar que ostentava seu aparato de alfinetes de segurança, enquanto John ainda estava usando mechas à Hawkwind à altura dos ombros.

Malcolm tinha voltado a Londres estourando de entusiasmo, certo de que tinha seis meses antes que a Inglaterra entrasse na onda do que estava acontecendo do outro lado do oceano. Tentou persuadir Hell a

---

*N.T.: Em português, *Acerto de Contas*, filme que se passa em Nova Orleans.
**N.T.: A "grande maçã", apelido de Nova York.

acompanhá-lo de volta a Londres para ser o homem de frente da banda de Steve, mas, quando o poeta recusou o convite para permanecer em Nova York para cumprir seus anseios artísticos, Malcolm começou a cortejar Sylvain. O ex-Doll tinha inicialmente aceitado a proposta, e ainda deu a Malcolm seu querido Gibson Les Paul branco como prova de compromisso. Porém, quando Sylvain também caiu fora, Malcolm simplesmente passou para a opção C. Deu a Steve a guitarra de Sylvain – minando o papel de Wally no grupo – e um ultimato: três meses para familiarizar-se com o instrumento. Com Wally fora, ele encurtou o novo nome da banda – cortando o risível prefixo "Kutie Jones" – e pediu a todos para ficar de olho em um bom candidato para ser o homem de frente dos Sex Pistols.

CAPÍTULO 4

Os Garotos Olharam para Johnny

> *"Não sei nada sobre música.*
> *No meu negócio, você não precisa saber."*
> Elvis Presley (1935-1977)

O autor de *Sex Pistols: Day By Day,* Lee Wood, acreditava que 23 de agosto de 1975 tivesse sido o dia em que Glen levou John Lydon à SEX com o propósito de testá-lo como vocalista do Sex Pistols. Embora não haja provas que corroborem ou neguem a afirmação de Lee, acreditamos que a verdadeira data seja o sábado do dia 16, mesmo dia da abertura da temporada 1975-1976 do futebol. O Arsenal, clube amado de John, empatava sem gols em Lancashire, no Burnley. Caso contrário, ele e seus amigos – que por acaso também se chamavam John – estariam certamente vandalizando o North Bank de Highbury,* torcendo por seus heróis em vez de andar pelo World's End.

    Malcolm já sabia da existência de Lydon, um garoto com o estilo de Richard Hell e cabelo verde espetado; Bernie o vira com seus camaradas perturbando todo mundo na King's Road vários dias antes. Embora o cabelo de John fosse suficiente para interromper o trânsito na Londres da metade dos anos 1970, foi a camiseta customizada do Pink Floyd – com as palavras "EU ODEIO" rabiscadas sobre o logotipo da banda de rock progressivo – a chamar a atenção de Bernie. Ele ficara muito desconcertado para aproximar-se, mas, graças a Vivienne, que havia à mesma época encontrado o garoto em questão, ele já tinha um nome, e Bernie disse a Steve, Paul e Glen para procurarem um cara chamado "Spiky John".

    Novamente somos obrigados a incursionar pelo território dos "ses" e "es" e cruzar mais uma vez o ditado do latoeiro, porque o

---

*N.T.: Antigo estádio do Arsenal.

"Spiky John" a que Vivienne se referia era ninguém menos que John Beverley, que sem dúvida teria estado presente na SEX naquela tarde fatídica caso não estivesse envolvido na montagem de uma tenda em Portobello Market. *E*, embora John Beverley, ou "Sid", como era conhecido na fraternidade de "Johns", fosse um indivíduo notável e carismático que sobressaía na multidão, o destino havia decretado que ainda não era chegada sua hora sob os holofotes. *E,* sem o *alter ego* de Lydon, "Johnny Rotten", não teria havido holofote para ele. *Mas,* se Malcolm tivesse escolhido Sid em lugar de John, então os Sex Pistols – independentemente dos talentos de Glen como compositor de sucesso e os talentos empresariais de Malcolm – provavelmente não teriam ido muito além de se apresentar no circuito universitário de Londres e certamente não teriam conseguido um contrato com a EMI. O qual, por sua vez, levou à infame entrevista na televisão à hora do chá com Bill Grundy, que os levou à estrada da infâmia. *E,* caso Jim "Midge" Ure, que Malcolm e Bernie encontraram em uma loja de música de Glasgow enquanto tentavam livrar-se de alguns equipamentos excedentes da banda, não estivesse a ponto de alcançar o sucesso com sua banda Silk, que alcançou o número 1 da parada britânica de sucessos com "Forever And Ever", em fevereiro de 1976, então... bem, você deve ter entendido...

    John Joseph Lydon nasceu a 31 de janeiro de 1956, o primeiro de quatro filhos de John e Eileen Lydon, que, logo após se casarem – e acompanhados dos próprios pais –, chegaram a Londres em busca de trabalho. John pai era um tipo de "faz-tudo" e já havia sido mecânico de carros, motorista de caminhão, motorista e operador de guindaste. Logo após chegar a Londres de Galway, encontrou emprego trabalhando para a William Press & Company nas plataformas de petróleo do Mar do Norte, o que significava passar longos períodos longe de sua família. Depois de vários anos de uma existência nômade em Londres e nos arredores da cidade, bem como em cidades do sul à beira-mar, como Eastbourne e Hasting – na mesma época John contraiu meningite, o que o deixou com a visão prejudicada –, os Lydon voltaram a Londres, onde foram morar em Holloway Road antes de se mudarem para um apartamento do governo em Pooles Park, Finsbury Park.

    John perdeu um ano de aulas quando estava na escola primária Eden Park por conta da meningite, que quase o levou. Não é de surpreender, portanto, que ele não tenha passado em seu exame de admissão e tenha ido para a escola católica William of York (que depois se juntou ao Aloysius College). Foi nessa escola – ou assim ele contou a Jon Savage em *England's Dreaming* – que os alunos recebiam lavagem cerebral para aceitar que quando morressem passariam a eternidade assando no fogo do Inferno a menos que se dispusessem a "acreditar na luz de Jesus Cristo Todo-Poderoso e na santidade da Virgem Maria".

O próprio John admitia que era um aluno beligerante e que havia saído propositalmente de seu caminho, questionando os professores abertamente sobre seus métodos de ensino. Também se cansou de ser forçado a ouvir os dogmas religiosos e recusou-se a comparecer às missas matutinas obrigatórias da escola. Essa atitude descuidada em relação à autoridade sem dúvida o tornou popular entre seus colegas, mas aqueles no controle não gostaram de ser feitos de bobo, especialmente por um dos garotos aos seus cuidados, e John foi expulso. Seus pais foram à escola e rogaram ao diretor para reconsiderar sua decisão, mas aparentemente o corpo docente havia muito estava cansado de ver John usando seu uniforme – a expulsão foi confirmada. Ele foi forçado a realizar seu quinto e último ano de escola secundária no Stoke Newington College of Further Education, antes de obter a permissão dada relutantemente para voltar ao William of York para fazer seus exames de admissão, e passar.

Pode-se pensar que as experiências no William of York teriam sido suficientes para afastar John dos estudos, mas, depois de passar o verão de 1972 pulando de um trabalho sem futuro para outro, a maioria como operário na construção civil local, ele matriculou-se no Hackney Technical College para adicionar mais esse curso aos dois exames de admissão em que já tinha passado. Foi em Hackney que ele conheceu e tornou-se amigo de Simon John Beverley, também conhecido como John. O amor pela música – principalmente Bowie e Roxy Music – uniu os dois Johns e o par logo se tornou inseparável; um elo que se provou confuso e problemático para seus amigos em comum. A confusão foi felizmente resolvida pelo hamster desdentado da família Lydon, chamado "Sid" em homenagem ao antigo e lisérgico homem de frente do Pink Floyd, Sid Barret. O pequeno roedor tinha supostamente atacado John Beverley durante uma visita à casa dos Lydon em Finsbury Park, dando inadvertidamente à infeliz vítima seu monossilábico apelido.

Em setembro de 1974, John, servilmente acompanhado pelo recém-batizado "Sid", matriculou-se no Kingsway College, um instituto de educação de jovens e adultos em King's Cross onde os alunos podem conciliar trabalho e escola no sistema de *day-release*,* e garotos errantes podem recuperar o tempo perdido e obter as notas que lhes faltam nos exames de admissão. Foi aí que John encontrou outro futuro

---

*N.T.: Nesse sistema, os alunos têm um dia de folga no trabalho para estudar.

confederado do rock'n'roll, John Wardle, do East End, que havia sido obrigado a matricular-se no Kingsway depois de sua expulsão recente da London Nautical School. Wardle foi calorosamente recebido pela turma de "Johns" e devidamente batizado como Jah Wobble, nome que continua a funcionar até o momento. O nome surgiu porque era assim que Sid pronunciava John Wardle quando bêbado – um fato trazido à luz pelo próprio Wobble em sua biografia de 2009. Foi também durante a estadia em Kingsway que John se tornou-se ainda mais ligado em moda e começou a experimentar com seu estilo de vestir. "Costumávamos ir a lojas longe do estilo de Ilford", Wobble disse a Jon Savage em *England's Dreaming*. "John usava cabelo comprido, um paletó preto de smoking e calça *baggie*, mas um dia apareceu com os cabelos descoloridos e curtos e disse que havia encontrado seu estilo."

O recém-encontrado estilo de vida "protopunk" de John, surgido durante o verão de 1975, resultaria em sua exclusão da casa dos pais por ter raspado o cabelo *hippie*. Ele então decidiu clarear e colorir o que havia sobrado de cabelo. Infelizmente para ele, entretanto, a tintura azul que havia escolhido era na verdade tintura de tecido e sua reação química com o descolorante deixou o cabelo de John com uma estranha tonalidade de verde. Ser expulso da escola era uma coisa, mas ficar se gabando disso era ir longe demais, na opinião de seu pai, que lhe mostrou a porta da rua. Ele poderia, é claro, ter facilmente se atirado aos pés do pai pedindo clemência, mas aceitou a decisão patriarcal com graça e foi viver com Sid em um cubículo de Hampstead. Nessa época, os três "Johns" iam regularmente à King's Road perturbar os passantes e também ficar de olho na moda. Acabavam invariavelmente no World's End e na SEX.

#

John não tinha ambição de juntar-se a uma banda, ser seu único vocalista e, caso lhe perguntasse, compararia sua voz a um violino desafinado. No entanto, a oferta de Glen para encontrar-se com Malcolm e o restante da banda à noite no pub Roebuck, na vizinhança, era um convite que ele simplesmente não poderia recusar. Com seu velho amigo de escola John Grey (que por padrão foi cofundador dos "Johns") dando apoio moral, John chegou no Roebuck na hora marcada. Glen, tendo combinado o encontro, fez o máximo para que os recém-chegados se sentissem bem-vindos. Steve, no entanto, estava menos confortável e instantaneamente sentiu antipatia por ele, confundindo timidez com atitude. John estava compreensivelmente nervoso, e suas respostas bruscas e evasivas à sondagem de Malcolm pouco fizeram para amenizar o humor de Steve. Ele concordou, no entanto, com a proposta de Malcolm para acompanhá-los à loja para um teste improvisado. O equipamento da banda estava montado em seu último espaço de ensaio, o andar de cima do pub The Crunchy Frog, em Rotherhithe, sudeste de Londres. Malcolm improvisou colocando John para cantar ao som da *jukebox*. A música escolhida foi "I'm Eighteen", de Alice Cooper, o roqueiro escandaloso americano ganhador de um disco de platina em 1971 pelas vendas de *Love It To Death*. Na ausência de um microfone, John cantou em um chuveiro de plástico.

Seus berros convulsivos podiam ter deixado Steve indiferente, mas Glen e Paul estavam dispostos a olhar além dos limitados talentos vocais de John e sabiam que haviam encontrado seu talismâmico homem de frente. Convidaram John para um ensaio, o que nunca aconteceu porque Steve, tendo tido a chance de trabalhar Glen e Paul longe das vistas de Malcolm, os havia convencido de que John era um babaca e que provavelmente não apareceria de qualquer jeito. Mas John, novamente com John Grey para apoiá-lo, apareceu, e basta dizer que não ficou nada satisfeito de andar à toa por Londres para ser feito de idiota. "Eu me senti um idiota andando por Bermondsey Wharf", contou mais tarde. "É perigoso por lá, particularmente por conta de meu visual na época."

Glen ficou encarregado de telefonar para pedir desculpas e suportar a ira homicida de John. Conseguiu, porém, fazer com que John concordasse em comparecer a um segundo ensaio, desta vez em um novo e muito menor espaço sobre o pub The Rose & Crown, em Wandsworth. Sua temporada no pub, porém, foi de curta duração, já que o proprietário estava simplesmente em busca de meios para complementar sua renda no bar e não tinha se incomodado em instalar nenhum isolamento acústico. Um acorde de guitarra foi suficiente para que a vibração fizesse as bolas de bilhar se mexerem sobre a mesa. A banda visitou vários outros possíveis espaços de ensaio sobre pubs ou em centros comunitários e galpões, mas nenhum deles servia por uma razão ou outra. A banda tinha seu vocalista, mas não havia lugar para que tocassem e o interesse de John começava a desaparecer.

Foi então que Malcolm finalmente selou um compromisso firme com a banda, garantindo o depósito de mil libras para um espaço de ensaio localizado nos fundos da Denmark Street, no coração do Tin Pan Alley. O espaço de dois andares era de propriedade de Bill Collins, pai do ator Lewis Collins, famoso pela série televisiva *The Professionals*. Consistia em um sótão no andar de cima e uma sala de ensaio com isolamento localizados nos fundos do número 6 da Denmark Street, apenas acessível a partir da rua por uma passagem dickensiana, estreita e úmida. As instalações também contavam com um porão infestado de ratos, mas, como John já tinha trabalhado como exterminador de ratos, ele e o restante da banda mantiveram-se longe do porão e seus habitantes transmissores de doenças.

Bill Collins estava no ramo de música desde a metade dos anos 1960, quando fora *roadie* dos Beatles. Tinha passado a empresário pop com a banda Mojos e mais tarde com a Badfinger, cuja música "Without You", do álbum de 1970 da banda, *No Dice*, tornou-se um enorme hit de Harry Nilsson em 1972 e de Mariah Carey em 1993. O Badfinger já tinha sido aclamado herdeiro da coroa dos Beatles, mas a carreira malsucedida da banda foi marcada por má gestão e processos judiciais, culminando tragicamente com o vocalista Pete Ham enforcando-se em seu estúdio na garagem em abril de 1975, deixando vaga a sala de ensaios. Coincidentemente, a história do Badfinger teve outro episódio trágico com o parceiro musical de Ham, Tom Evans, que também cometeu suicídio em 1983.

O andar térreo, embora totalmente à prova de som, era escuro e sujo; e o fedor do lavatório entupido do lado de fora da sala havia permeado a cortiça. Não importava. Os rapazes estavam felizes simplesmente por terem um espaço de ensaio permanente, especialmente Steve e Glen, que transformaram o sótão em seu apartamento eventual. Uma tarde, para matar o tempo, John desenhou com pincel atômico nas paredes no andar de cima caricaturas de Steve, Sid e Nancy, que ele chamou de Fatty Jones, Ego Sloshus e Nancy Spunger respectivamente. Falam também de outra caricatura de Malcolm segurando um saco cheio de libras! E, como pode ser visto nos extras do DVD dos Sex Pistols *Knowledge of London,* os inquilinos subsequentes – e o atual – têm respeitado esse divertido legado histórico; assim, as caricaturas sobrevivem até hoje.

Passadas as semanas de mudança para o novo QG, no entanto, Paul anunciou uma bomba: estava deixando a banda. O baterista citou o estilo rudimentar da guitarra de Steve como o motivo de sua decisão, mas Glen acredita que Paul estava usando a suposta falta de talento de seu colega para ganhar tempo. Ele estava prestes a fazer seu exame para ser eletricista na City & Guilds e queria ter uma qualificação caso o grupo implodisse. Com o benefício da retrospectiva, a alegação de Glen certamente fazia sentido, embora Steve, graças à ajuda de estimulantes comumente conhecidos como "Black Bombers" (anfetaminas), tenha sido realmente capaz de progredir a cada ensaio.

Malcolm conseguiu acalmar Paul concordando em trazer outro guitarrista para suplementar Steve, mas sua procura – com exceção de Steve New que, com apenas 15 anos, foi considerado muito jovem – em última análise acabou dando em nada. E, curiosamente, o baterista – depois de ter passado em seu exame – permaneceu em seu posto.

O anúncio que Malcolm colocou na sessão "classificados para músicos" do *Melody Maker* de 27 de setembro pedia um "guitarrista pilhado, de não mais que 20 anos e que não tivesse um visual pior que o de Johnny Thunders". Apesar de não ter contratado ninguém por meio do anúncio, ele não foi um total desperdício de tempo e dinheiro, já que proporcionou que pessoas de ideias parecidas – Mick Jones, estudante de arte, e Tony James, formando de matemática da Brunel University – entrassem na órbita da banda. Jones e James eram ambos fanáticos pelos New York Dolls e acreditavam ingenuamente que eram os únicos em Londres ligados na banda norte-americana. Ambos estavam tentando montar sua própria banda – a agora legendária London SS –, promovendo sem sucesso testes para vocalistas e bateristas em seu arrebentado espaço de ensaio em um porão sob o café Paddington Kitchen na Praed Street, 113-115. Não podiam acreditar em seus olhos quando leram o anúncio dos Pistols mencionando o nome de seu ídolo Johnny Thunders.

Por intermédio de sua ligação com Bernie – que a essas alturas tinha cortado suas perdas e rompido todos os laços com Malcolm diante da falha deste último em lhe oferecer sociedade igualitária nos Sex Pistols –, fizeram uma visita à Denmark Street. Na verdade, esse dito encontro de pessoas com ideias parecidas levou Mick, aferrado à ideia de tocar com Steve, Paul e Glen, a ser considerado para o posto de segundo guitarrista dos Sex Pistols. Porém nada vingou, já que ninguém tinha certeza de onde Mick morava!

Agora que a banda finalmente tinha um lugar para chamar de seu, aplicaram-se em compor novas músicas com que pudessem fazer um nome por si mesmos no circuito ao vivo. "Scarface", sua única música original até então, foi retrabalhada com a nova letra de John intitulada "Did You No Wrong". Outra oferta de John foi "Only Seventeen" (mais tarde encurtada para "Seventeen"). Glen fez "Pretty Vacant", que foi inspirada em parte por um panfleto que Malcolm tinha trazido de Nova York anunciando um show da banda Television no CBGBs. O panfleto anunciava vários títulos de músicas de bandas, uma delas era "I Belong To The Blank Generation", de Richard Hell. Outra das primeiras composições de Glen foi "Go Now", mas a cantiga adoçada com sacarina foi rapidamente cortada por John recusar-se a cantá-la. A banda completava seu repertório magro com *covers* adequados, como "Psychotic Reaction", do Count Five; "Through My Eyes", do Creation; "Substitute", do Who; "Steppin' Stone", dos Monkees; "No Lip", de Dave Berry; e "Whatcha Gonna Do About It", dos Small Faces, que John distorceu para adequá-la às suas necessidades: "I want you to know that I *hate* you baby/I want you to know I *don't* care". (Quero que você saiba que eu te *odeio*, baby/Quero que você saiba que eu *não* ligo".)

Foi durante esses primeiros ensaios na Denmark Street que Steve se tornou querido por seus colegas de banda por tentar forçar Glen a comer um sanduíche de fígado picado e água quente que antes usara como uma vagina improvisada (embora essa história tenha sido negada por todos os membros da banda). Também foi nessa fase que a mudança de nome de seu homem de frente para Johnny Rotten tomou lugar, por conta de John tossir constantemente muco e catarro – uma sequela do ataque de meningite de sua infância – e de seus molares de nicotina terrivelmente negligenciados. O nome pegou, para desgosto de John, e Steve mal poderia imaginar que sua observação cortante sobre a indiferença de John à higiene dental se tornaria um dos nomes mais emblemáticos do rock. Em 12 meses, a Fleet Street também deveria a Steve um débito de gratidão, já que "Johnny Lydon: Rei dos Punks" não tem o mesmo apelo que "Johnny Rotten".

Sendo Larry Parnes seu herói, é de se surpreender que Malcolm não tenha pensado em competir com o empresário do Tin Pan Alley conjurando um nome mais rock'n'roll para John Lydon. A lista de Parnes, que ostentava galãs adolescentes como Billy Fury (Ronald Wycherley), Marty Wilde (Reginald Smith), Vince Eager (Roy Taylor), Dickie Pride (Richard Knellar) e Johnny Gentle (John Askew), era toda composta por nomes artísticos do rock'n'roll. Porém, Joe Brown, a quem Parnes queria chamar de Elmer Twitch, compreensivelmente fez pé firme e argumentou que, se "Joe Brown" era bom o bastante para as pessoas comuns, então também era para ele. Ele tinha razão, afinal Elvis Presley, o rei do rock'n'roll, subiu ao trono usando o nome com o qual havia nascido.

#

Os Sex Pistols fizeram sua estreia em shows em uma sala pequena e desconhecida no andar superior da St. Martins School of Art, na Charing Cross Road, em uma quinta-feira, 6 de novembro de 1975. Eram a banda de apoio do Bazooka Joe, um grupo de rock'n'roll revivalista que havia tirado seu nome do herói de tapa-olhos da tira de quadrinhos *Bazzoka bubblegum*. Por acaso, em 6 de novembro de 2005, estávamos ambos na St. Martins para assistir Glen descobrir uma placa azul comemorativa do 30º aniversário do evento. Em 1975, porém, o relacionamento de Malcolm e Vivienne estava novamente em baixa e, depois de uma série de brigas infindáveis, Malcolm pegou suas coisas e mudou-se de Nightingale Lane para morar com Helen Wellington-Lloyd em seu apartamento de um quarto na Bell Street, nº 93, bem na saída da Edgware Road em Marylebone. Esse endereço a partir de então constaria nos cartões de negócios como sede da Glitterbest Managment, mesmo que a empresa de fato ainda não existisse.

Ao contrário de outras futuras aventuras ao vivo da banda – como o show no El Paradise Strip Club, Londres, em 4 de abril de 1976, o primeiro show no Manchester Lesser Free Trade Hall (4 de junho de 1976), o "Midnight Special" no Screen On The Green (29 de agosto de 1976) ou o 100 Club Punk Festival (20/21 de setembro de 1976) –, ninguém do povão "jura que estava lá" para testemunhar a estreia caótica dos Sex Pistols. Em primeiro lugar, porque ninguém fora do círculo imediato da banda e da equipe da SEX sabia que os Sex Pistols existiam. No entanto, alguém que pode sem dúvidas dizer que estava presente é Stuart Goddard, baixista da banda principal. Ele mais tarde reinventaria a si mesmo como Adam Ant, é claro.

Ele lembra de ser tomado pela "mentalidade de gangue" dos Sex Pistols e seu jeito de vestir chamativo, que era certamente raro para a Londres do final de 1975. E também ficou impressionado com a atitude "nem aí" de Rotten, bem como pelas músicas de três minutos da banda, desprovidas de enchimentos extravagantes ou solos de guitarra. Como todos sabem, alguém do pessoal do Bazooka Joe desencadeou o caos ao puxar o plug durante a apresentação dos Pistols, depois de apenas cinco músicas, o que levou a uma confusão, com John chamando a banda principal de "bando de babacas do caralho". Embora os demais Bazooka Joe menosprezassem os Sex Pistols como uns amadores baratos, o futuro senhor Ant teve sensibilidade para reconhecer que uma mudança estava no ar, de modo que saiu do grupo no dia seguinte para formar sua própria banda.

Há quem tente fazê-lo acreditar que os Sex Pistols estouraram na estável cena musical britânica da metade dos anos 1970 como uma repentina enchente bíblica, varrendo para longe tudo o que havia antes deles. É claro que não se trata disso, já que 13 meses de trabalho duro se passariam entre a estreia da banda no St. Martins até sua primeira aparição na televisão no programa de Bill Grundy, que deu a eles projeção nacional. Cada um dos primeiros shows – que aconteciam predominantemente no circuito das faculdades e universidades de Londres – servia para polarizar o público. Enquanto a maioria dos estudantes presentes balançava a cabeça em desaprovação e buscava o bar ou a saída, os ouvintes de mente aberta, mais em busca de emoção do que de exatidão, eram convertidos à causa instantameamente.

Muito lentamente, os Sex Pistols começaram a reunir um grupo colorido e eclético de seguidores que ficou conhecido como o "Bromley Contingent". Foi Vivienne ou a aficionada punk do *Melody Maker*, Caroline Coon, que involuntariamente deu origem à lenda, dando o nome para a equipe suburbana formada por Simon Barker, Susan 'Candy Sue' Ballion (Siouxsie Sioux), Steven Bailey (Steve Severin), Bill Broad (Billy Idol), Debbie 'Juvenile' Wilson, Simone Thomas e Bertie 'Berlin' Marshall. A maioria deles era frequentadora do World's End e da SEX na época em que conheceram os Sex Pistols.

É justo dizer que os shows de baixo impacto em faculdades onde a banda se apresentou durante o inverno de 1975-1976 não teriam público se não fosse por Candy Sue Ballion e sua obsessão por *Cabaret*, filme de 1972, dirigido por Bob Fosse e estrelado por Liza Minnelli, que interpretava Sally Bowles, uma jovem vedete de cabaré na Berlim da República de Weimar que seduz um jovem inglês (Michael York) enquanto o partido nazista de Hitler subia ao poder. Realmente, o Bromley Contingent poderia ter sido perdoado por pensar nos Sex Pistols como sua banda pessoal. Mas as garotas que frequentavam o The Cavern Club, em Liverpool, durante o começo dos anos 1960 diriam com prazer que nada permanece em segredo para sempre...

Em 12 de fevereiro de 1976, os Sex Pistols conseguiram um espaço inesperado abrindo para os queridinhos da mídia de então, Eddie & the Hot Rods, no Marquee Club, na Wardour Street. A abertura era vista como um meio de preparar o caminho para tornar-se a banda principal, mas uma altercação com os empresários do Hot Rods – dessa vez por conta de John ter maltratado o PA dos Rods – fez com que os Pistols fossem banidos da prestigiosa casa de espetáculos do Soho; essa seria a primeira de várias expulsões que a banda colecionaria em Londres durante 1976. O "espaço", no entanto, não veio de sua performance, elétrica como era, mas porque Steve capturou a atenção de Neil Spencer, da equipe do *NME*, com seu comentário hoje lendário: "Nosso negócio não é música; é o caos". A manchete de Spencer para a crítica subsequente do *NME*, que não mencionou nada sobre os Hot Rods, foi a primeira a noticiar que as coisas nunca mais seriam as mesmas: NÃO OLHE PARA TRÁS, MAS OS SEX PISTOLS ESTÃO CHEGANDO.

Foi no show do Marquee que o *road manager* da banda, Nils Stevenson (tudo indica que ninguém nunca o chamou por seu nome de batismo, Rolf), teve a experiência de ver os Sex Pistols ao vivo pela primeira vez. Ele já havia encontrado Steve e Paul no Roebuck e, embora os tivesse achado um simpático par de malandros, não conseguia entender por que Malcolm estava pondo tanta fé naquela banda. Porém, foi instantaneamente fisgado pela choocante presença de palco de Rotten.

Nils era de Dalston, leste de Londres, e, como Malcolm, tinha dado as costas à escola de arte. Depois de um curto período trabalhando para o crítico de balé do *Observer*, Richard Buckle, Nils cuidava de uma tenda no Beaufort Street Market. Ele já conhecia Malcolm e Vivienne socialmente, já que os três – geralmente com a ex-namorada de Nick Kent e futura estrela do Pretenders, Chrissie Hynde – iam a festas do escultor e socialite Andrew Longan em seu estúdio Shad Thames, em Butler's Wharf. Uma vantagem adicional de trazer Nils a bordo era que seu irmão mais velho, Ray, um renomado fotógrafo de rock que passara sua época de aprendiz clicando gente como David Bowie e Marc Bolan na cena folk da metade dos anos 1960, havia saído de seu exílio autoimposto como motorista de táxi, e estava disposto a prestar os serviços de sua câmera gratuitamente. O primeiro contrato de Ray com os Sex Pistols aconteceu cinco dias após o show do Marquee no St. Albans College of Art & Design em 19 de fevereiro. No curso dos próximos 18 meses, ele tiraria centenas de fotografias da banda, muitas das quais apareceram pela primeira vez em seu *Sex Pistols Scrap Book*, publicado por ele mesmo, e mais tarde no *Sex Pistols File* (Omnibus Press).

Em 14 de fevereiro, novamente assistidos por Neil Spencer, os Sex Pistols causaram outro tumulto, dessa vez no Baile dos Namorados de Andrew Logan em seu estúdio alugado. Logan, que fundou o concurso de Miss Mundo Alternativo em 1972 (evento no qual ele ainda permanence ativamente envolvido), era bem conhecido na cena da moda londrina, e no começo daquele mês havia encontrado Malcolm e Vivienne no ICA (Instituto de Artes Contemporâneas), que estava sediando o Fashion Forum, evento com uma semana de duração para novos estilistas. Ele ingenuamente permitiu que o par conivente o convencesse de que seu baile vindouro não estaria completo sem a apresentação dos Sex Pistols. Promover, é claro, é a essência do papel do empresário, mas Malcolm tinha outra intenção menos altruísta. Ele havia convidado Spencer e todo mundo que conhecia em Londres para o show. E – tendo garantido que os quatro membros da banda estariam devidamente vestidos com camisetas SEX – estava determinado a dar ao jornalista assunto para escrever.

Quando chegou o momento de a banda subir ao palco improvisado – feito com cenários do filme de estreia do diretor Derek Jarman, *Sebastiane*, e um castelo que Logan havia comprado do departamento infantil da recém-fechada loja Biba –, John desapareceu. Malcolm tinha propositalmente dado instruções para manter o cantor do lado de fora, no frio, até bem depois de que Steve, Paul e Glen tivessem subido ao palco, pois sabia que John estava drogado e o resultado poderia ser interessante para Jarman, que estava pronto para filmar os acontecimentos com sua câmera Super 8.

Trechos da apresentação da banda podem ser vistos em *A Grande Trapaça do Rock'n'Roll*. John estava fora de si, sob efeito de uma combinação de ácido e anfetamina. E, quando Vivienne finalmente abriu a porta para deixá-lo entrar, ele a socou no olho antes de sair em busca de outro drinque. O estúdio de Logan tinha um telhado de metal ondulado como um hangar de aviões. O som ricocheteou na peça e reverberou, fazendo com que muitas das obras premiadas do escultor se espatifassem no chão. Malcolm empurrou Jordan para o palco e disse a ela para tirar a roupa. Jordan inicialmente recusou-se a cumprir o esquema, mas acabou cedendo e pulou no palco ao lado de John, que rasgou sua blusa, permitindo a todos no lugar um vislumbre de seus peitos balançando. Como esperado, Spencer sacou sua câmera, e a foto resultante também acabou no *NME*. A Grã-Bretanha podia estar afundando sob uma montanha de dívidas, com falências que alcançavam um impressionante índice de 110% em dados de 1973, mas os Sex Pistols estavam em ascensão.

#

Brian Southall, em seu livro altamente informativo e agradável, *Sex Pistols: 90 Days at EMI* (Bobcat Books), admite de maneira clara que deixou passar a crítica do Marquee de 21 de fevereiro de 1976, feita por Neil Spencer. A perda deixou seus chefes na EMI desapontados, pois vasculhar o *NME* e os semanários de música em busca de "fuxicos interessantes da indústria da música" faz parte do trabalho de um assessor de imprensa. O fato de os Sex Pistols terem permanecido sem contrato por outros oito meses apenas mostra que Brian não era o único membro da indústria da música a cochilar naquela semana. Mas as reverberações da crítica de Spencer tinham ido longe; de repente, os Sex Pistols não eram mais "o segredo mais bem guardado" de Londres.

Um jovem que havia sido estimulado pela crítica de Spencer foi o estudante de 23 anos do Bolton Institute of Technology, Howard Trafford, que, com seu colega e parceiro musical Pete McNeish, formaria o núcleo do Buzzcocks. Essa foi a banda que rejuveneceu a cena musical de Manchester da metade dos anos 1970 e que, em última instância, gerou a "Madchester" e inspirou bandas como Stone Roses, Charlatans, Oasis e Happy Mondays; e também emprestou o nome ao *quiz show* do canal BBC2 (o programa britânico *Never Mind The Buzzcocks*, que ficou no ar por muitos anos).

Howard, vindo das Midlands britânicas, estava sofrendo de uma "crise da meia faculdade". Estudava humanidades e, já tendo feito picadinho de seu curso de psicologia, estava em busca de outras distrações menos estressantes. Ele havia se tornado parceiro de Pete, três anos mais novo, por meio de seu anúncio de "precisa-se de músicos" no mural de avisos da faculdade. Enquanto Howard era um novato, ainda que não com uma atitude afetada, Pete tinha cinco anos de experiência como guitarrista tocando em sua banda Kogg, da Leigh Grammar School, e na Jets Of Air, que complementava suas próprias composições com *covers* de Bowie, Roxy Music e Velvet Underground.

"Eu já curtia Stooges na época da crítica de Neil Spencer para o *NME* e tentava montar um projeto musical que também fosse de contestação", diz hoje Howard. "E então li sobre uma banda caótica em Londres chamada Sex Pistols e que tocava uma música dos Stooges. Então pensei 'ei, isso é interessante'. Daí eu e Pete pegamos emprestado o carro de um amigo e dirigimos até Londres no dia seguinte. Howard ligou para Neil Spencer no *NME,* que disse a ele que o empresário dos Sex Pistols também tinha uma loja chamada SEX na King's Road. Então, depois de um desvio até Reading para pegar seu amigo comum Richard Boon (que iria empresariar os Buzzcocks no começo), os três foram até a Sloane Square e seguiram até a King's Road, nº 430, cheios de expectativas de que a loja fosse uma ponta de estoque das picantes *lingeries* de Ann Summers. Compraram um exemplar do *Time Out,* famoso guia do que "acontece" em Londres, e acharam que sua viagem de mais de 800 quilômetros (ida e volta) à capital tinha sido em vão, já que não havia menção de nenhum show dos Sex Pistols em vista. Mas a sorte sorriu-lhes, já que a banda ia fazer outro baile dos namorados naquela mesma noite, dessa vez no Bucks College of Higher Education em High Wycombe, abrindo para Screaming Lord Sutch. Melhor ainda, outro show também estava marcado para a próxima noite em Welwyn Garden City.

Screaming Lord Sutch, nascido David Edward Sutch, adotou seu prefixo "Screaming" durante a metade dos anos 1960 em homenagem ao cantor de blues Screamin' Jay Hawkins. Caso você esteja imaginando de onde vem o "Lord", a verdade é que ele aproveitou as leis do *deed poll** para declarar-se o terceiro conde de Harrow, apesar de não ter nenhum laço com a nobreza. Durante a primeira metade dos anos 1960, lançou vários *singles* que tinham o terror como tema, sendo o mais popular "Jack The Ripper". Ele era a atração perfeita para os Pistols abrirem.

Na época do show do High Wycombe, os Sex Pistols tinham dez apresentações pela frente e estavam tornando-se rapidamente uma banda profissional; uma "pequena e afiada unidade de guerra", como John Lydon lembra em *O Lixo e a Fúria*. Paul e Glen estabeleceram uma sintonia digna de Wyman e Watts ou Entwistle e Moon, permitindo que Steve, que havia crescido na guitarra rapidamente, e John enlouquecessem no palco; a única crítica ficava por conta da imitação gritante do estilo de guitarra de Pete Townshend e das poses à Johnny Thunders. Não contente com a Les Paul de Sylvain, Steve estava roubando o estilo de palco de outro Doll.

Novamente a performance de alta combustão dos Sex Pistols incluía "No Fun", um *cover* dos Stooges, a música que havia tocado desde o início os ouvidos de Howard. Havia também duas composições novas: "New York", crítica ácida da cena musical nova-iorquina em geral e do New York Dolls em particular, e "Submission", uma zombaria bem-humorada de seu empresário obcecado por sadomasoquismo.

O baile dos namorados era supostamente uma noite para os rapazes do Bucks College expressarem seus sentimentos pelo sexo oposto e também molharem o biscoito. No entanto, um número considerável de estudantes masculinos tinha a intenção de testar a bravata dos Pistols de que preferiam a desordem à música e invadiram o palco durante "No Fun". E, de fato, o show poderia muito bem ter mergulhado no caos se não fosse pelo amigo de Steve e Paul, o formidável Steve English e sua gangue, que arrancaram os invasores do palco antes de formarem

---

*N.T.: Documento legal britânico que pode prever, entre outras possibilidades, a mudança do nome de um indivíduo.

uma linha em frente à banda para manter os estudantes afastados. Nem todos, no entanto, eram contrários à banda, e mais outra leva de pessoas foi convertida à causa. Um destes era o amigo de Sutch, Ron Watts, *promoter* do 100 Club. Ele estava impressionado o bastante para oferecer ao grupo um espaço na "Noite das Novas Bandas" de 31 de março, em seu sedado porão dedicado ao jazz no clube da Oxford Street, o que garantiu aos Pistols uma residência nas noites das terças-feiras a partir de 11 de maio.

No show de Wycombe, John envolveu-se em outra briga com a atração principal por ter perdido o controle e estraçalhado um microfone com defeito – mas ainda caro – no chão do palco durante a apresentação da banda. Quando Sutch confrontou John depois que os Pistols saíram do palco, ele teve a audácia de negar sua responsabilidade apesar de todos os presentes terem testemunhado a destruição arbitrária do microfone.

A intensidade escaldante da performance da banda também tinha justificado a doida jornada de Howard e Pete dirigindo desde Manchester. Uma vez que fizeram os arranjos necessários com Richard para ficarem uma noite a mais e assistirem aos Pistols no Welwyn Garden City, aproximaram-se de Malcolm com uma oferta para os Pistols irem ao norte tocar em sua faculdade. Malcolm – tendo designado Nils como *road manager* – estava naturalmente ansioso para ampliar os horizontes da banda, bem como cultivar a exposição nacional organizando alguns shows pelo país. Logo, agendou-se uma data: sexta-feira, 4 de junho.

#

No dia 3 de abril, os Sex Pistols chegaram ao The Nashville Rooms, na North End Road, nº 171, em West Kensington, para abrir para os baluartes do *pub rock*,* os 101'ers. Os 101'ers tinham inspirado seu nome no número do cortiço onde moravam, no número 101 da Walterton Road, em Maida Vale. Tinham John "Woody" Mellor, mais conhecido como Joe Strummer, nos vocais. Eles haviam conquistado um grupo fiel de seguidores em seus dois anos de carreira e vinham sendo apontados como sucessores dos *pub rockers* Dr. Feelgood no *mainstream*. Mas uma piscada dos enormes olhos de Rotten e um verso e coro da música de abertura dos Pistols "Did You No Wrong" bastaram para Joe: ele teve uma epifania sísmica similar à de São Paulo em sua viagem a Damasco. Quando as duas bandas voltaram ao Nashville em 23 de abril, Joe dei-

---

*N.T.: Movimento musical londrino do final dos anos 1970.

xou atônitos seus parceiros do 101'ers ao anunciar que estava deixando a banda à qual havia sido fundamental para juntar-se a Bernie, Mick Jones e Paul Simonon – todos presentes naquela noite – para formar o Clash. O último show do 101'ers foi abrir para os Sex Pistols no 100 Club em 15 de junho.

Conta a lenda que Mick e Paul, com Glen, que a essas alturas estava travando amizade com Mick, encontraram-se com Joe no Portobello Market em uma tarde de sábado. Eles despertaram o interesse de Joe em uma parceria musical elogiando seus talentos e ao mesmo tempo fazendo pouco de sua banda. Outra parábola do punk sobre o nascimento do Clash é que Mick e Paul se aproximaram de Joe na agência de auxílio desemprego de Lisson Grove, enquanto os três estavam na fila para pegar suas bolsas semanais. Muita água passou sob a ponte durante todos estes anos, tanta que nenhum dos protagonistas pode lembrar quem disse o quê a quem ou onde o encontro tomou lugar. É suficiente dizer que Joe era experiente o bastante para reconhecer que o tempo dos 101'ers tinha passado e aceitou a oferta de Bernie para pisar no futuro.

Joe não foi o único a reconhecer a grande mudança iminente. Os *promoters* do Nashville – que deviam ter visto as duas páginas sobre os Sex Pistols escritas por Jonh Ingham (ele escreveu assim, não pergunte) na *Sounds* e estavam ansiosos para pegar essa onda – elevaram a banda à atração principal, involuntariamente martelando outro prego no caixão dos então à deriva 101'ers. Este, é claro, foi o show que forjou o primeiro elo de uma relação de trabalho de nove meses com Dave Goodman, que se tornou o primeiro engenheiro de som da banda.

A apresentação de Ingham tinha também aumentado os níveis de expectativa, mas os Sex Pistols permaneceram imperturbáveis e encaravam seu novo *status* com indiferença. Depois de trocar gentilezas com rostos familiares salpicados entre o público sentado, eles lançavam-se aos seus números, que incluíam várias novas músicas como "Problems", "No Feelings" e "Satellite" (esta sendo o mais perto que a banda chegaria da composição de uma música de amor). Diz a lenda que a música é sobre Shanne Hasler, uma estudante de St. Albans que John conheceu quando a banda voltou a tocar na cidade em fevereiro. John teria supostamente aparecido com a letra ácida em resposta a Glen ter brincado com ele sobre sua nova namorada.

A regra da Nashville de colocar várias fileiras de assentos diretamente em frente o palco, não importava quem estivesse tocando, era pouco propícia a uma atmosfera de rock. John estava particularmente moderado, até mesmo se refreando em suas brincadeiras com o público entre uma música e outra. Mas justamente quando o show estava sob o perigo de decair na normalidade, Vivienne – que havia retornado do bar para achar seu acento ocupado – aumentou os níveis de intensidade agarrando a usurpadora pelo cabelo e a arrastando para fora do assento. O infeliz namorado *hippie* da garota, que estava sem dúvida ansioso para impedir uma confusão com o público dos Sex Pistols, tentou em vão separar as duas mulheres, recebendo um soco indireto de Malcolm para sua infelicidade. Sid, que estava assistindo a tudo dos bastidores, tomou para si a tarefa de defender a honra de Vivienne e veio cobrar satisfações com os punhos em riste. Os amigos do *hippie* mal conseguiam permanecer sentados olhando para seus sapatos enquanto seu parceiro levava uma surra de Sid, mas, no momento em que resolveram tomar uma atitude, John e o restante dos Pistols tomaram isso como uma sugestão para que largassem os instrumentos e partissem para as vias de fato. A ordem foi rapidamente restaurada, e a banda voltou despreocupadamente para o palco para continuar com o show, mas não antes que os fotógrafos, incluindo Joe Stevens e Kate Simon, corressem para captar a banda em flagrante.

A história – junto com as fotos sequenciais soco a soco – de uma banda de rock brigando com seu público foi considerada de alto interesse jornalístico e impressa em todos os três principais semanários musicais. O *Melody Maker* ainda usou uma das fotos de Simon na capa da edição especial de 7 de agosto "Punk Rock", de Caroline Coon. Os *promoters* do The Nashville, no entanto, estavam menos seduzidos pelas travessuras da banda e os expulsaram indefinidamente; embora a banda retornasse à casa seis dias depois sob pretexto de um "show particular".

#

Howard e Pete voltaram a Manchester duplamente determinados a ter uma banda montada a tempo do show de 4 de junho e, de acordo com seu novo rumo, o par decidiu por uma mudança de nomes. Howard tornou-se Howard Devoto (Devoto é a palavra em latim para "cativante"), enquanto Pete optou por Shelley, o nome que seus pais haviam escolhido caso tivesse nascido menina. Eles, então, tinham também nome para a banda, por conta do *Time Out*, que, embora não tivesse noticiado uma linha sobre os dois shows dos Sex Pistols, continha uma crítica sobre a série vencedora na categoria drama musical do BAFTA (British Academy of Film and Television Arts), da ITV (maior rede pública televisiva britânica): a Rock Follies (estrelada por Rula Lenska, Charlotte Cornwell e Judy Covington). A revista de programação, avaliando o episódio mais recente do grupo feminino ficcional Little Ladies, terminava com o mote "IT'S A BUZZ, COCK!".

Reza a lenda que o primeiro show dos Buzzcocks foi uma abertura para os Sex Pistols, em Manchester no dia 20 de julho de 1976, mas isso não passa de um velho equívoco. A banda estreou na noite social dos alunos de têxteis do Bolton Institute of Technology, em 1º de abril. Seu show continua principalmente versões *cover* entremeadas com as duas das primeiras músicas de Pete "Get On Our Own" e "No Reply", que ressurgiriam mais adiante no primeiro álbum dos Buzzcocks de 1978, *Another Music In A Different Kitchen*.

Outro fato pouco conhecido é que seu baixista original, Garth Bass (Smith), que mais tarde também ressurgiria após a saída de Howard da banda em fevereiro de 1977, havia estado previamente no grupo Jets of Air, com Pete. Então, já tendo utilizado as instalações da faculdade, ambos ficaram atônitos quando o sindicato dos estudantes vetou sua aplicação para reocupar o salão em 4 de junho. A recusa, no entanto, não tinha a ver com quaisquer reservas que o sindicato tivesse em relação aos Sex Pistols, e sim ao fato de nenhum de seus membros ter ouvido falar sobre a banda; e, portanto, não achar que ninguém na faculdade – a não ser, é claro, por Howard e Pete – teria interesse em uma banda de Londres. Fazendo isso eles involuntariamente perderam um lugar no folclore do rock'n'roll.

Mas Howard e Pete não desistiram e um show alternativo foi logo acertado no Lesser Free Trade Hall, uma sala com capacidade para 400 pessoas sentadas situada acima de seu primo rico, o Free Trade Hall, na Peter Street de Manchester. O Free Trade Hall foi construído durante os anos 1850 para ser um monumento permanente em comemoração à revogação das Leis de Corn, introduzidas em 1804. Localiza-se no mesmo lugar onde ocorreu o Massacre de Peterloo, em 16 de agosto de 1819, quando 18 pessoas foram mortas e centenas feridas, incluindo cem mulheres, depois de uma investida da cavalaria para dispersar uma concentração pública organizada pela Sociedade Sindical Patriótica de Manchester, o grupo político dedicado a revogar as odiadas Leis de Corn. Mas o Free Trade Hall era o cenário de uma batalha mais recente – e alguns diriam mais odiosa –, quando um membro do público ousou acusar Bob Dylan de ser um "Judas" por conta de o músico ter tido a audácia de usar instrumentos elétricos em sua hoje lendária apresentação de 1966.

Apesar de todo o trabalho duro, que incluía imprimir ingressos e várias jornadas tarde da noite no centro da cidade de Manchester para encher muros e paredes com os pôsteres promocionais em tamanho A3 que Malcolm havia encomendado, o anúncio de Howard e Pete no *NMR* (*New Manchester Review*) havia falhado em desencavar almas afins para substituir os recém-afastados bateirista e baixista em tempo para o show. Howard foi obrigado a chamar um ex-colega de trabalho, Geoff Wild, e sua banda de rock progressivo Solstice baseada em Bolton para abrir para os Sex Pistols. Graças ao excelente livro de David Nolan *I Swear I Was There* (Independent Music Press), sabemos que o Solstice era um coletivo musical de sete membros, completado por seu próprio iluminador e engenheiro de som. Seu show continha sucessos de rock da época, incluindo "Nantucket Sleighride", do Mountain, tema melódico do *Weekend World*, a revista política no horário do almoço de domingo da ITV, apresentada por Brian Walden.

Enquanto Malcolm, vestido dos pés à cabeça em couro preto apesar do incessante calor do verão, permaneceu cuidando dos interesses do show, Howard e Pete apresentaram John, Steve, Paul, Glen, Nils e uma perplexa Jordan às delícias do pub Tommy Ducks. O boteco dos arredores da Lower Moseley Street era renomado na região por ter seu interior decorado com roupas de baixo femininas – nem todas em bom estado, se é que você entende.

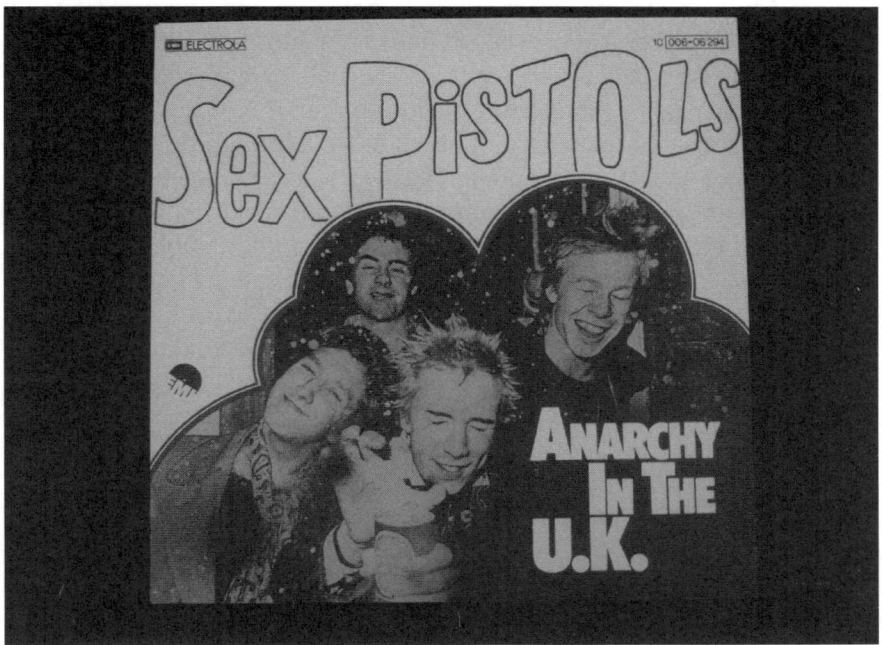

Anarchy in the UK, da Electrola – capa alemã.

Embora Howard e Pete estivessem chateados por não ter condições de tocar no evento que eles mesmos organizaram, foram compensados por conhecer Steve Diggle, um guitarrista de 20 anos do Moss Side, a região mais barra-pesada de Manchester e o único "Manc"* autêntico do lugar. Ele tinha ido ao Free Trade Hall para encontrar um sujeito de outra banda em formação, mas foi suficientemente perspicaz para reconhecer a oportunidade quando esta se apresentou e logo ofereceu seus serviços como baixista; aceitando fazer um teste na casa de Howard na próxima tarde (Steve voltaria para a guitarra depois da saída de Howard dos Buzzcocks, em fevereiro de 1977).

"Naquela época Manchester era um mar de bonés de flanela cinza e bege", ele nos contou após umas três canecas de cerveja uma noite no pub The Spice of Life em Cambridge Circus, Londres. "Eu só estava lá para encontrar um cara e então estávamos pensando em ir para o Cox's Bar (um conhecido pub localizado perto do Free Trade Hall) e desse dia ainda posso lembrar de ver Johnny Rotten, Steve Jones e seu *road manager* (Nils Stevenson) saírem do elevador no Lesser Free Trade Hall. Eles eram poucos até então, sabe, e estavam vestidos como nada que eu já tivesse visto. Soube na hora que eles iam acontecer de algum modo."

Os Pistols e sua turma podiam vestir-se como ninguém antes o fez em Manchester, mas é interessante notar – visto que a butique de moda de seu empresário provocava ondas picantes na King's Road – que ninguém da banda estava na verdade usando peças da SEX no show de 4 de junho. John vestia um atraente top amarelo sem mangas, que aparentava ter saído quando muito de uma aula infantil de recortes com tesoura, sobre uma camiseta preta rasgada e um par de sacolas surradas. Glen escolheu seu jeans preto customizado "Jackson Pollock" e uma camiseta branca, enquanto Steve novamente saudava subliminarmente Pete Townshend subindo ao palco com seu macacão azul-marinho.

Graças às fotografias do show feitas por Paul Welsh, presentes no livro de Nolan, podemos ver como o público era desafiador em termos de vestimenta em comparação aos Sex Pistols no palco. Bocas de sino, jeans, camisas de murim, coletes tricotados, blazers trespassados e gravatas com estampas coloridas eram a última moda em Manchester na metade do anos 1970, e na verdade em qualquer outra cidade britânica.

Mas o público nas tendas suspensas era ao menos musicalmente antenado para o que estava acontecendo além dos limites da cidade e podia vangloriar-se de possuir discos dos Stooges, MC5 e do Velvet Underground. Alguém com mais esperteza musical teria até uma cópia

---

*N.T.: Nativo de Manchester.

importada do disco de estreia dos Ramones, de mesmo nome, recentemente lançado e que Howard trouxera para entreter as tropas entre uma banda e outra.

O Lesser Free Trade Hall precisaria ter o tamanho do campo de futebol do estádio do Manchester United, o Old Trafford, para acomodar todos os que juram ter estado lá na noite em que os Sex Pistols fizeram sua estreia em Manchester. Por incrível que pareça, dada a importância ligada ao show, o número real de presentes – estimado entre 40 e 100 – mal encheria o ônibus do time do United. Outra história mal contada é que muitos dos que estavam no público saíram dali e formaram bandas. Mais um pequeno exagero, dado que apenas os futuros baluartes do Joy Division/New Order, Bernard Sumner e Peter Hook (o homem de frente maníaco-depressivo do Joy Division, Ian Curtis, também seria cativado no retorno dos Pistols a Manchester em 20 de julho), Mark E. Smith do The Fall, Eddie Garrity, que iria ser homem de frente do Ed Banger and the Nosebleeds, e o futuro homem de frente dos Smiths, então com 15 anos, Steven Morrissey, iriam de fato pegar o mote lançado pelos Sex Pistols.

Capa original do *Swindle* com a assinatura de Helen Wellington-Lloyd, que participou do álbum.

Outro que insistia ter estado lá era Tony Wilson, o falecido e muito saudoso jornalista, figura suprema da Factory Records. Em 1976, ele trabalhava como âncora do *Granada Reports*, o programa de notícias regional da hora do chá, e também como apresentador do programa de arte noturno do canal, *So It Goes*. Tony, embora nunca tivesse ouvido falar dos Sex Pistols, teve o interesse despertado por Howard, que lhe mandara uma fita cassete contendo três faixas ("Problems", "No Feelings" e "Pretty Vacant") que Chris Spedding tinha acabado de gravar nos Estúdios Majestic, de propriedade da RAK. O adolescente de Stretford, Morrissey, por sua vez mandou-lhe uma cópia surrada da capa do álbum de estreia dos New York Dolls e um bilhete perguntando por que não havia mais bandas dessa estirpe.

Pete Shelley estava na bilheteria naquela primeira noite e acredita que Wilson não apareceu até o segundo show dos Sex Pistols, porque ele não se lembra do jornalista anunciando a si mesmo na lista de convidados. Peter Hook e Bernard Sumner, cuja band pós-Joy Division, o New Order, iria tornar-se carro-chefe da Factory, também desconsideraram a alegação de Wilson sobre estar no "show número um", já que só se lembram de esbarrar nele em 20 de julho. No entanto, graças ao show de Manchester ao qual Tony compareceu, o que está acima de dúvidas, é que ele foi fundamental ao providenciar a primeira aparição na televisão dos Sex Pistols, persuadindo seus chefes na Granada a permitir que tivesse a banda no último show da primeira série de *So It Goes*.

CAPÍTULO 5

Circo Subterrâneo

> *"Aqui estão os loucos, os desajustados, os rebeldes, os
> criadores de problemas,
> as cabeças redondas em buracos quadrados, os que
> veem as coisas de forma diferente."*
> Jack Kerouac (1922-69)

Os Sex Pistols começaram suas apresentações nas noites de terça-feira no 100 Club em 11 de maio de 1976. O *promoter* incumbido do teatro no porão, Ron Watts, estava constantemente em busca de novas formas de inchar os cofres do clube e mantê-lo – ao contrário de sua decoração – fora do vermelho. Ele acreditava que uma nova banda excitante e interessante de Londres como os Sex Pistols atrairia rebanhos de frequentadores para sua porta.

A primeira incursão da banda no futuro enclave subterrâneo do punk rock da Oxford Street acontecera semanas antes e tinha quase descarrilhado sua carreira por conta de John subir ao palco totalmente chapado e esquecer as letras. O desentendimento subsequente com Glen e Steve fez John abandonar o palco no meio do show e fugir para a rua. Os Sex Pistols poderiam ter desintegrado nesse momento e lugar se não fosse por Malcolm ir atrás de John na Oxford Street e fazê-lo ver seu erro. Aqueles entre o público de cerca de 50 pessoas que não estavam familiarizados com os Sex Pistols pensaram que as birras e a teatralidade do vocalista faziam parte do show. Watts, é claro, sabia das coisas e percebeu pelo ainda pequeno, mas dedicado, grupo de fãs da banda que um desentendimento se desenrolava e prontamente lhes fez a oferta dos shows toda terça-feira.

As primeiras apresentações da banda no 100 Club eram encaradas por John, Steve, Paul e Glen como um assunto de menor importância; eles consideravam os shows como nada mais que ensaios ao vivo. Mas, a cada semana que passava, conforme o grupo aperfeiçoava suas habilidades e performance no palco, seu público, muito por conta do boca a boca sobre a nova banda incrível e excitante, lentamente começou a inchar em tamanho e estatura.

A terça-feira do dia 6 de julho de 1976 tornou-se, no folclore punk, a noite em que a chama punk de Londres foi acesa de fato; foi a noite em que o Damned fez sua estreia ao vivo abrindo para os Sex Pistols no 100 Club. A banda de quatro membros originária de Croydon viria a ser conhecida como "os príncipes palhaços do punk". O grupo trabalhava em seu repertório tocando nos quatro sábados anteriores no clube gay Lisson Grove a fim de preparar-se para sua estreia. Dois dias antes, enquanto o norte de Londres vibrava com a celebração dos Ramones pelos 200 anos dos Estados Unidos no Roudhouse, o Clash fez sua estreia ao vivo – novamente abrindo para os Sex Pistols – no Black Swan (ou "Mucky Duck", como o lugar era conhecido na região) em Sheffield, sul de Yorkshire. No espaço de três dias, a trindade profana da cena punk do Reino Unido estava ativa; a chama finalmente queimava.

O Bromley Contingent, por padrão, era a cena nascente dos formadores de opinião, e "Candy" Sue Ballion era sua rainha sem coroa. Ela e seus amigos haviam crescido no final dos anos 1960 e começo dos anos 1970, e quem dentre eles tivesse irmãos ou irmãs mais velhas observaria com olhos inocentes e arregalados como seus irmãos "se ligavam", "sintonizavam" ou "desistiam" de seus respectivos heróis musicais. Todos eles tinham evitado esses mesmos heróis cansados do passado e agora era sua vez de posar sob os holofotes; era sua vez de deitar e rolar. Em gratidão por terem ganhado as chaves de seu próprio playground subterrâneo, a turma do Bromley apresentou os Sex Pistols ao Club Louise, um clube exclusivo de lésbicas da Poland Street, nº 61, nos arredores do Soho, onde a banda poderia relaxar após seus shows quase sempre frenéticos.

Outra figura feminina marcante da cena era Soo Catwoman (Sue Lucas). Soo também vinha dos subúrbios, mas ainda hoje detesta ser associada ao Bromley Contingent. Ela passava horas a fio em frente ao espelho esculpindo seu cabelo cortado irregularmente e aplicando a maquiagem para completar sua metamorfose em *femme fatale* felina. De fato, já se chegou a dizer que Soo, escolhida por Malcolm para adornar a capa da edição inaugural do fanzine dos Sex Pistols *Anarchy in the UK,* lançado mais tarde naquele ano, era a verdadeira face icônica da cena punk londrina. Ela certamente teria ultrapassado "Candy" Sue – ou mesmo qualquer outra de suas contemporâneas –, caso tivesse voz para cantar ou tocasse um instrumento. Sid, é claro, havia se tornado o maior fã dos Sex Pistols, o sujeito que inventaria o "pogo" e, portanto, o pretendente natural de Soo. Mas Sid tinha pouco ou nenhum interesse no sexo oposto à época e frequentemente usava um cadeado sobre a virilha para confirmar sua castidade. Ele tratava propositalmente "Candy" Sue e sua gangue variada de comparsas de Kent com enorme desprezo, não raro valendo-se de sua técnica de dança única para distribuir socos bem localizados com seus cotovelos enquanto saltava sobre a pista de dança do clube, decorada no padrão "espinha de peixe".

#

No domingo de 20 de agosto de 1976, Malcolm retribuiu o favor dos Buzzcocks convidando-os para tocar em Londres com os Sex Pistols e o Clash em uma "noite especial" no cinema "Screen On The Green", na Upper Street em Islington, norte de Londres. Havia, como sempre, um motivo oculto nas sombras de seu gesto aparentemente magnânimo, pois Malcolm ainda não obtivera sucesso em firmar um contrato para gravar um álbum dos Sex Pistols. Ele esperava que, organizando um grande evento, atrairia a atenção das gravadoras que tinham, até então, permanecido indiferentes aos seus avanços. Quando entrevistamos Malcolm em abril de 2007 para o DVD *Never Mind the Sex Pistols: an Alternative History* (Demon Vision), ele surpreendeu-nos confessando que nunca quis que os Pistols gravassem um disco e havia apenas aquiescido por conta da pressão da banda, que só queria gravar um disco para confirmar que era mais que uma moda passageira.

Os Sex Pistols podiam estar fazendo fãs nas ruas, mas as gravadoras, ou aquelas que sabiam da banda (graças aos kits de imprensa multicoloridos de Jamie Reid, completados com os tipos de vários tamanhos do *Evening Standard*, cortesia de Helen), demoravam a reagir. De fato, o único executivo de gravadora que mostrou algum interesse real na banda até então, Chris Parry, da Polydor, havia muito perdera seu encanto depois da aparição dos Sex Pistols na The Crypt, em Middlesbrough, em 21 de maio, quando Steve voltou a mostrar seu velho estilo e bateu as carteiras da banda principal, contratada da Polydor, os Doctor Of Madness, enquanto estes estavam no palco. O encanto, porém, voltaria.

Além das três bandas, a "Meia-Noite Especial", como foi caprichosamente anunciada, também apresentava dois filmes do cineasta norte-americano de vanguarda e ocultista ocasional Kenneth Anger: *Kustom Kar Kommandos* (1965) e *Scorpio Rising* (1963). Anger era o diretor favorito de Malcolm, e embora provavelmente houvesse poucos naquele cinema que conhecessem seu trabalho, teria sido com certeza mais apropriado exibir *Cabaret* ou o recentemente lançado *Rocky Horror Picture Show*. O traje fetichista com meia arrastão e pipocas de "Candy" Sue incluía um malicioso sutiã que deixava entrever os seios e era da She an' Me (uma loja de ajuda conjugal precursora de Ann Summers), e uma braçadeira com uma suástica. De fato, ela corria o risco de roubar os holofotes da banda principal e provavelmente o teria feito se não fosse por John ter acidentalmente batido um dente contra o microfone, o que rendeu uma performance angustiada.

Embora Malcolm talvez tivesse ficado feliz por retribuir o favor ao convidar os Buzzcocks – que haviam achado um baterista por meio de um anúncio no *Melody Maker* – para abrirem o show (a estreia da banda em Londres), seu único interesse era promover os Sex Pistols. A apresentação de 11 músicas dos Buzzcocks misteriosamente sofreu de problemas de som que também prejudicariam a apresentação do Clash. A banda de Manchester, porém, foi ao menos poupada da humilhação do Clash: fornecer materiais para o palco improvisado e ajudar em sua montagem. Joe, Mick e Paul também sofreram a indignação de ter de distribuir os pôsteres lambe-lambe – criados por Jamie Reid –, escandalosamente voltados para os Sex Pistols, mal fazendo menção à sua própria banda.

Esse também foi o primeiro show do Clash em Londres – a menos, é claro, que se leve em conta o show privado em seu espaço de ensaio em Camden, o "Rehearsal Rehearsals", para um público seleto de jornalistas duas semanas antes, em 13 de agosto. A banda estava ansiosa para causar uma boa impressão. Mas eles mesmos admitiram que não foram muito bem e botaram a culpa de sua fraca performance no cansaço de terem de montar o palco. O jornalista da *Sounds,* Giovanni Dadomo, diria rudemente que a apresentação dos Buzzcocks havia sido "mais áspera que o traseiro de um urso", mas foi bem mais simpático em relação ao Clash. Ele os elogiou como "a banda para dar um susto nos Sex Pistols", pondo a culpa por sua performance sofrível na baixa qualidade do som; Charles Shaar Murray, do *NME*, fez a famosa sugestão de que a banda deveria voltar para a garagem, e de preferência deixar o carro ligado.

Sabotar o PA para minar a competição era um truque tradicional. Dave Goodman disse não saber de nada, mas isso deve ter sido uma desculpa, já que os problemas de som desapareceram em um passe de mágica no momento em que os Sex Pistols subiram ao palco. Hoje, Alan Jones – assim como Sid no passado – cita o primeiro show no

Screen On The Green entre seus três favoritos e um dos melhores que os Sex Pistols já fizeram. Glen e Paul estavam sólidos como nunca; Rotten, tendo involuntariamente batido em seu dente com o microfone e perdido uma obturação no processo, estava completamente eletrificado; enquanto Steve estava finalmente começando a viver o papel de "Herói da Guitarra" que ele pixou na grade da frente de seu amplificador Fender.

Outro que ficou sem fala diante da performance da banda naquela noite foi o A&R da EMI, Mike Thorne, de 27 anos, que iria a seguir trabalhar com os Pistols durante seu período de 91 dias na EMI. "Por eu ser mais jovem que os outros na EMI, e a EMI foi meu primeiro trabalho como A&R", diz hoje, "era um dos pouquíssimos A&R verdadeiramente conectados com o que eles (os Sex Pistols) estavam fazendo. Todos dizem agora que estavam lá, mas não é verdade. Eu estive completamente sozinho em muitos desses shows." De fato, Thorne é um tipo de herói anônimo em relação a seu papel no processo de contratação dos Sex Pistols pela EMI em outubro de 1976, porque Nick Mobbs – que recebeu a maioria dos aplausos por conseguir que a banda pusesse a caneta no papel – tinha descartado as demos do Majestic de Chris Spedding, comentando que não queria ter seu nome envolvido em uma transação com algo tão ruim como os Sex Pistols.

#

Na sexta-feira, 3 de setembro, os Sex Pistols voaram a Paris para tocar na noite de inauguração do Club de Chalet du Lac, uma nova discoteca moderna no Bois de Vincennes, bairro sofisticado da cidade. Malcolm havia tido a ideia de compensar o fato de que a banda perdera a chance de aparecer no inaugural European Punk Rock Festival, em 21 de agosto. A ausência nesse evento, que tinha acontecido em uma praça de touros em Mont de Marsan, perto de Bordeaux, no sul da França, foi consequência de seu comportamento anterior com a banda que era atração principal do festival – Eddie And The Hot Rods – em fevereiro no Marquee. Outro motivo foi sua cumplicidade no assalto de Sid a Nick Kent no 100 Club, no final de junho. O *promoter* do evento e fundador do selo *indie* francês Skydog Records, Marc Zermati, lamentaria sua decisão de vetar os Sex Pistols, já que a praça de touros de Mont de Marsan poderia reunir um público estimado de 5 mil pessoas, ainda que meras 250 pessoas, se tanto, atônitos moradores da região na maioria, tenham comparecido ao evento.

O Clash, que também havia sido convidado, recusou-se a comparecer em solidariedade aos Sex Pistols. Os Damned, no entanto, não haviam tido tal escrúpulo, e permaneceram na fila, de olhos embaçados, ao lado dos Hot Rods, dos Gorillas, de Nick Lowe, do Roogalator and the Pink Fairies na Estação de Victoria, esperando o ônibus para levá-los a Dover. Foi durante essa jornada que seu baixista Ray Burns recebeu o duradouro nome artístico "Captain Sensible".

"Estávamos indo a Dover para pegar a balsa para Calais quando comecei a brincar fingindo ser o piloto. Você sabe, gritando coisas como 'está tudo sob controle'. Apenas rindo um pouco", Captain contou-nos nos bastidores de uma noite de dezembro de 2006, depois de uma apresentação dos Damned no festival punk no Rock City de Nottingham. "Mas porque eu estava usando uma camisa barata de segunda mão que tinha dragonas, algum engraçadinho berrou algo como 'Quem você pensa que é, Captain Sensible'? Bem, a coisa pegou, já que na época todos estavam dando a si mesmos nomes punk bobinhos, não estavam? Achei que era apenas diversão na época e talvez, não sei, tenha causado um pouco de confusão na agência de auxílio desemprego. Mas aqui estou eu, 30 anos depois, e ainda o 'Capitão'. Já deveria ter recebido uma promoção de patente a essa altura."

Como Paris era a primeira apresentação dos Pistols no exterior, "Candy" Sue Ballion, Steve "Spunker" Bailey, Simon Barker e Billy Broad seguiram a banda à França na surrada van GPO Morris amarelo vibrante de Billy. Novamente Sue causou sensação usando seu sutiã com fendas no bojo e a braçadeira de suástica. Não foram tanto seus peitos ousados que causaram consternação continental, mas sim usar gratuitamente um totem nazista no aniversário do dia em que a Grã-Bretanha e a França declararam guerra à Alemanha precipitando a Segunda Guerra Mundial. Eles estavam indo para o show quando foram parados por uma gangue de jovens franceses armados com facas, e um deles deu um soco no rosto de Sue. Felizmente, o gerente do clube viu o que estava acontecendo, entrou em cena e colocou Sue e seus amigos para dentro. Mas mesmo então teve de esconder Sue em seu escritório enquanto os Pistols estavam no palco.

A comitiva tinha se atrasado no aeroporto de Heathrow por Malcolm ter se esquecido de seu passaporte. Ele também deixou de providenciar um *carnet* – a licença aduaneira necessária para o transporte temporário de mercadorias através de determinadas fronteiras, ou seja, os equipamentos do grupo. Os atrasos significaram que a banda não chegou ao clube até o fim da tarde, e os rapazes foram obrigados a fazer sua passagem de som enquanto operários trabalhavam dando os últimos retoques na decoração. Ah, sim, outra coisa que ninguém havia mencionado era que o clube ainda estava sendo construído! Era tradição na capital francesa que a noite de inauguração de qualquer estabelecimento deveria ser *"entrée libré"* (entrada livre), então o lugar estava lotado até o alto das vigas recém-pintadas. Ray Stevenson, John Ingham e Caroline Coon foram forçados a disputar lugares com seus parceiros franceses reunidos na borda da pista de dança.

A disputa ficou ainda mais acirrada quando John entrou no futurista palco de vidro iluminado por neons, vestindo a última criação *fashion* de Malcolm e Vivienne, a roupa de sadomasoquismo: um brilhante traje de cetim, repleto de fivelas, aros em formato de "D" e zíperes, um dos quais ia da virilha até o cóccix – bem como faixas nos joelhos e no peito, o que restringia os movimentos do usuário. Ele havia usado a parte de cima do traje mais cedo no mesmo dia e tinha quase parado o aeroporto por conta de os outros passageiros aturdidos não acreditarem no que estavam vendo.

Como os Sex Pistols estavam escalados para tocar em um show pago na matinê de domingo, a comitiva de viajantes, que incluía Nils, Vivienne e Jordan, tirou um dia de folga. Caroline Coon sugeriu passar a tarde no café Les Deux Magots na Place Saint Germain de Prés. O lugar era famoso por ser o ponto de encontro da elite literária e intelectual da cidade, incluindo autores como Albert Camus, Simone de Beauvoir e um jovem Ernest Hemingway, bem como o filósofo francês Jean-Paul Sartre e o pintor espanhol Pablo Picasso. Novamente John parou o trânsito e chocou a clientela do restaurante ocupada com seus *monsieurs* usando seu elegante conjunto de suéter rosa-bebê rasgado até a axila, um crucifixo pendurado em um solitário alfinete de segurança, camiseta Peter Pan da SEX e calças *baggy* da Oxfam. Ele também estava usando a boina de Steve e os óculos da vovó que colocava ocasionalmente para proteger seus olhos do brilho das luzes no palco.

Foi sob o olhar cego dos dois agentes comerciais chineses de madeira (os Magots, que deram ao café seu nome) que Malcolm pensou pela primeira vez na ideia de fazer um festival punk rock no 100 Club com Zermati e seu aristocrático amigo estilista de moda Charles le Duc de Castelbarjac.

#

O 100 Club Punk Festival, que aconteceu nas noites de 20 e 21 de setembro de 1976, não foi tanto uma celebração do punk londrino – ou para mostrar à França e Nova York como o punk rock poderia e deveria ser feito – quanto o auge da campanha de Malcolm para conseguir um contrato com uma grande gravadora para os Sex Pistols. O tempo passara a ser um fator determinante, pois, embora o "Especial de Meia-Noite" do Screen On The Green tivesse obtido um enorme sucesso em manter os holofotes sobre os Sex Pistols, falhou em proporcionar algum interesse real da indústria da música pela banda.

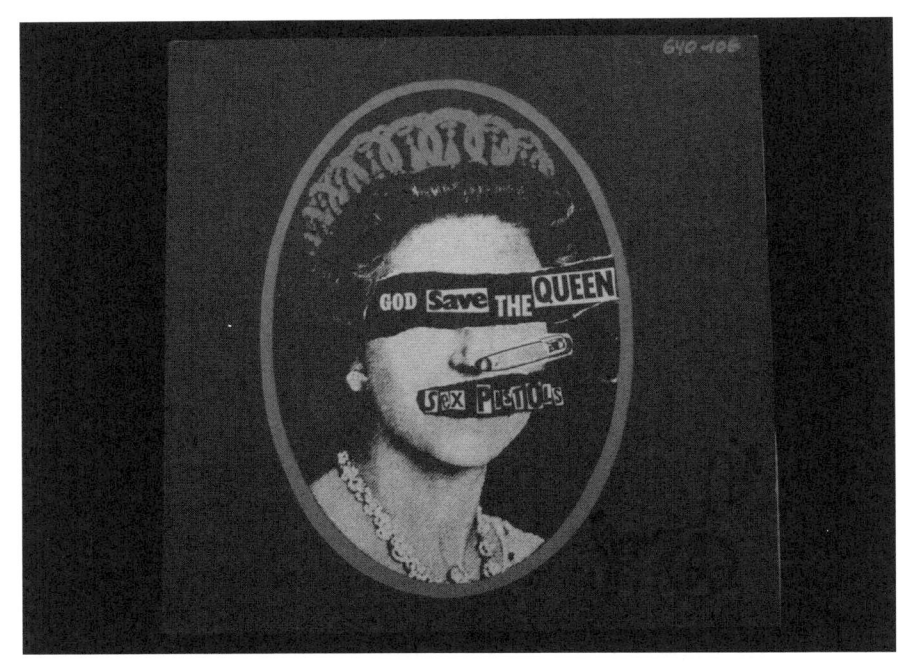

God Save The Queen, rara capa francesa assinada por Jamie Reid.

    Os Damned já estavam contratados pela Stiff Records, o selo independente da Pub Rock, dos empresários Jake Riviera (Andrew Jakeman) e Dave Robinson. Malcolm estava determinado a impedir a humilhação de ver seus pupilos ultrapassados por uma banda formada havia apenas dois meses.
    A Stiff havia sido lançada naquele mês de julho, graças a um empréstimo de 400 libras do homem de frente do Dr. Feelgood, Lee Brilleaux. O *single* de estreia da Stiff – o rock *upbeat* "So It Goes" do ex-baixista de Brinsley Schwarz, Nick Lowe – fez exatamente o que o nome da gravadora deixava entrever: *"stiffed"* [fracassou]. Malcolm, para não mencionar todos com algum ouvido musical, deve ter imaginado o que poderia ter passado pelas mentes de Riviera e Robinson

para lançar um selo com uma música de um baixista. (Olhando agora – mesmo com segurança da retrospectiva –, ainda parece uma estranha escolha. Nick é um talentoso cantor/compositor e escreveu melodias muito cativantes, mas ele não era nessa época nenhum Paul McCartney.) O próximo lançamento do selo, no entanto, "Between The Lines", da popular banda *hippie underground* psicodélica Pink Fairies saiu-se muito melhor, e Riviera e Robinson estavam querendo lançar um *single* do Damned. Caso isso acontecesse, então o Damned suplantaria os Sex Pistols como líderes da cena, e Jake Riviera colheria os frutos enquanto o trabalho duro de McLaren no ano anterior teria sido em vão.

Assinar com um selo pobre como a Stiff, no entanto, que havia tirado ironicamente seu nome da palavra usada no ambiente da indústria da música para um disco que não deu certo, ia contra o jeito de Malcolm de conduzir os negócios. Acaso os macacos intrometiam-se nos negócios do dono do realejo? Se a banda estava tão determinada a ter um disco lançado, então Malcolm estava igualmente resolvido a fazer com que tal disco saísse por um selo de porte. Apesar da calúnia de certos setores sobre salvaguardar a credibilidade da banda, sua fixação em fazer com que o grupo fosse contratado de um grande selo não tinha nada a ver com vendas. A questão era a distribuição. Qual era o objetivo de lançar um disco se o selo não poderia garantir colocá-lo nas lojas sem atraso?

Quando voltou de Paris, Malcolm começou a trabalhar na estrutura para o tal festival e, para ajudá-lo, alistou a namorada de Jamie Reid, Sophie Richmond, como sua assistente pessoal/secretária. Sophie, que estava morando em Aberdeen quando recebeu o convite, havia trabalhado com Jamie na Suburban Press depois de deixar a Warwick University, em 1972.

O único problema, claro, era que Londres simplesmente não tinha as então chamadas bandas "punk" em quantidade suficiente. Se Malcolm queria ter alguma esperança de convencer as gravadoras – para não mencionar a grande mídia – de que a cena de Londres era merecedora de sua atenção, teria de procurar mais longe para poder ordenar a execução do festival. Na verdade, os cartazes A3 originais, que mostravam a hoje lendária foto de Ray Stevenson com os quatro Sex Pistols jogando sardinhas dentro de uma cabine de telefone público, do lado de fora da igreja St. Giles-in-the-Fields (situada a uma curta caminhada do seu QG na Denmark Street), omitia a palavra "festival" em favor de "especial punk" (e também não mencionava as bandas da noite de terça-feira).

Como os Sex Pistols já estavam contratados para se apresentar no Top Rank, em Cardiff, na noite de terça-feira, seriam a atração principal da noite de segunda-feira. O recém-mutilado Clash, com a saída de Keith Levene, ficou em segundo lugar. Outra banda de Bernie, a recém-formada Subway Sect, com os punks franceses Stinky Toys, iriam abrir. A noite de terça teria como atração principal os Damned – tão relutantes em aceitar como Malcolm em convidá-los –, com os Buzzcocks e os Vibrators (juntamente com Chris Spedding na última metade de sua apresentação) para completar a numerosa conta. Os Vibrators eram tidos como um pouco mais que aproveitadores da onda punk, tendo cortado seus cabelos e estreitado a boca de suas calças desde que haviam aberto o show para os Sex Pistols em agosto.

Mesmo então, Malcolm sentiu que precisava de outra banda para a noite de segunda-feira e achou uma no lugar menos provável. Ele e Sophie estavam realizando um encontro tarde da noite com Bernie no Club Louise para discutir os últimos acontecimentos quando "Candy" Sue – que escutava a conversa – ofereceu a si mesma e sua banda inexistente para o espaço vazio da noite de segunda-feira. Malcolm, embora cético, estava também desesperado. Ignorou os protestos de Bernie e anotou Sue como a banda ainda sem nome do show. A banda improvisada a abrir a noite tinha "Candy" Sue nos vocais, Billy Broad, que recentemente assumira o nome de Billy Idol, na guitarra e uma seção rítmica que consistia de Steve Bailey (que também sofreria uma mudança de nome em Steve "Spunker" para Steve Havoc) no baixo e Sid Vicious na bateria; apesar de nenhum deles ter alguma ligação com seus respectivos instrumentos.

Os quatro marcaram um encontro na tarde próxima, com Tony James, para juntar-se à recém-formada Chelsea, de Gene October. Billy não apareceu; havia tido uma noite para reconsiderar a cilada de subir ao palco com três novatos e caiu fora. Sue, no entanto, manteve-se inabalável e trouxe o amigo de Soo Catwoman – e *habitué* da SEX – Marco Perroni para substituir Billy. A banda optou pelo nome de Suzie and the Banshees depois de assistirem na televisão ao filme de Hammer, *The Cry of the Banshee,* estrelado por Vincent Price, e marcaram um ensaio no espaço do Clash em Camden.

No entanto, tendo em vista que sua apresentação no festival – que seria o ponto de partida para uma carreira de 30 anos de Suzie (mais tarde renomeada Siouxie) e Steve Havoc (mais tarde renomeado Severin) – tencionava ser a única, parecia não haver muito sentido em levar as coisas muito a sério.

O Clash também permitiu que a banda usasse seu equipamento – incluindo seu fundo de tom rosa fluorescente recentemente customizado –, mas a recusa teimosa de Sue em remover sua braçadeira de suástica, acrescida ao fato de Sid ter chamado Bernie de "judeu velho e ruim", levou a oferta a ser retirada. E isso não foi graças apenas à sua herança judaica, mas também à falta de vontade de arriscar que o equipamento altamente personalizado da banda fosse associado ao partido nazista ou qualquer outra tendência política de direita. Bem, quando tudo indicava que os Banshees teriam de renunciar ao prazer de estar à frente com seus pares, Malcolm – que perversamente não tinha problemas com as imagens nazistas, apesar de sua própria ascendência judaica – entrou em cena para salvar o dia permitindo que usassem o equipamento dos Sex Pistols.

A ideia inicial era apresentar "Goldfinger", de John Barry, tema do filme homônimo de James Bond de 1964. Essa proposta foi abandonada em favor de um tortuoso lamento indescritível à Velvet Underground, de cerca de 20 minutos, sobre o qual Sue entoou a letra de "Knockin' On Heaven's Door", de Bob Dylan, e "Twist And Shout", dos Beatles, intercalada com trechos de "Deutschland Uber Alles" e "The Lord's Prayer". Como a elegia improvisada não tivesse estrutura reconhecível, nenhum de seus três "músicos" (com Sid e Steve sendo considerados músicos no sentido mais vago possível) sabia como dar um fim em tudo aquilo. E, efetivamente, eles podiam ter continuado até o término de seu tempo no palco se Sid não tivesse cansado de seus 15 minutos de fama e derrubado os instrumentos.

O Subway Sect, que também fazia sua estreia ao vivo no festival e abriria o evento, estava um pouco entorpecido. A banda baseada em Mortlake havia se contentado com seu repertório de *rhythm 'n' blues* até que seu vocalista Vic Goddard e o guitarrista Rob Simmons viram os Sex Pistols no Marquee em fevereiro. A dupla perdeu literalmente o rumo de casa. Embora a música dos Pistols os tenha deixado indiferentes, foram tocados por sua imagem e pelos maneirismos de Rotten no palco, como atirar cadeiras. Bernie os tinha apadrinhado, mas não podia oferecer nenhum espaço de ensaio, já que o Clash vivia ensaiando toda santa hora, aparando suas próprias arestas. Malcolm tinha ido assistir ao ensaio do Sect em Camden e os tinha achado horríveis, mas seu desespero para reunir bandas suficientes era tão grande que ele marcou para eles uma semana de ensaios no restaurante Manos, em Chelsea, para melhorar seu monótono repertório de cinco músicas. Sua disposição de pôr a mão no bolso era um sintoma do seu grau de desespero.

#

O Clash preparou uma apresentação estonteante, carregada de anfetamina, que abriu com sua nova composição "White Riot", música que Joe havia escrito em resposta aos problemas entre a polícia e os jovens negros no carnaval caribenho de Notting Hill, durante o feriado de 1º de agosto. Ele, Paul e Bernie haviam sido pegos de surpresa nos distúrbios que irromperam por causa da tentativa da polícia em prender um suspeito de bater carteiras. Os três conseguiram sair da subsequente carnificina sem ferimentos, mas a experiência os deixaria abalados. O Clash não parecia estar sofrendo de nenhuma ressaca após a saída de Levene; se havia mudado alguma coisa, foi uma nova dinâmica, com seu baixista Paul Simonon livre para expressar-se no palco. Ao contrário dos Sex Pistols ou do Damned, a apresentação com 11 músicas do Clash era totalmente desprovida de *covers*. A banda finalizou a portentosa "1977" com sua coda orwelliana e declaração propagandística de "sem Elvis, Beatles ou Rolling Stones" ano que vem, quando os dois setes entrariam em cena. A declaração revelou-se tristemente profética para Elvis Presley, que sucumbiria a um ataque do coração em sua mansão Graceland em 16 de agosto de 1977.

O festival contabilizaria a décima apresentação dos Sex Pistols no 100 Club. Os dias em que seus ecléticos seguidores podiam perambular pelo porão normalmente tranquilo como se estivessem em uma reunião social tornaram-se uma memória em tons de sépia: o segredo havia sido descoberto. Seis meses depois da estreia da banda na Oxford Street, a goteira tornara-se um dilúvio à medida que mais e mais garotos marginalizados vinham checar se o barulho em volta dos Sex Pistols era justificado.

O teto já estava pingando por causa do vapor exalado pelo público suado, amontoado à frente do palco. A temperatura subia ainda mais quando John, novamente com o traje de sadomasoquista, e o restante dos Sex Pistols saíam do camarim e subiam ao palco. O público mal tinha tempo de recuperar o fôlego coletivo antes de a banda lançar-se em "Anarchy in the UK", que tocaram pela primeira vez no segundo show de Manchester, em julho, e que se tornara uma lancinante carta de intenções.

Quem acompanhava os Pistols desde o começo do ano já havia notado uma mudança sísmica na banda, especialmente em John, que raramente se aventurava longe do microfone. Foram-se os dias em que ele se movia pelo palco cativando o público com seus solavancos frenéticos e sagacidade voraz. A desarticulada "dança do robô" com a qual ele entretia o clã Lydon quando mais novo também caía cada vez mais no esquecimento. Até mesmo sua exuberância juvenil, embora ainda evidente algumas vezes, estava em grande parte enterrada sob um verniz altivo. As brincadeiras com o público entre as músicas tinham dado vez a um olhar gelado; suas apresentações sem expressão e a pele parecida com um pergaminho davam a ele a aparência de um anjo da morte. Steve, Glen e Paul, que finalmente deixaram seus empregos na cervejaria para se concentrar na banda, também pareciam mais autoconfiantes. Era como se eles também tivessem finalmente começado a acreditar em seus próprios destinos e majestosamente tivessem se fortalecido com o restante do show, que agora incluía "I Wanna Be Me", o discurso ácido de John contra "deuses da máquina de escrever" como Nick Kent. Também passara a haver ares de profissionalismo nos Pistols, talvez como consequência da crença em sua própria capacidade, embora o motivo mais provável tenha a ver com o fato de terem assinado seus nomes no contrato empresarial de Malcolm.

A assinatura deu-se em uma tarde, no escritório do advogado de Malcolm, Stephen Fisher, que era também codiretor da Glitterbest, a companhia empresarial dos Sex Pistols, comprada por 100 libras e estabelecida em 23 de setembro. O contrato tinha duração prevista de três anos, com opção para estender-se por mais dois anos. Por seus serviços, Malcolm receberia por meio da Glitterbest 25% dos ganhos brutos da banda e uma participação de 50% em todo futuro *merchandising*. O contrato também continha cláusulas referentes a cada aspecto da vida profissional da banda e, disfarçada pelo cuidadoso jargão legal de Fisher, estava a cláusula 14, dizendo basicamente que o nome "Sex Pistols" havia sido criado pelo empresário, a quem, portanto, pertencia.

Glen, em sua autobiografia *I Was A Teenage Sex Pistol* (Virgin), diz que foi o único membro da banda que se deu ao trabalho de examinar – ou ao menos tentar entender – o palavreado legal contido no contrato, enquanto Nils, uma das testemunhas apesar de suas reservas quanto ao negócio, diria mais tarde que alertou a banda para não assinar nada sem primeiro procurar representação legal independente. Desnecessário dizer, Steve e Paul estavam cegos quanto às funções empresariais de Malcolm, e o par recusou-se terminantemente a acreditar que Malcolm tivesse outra coisa em mente que não estivesse relacionada aos melhores interesses da banda. John, evidentemente, teve três décadas para lamentar seu show de indiferença.

A segunda noite do festival foi – com exceção das travessuras de Sid atirando copos, atitude que teria repercussões duradouras para qualquer pessoa associada ao punk – bem mais comportada. O clima ainda estava animado, mas o público era ligeiramente mais velho, de cabelo mais comprido e vestido com mais roupas e de forma mais sensata; o couro e a renda tinham sido substituídos por jeans e boca larga. A primeira banda a subir no palco foram os Stinky Toys, que não haviam tocado na noite anterior por causa, em parte, de restrições de tempo, mas principalmente porque 95% do público havia se dirigido para a saída no momento em que os Sex Pistols deixaram o palco. Elli, sua nervosa vocalista, ficou tão perturbada diante da perspectiva de cantar para uma casa vazia que fugiu escadas acima para uma movimentada Oxford Street, onde quase teve seus belas feições reorganizadas por um ônibus passante.

De uma forma um pouco bizarra, dado seu *status* de atração principal, o Damned veio a seguir. E tocou em seu número de abertura – e futuro lançamento da Stiff – "Neat, Neat, Neat", seguida de imediato pela estreante "New Rose", a ser lançada em breve. O vocalista obcecado por vampiros, Dave Vanian, que até assinar com a Stiff cavava sepulturas em vez de oportunidades, alimentava o desdém emanado pelas sobrancelhas franzidas de "Candy" Sue, Steve Havoc, Billy Idol (perdoado pelo W. O. do dia anterior) e Sid, que assistiam do bar, a poucos metros. O restante do público, no entanto, parecia estar apreciando sua encenação exagerada. Todos os quatro membros da banda eram criaturas bastante extrovertidas, nascidas para o palco – nem mesmo uma pausa inesperada de dez minutos para substituir uma corda de guitarra contribuiu para diminuir sua exuberância. O público manifestou entusiasmo quando a banda se lançou no clássico dos Stooges, "1970", mas uma única pessoa da plateia estava menos feliz com a música e expressou sua insatisfação atirando um copo de cerveja vazio no palco.

Houve muito debate sobre Sid ter sido o possível autor do incidente, o que resultou em sua prisão no Ashford Remand Centre e na expulsão definitiva do universo punk de seu lar espiritual. Caroline Coon, que também foi presa (e condenada sob pena mínima) por tentar defender Sid, acredita que ele era inocente. Mas a merda tende a render quando é atirada no ventilador, e Steve Severin é tão irredutível agora quanto na época quanto à culpa de Sid, e, por ter estado em pé ao lado dele, deve saber. Não esqueçamos de que Malcolm, que permanecera em Londres em lugar de acompanhar os Pistols a Cardiff, não gostava nem do Damned nem de seu empresário Jake Riviera. Seria, portanto, possível que Sid – influenciado pelos esquemas maquiavélicos e trapaceiros de Malcolm – tenha interpretado mal a última arenga dos Damned e tratado do assunto de seu jeito?

Tivesse o copo atingido seu alvo, seria justo supor que Sid teria tido apenas de defender suas ações perante a banda, ou mais provavelmente partir para as vias de fato com o baterista Chris "Rat Scabies" Millar (ex-membro da violenta torcida do clube de futebol Millwall). Mas, para o azar de Sid, sua mira – assim como sua bateria na noite anterior – foi péssima: o copo atingiu um dos pilares de sustentação, espalhando cacos de vidro em cascata pelo público e ferindo várias pessoas; uma garota supostamente perdeu um olho. Novamente, há que se questionar a validade desse duradouro mito. Por que a garota em questão, que teria todo o direito de entrar com uma ação contra os donos do 100 Club, nunca apareceu para contar o que recordava daquela noite? Temos mesmo de acreditar que os tabloides não moveriam céus e terra para encontrar a garota que teria perdido um olho para os demônios do punk rock e estampado seu rosto desfigurado na primeira página?

Apesar das estripulias de Sid, o 100 Club Punk Festival, que chegou ao seu grande final com os Buzzcocks, foi um enorme sucesso. Não menos para os Vibrators, que assinaram contrato com o selo RAK, de Mickey Most, em questão de semanas. Enquanto John Ingham e Caroline Coon se ocupavam em prestar contas minuciosas de seus respectivos papéis, o *Evening Standard* londrino deu o pontapé inicial com uma matéria especial de duas páginas sobre o evento, anunciando um novo culto musical – imbuído de uma "dura atitude dogmática". O *Standard* concluía sua matéria mencionando que os Sex Pistols, os líderes perturbadores do novo culto, haviam "atraído grande interesse das maiores gravadoras".

CAPÍTULO 6

O Ridículo Não Deve Ser Temido...

> *"A mentira pode estar a meio caminho de uma volta ao mundo antes que a verdade calce suas botas."*
> James Callaghan (primeiro-ministro trabalhista entre 1976 e 1979)

Em 7 de outubro de 1976, o Banco da Inglaterra anunciou que estava aumentando os juros de sua taxa mínima de empréstimos, de 13% para 15%, e as ansiosas *building societies** aumentaram no dia seguinte os juros hipotecários a um inacreditável índice de 12,25%. Os jornais da sexta-feira de 8 de outubro traziam conteúdos particularmente sombrios, especialmente por conta do governo trabalhista lamentavelmente inepto de James Callaghan, que parecia incapaz de interromper a rápida precipitação britânica em uma crise financeira. O gerente de A&R da Polydor Records, Chris Parry, de 25 anos, embora sem dúvida preocupado com as implicações pessoais do aumento na taxa de juros, estava entusiasmado depois de haver vencido as objeções de seus superiores na gravadora, convencendo-os de que deveriam aderir à sua ideia para concorrer com a EMI e incluir os Sex Pistols no catálogo do selo.

Ele vinha cortejando Malcolm desde o show dos Pistols no Screen on the Green, em 29 de agosto. Embora a banda tivesse ainda de assinar seus nomes no contrato de 20 mil libras (com um adicional de 20 mil libras à parte cobrindo custos de gravação, entre outros) que jazia sobre sua escrivaninha, estava tão confiante de que havia fechado o negócio que até reservara para a banda o estúdio da Polydor DeLane Lea, no Soho, a fim de que pudessem trabalhar em seu *single* de estreia "Anarchy In The UK". De fato, o cabisbaixo Parry só descobriu que havia perdido para a EMI quando telefonou para Malcolm na SEX

---

*N.T.: Instituições de crédito britânicas.

para saber como havia sido o primeiro dia de gravação. Essa não era a primeira vez que a Polydor perdia para a EMI. O antigo selo holandês tinha sido originalmente um ramo independente do selo alemão de música clássica Deutsche Grammophon Gesellschaft, que já possuíra os direitos da marca registrada His Master's Voice, mas havia sido forçado a abandoná-los à EMI como parte dos termos de rendição da Alemanha no final da Segunda Guerra Mundial.

Há rumores em alguns círculos de que Parry chegou a desabar e chorar por ser rejeitado por Malcolm. Caso isso seja verdade, então o A&R deve ter se valido de seu lenço mais uma vez quando o Clash o colocou para escanteio para firmar um negócio de 100 mil libras com o selo americano CBS. Parry, no entanto, permaneceria focado em seu objetivo de contratar um grupo na liderança da *new wave* para o selo. Talvez tenha sido um caso de "sorte na terceira vez", já que conseguiu as assinaturas do Jam para a Polydor em fevereiro de 1977 por insignificantes 6 mil libras (renegociadas em favor da banda pelo pai de Paul Weller, que estava atuando como empresário dos rapazes).

A preferência de Malcolm pela EMI em lugar da Polydor não foi monetária, já que ambas as empresas estavam oferecendo mais ou menos a mesma coisa. Mas, enquanto a Polydor era holandesa, o que poderia trazer complicações desnecessárias mais adiante, a EMI era tão inglesa como o chá da tarde e os biscoitos amanteigados, e tinha chegado a ser considerada a pedra angular da indústria musical britânica. Porém, não havia sido um simples caso de escolher a EMI em lugar da Polydor, já que Malcolm certamente enfrentou alguns obstáculos durante as negociações com a EMI; obviamente a maioria deles tinha a ver com persuadir o chefe de A&R, Nick Mobbs, de que os Sex Pistols eram dignos de sua atenção. Mobbs finalmente cedeu sob o entusiasmo e persistência do representante de A&R Mike Thorne. Chegou mesmo a interromper uma curta viagem a Veneza onde veria os Wings do ex-Beatle Paul McCartney para viajar para a menos glamourosa Doncaster e ver os Pistols no Outlook Club em 27 de setembro.

Mobbs já estava familiarizado com a maioria das músicas tocadas naquela noite, presentes na fita cassete que Malcolm havia mandado, contendo as demos de Dave Goodman gravadas no QG da Denmark Street, em julho. Ele já havia recebido sinal verde de seus chefes para contratar a banda e, embora pudesse certamente ver o que havia deixado Thorne tão excitado, permanecia cético sobre se a EMI era o lugar certo para os Sex Pistols.

Assim, o problema que Malcolm tinha pela frente quando se apresentou a Mobbs naquela fria manhã de outubro não dizia respeito às 40 mil libras pedidas pelas assinaturas da banda; tratava-se mais de contornar as dúvidas pessoais do A&R sobre a possibilidade de traduzir o som cru e áspero dos Sex Pistols para o vinil. Malcolm, no entanto, recusou-se a permitir que o gosto pessoal de Mobbs entrasse na equação e fechou o acordo convencendo Mobbs de que, se ele não estava disposto a contratar uma banda nova e afiada como os Sex Pistols que estavam bem à sua frente, então a EMI estava vivendo no passado e o selo poderia muito bem fechar. Tendo convencido Mobbs, ele não arredou pé de seu escritório enquanto o contrato não foi elaborado. Naquele único dia, McLaren passou sete horas nos escritórios da empresa em Manchester Square! Só então pegou um táxi para a Denmark Street para pegar a banda, bem como seu amigo fotógrafo americano Bob Gruen, que compareceria ao espaço de ensaio dos Pistols para tirar algumas fotos do novo grupo de Malcolm e mostrar para o pessoal em casa.

Todos os trâmites do contrato foram realizados em um único dia, a assinatura mais rápida em toda a ilustre história da EMI: casamento às pressas, aborrecimento à beça, diz o velho ditado. Porém, não era caso para todos sorrirem para a câmera, já que acabou sobrando para Nils, que se deu conta que não havia coempresariamento no léxico de Malcolm e que ele sempre o tinha visto, no máximo, como um *roadie* ou qualquer outro tipo de assistente no mesmo nível. Nils, então, demitiu-se e foi empresariar Suzie (que havia se tornado "Siouxie") and the Banshees.

O contrato dos Pistols cobria o Reino Unido, bem como os territórios além-mar da EMI; era uma negociação de dois álbuns para um período inicial de dois anos com opção para outros dois (exercível apenas pela gravadora). O grupo, ou melhor, a Glitterbest – de acordo com a cláusula 17 do contrato de empresariamento –, recebeu 40 mil libras adiantadas não retornáveis, 20 mil das quais pagas na assinatura do contrato, com o restante a ser pago na data correspondente, 12 meses depois. A EMI também se encarregaria de custos de gravação fundamentados, que poderiam ser recuperados com os futuros *royalties*. A banda aprovaria as capas dos álbuns e também teria voz ativa na escolha do produtor, que seria custeado pela EMI. Os Sex Pistols já tinham garantido um acordo de 10 mil libras com a divisão de publicação da EMI, e, embora a EMI Records e a EMI Publishing tivessem o mesmo logotipo da empresa, as duas companhias eram entidades completamente separadas, operando em escritórios diferentes, um em cada ponta da Oxford Street.

Além de seus interesses musicais, a EMI também estava envolvida com vídeo e é conhecida por haver fornecido à BBC seu primeiro transmissor televisivo; também tinha braços na indústria de lazer: restaurantes, cinemas e hotéis. Sem esquecer de seus pesados investimentos na radical tomografia computadorizada, que possibilitaria aos médicos examinar a atividade cerebral sem recorrer à cirurgia. A empresa podia também contar com 40 anos de sucesso em eletrônicos de grande escala, como mísseis teleguiados por radar, que eram desenvolvidos nos laboratórios da EMI em Hayes, Middlesex, durante e depois da Segunda Guerra Mundial.

Capa de um pirata no estilo dos Beatles: número 3 – Johnny.

Em 1976, a fortaleza do sexto andar da EMI na Manchester Square era o espaço sagrado de seu novo presidente, *sir* John Read, e seu ilustre conselho de diretores, que incluía *sir* Joseph Lockwood, o ex-procurador-geral e promotor chefe da Grã-Bretanha em Nuremberg, lorde Shawcross, e o então conservador chanceler sombra do Tesouro, Geoffrey Howe. Porém, havia quem condenasse a cadeia alimentar da EMI Records, por achar que música e mísseis não combinavam. Temiam que, por ter os dedos provando tantas sopas, a empresa acabaria queimada.

#

Os Sex Pistols tiveram apenas 24 horas de comemoração por terem se tornado uma banda da EMI. Na manhã de domingo, junto com o engenheiro Dave Goodman e seu colega Kim Thraves, foram para o Lansdowne Studios, no sofisticado Holland Park, para gravar "Anarchy In The UK". Inicialmente a EMI queria que "Pretty Vacant" fosse o primeiro *single* por ser, em seu ponto de vista, a música mais tocável no rádio e, portanto, mais apta a desaguar em vendas imediatas. O selo, no entanto, aquiesceu em face da insistência inabalável da banda de que seu lançamento de estreia seria "Anarchy". A banda passou sete dias na Lansdowne tocando a música repetidamente mais e mais vezes sem ter nada para mostrar como resultado de seu trabalho – para não falar de uma boa fatia das 10 mil libras do orçamento de gravação da EMI.

Com a data original de lançamento, 19 de novembro, adiada mais uma semana, a equipe de gravação mudou então para o Wessex Studios, em Highbury, bem mais compacto, onde novamente gastaram incontáveis rolos de caras fitas de duas polegas, com Goodman tentando inutilmente capturar a energia ao vivo dos Pistols em estúdio. O processo normal de gravação de um *single* levava por volta de três semanas e os poderosos da EMI começavam a expressar dúvidas. O relógio estava correndo e, sem sinal de nenhuma produção de Goodman, o engenheiro foi chamado à Manchester Square para ouvir que estava fora. A versão de Goodman de "Anarchy In The UK" não viria à tona até sua inclusão na trilha sonora de *A Grande Trapaça do Rock'n'Roll,* em março de 1979, quando o grupo Sex Pistols já não existia mais.

Goodman foi substituído no console da Wessex pelo produtor afiliado do estúdio Chris Thomas, que havia começado a carreira no *White Album* dos Beatles antes de trabalhar com o Procum Harum e o Roxy Music, além de ter supervisionado a mixagem de *Dark Side Of The Moon,* do Pink Floyd. Thomas tinha acompanhado seu amigo Chris Spedding ao "Especial da Meia-noite" de Malcolm, ao show no Screen On The Green, no final de agosto, mas, como ele mesmo admitiu, o show dos Sex Pistols o havia deixado em boa parte indiferente. Ele estava, porém, impressionado com a mudança de acordes na versão de "Anarchy" que Thorne tinha mandado, então hesitantemente concordou em encontrar com a banda em sua casa, em Ealing.

Enquanto o estilo afiado de gravar de Thomas – e o fato de ser a favor de fazer *overdub* das guitarras – podia ter ferido certo ego espetado, ninguém poderia argumentar que Thomas não era mestre em seu ofício: em cinco *takes* a música finalizada estava na lata. Depois de ganhar a batalha para que John enunciasse suas letras e erradicar a discrepância de tempo da caixa da bateria de Paul unindo duas faixas de fundo, Thomas optou por um fechamento sônico e cortou a música imediatamente após John finalizar com "get pissed... destroy", na esperança de que a agulha realmente fugisse da ranhura para escapar do insulto. A versão de quatro minutos de Goodman, porém, diminuía a energia a cada volta do vinil.

"Anarchy In The UK" (EMI 2566) foi lançado no Reino Unido, em uma sexta-feira de 26 de novembro de 1976, com as primeiras 2 mil cópias distribuídas em uma sacola preta acompanhada do hoje icônico pôster dobrável de Jamie Reid em forma de uma bandeira britânica rasgada, emendada por alfinetes de segurança e clipes de papel. Reid tinha originalmente submetido como capa um trabalho antigo da Suburban Press intitulado "Monster on a House Roof", que a EMI odiou; ele foi colocado de volta no arquivo com seu estilo radical. Estranhamente, porém, nunca ressurgiu, ao contrário de muitos outros trabalhos da Suburban Press. Mobbs tentou fazer a cabeça de McLaren para realizar umas sessões de fotos no estilo dos Beatles, no terraço da Manchester Square, mas McLaren não queria nada ao estilo "sem noção" das fotos de capa usuais dos astros pop. Na verdade, a sessão de fotos tinha sido feita, mas se passariam anos antes que as imagens à Beatles aparecessem por aí.

A EMI, tendo já capitulado em duas frentes – na escolha da música e na recusa dos Pistols em ser alojados no selo Harvest, subsidiário da companhia (criado em 1969 para atender às bandas do então emergente rock progressivo, como Pink Floyd) –, teve também de ceder aos desejos de Malcolm e evitar os habituais pacotes promocionais estereotipados. Quando o perplexo diretor do departamento de marketing da EMI perguntou como as pessoas saberiam da existência do *single*, Malcolm respondeu dizendo que não queria que "qualquer pessoa" soubesse de sua existência, e sim apenas "algumas", que iriam à loja de discos local e perguntariam por ele pelo nome. Isso, logicamente, estava de acordo com os termos do contrato, e o selo teve de cumprir os desejos de Malcolm. No entanto, a desfiguração da bandeira nacional eriçou algumas penas dentro da sala de reuniões corporativa. Trinta anos passados não tinham erradicado totalmente a memória dos bombardeiros da Luftwaffe; e as coroas de papoulas vermelhas para celebrar os milhares que haviam dado suas vidas pelo rei e pelo país estavam ainda à mostra no Cenotáfio de Whitehall. Enquanto os envolvidos na promoção do *single* dos Sex Pistols evitavam uma bronca da diretoria explicando que a ideia do pôster não tinha nada a ver com eles, a versão do pôster de Reid apresentava o logo circular da EMI e o número de catálogo do disco.

Talvez não surpreendentemente, a maioria dos grandes semanários de música trouxe "Anarchy" como seu *single da semana*"; Caroline Coon do *Melody Maker* derramou hipérboles superlativas em seus louvores. A *Sounds* encarregou Alan Lewis, em lugar de John Ingham, de fazer a crítica, igualmente favorável aos Sex Pistols. Considerando que Ingham teria se esforçado para corresponder ou mesmo ultrapassar Coon, Lewis, embora feliz de apontar que "foi aqui que você leu sobre eles primeiro", foi sagaz o bastante para reconhecer que o *single* trazia "o mesmo velho rock'n'roll... apenas mais jovem e intenso como já não ouvíamos há muito tempo". O *NME,* no entanto (possivelmente ainda buscando acertar o placar com relação ao ataque sofrido por Nick Kent no 100 Club), entregou o *single* ao seu especialista em *rithm'n'blues/ soul* Cliff White. White, reconhecidamente, não era fã dos Pistols ou do punk rock, e teve grande prazer em declarar o disco "péssimo". Ainda tentou diminuir mais e mais o trabalho dos Pistols com um comentário depreciativo em que sugeria que o fato de gravarem um disco significava que já haviam sido assimilados pelo sistema.

Em razão de um descuido na EMI, Chris Thomas havia sido creditado por engano como produtor do lado B do *single*, "I Wanna Be Me", que fora na realidade retirado das demos feitas por Dave Goodman na Denmark Street. Nem é preciso dizer que Goodman não ficou nada feliz e estava ainda mordido por ter sido preterido em favor de Thomas. Três dias após o lançamento do *single*, os advogados de Goodman escreveram ao departamento jurídico da EMI ameaçando entrar com uma ação liminar e exigindo que o selo enviasse notas à mídia e a todas as partes interessadas admitindo seu erro e desculpando-se por quaisquer constrangimentos causados pelo descuido. Também exigiam que, depois que os 15 mil *singles* fabricados com o crédito incorreto tivessem sido vendidos, os discos futuros trariam o crédito corrigido com o nome de seu cliente. Tais inconveniências – embora cansativas – eram parte integrante do dia a dia de uma gravadora. E lidar com uma banda como os Sex Pistols significava ter de enfrentar alguns problemas. Mas a dor de cabeça da EMI estava a ponto de ficar pior... muito, muito pior.

#

Na quarta-feira de 1º de dezembro de 1976, os Sex Pistols estavam trancados no Roxy Theatre, em Harlesden, noroeste de Londres, ensaiando para sua turnê nacional de 19 shows para promover "Anarchy In The

UK". Malcolm recebeu um telefonema do chefe de divulgação da EMI, Eric "Monster" Hall, para saber se seria possível a participação da banda na edição daquela noite do programa televisivo *Today*. O divulgador da EMI havia acabado de saber por Michael Housego, produtor do programa vespertino de informações locais da Thames TV, que o vídeo que havia mandado para a Thames do último *single* do Queen, "Somebody To Love", não fora liberado para transmissão pelo Sindicato dos Músicos, de modo que não poderia ser veiculado.

Parece que Housego, após ser informado de que nenhum outro artista da EMI estava disponível em tão pouco tempo, perguntou dos Sex Pistols. Outra versão dos fatos é que o convite de última hora dos Pistols para aparecer no programa partiu do fato de seu companheiro de EMI, o Queen, ter sido forçado a cancelar sua própria aparição já agendada por Freddie Mercury ter ficado no dentista mais tempo do que o esperado. Embora quando perguntado no Kerrang! Awards* em 2004 se o Queen realmente deveria estar no *Today* daquela noite, Brian May balançou a cabeça: "Ah, aquela velha história. Acho que você vai descobrir que está mais para folclore dos Pistols do que alguma coisa que tenha a ver com a gente!". Mas, não importa qual versão seja a certa, o que é incontestável é que novamente o destino fez sua parte para traçar o caminho dos Pistols.

Se Hall tivesse liberado o vídeo do Queen no Sindicato dos Músicos ou *se* o dentista de Freddie Mercury tivesse marcado a consulta em outro dia, então os Sex Pistols teriam realizado a turnê – sem dúvida atraindo alguns novos fãs a cada nova apresentação – e permanecido na EMI.

Alguns diriam que tal cenário teria meramente atrasado o encontro da banda com a ignomínia até o lançamento de "God Save The Queen", em maio de 1977. Talvez, mas podemos imaginar se uma instituição inglesa tão tradicional como a EMI teria concordado em lançar o *single* altamente controverso no ano do jubileu de prata da rainha Elizabeth II.

Malcolm, é claro, estava ocupadíssimo colocando os pingos nos "i"s e cortando os "t"s da próxima turnê, que começaria em dois dias. Além de seus próprios rebeldes, os outros grupos escalados para a turnê eram The Heartbreakers, a nova banda de Johnny Thunder, e ainda o Clash e o Damned (a contragosto). A abertura estava prevista para acontecer na University of East Anglia, em Norwich, antes de percorrer outras 17 cidades grandes e pequenas através da Inglaterra, da Escócia e do País de Gales, com um final triunfante de boas-vindas a Londres

---

*N.T.:O prêmio anual da revista musical *Kerrang!*

no The Roxy, em Covent Garden, em 26 de dezembro. Tudo na teoria, pelo menos.

Malcolm mostrou-se surpreendentemente relutante em interromper as atribuladas horas de ensaio da banda pelo que viu apenas como outra aparição regional na televisão. Os Sex Pistols já tinham tido a experiência no horário nobre televisivo, quando o vídeo promocional de "Anarchy", dirigido por Mike Mansfield, foi ao ar no *Nationwide* da BBC, em 12 de novembro, como parte do especial do programa sobre o novo fenômeno musical do punk rock. A banda tinha também aparecido na edição do domingo anterior do *London Weekend Show*, da LWT, apresentado por Janet Street-Porter. Janet e sua equipe entrevistaram os componentes da banda na Denmark Street e filmaram seu show recente no Notre Dame Hall, uma casa de espetáculos de porão dirigida por católicos em Leicester Place, na Leicester Square.

Hall estava ansioso para impedir uma reprimenda de seus superiores por ter falhado em pôr o pingo em um de seus próprios "i"s, conseguindo a autorização necessária para o vídeo do Queen e ajudando a alimentar a vaidade de Malcolm. Ele lançou-se em seu discurso sobre o espaço no *Today* ser benéfico para os Sex Pistols, visto que a EMI detinha uma cota de 50% na Thames Television. Malcom cedeu a contragosto, mas somente sob a condição de que a EMI providenciasse uma limusine para pegar a banda em Harlesden e levar até o estúdio da Thames na Euston Tower, em Marylebone Road. Assim o motorista poderia deixar os rapazes e seguir para Heathrow para pegar os Heartbreakers e sua equipe, que consistia no extravagante empresário Leee Black Childers e seu *roadie* Lee Paul, e levá-los para o Roxy. Afinal, não doeria nada dar ao Johnny nova-iorquino e seus rapazes mimos de cinco estrelas, já que não haveria limusines quando a turnê estivesse em curso.

Malcolm encontrou a banda no saguão, de onde foram escoltados para a Sala Verde do estúdio a fim de se refrescarem enquanto esperavam a vez de ir para a frente das câmeras. Glen mais tarde recordou-se de ter as mãos em uma caneca de cerveja morna, assim como Paul e John, enquanto Steve ganhou o bônus de uma garrafa de vinho Blue Nun. Antes de saírem para o estúdio, Malcolm havia telefonado para Simon Barker na SEX e dito a ele para ir ao estúdio com alguns amigos. Isso, evidentemente, foi anos-luz antes de os telefones móveis tornarem-se um acessório do dia a dia, mas felizmente a empregada ocasional da SEX Simone Thomas estava disponível e Simon também conseguiu pegar Siouxsie e Steve no espaço de ensaio dos Banshees. Siouxsie mais tarde lembraria de como o mal-humorado apresentador do *Today*, Bill Grundy, já estava bêbado no começo do dia e passou lá a maior parte do tempo a olhando por sobre seu copo de uísque.

Em uma entrevista posterior, Paul Cook disse que ele e o restante da banda estavam alinhados atrás das câmeras quando uma voz invisível – macaqueando a frase memorável do empresário dos Rolling Stones, Andrew Loog Oldham, referente às suas próprias exigências disparatadas – perguntou jocosamente à audiência em casa se estariam dispostos a deixar suas filhas saírem com um Sex Pistol. Então a banda foi levada à arena, onde Grundy, bêbado, esperava sentado. Hall, por sua própria conta, tinha avisado Housego que as mais novas aquisições da EMI estavam em busca de publicidade para promover seu disco a qualquer custo e que Grundy deveria ser muito cuidadoso com a banda. Housego, no entanto, acreditou que um velho profissional de fala direta saberia como lidar com um grupo de rock. Ele havia sido o primeiro apresentador de televisão a entrevistar os Beatles em outubro de 1962 e, afinal de contas, a entrevista era um negócio inconsequente de três minutos acomodado no final do programa. O que poderia dar errado?

Embora a banda e sua pequena comitiva conhecessem o *Today*, já que o programa de meia hora era transmitido por toda Londres e arredores cinco dias por semana entre 18 horas e 18h30, não havia como saberem que estava sendo transmitido ao vivo. Poderia, portanto, ter sido prudente que algum dos assistentes por trás das câmeras conscientizasse a banda sobre isso antes de colocá-la no ar. Como resultado, o bate-boca entre o apresentador e a banda preparou o momento em que o *teleprompter* despertou e Steve e John começaram a ler alto as falas de Grundy, tirando-o de prumo. Grundy simplesmente os ignorou e lançou-se em seu já preparado diálogo sobre o punk rock ser a última mania, bem como informando a audiência de que a banda estava tão bêbada quanto ele, antes de a tela ser tomada pelos cerca de 30 segundos do vídeo promocional de "Anarchy", de Mike Mansfield. Com a luz vermelha indicando uma volta à ação e pouco tempo para gentilezas, Grundy foi direto ao ponto sugerindo que as 40 mil libras de adiantamento da gravadora (é estranho ele não ter mencionado o nome EMI, dado que o selo detinha 50% de participação na companhia que pagava seus vencimentos) seriam contrárias à suposta visão antimaterialista da banda. A pergunta era destinada sem dúvidas aos quatro membros da banda, mas Glen, como o único que mostrava algum interesse a essas alturas, respondeu com um vivaz "não, quanto mais, melhor". A réplica *blasé* do baixista pareceu irritar Grundy, e foi enquanto ele pressionava

Glen por mais informação sobre o adiantamento da EMI que Steve – alto o suficiente para ser ouvido por qualquer londrino nascido sob as badaladas do Big Ben – disse que iriam "gastar a porra toda".

Essa deveria ter sido a senha para Housego ou alguém com uma prancheta nas mãos fazer com que Malcolm sinalizasse para os rapazes cessarem a artilharia. Em lugar disso, a entrevista continuou inabalável, e Grundy teve ainda permissão para insistir que John repetisse o palavrão que ele murmurou em honra da adequação. Nesse ponto, Grundy teve de fato supremacia, já que John visivelmente corou frente à câmera. Mas, em lugar de reconhecer sua vitória com um sorriso franco e mudar o assunto para a turnê próxima, ou fazer uma piada sobre querer ver a cara de Tony Blackburn ao ser requisitado a tocar um disco chamado "Anarchy In The UK", ele escolheu voltar sua atenção para Siouxsie.

Siouxsie, parecendo uma figurante de filme de Marcel Marceau, com sua pintura facial e roupa com suspensórios e gravata de bolinhas, surpreendentemente ficou tímida ao achar-se no centro do palco. Com toda Londres esperando sua resposta, não conseguiu pensar em mais nada para dizer a Grundy além do fato de que sempre havia querido encontrar-se com ele. O comentário era obviamente jocoso, dado que Siouxsie era uma beldade de 21 anos e Grundy estava acima do peso e dos 50 anos, mas deu a ele outra oportunidade de sair por cima; tudo o que precisava era voltar-se para a câmera e fazer uma cara sugestiva, que estaria são e salvo. Mas não, e depois de fazer Siouxsie confirmar o que havia dito, sugeriu que se encontrassem depois do programa, sem deixar qualquer ideia de que Siouxsie fosse namorada de um dos componentes da banda.

Steve, que rapidamente estava chegando à conclusão de que uma garrafa de vinho barato não pagava a pena de ser arrancado do ensaio só para ser ignorado por um bêbado tarado, chamou Grundy de "velho cuzão" e "velho sujo". Não vamos nos esquecer de que Steve estava usando uma camiseta de "peitinhos" da SEX enquanto tudo ia por água abaixo. A braçadeira de suástica de Jordan podia ser demais para um programa musical noturno, mas uma camiseta com um par de seios nus estampados era obviamente aceitável para uma audiência familiar de horário nobre. Malcolm provavelmente fez uma anotação mental para providenciar umas 2 mil camisetas impressas para suprir possíveis vendas.

Grundy, falecido em fevereiro de 1999, provavelmente passou as três décadas subsequentes ponderando sobre o que o teria possuído para proferir as palavras que fariam dos Sex Pistols um nome da casa e poriam sua própria carreira à deriva como um equivalente televisivo do *Marie Celeste*:* "Vão em frente. Vocês ganharam mais cinco segundos. Digam algo ousado...". Dar a um garoto bêbado de 21 anos um microfone aberto e desafiá-lo a dizer "algo ousado" na televisão ao vivo, na hora do chá, era tão irresponsável quanto repreensível – para não mencionar nada profissional. Tivesse Grundy feito sua oferta idiota para John, poderia ter sido poupado, já que a réplica sarcástica do vocalista seria provavelmente algo dentro da linha "não até você dizer alguma coisa inteligente, chefe", e com honras todos poderiam ter voltado para casa felizes. Mas Steve, tão embriagado como inarticulado, respondeu do único jeito que conhecia e chamou Grundy de "bastardo sujo". Alguém há de imaginar por que Housego não interveio nesse ponto, mas por alguma razão Grundy teve permissão para levar a coisa adiante e Steve foi obrigado a dar o ar da graça não apenas uma vez, mas duas vezes; na segunda vez chamou Grundy de "canalha fodido".

A palavra "canalha" (*rotter*), gíria para caráter desprezível ou desagradável, tinha desaparecido do vocabulário inglês, mas havia ressurgido no período que antecedia o Natal em um comercial de televisão da água tônica Schweppes. Assim, podemos assumir que havia um aparelho de televisão na sala de espera da Thames, e que Steve viu o anúncio que continha o mote – dito pelo grosseiro ator William "Schhhh... Você Sabe Quem" Franklyn: "Você sempre pode identificar um canalha por sua Schweppes".

Deixando à mostra sua arrogância vaidosa, Grundy virou-se para a câmera e disse à audiência que "os veria em breve", embora internamente soubesse que havia ultrapassado os limites. Se você observar bem a gravação poderá vê-lo pronunciar as palavras "oh, shit" ("merda!") quando a câmera se afasta e Steve salta da cadeira para sacolejar ao som de "Windy", o tema alegrinho do programa. Steve pode não ter sido a primeira pessoa a dizer "foda-se" na televisão ao vivo, a honra duvidosa foi do controverso crítico de cinema e teatro Kenneth Tynan, que ousou proferir a temida palavra com "f" em 1965, durante um debate ao vivo sobre censura no show satírico das noites de fim de semana da BBC 3, apresentado por Robert Robinson. Mas lançar a palavra durante a hora do chá em frente à televisão com tal displicência era mais do que alguns dos espectadores de *Today* podiam suportar; um em particular, James Holmes, um motorista de caminhão de 47 anos, sentiu-se tão ultrajado que arrebentou a televisão. Como John Lydon troçaria depois: "É ridículo

---

*N.T.: Navio que ficou à deriva por motivos desconhecidos.

saber de gente que arrebenta seus televisores. Eles nunca ouviram falar do botão para desligar?".

O motorista da limusine, é claro, não tinha ideia do que havia se passado no estúdio e estava esperando para levar os Sex Pistols de volta a Harlesden, onde estes últimos jovialmente deliciaram seus atônitos companheiros de turnê com o que havia acontecido. Siouxsie, Simon e Steve Severin dirigiram-se à cidade para continuar com a festa e descobrir que haviam se tornado celebridades da *causa punk*.

Malcolm depois se vangloriou para Eddie "Legs" McNeil em um dos livros mais brilhantes da cena punk de Nova York, *Please Kill me*, dizendo que acreditava que a aparição dos Sex Pistols no *Today* era "história viva". De fato era, mas essa consideração veio muito tempo depois de ocorrido o evento, porque na época Malcolm estava tomado pelo pânico, temendo que fosse o fim da banda; ele chegou a ponto de castigar Steve por seu comportamento.

A Thames imediatamente levou ao ar um pedido de desculpas – como continuaria fazendo durante toda a noite – expressando seu pesar sobre a entrevista e desculpando-se pela linguagem chula. Houve reações diversas na Manchestes Square, onde várias pessoas que trabalhavam com os Sex Pistols permaneceram para assistir à entrevista. Mark Rye, do departamento de *marketing*, estava aparentemente em êxtase por causa do número de discos que ia vender por conta da inaptidão de Grundy; Paul Watts, diretor-geral da Divisão de Grupo de Repertório da EMI Records, porém, via as coisas de um jeito um pouco diferente. É uma máxima bem conhecida no mundo do rock'n'roll que "toda publicidade é boa publicidade", e, se a EMI Records fosse uma entidade independente, então Watts teria também esfregado as mãos em contentamento pelo presente de Natal adiantado da Thames. Mas a EMI Records era apenas uma engrenagem, embora uma engrenagem importante e altamente rentável, localizada dentro de uma enorme máquina corporativa. O aumento de vendas de alguns milhares de discos caía na insignificância diante da necessidade de salvaguardar a reputação da companhia.

E o que diriam os jornais da manhã seguinte?

#

Para os caçadores de notícias da Fleet Street, o Natal havia de fato chegado mais cedo. Em lugar de explorar mais e mais as falhas correntes do governo de Callaghan, os tabloides – e os jornais sérios – lançaram-se em uma campanha frenética sobre os Sex Pistols e a nova onda musical, o punk rock. *The Sun* foi talvez o mais caridoso para com a banda, tanto que sua primeira página perguntava "AS PISTOLAS ESTAVAM CARREGADAS?", e também informava aos leitores acerca das duas semanas de suspensão impostas a Grundy por conta de seu "programa sujo". *The Evening News* também ficou ao lado dos Pistols com "GRUNDY INCITOU GAROTOS PUNK, DIZ CHEFE DE GRAVADORA". *The Evening Standard*, no entanto, nomeou a banda de acordo com o que foi visto e declarou que os Sex Pistols eram uns "DELINQUENTES DESBOCADOS", enquanto o *Daily Express* saiu-se com "PUNK? CHAME DE LUCRO SUJO", fornecendo involuntariamente para Steve e Paul um mote para a música título do filme *A Grande Trapaça do Rock'n'Roll*, bem como o título da turnê mundial de reunião dos Sex Pistols de 1996. *The Daily Mail* entrou na disputa com "GRUPO PUNK DE QUATRO LETRAS EM TEMPESTADE TELEVISIVA", e a edição do dia seguinte apresentava um editorial contundente intitulado "NÃO SE IMPORTE COM MORAL OU PARÂMETROS, AS ÚNICAS NOTAS QUE IMPORTAM VÊM EM MAÇOS". Foi este o primeiro artigo a realmente culpar a EMI, insinuando que o selo havia se beneficiado do bate-boca com Grundy, já que receberia uma porcentagem por cada disco vendido pela banda.

O primeiro lugar na caça às bruxas, porém, foi do *Daily Mirror* por sua frase cativante: "O LIXO E A FÚRIA" (uma pequena manchete memorável, que renderia para o grupo 24 anos depois o título de um documentário e 1 milhão de camisetas vendidas). O jornal espertamente usou na escandalosa manchete de primeira página uma foto da banda saindo dos escritórios da EMI na Manchester Square, depois de ter assinado contrato com o selo em 8 de outubro. Os quatro componentes da banda – depois de celebrar com cerveja e champanhe – estão sorrindo profusamente, e John jogou no fotógrafo, no momento do clique, o conteúdo de uma caneca de cerveja surrupiada no escritório, espirrando flocos de espuma na imagem. Os leitores do jornal, sem ter ideia de onde ou quando a foto havia sido tirada, assumiriam que se tratava da saída do estúdio da Thames e que a animação do grupo era por causa do que tinha acabado de acontecer.

O incidente naturalmente fez as manchetes da televisão, com a ITV e a BBC escolhendo sem dúvidas culpar a banda; já as estações de rádio que não haviam se sentido ofendidas com o lançamento de "Anarchy In The UK" removeram o disco de sua *playlist*. Apenas o DJ John Peel, do horário noturo da Radio One, que colocava o *single* no ar regularmente em seu programa de duas horas – assim como o considerou digno do espaço principal de sua *playlist* durante cinco anos corridos –, apoiou os Pistols. "Francamente, eu estava consternado", ele contou a Fred Vermorel no ano seguinte em *The Sex Pistols*, "porque se você tirou quatro ou cinco garotos da rua... fez com que se sentissem importantes, encheu-os de cerveja, colocou-os na televisão e pediu 'digam alguma coisa ultrajante', eles iriam dizer alguma coisa ultrajante. Acho até que – como uma pessoa de classe média de 38 anos –, se eles fizessem o mesmo comigo, eu agiria da mesma forma. Então, quem torce as mãos em horror e diz 'isto é um ultraje' não passa de um hipócrita descarado". O banimento não oficial estendeu-se a outras estações de rádio, como a Capital Radio de Londres, a Piccadilly Radio de Manchester e a BRMB de Birmingham. A Radio Hallam de Sheffield também havia, por essa época, decidido tirar o *single* de sua *playlist*, mas só depois de realizar uma pesquisa entre seus ouvintes; enquanto a Radio Luxembourg, de Tony Prince, foi suspensa por uma noite por ter tido a coragem de enviar no ar um convite para os Sex Pistols tocarem ao vivo em seu programa.

Embora a Thames TV tenha sido rápida em transmitir no ar suas desculpas, bem como em sua severa repreensão a Michael Housego e na suspensão do infeliz Grundy, nem Malcolm nem a EMI aparentaram estar dispostos a expressar contrição similar. Na verdade, Malcolm, depois de levantar todas as possibilidades que o escândalo havia trazido, provavelmente estava desejando que o episódio com o *Today* tivesse acontecido antes de ter convidado o Damned para a turnê.

A EMI, porém, esperava que toda a lamentável história desparecesse, mas isso parecia improvável de acontecer tão cedo com os repórteres acampados do lado de fora dos escritórios da Manchester Square. Com a tempestade dando poucos sinais de que iria parar, o diretor executivo da EMI Records, Leslie Hill (que seria injustamente alvejado pela imprensa e sofreria a indignação de ter seus vizinhos sondados e ver seu endereço residencial – acompanhado de uma fotografia de sua casa – impresso no *Daily Mail*), decidiu fazer uma coletiva de imprensa na tentativa de esclarecer a posição do selo. Como não havia estado envolvido na contratação dos Sex Pistols pelo selo por causa da quantia de dinheiro relativamente pequena envolvida, ele telefonou para Malcolm e disse que trouxesse a banda a Manchester Square para que pudessem responder à maioria das perguntas.

Nesse mesmo dia, Hill tinha recebido um telefonema de Roy Matthews, o diretor da fábrica de prensagem do selo em Hayes, sendo informado de que a (predominantemente feminina) força de trabalho estava em greve e recusava-se a prensar o *single* dos Sex Pistols. Então, assim que a conferência acabou, Hill teve de se dirigir até a fábrica, onde passou o resto do dia rebatendo as objeções dos trabalhadores e conseguindo que voltassem às atividades. As mulheres voltaram a suas estações na manhã seguinte, mas o estrago fora feito no que concernia aos Sex Pistols, já que o efeito colateral da greve foi um atraso na distribuição para as pequenas lojas de varejo. Assim como a Woolworths, a W. H. Smith and Boots já havia ido a público em sua denúncia contra os Sex Pistols recusando-se a estocar o *single*; assim, as lojas de discos independentes eram as únicas disponíveis.

CAPÍTULO 7

Não no Meu Quintal

> *"Todas as manhãs, antes de descer para o café, pegava meu cartaz com o roteiro dos shows, riscava o nome dos lugares cancelados e escrevia o nome dos substitutos. Mas, na hora do almoço, tinha de riscar os novos lugares e substituir por outros."*
> Steve "Roadent"Connolly
> (na época em que serviu como roadie do Clash na "Turnê Anarchy")

Sexta-feira, 3 de dezembro, East Anglia University, Norwich. Cancelado.
Sábado, 4 de dezembro, King's Hall, Derby. Cancelado.
Domingo, 5 de dezembro, City Hall, Newcastle. Cancelado.
Segunda-feira, 6 de dezembro, Leeds Polytechnic. Realizado.
Terça-feira, 7 de dezembro, Village Bowl, Bournemouth. Cancelado.
Sheffield University. Não deu certo.
Quinta-feira, 9 de dezembro, Electric Circus, Manchester. Realizado.
Sexa-feira, 10 de dezembro, Lancaster University. Cancelado.
Preston Charter. Não deu certo.
Sábado, 11 de dezembro, Liverpool Stadium. Cancelado.
The Cavern. Não deu certo.
Segunda-feira, 13 de dezembro, Colston Hall, Bristol. Cancelado.
Bristol University. Não deu certo.
Terça-feira, 14 de dezembro, Top Rank, Cardiff. Cancelado.
Cinema Caerphilly Castle. Não deu certo.
Quarta-feira, 15 de dezembro, Apollo, Glasgow. Cancelado.
Wolverhampton de Lafayette. Não deu certo.
Quinta-feira, 16 de dezembro, Caird Hall, Dundee. Cancelado.
Sexta-feira, 17 de dezembro, City Hall, Sheffield. Cancelado.

Market Hall, Sheffield. Não deu certo.
Sábado, 18 de dezembro, Kursaal, Southend. Cancelado.
Skindles, Maidenhead. Não deu certo.
Domingo, 19 de dezembro, Civic Hall, Guildford. Cancelado.
Electric Circus, Manchester. Realizado.
Segunda-feira, 20 de dezembro, Town Hall, Birmingham. Cancelado.
Bingley Hall. Não deu certo.
Winter Gardens, Cleethorpes. Realizado.
Terça-feira, 21 de dezembro, Woods Centre, Plymouth. Realizado.
Quarta-feira, 22 de dezembro, 400 Ballroom, Torquay. Cancelado.
Penelope's Ballroom, Paignton. Não deu certo.
Woods Centre, Plymouth. Realizado.
Domingo, 26 de dezembro, Roxy Theatre, Londres. Cancelado.

[Os 19 shows originais da "Turnê Anarchy" estão em letras normais; as novas datas, em itálico.]

A turnê "Anarchy" certamente ficará conhecida como o maior espetáculo de rock'n'roll que nunca aconteceu; simplesmente desmoronou diante dos olhos de seus verdadeiros responsáveis. Embora não tenham conseguido atrair a Londres nem os Ramones nem os Talking Heads para dividirem o palco com os Sex Pistols em sua turnê, Johnny Thunders e sua nova banda, os Heartbreakers – que incluía o ex-New York Doll Jerry Nolan na bateria – não foram preguiçosos. Algumas das casas de espetáculos, como a Torquay Ballroom, com capacidade para 550 pessoas, e a Woods Centre, em Plymouth, para 650 pessoas, eram apenas um pouco maiores que o 100 Club. Porém, os outros lugares poderiam acomodar 2 mil pessoas, enquanto o Apollo de Glasgow, com capacidade para 3 mil pessoas, seria de longe o maior público que os Sex Pistols já tinham enfrentado até então. Além dos Heartbreakers, o Clash também estava no show. Malcolm também fora forçado a convidar o Damned para a turnê (uma decisão tomada antes da entrevista de Grundy e a publicidade decorrente), com o único objetivo de conseguir vagabundos suficientes nos assentos para tornar essa aventura um sucesso.

O Clash e os Heartbreakers estavam sendo bem cuidados por conta do adiantamento da EMI; as duas bandas poderiam alegrar-se por viajar em ônibus de luxo, ficar em hotéis de primeira e fazer três refeições ao dia. O Captain Sensible e seus bravos não tiveram tanta sorte, já que dependiam do orçamento de sua própria gravadora e tiveram de se contentar com albergues e viajar para os shows em uma van comum de transporte. "Ser contratado da Stiff", Captain mais tarde lamentou, "significava que, se o último disco do Elvis Costello não tivesse vendido, então o próximo disco do Ian Dury não sairia. A parte de trás daquela van era muito apertada, além de estar sempre fedendo a suor e peidos velhos. Havia poucos luxos."

Desde a época de Larry Parnes e seus saltimbancos, na primeira metade dos anos 1960, não se via uma turnê tão repleta de novos talentos britânicos. Mas a reação precipitada do país ao entrevero verbal de Steve e Bill Grundy acabou com os planos de Malcolm de imitar seu herói do Tin Pan Alley. Antes da aparição dos Sex Pistols no *Today*, o punk rock era visto pela mídia como um pouco mais que uma comunidade fechada de Londres voltada para o vestuário, com filiais em Manchester e Birmingham; depois, passara a ser um movimento jovem que aumentava rapidamente. Como com os *teddy boys* dos anos 1950 e os brigões de praia *mods* e *rockers* dos anos 1960, o punk tinha sua própria música, estilo de vestir e atitude. Malcolm, que estava a postos para lucrar com o caos vestindo a última mania adolescente, não teria se perdoado caso apenas dois ou três shows da turnê tivessem sido cancelados por conta do furor sobre o *Today*, já que a publicidade havia levado mais garotos ao World's End em busca de calças de sadomasoquista. Mas, com apresentações canceladas por todos os lados, foi ele quem acabou sem dinheiro. Pois, embora os Sex Pistols, o Clash, os Hearthbreakers e o Damned – bem como seus dublês de Manchester, os Buzzcocks – tivessem conseguido tocar em sete shows, apenas três deles constavam entre as 19 datas originais do itinerário da turnê. As demais datas originais, bem como outros nove shows alternativos, foram canceladas em várias cidades.

Qualquer um com uma cópia de *Sex Pistols File*, de Ray Stevenson, verá as fotografias que ele tirou de John e Steve na manhã seguinte à aparição da banda no *Today*. Steve, cuja educação imperfeita o impedia de ler sobre o alvoroço que ele mesmo havia causado, ri enquanto segura uma cópia do *Dayly Mirror* para a câmera; bem, não é todo dia que se é responsabilizado no café da manhã por chocar a nação. John obviamente acabou de chegar ao escritório de Malcolm (que também pode ser visto ao fundo) em Dryden Chambers, já que ainda está usando seu casaco preso no colarinho com um alfinete de fralda. Ele posa com um olhar de quem sabe; uma cópia dobrada (e possivelmente a mesma) do *Daily Mirror* está sobre a escrivaninha à sua frente. As manchetes do tabloide e o enxame de repórteres do lado de fora do novo escritório de Malcolm podem ter dado a John algum indício do turbilhão que aguardava a banda, mas ele mal poderia imaginar que aqueles mesmos jornalistas *o* proclamariam – um irlandês-londrino, chutador de bosta de Finsbury Park – a figura de proa da onda punk rock. Alguns dos jornalistas estavam até mesmo chamando o punk rock de último movimento jovem, mas, embora os fãs da banda tivessem aumentado umas dez vezes desde o Festival Punk do 100 Club, o punk não poderia ser descrito como um "movimento". Ainda não, pelo menos.

Isso, é claro, estava para mudar, já que o subtexto por trás das manchetes dos tabloides era que os Sex Pistols estavam tocando para as filas de desempregados da Grã-Bretanha. Esse era apenas o jeito da Fleet Street de denegrir a banda e seus fãs já que, à parte uns poucos preguiçosos pertencentes a seu círculo interno, seus seguidores eram formados principalmente por estudantes de arte. Aqueles que estavam matriculados provavelmente usavam seu salário semanal do governo, a soma principesca de 9,70 libras, para formar uma banda, sair da esmola e cair no rock'n'roll.

Como o programa *Today* era somente transmitido na região de Londres, o restante do país não havia ouvido sobre "a noite em que o ar ficou azul" até as manchetes chocantes que acompanhavam os cereais da manhã seguinte. Enquanto Malcolm e a banda deleitavam-se por estar na primeira página de cada um dos principais jornais, as autoridades das prefeituras de 19 cidades e distritos que os Sex Pistols iriam logo agraciar com sua presença começaram a armar sua vingança.

O pesadelo, do qual muito poucos dos participantes da turnê emergeriam incólumes, começou na manhã seguinte com o vice-chanceler da University of East Anglia, Frank Thistlewaite, anunciando o cancelamento do show de abertura da turnê naquela noite por não estar convencido de que o evento não daria lugar a incidentes. O comitê social do Grêmio Estudantil sentiu-se atingido e organizou um protesto maciço contra as medidas draconianas de Thistlewaite. Parece, porém, mais provável que sua ira tivesse mais a ver com a perda de suas liberdades, tão descaradamente infringidas, do que com a perda do concerto dos Sex Pistols. Sem tempo para encontrar um espaço alternativo, o ônibus da turnê seguiu a M1 para Derby, onde as bandas deveriam tocar na noite seguinte.

A equipe da turnê incluía Ray Stevenson como fotógrafo oficial e seu irmão Nils, a quem Malcolm tinha atraído temporariamente de volta ao rebanho com a promessa de 300 libras de salários atrasados por serviços prestados. Quando chegaram ao Crest Hotel de Derby, o saguão estava fervilhando de jornalistas e as três bandas foram forçadas a passar a noite confinadas em seus quartos. Diz-se, no entanto, que os músicos puderam valer-se do serviço de quarto e mantiveram os porteiros ocupados providenciando um suprimento sem fim de canecas de cerveja e sanduíches. Dave Goodman, por sua vez, estava também à mão para dar um clima com seus baseados especiais de turnê.

Podemos afirmar que Goodman foi o responsável involuntário pelos desdobramentos desastrosos da turnê. *Caso* ele não tivesse esgotado a paciência da EMI tentando capturar o som ao vivo dos Sex Pistols na fita, o *single* "Anarchy" teria sido lançado em 19 de novembro, como o selo pretendia originalmente. *Se* as coisas tivessem sido assim, a turnê teria certamente começado uma semana antes, com o show alegre e triunfante de boas-vindas a Londres no Roxy Theatre tomando lugar em 19 de dezembro, antes de todos se retirarem para curtir o Natal com seus entes queridos. Isso teria acarretado que os Sex Pistols estivessem na metade da turnê em 1º de dezembro; consequentemente, não teriam conseguido o espaço no *Today*, pois estariam curtindo uma noite de folga em Manchester – provavelmente no Tommy Ducks –, tendo pela frente um show no Electric Circus na próxima noite. Não seria grandioso?

#

Ao chegar em Derby Crest, Malcolm descobriu que o show da próxima noite em Newcastle fora cancelado pela câmara municipal de Tyneside a fim de proteger as crianças dos anticristos de cabelos espetados. Embora os políticos eleitos em Derby não sentissem sua juventude em perigo, o Comitê de Lazer da cidade lançou a proposta de que o show daquela noite só poderia acontecer se os Sex Pistols concordassem em apresentar uma matinê privada para o comitê determinar se a apresentação era adequada. Combinou-se que, mesmo se os Sex Pistols fossem considerados muito arriscados, as outras três bandas ainda poderiam se apresentar.

Começou então uma discussão para determinar se um show mais curto com três bandas, com o Damned como grupo principal, teria o mesmo apelo; o Clash e os Heartbreakers cerraram fileiras com os Sex Pistols. O Damned, evidentemente, estava encalhado em um hotel barato do outro lado da cidade e portanto não poderia estar por dentro do desenrolar dos acontecimentos. A última coisa que haviam escutado fora que Malcolm tinha aceitado as condições do comitê e então seu gerente de *roadies*, Rick Rogers, lançou uma declaração para a imprensa dizendo que não havia nada de ofensivo em sua apresentação e eles estariam contentes de poder tocar. Malcolm de fato aparentou ceder às exigências do Comitê de Lazer e chegou a instruir Dave Goodman para providenciar que o equipamento da banda fosse levado para o King's Hall e montado no palco. Isso, no entanto, era só um artifício para despistar a imprensa.

Embora fosse sábado, e ninguém importante na EMI estivesse no escritório, Malcolm ligou para a casa de Paul Watts. O homem da EMI inicialmente relutou em envolver-se, mas deve ter percebido que Malcolm estava chegando no limite e concordou em cobrir a conta do hotel. Então, enquanto o prefeito e a primeira-dama (vestida com seus trajes cívicos e a corrente com o brasão da cidade), o chefe de polícia e os vereadores Edith Wood, Les Shipley e Richard Wayman – que era ele mesmo ex-prefeito – sentaram-se esperando pacientemente a banda aparecer no palco, o comitê da turnê carregou o ônibus e partiu direto para Leeds.

A malfadada turnê seria reencenada no filme *A Grande Trapaça do Rock'n'Roll*, acrescida da narração de um descontente dignatário de Derby informando à mídia sobre a decisão do Comitê de Lazer de negar aos Sex Pistols a entrada no King's Hall da cidade. Ao contrário da lenda, ou ao que aparece na tela, no letreiro do ônibus da turnê Anarchy não se lia "lugar nenhum" nem foi deixado em branco intencionalmente. Malcolm, porém, poderia muito bem ter pintado uma cruz vermelha nos painéis laterais do veículo, já que os vereadores de cada vila e cidade no roteiro da turnê reagiam aos Sex Pistols como se eles tivessem carregando a praga. Todavia, embora o Príncipe Próspero do conto de Poe promovesse elegantes bailes de máscaras para manter a doença longe dos limites do seu castelo, os vereadores ultrajados da Grã-Bretanha não queriam saber de rock nos limites de seus aconchegantes domínios e fechavam as portas para os Sex Pistols. O lorde Provost de Glasgow – que declarou que a Escócia tinha *hooligans* demais e não precisava importá-los de outro lado das fronteiras – chegou a ponto de revogar a licença do Apollo na noite em questão.

O estratagema de Malcolm pode ter frustrado a imprensa local de Derby, mas Fleet Street não poderia ser driblada tão facilmente e um exército de repórteres estava esperando para saudar a chegada do ônibus da turnê no hotel quatro estrelas Dragonara, em Leeds. Depois de frustrar a tentativa da câmara municipal de Derby de censurá-los, Malcolm improvisou uma coletiva de imprensa no saguão do hotel e anunciou alegremente que o destaque do show da noite seguinte seria a música dos Sex Pistols "No Future", ainda não gravada, com sua frase de abertura "God bless the Queen and her fascist regime" (sic) (Deus salve a rainha e seu regime fascista). Uma música que supostamente igualava o sistema britânico aos "camisas marrons" de Hitler, bem no ano em que a rainha Elizabeth completaria o jubileu de prata, era sozinha digna de manchete – o que de fato aconteceria daí a seis meses. Mas isso não era suficiente para o repórter do sensacionalista *Daily Mirror*, que estava tão desesperado para achar mais sujeira com que alimentar a fúria nacional que deu 25 libras ao surpreso gerente do hotel para cobrir eventuais prejuízos antes de incitar Steve e Paul a jogarem alguns vasos de planta por lá. A dupla cumpriu com a obrigação como lhe cabia – mais por diversão do que por maldade –, o gerente estava amansado, o picareta teve sua história e a edição matutina do Mirror alardeava: "Grupo de Punk Rock destrói Hotel".

Mas manchetes de primeira página sobre plantas arrancadas e tapetes sujos eram as menores preocupações de Malcolm, pois a Rank Leisure Services, dona do Village Bowl de Bournemouth – a próxima parada do itinerário –, havia anunciado que estavam cancelando o show. Um porta-voz da Rank disse a repórteres que a companhia estava pulando fora por causa de preocupações com a segurança, antes de dar uma pista sobre o fator por trás da decisão, declarando que no momento a Rank Leisure Services não estava particularmente ansiosa em ser associada aos Sex Pistols.

Depois, naquela mesma tarde de segunda-feira, Malcolm surpreendentemente concedeu uma entrevista a Ken Rees, da Yorkshire Television, com os Pistols sentados ao fundo, com um ar entediado. Antes de irem ao ar, Rees contou a Malcolm sobre sua entrevista anterior com o reitor da Polytechnic de Leeds, dr. Nashenter, que achou oportuno mencionar que a instituição estava também apresentando uma produção interna do Messias de Handel, que aconteceria simultaneamente no salão principal da faculdade. Ele achou muito divertido que duas formas musicais tão constrastantes fossem apresentadas ao mesmo tempo em dois salões do mesmo estabelecimento. Embora o assunto tivesse abordado um lado divertido da situação, ele colocava em questão as ações arbitrárias do par de Nashenter na East Anglian, Frank Thistlewaite, por Nashenter haver insistido que ele mesmo não teria autoridade para cancelar o show dos Pistols; tais decisões pertenceriam ao Grêmio Estudantil "autônomo". Já Thistlewaite fora autorizado a passar por cima do corpo discente da Norwich University.

Uma vez que a entrevista teve início, Rees mudou de comportamento e fez uma série de perguntas banais: como o fato de a banda supostamente vomitar e cuspir no palco poderia ser um bom exemplo para as crianças? Malcolm achou que a entrevista no *Today* havia tido algum efeito prejudicial sobre a banda? O comportamento da banda havia sido premeditado simplesmente para vender mais ingressos? Que futuro os Sex Pistols poderiam esperar daí por diante? Já havendo passado por questões parecidas – se não idênticas – em Derby, Malcolm deu respostas sob medida. Foi só quando Rees perguntou sua reação aos Sex Pistols terem a reputação de ser a banda mais revoltante do país que ele decidiu que bastava e lançou-se a uma oratória sobre como os Sex Pistols estavam criando uma lacuna geracional no país e que era isso que estava fazendo com que as pessoas se sentissem ameaçadas. E se os garotos quisessem comprar o disco ele estava nas lojas e, assim, poderiam tomar suas próprias decisões. Malcolm finalizou sua retórica apelando às mães dos garotos que queriam comprar o disco e ver a banda tocar ao vivo, que exercitassem seu direito democrático e desafiassem seus vereadores locais, que estavam à época tornando sua vida miserável. Talvez não surpreendentemente, dado todo o alarde em torno do incidente com Grundy, o show de Leeds foi um assunto deixado de lado, já que a maioria da audiência que, reunida no salão de esportes ao ar livre da politécnica, compareceu mais por curiosidade mórbida do que por afinidade musical. O Clash finalmente pôs em andamento a turnê *Anarchy* às 20 horas, mas tanto eles como os The Damned – alegremente inconscientes de que estavam fazendo sua primeira e única apresentação antes de ser chutados da turnê por conta de seu suposto conluio com os vereadores de Derby – não causaram qualquer impressão no público. Johnny Thunders, é claro, tinha prática em lidar com públicos apáticos e difíceis por conta de seu tempo nos Dolls; e, depois de advertir Leeds por sua aparente falta de *junkies*, ele e os Heartbreakers levantaram a multidão com alguns rock'n'rolls fora de moda do Lower East Side.A entrada dos Sex Pistols no palco foi saudada com vaias e alguns mísseis simbólicos, a maioria dos quais falhou em atingir seu alvo pretendido. John, vestido com um colete vermelho-escuro da SEX, camiseta branca e uma estreita gravata preta, respondeu à altura espirrando no público uma caneca de cerveja antes de dedicar o número de abertura "Anarchy In The UK" à "câmara de Leeds, a Bill Grundy e à rainha". Tony Parsons, o novo jovem atirador do *NME,* que estava cobrindo a turnê como seu primeiro trabalho, abriu sua crítica "GERAÇÃO VAZIA NA ESTRADA" com o estratagema: "Kenneth Anger chamou James Dean de cinzeiro humano. Talvez devesse ter esperado 20 anos para ver o cigarro que Rotten apagou nos próprios antebraços". Boa parte do público, porém, não estava preparada para ficar nos próximos três minutos e ter um vislumbre das marcas masoquistas de John, pois, de acordo com Steve Kendall que estava cobrindo o show para o *Record Mirror*, muitos saíram depois de uma música, enquanto os que ficaram permaneceram imóveis e continuaram expressando seu desprazer arremessando cerveja no palco. Ao contrário de Parsons, que cumularia os Sex Pistols de elogios, especialmente para a sessão rítmica da banda formada por Glen e Paul, que descreveria como "mais certa que o amanhã", Kendall claramente não era fã dos Sex Pistols ou de sua música, difamando suas tentativas "estridentes e cruas" como "tristemente decepcionantes, incessantes e sem imaginação".

Entre músicas, John tentou algumas piadas, provocando o público ao dizer que não estavam cumprindo as expectativas da imprensa de quebrar o lugar. Mas eles não estavam no 100 Club, e os Sex Pistols estavam bem longe de Londres. A interação permaneceu unilateral, e John finalmente perdeu a paciência e apontou a saída para os que preferiam estar em outro lugar. A banda foi levando a noite quase sem acontecimentos, finalizando com a bastante apropriada "No Fun" antes de marchar para fora do palco encharcado de cerveja.

#

A terça-feira de 7 de dezembro foi dia da Assembleia Geral Anual da EMI e, com os Sex Pistols certamente em pauta, não foi apenas a imprensa de finanças que acorreu à Manchester Square feito abutres esperançosos. Parece que um dos jornais, o *Daily Express*, saiu na frente da concorrência com um artigo na edição daquela manhã, que insinuava que a EMI, ou ao menos sua instância corporativa, tentava distanciar-se da banda. O jornal ainda continha uma citação de lorde Shawcross que, ao comentar sobre as travessuras da banda atirando plantas no hotel Dragonara, declarara acreditar que a EMI estava "sendo trapaceada". O ramo corporativo da empresa podia estar tentando livrar-se dos Sex Pistols, mas sua divisão musical ainda apoiava bastante a banda. Leslie Hill foi ponto de preparar um resumo sobre a banda para a Assembleia Geral Anual, no qual ressaltou seus planos para os Sex Pistols entrarem em estúdio no final do mês com o engenheiro da casa Mike Thorne. Eles gravariam músicas para seu próximo *single* com lançamento marcado para o fim de janeiro ou começo de fevereiro de 1977, com um álbum programado para março ou abril.

Em uma tentativa de minimizar os cancelamentos da turnê, ele escolheu a de Derby, que – de acordo com as informações obtidas até então – havia sido cancelada pelo fato de 50 membros de um clube de motociclistas terem formado uma barreira na entrada do lugar onde ocorreria o show, o que poderia causar problemas dentro do espaço. Também se soube que o National Front (partido político britânico de orientação ultradireitista) estava planejando fazer um protesto em frente do lugar e que havia sido por ordem de Paul Watts que o show fora cancelado; e não por terem os Sex Pistols se recusado a tocar diante do Comitê de Lazer da cidade, como havia saído na imprensa. Ele também anexou números de vendas do *single* (9 mil cópias vendidas até então) na esperança de que ajudassem a calibrar qualquer decisão nas relações futuras do selo com a banda.

Sir John Read, porém, embora ressaltando expressamente que não queria liderar uma caça às bruxas contra os Sex Pistols em si, estava igualmente determinado a fazer o que era certo para a empresa como um todo. Como seu presidente, acreditava que era sua função salvaguardar os interesses da EMI, bem como proteger o preço de suas ações no mercado financeiro: em outras palavras, ele não iria permitir que um grupo pop indecente manchasse a reputação da empresa. Apesar de os negócios globais em música da EMI Records terem reportado lucros de mais de 27 milhões de libras no ano financeiro de 1975-1976 (cerca de 42% do lucro total da empresa), os ternos que dominavam a sala de reuniões não saberiam diferenciar um *beatle* de um *bay city roller*,* e compartilhavam a opinião de que sua defesa de interesses eram as joias da coroa corporativa da EMI. Mas a AGM estava aberta a investidores e acionistas, que sem dúvidas queriam expressar suas preocupações, bem como receber respostas sobre o que a EMI pretendia fazer em relação aos Sex Pistols. Então, pela primeira vez na história distinta e orgulhosa da EMI, seu presidente foi forçado a discutir os méritos de um grupo pop.

Depois de dar algumas informações básicas sobre a banda para os membros do conselho, investidores e acionistas que não estavam familiarizados com os Sex Pistols, e também sobre como haviam sido contratados pela EMI, Read então se voltou para o cerne da questão. Embora condenasse o comportamento "vergonhoso" da banda no *Today*, foi cuidadoso ao observar que a a experiência de trabalho da companhia com o grupo tinha sido satisfatória. Fez a seguir uma tentativa de contextualizar a situação, falando dos valores sociais da época que a EMI tinha de contrapor a fim de julgar o conteúdo dos discos. Ao mesmo tempo em que assegurava ao abastados membros do conselho

---

*N.T.: Grupo pop de 1979.

que a EMI reavaliaria suas diretrizes gerais sobre o conteúdo dos discos pop, foi rápido em salientar que a EMI não deveria colocar-se como censor público.

Tal postura moral era, naturalmente, esperada, já que nenhum investidor da EMI queria uma repetição da quarta-feira anterior. Embora Read deixasse claro que a EMI faria tudo o que estivesse ao alcance de seu poder para restringir o comportamento público da banda, admitiu que essa era uma área sobre a qual a empresa não tinha verdadeiro controle. Embora não tenha feito nenhuma menção sobre encerrar o contrato de dois meses com os Sex Pistols, também não pareceu disposto a confirmar que o selo apoiaria o grupo. Para aqueles que podiam ler nas entrelinhas, o comentário ambíguo de Read sobre se a EMI lançaria mais discos dos Pistols deixou poucas dúvidas... os dias da banda na EMI estavam contados.

As manchetes dos jornais no dia seguinte serviram apenas para confirmar isso: "EMI PODE EXPULSAR PISTOLS", proclamava o *Guardian*; "VAMOS TENTAR NOS SEGURAR, GARANTEM PISTOLS À EMI", disse o *Evening News*, enquanto o *Evening Standard* saiu-se com a peça de jornalismo mais antecipatória: "EMI DÁ UMA SEMANA PARA GRUPO MELHORAR: ULTIMATO AOS SEX PISTOLS". Se havia alguém na EMI Records que ainda se agarrava à crença de que a situação poderia ser resolvida amigavelmente, então todas as apostas estavam com a manchete do *Daily Mail*: "SEX PISTOLS DÃO AO CHEFE DA EMI UMA RESPOSTA DE QUATRO LETRAS". O chefe em questão era *sir* John Read e a resposta de quatro letras foi dada por John, "Diga a ele que se foda", ao ser informado pelo jornal das intenções da EMI de conter o comportamento dos Sex Pistols em público.

#

Com o show de Bournemouth já cancelado, o ônibus da turnê seguiu pela rodovia M1 para Sheffield, onde se tentara transferir o show na última hora para uma universidade local. A questão de se o show deveria acontecer, no entanto, tornou-se obsoleta, pois os *roadies* – junto com o PA – pegaram a entrada errada da rodovia e acabaram encalhados em algum ponto sombrio de Berkshire.

O dia seguinte, quarta-feira, 8 de dezembro, tinha sido originalmente designado como folga, mas com apenas um show em cinco realizado conforme o planejado, e Malcolm sem ter conseguido assegurar outro show na Politécnica de Leeds, o ônibus da turnê pegou a M1 de volta a Manchester para o próximo show da noite seguinte. Havia mais notícias ruins esperando sua chegada no Midland Hotel, na Piccadilly de Manchester. Apesar das garantias contrárias tanto de Leslie Hill como de Paul Watts, a EMI tinha anunciado – após sua reunião anual de dois dias antes – o fim de seu apoio financeiro à turnê. A EMI Records podia estar disposta a ficar com os Sex Pistols, mas seus pais corporativos, menos encantados com a banda, temiam que o bom nome da EMI fosse manchado por um grupo pop. Do ponto de vista financeiro, eles consideravam jogar dinheiro fora. Para todos os efeitos, a Glitterbest estava por conta própria. Hill, de mãos atadas, aconselhou Malcolm a cortar gastos e voltar a Londres, mas, sem o conhecimento do departamento de música da EMI Records, um cheque da EMI Publishing havia chegado a Dryden Chambers naquela mesma manhã. O mundo de Malcolm podia de fato desfazer-se à sua volta, mas, abastecido por um fluxo de caixa inesperado, ele decidiu olhar o Diabo nos olhos para ver quem piscava primeiro. Para ele, era caso de mandar a EMI para o inferno. Enquanto a turnê durasse, haveria publicidade. Mais publicidade para os Sex Pistols geraria mais vendas de discos e colocaria mais dinheiro nos cofres da Glitterbest.

Uma vez que ficou claro na Manchester Square que Malcolm não tinha intenção de parar, Hill telefonou para informá-lo de que estava mandando a Manchester o diretor do selo Harvest Records, Frank Brunger, para atuar como contato na estrada. Malcolm já estava por certo familiarizado com o nome de Brunger, uma vez que a EMI tentara encaixar a banda em seu selo subsidiário *hippie*, o Harvest. Como ele estava dividindo o quarto com Dave Goodman, não podia fazer mais nada além de imaginar qual seria a reação do engenheiro quando estivesse frente a frente com o homem que havia – embora por engano – creditado Chris Thomas como produtor de ambas as faixas do *single* "Anarchy".

Livres das restrições financeiras da gravadora, podemos perdoar os Sex Pistols por pensarem que sua estada em Manchester seria tão memorável e prazerosa como suas visitas anteriores. Os habitantes locais de disposição romântica podiam ter preferido ver seus heróis fazendo outro show no Lesser Free Trade Hall, mas a ideia fundamental por trás da turnê Anarchy – mais ainda nesse momento – era promover os Sex Pistols para um público mais amplo, então Malcolm agendou o Electric Circus em Collyhurst, com capacidade para 2 mil pessoas.

Hoje, o há muito demolido Electric Circus é reverenciado entre os fiéis do punk por ser para Manchester o que o 100 Club, e depois o Roxy, foram para Londres. O lugar fora um palácio suntuoso, onde os astros do cinema ajudavam a iluminar a melancólica Collyhurst; depois, transformou-se em salão de bingo para seduzir as entediadas donas de casa dos arranha-céus vizinhos. Mas, em dezembro de 1976 – como sua correspondente Oxford Street –, a futura Meca punk de Manchester servia como casa de espetáculos musicais, atendendo predominantemente à cena *heavy metal* da cidade.

O retorno dos Sex Pistols a Manchester não foi inteiramente livre de incidentes; na manhã do dia do show no Electric Circus, a gerência do hotel Midland informou aos responsáveis pela turnê que a banda não era mais bem-vinda. Malcolm foi obrigado a gastar a maior parte da manhã telefonando para todos os hotéis nos limites da cidade e, quando parecia que a banda e sua respectiva equipe teriam de dormir no ônibus, conseguiu reservas no Arosa Hotel, perto de Withington. Porém, não haveria descanso para os fãs, forçados a enfrentar um bando de torcedores vândalos do time de futebol Manchester United que atacaram a si e ao prédio do Electric Circus com tijolos, garrafas e tudo mais à mão. Esses mesmos "Diabos Vermelhos" haviam ganhado as manchetes de jornais por ter promovido uma temporada de violência depois que seu amado clube de futebol foi para a segunda divisão, em 1974.

Johnny Thunders e Jerry Nolan, tendo ambos crescido na vizinhança barra-pesada nova-iorquina do Queens, certamente não estranhavam a violência de rua. Ainda assim, devem ter pensado o que estavam fazendo ali enquanto espreitavam pelas janelas fechadas do camarim a polícia montada de cima a baixo da rua tentando manter os arruaceiros afastados enquanto a equipe de segurança sitiada tentava colocar todos para dentro. Naturalmente, nem todos sintonizados com o que os Sex Pistols ofereciam tinham cabelo espetado ou usavam calças de sadomasoquista, e então um contingente de arruaceiros conseguiu iludir os seguranças entrando no show. "Alguns malucos andavam pela sala perguntando às pessoas se eram ou não punks", recorda-se Dave Goodman. "E se a resposta fosse sim, eles partiam para cima com socos!" Não foram apenas os fãs a sentirem-se vulneráveis. O único caminho para a banda deixar o camarim para chegar ao pequeno palco era através do público. Caso a multidão se tornasse ameaçadora, qualquer banda que estivesse no palco estaria à sua mercê. Pete Silverton, que mais tarde ajudaria Glen a escrever sua autobiografia *I Was A Teenage Sex Pistol*, estava no Electric Circus vendo o show para escrever a crítica para a *Sounds*. Pete foi hábil o bastante para reconhecer que a turnê Anarchy não só estava à altura de seu nome, como também caminhava para ser um clássico do rock'n'roll. Isso posto, porém, ele foi menos poético sobre o roteiro musical e, embora tenha considerado o Clash – e particularmente Joe Strummer – digno de louvor, rejeitou os Buzzcocks, que estavam substituindo os Damned como "uma cópia provinciana de segunda dos Pistols". Os Heartbreakers foram citados por Silverton como uma banda "carente de mais ensaio". Ele foi igualmente implacável com os Sex Pistols, mas estava disposto a pôr a culpa de sua apresentação fraca no estresse causado pelos eventos da semana anterior.

Foi no show de Manchester que a edição inaugural do fanzine *Anarchy in the UK* foi posta à venda pela primeira vez. A revista de 20 páginas, que apresentava Soo Catwoman na capa, era uma mistura da arte gráfica de Jamie Reid intercalada com fotografias de Ray Stevenson dos Sex Pistols e outras bandas no 100 Punk Festival de setembro; bem como do Bromley Contingent em ação no apartamento de Linda Ashby em Westminster. Embora vários leiautes grosseiros fossem, por assim dizer, completados, nunca haveria uma segunda edição. Alan lembra-se de pedir a John para autografar seu exemplar do fanzine *Anarchy* no Ezee Hire Studios, em 1992; ele deu uma olhada na capa e ergueu o fanzine para o pessoal da Virgin, do PIL e do SLF verem. "Agora sim", disse ele, "esta é Soo Catwoman, e não uma garotinha boba de 15 anos no filme de Malcolm". Seguiram-se muitas risadas.

Se os Sex Pistols sofriam de fadiga e desorientação, tiveram quatro dias para se recuperar, com o calendário da turnê em branco até a próxima terça-feira. Malcolm havia tentado substituir o show de Lancaster – cancelado por conta de certos setores da população feminina

Pôster de Soo Catwoman – descartado do filme *A Trapaça do Rock'n'Roll.*

da universidade, que acreditava que os Sex Pistols eram sexistas – por outro no Preston Charter, que também não deu certo. Sua tentativa de fazer o show de Liverpool no lendário Cavern Club igualmente fracassou por conta da câmara municipal. Apesar de proprietário do clube, Roy Adams, não ter objeções a que os Sex Pistols pisassem o palco do porão sagrado, tornado famoso por conta dos Beatles, os esforços de Malcolm foram frustrados pelo vereador Doreen Jones, que persuadiu seus colegas a deliberarem uma ordem de expulsão especial a grupos de punk rock. Embora Malcolm tenha conseguido garantir uma data no Caerphilly's Castle Cinema para substituir o show cancelado de Cardiff Top Rank, parecia não haver muito sentido em acumular mais contas de hotel por conta do próximo fim de semana, e a turnê foi temporariamente suspensa enquanto as bandas voltaram para Londres.

Apesar de ter feito uma viagem cansativa de ônibus por seis horas durante a noite de volta à capital, Malcolm telefonou para a Manchester Square na manhã de sexta-feira para descobrir se alguém da EMI ainda estava lutando pelos Sex Pistols. Porém, parecia que toda a equipe da EMI Records, desde Leslie Hill, havia de repente ficado muito ocupada e não podia atender. A equipe de RP de Brian Southall não tinha mais permissão para atender chamadas relativas à banda; e até mesmo John Bagnall, o A&R supostamente leal ao grupo, havia dispensado os alfinetes de segurança e estava de volta às calças boca de sino.

A próxima escala de Malcolm foi o escritório, onde mais notícias ruins o esperavam. O show no Dundee Caird Hall em 16 de dezembro – que havia sobrevivido mais tempo do que Glasgow – tinha finalmente desmoronado; além disso, a substituição do show de Glasgow pelo clube Lafayette de Wolverhampton também fora vítima da câmara municipal da cidade. A câmara de Sheffield se unira à caça às bruxas, assim como seus colegas de Cumbria, que aniquilaram as tentativas de Malcolm de marcar um show de substituição no Carlisle's Market Hall. O show no Parque Kursaal de Southend, agendado para 18 de dezembro, fora cancelado poucos dias antes, e a tentativa de transferi-lo para o Maidenhead Skindles também fracassou. Seria preciso encontrar um espaço alternativo para o show de fechamento da turnê, com as boas-vindas a Londres, já que o gerente do Roxy, Terry Collins, retirara sua oferta. Collins disse ao *Evening Standard* que havia derrubado o show por conta do comportamento dos Sex Pistols no *Today*, bem como pelo que eles representavam... e por terem vandalizado as paredes do toalete masculino enquanto ensaiavam no cinema.

#

Na terça-feira de 14 de dezembro, com prejuízos de quase 9 mil libras, a turnê *Anarchy* chegou a Caerphilly para se apresentar no Castle Cinema, com lotação para 110 pessoas sentadas. Nem é preciso dizer que a câmara municipal do distrito de Rhymney Valley não estava feliz em ter os Sex Pistols invadindo suas terras e chegou a levar suas objeções à Corte Suprema. Sua atribulada vice-presidente, Madeline Ryland, disse aos repórteres que o povo de Caerphilly ficara horrorizado com relatos sobre shows anteriores dos Sex Pistols no País de Gales (fato: a banda havia feito apenas dois shows no País de Gales, em Cardiff e Swansea, em 21 e 22 de setembro de 1976, sendo que ambos ocorreram sem qualquer incidente) e que ela e seus colegas achavam que o povo bom e cristão de Rhymney Valley não deveria ser submetido a tal tratamento.

Parece que a tentativa de impedir o show não deu certo porque foi posta em andamento logo após o cancelamento de Cardiff. A pragmática dona do Castle Cinema, Pauline Uttley, disse a esses mesmos repórteres que estava perfeitamente disposta a dar abrigo aos Sex Pistols simplesmente porque não houvera relatos sobre problemas quando a banda tocou em Cardiff e Swansea, em setembro. Sua voz, porém, era a única voz da razão em Rhymney, ao passo que os lojistas e donos de bar da cidade de Caerphilly – depois de uma reunião especial para considerar suas opções – resolveram fechar seus respectivos estabelecimentos até que o ônibus da batalha punk rock estivesse fora de suas fronteiras e de volta ao solo inglês.

Como não poderiam impedir o show, Ryland e vários outros dignatários ultrajados, incluindo o pastor John Cooper – cujos protestos vociferantes seriam imortalizados para sempre em *A Grande Trapaça do Rock'n'Roll* –, realizaram um culto com hinos cantados no estacionamento diante do Castle Cinema. Os fanáticos religiosos também entregaram aos perplexos frequentadores da apresentação folhetos intitulados "DEUS É A RESPOSTA????", que pareciam desafiar o leitor a decidir se a turnê Anarchy dos Sex Pistols oferecia alguma solução real às necessidades da juventude da época, bem como o significado dessa nova onda musical. Na verdade, tratava-se de pouco mais que uma missiva promocional para fazer crescer sua congregação.

Várias equipes de reportagem – incluindo a BBC e a HTV – estavam também na área para fornecer comentários sociais sobre a nova onda musical que varria a Grã-Bretanha. As equipes rapidamente apontaram que, em termos numéricos, a noite teve como vencedores os cantores de hinos, mas também havia criaturas de livre espírito suficientes no lugar, dispostas a se arriscar à danação eterna indo ao show. Uma delas era Steven Harrington, de 17 anos à época, que – depois de adotar o pseudônimo pop de Steve Strange – iria mais tarde assimilar a atitude punk do "faça você mesmo" em sua própria banda, Visage, ponta de lança do movimento neorromântico do começo dos anos 1980. A Visage cravaria um sucesso na TOP 10 britânica em janeiro de 1981 com "Fade To Grey".

Com o calendário da turnê vago até a próxima segunda-feira (19 de dezembro), quando Malcolm tinha conseguido substituir o show no Guildford Civic Hall por outro, novamente, no Electric Circus de Manchester, a comitiva voltou para Londres. Como não havia dinheiro para pagar os salários naquela semana, os componentes das três bandas foram para o Dingwalls, em Camden Lock, onde o *NME* estava dando sua festa de Natal, e serviram-se alegremente da comida e bebida gratuitas. O Damned também esteve presente, mas a temporada de boa vontade entre os homens não se estendia a supostos traidores e os grupos mantiveram distância um do outro.

Com o show original de 20 de dezembro no Town Hall de Birmingham – bem como seu substituto no Bingley Hall – desmantelado pela câmara local, o ônibus da turnê seguiu para Cleethorpes, em North Humberside, onde Malcolm conseguira marcar uma segunda substituição no Winter Gardens da estância costeira. Esse show – além da taxa de 200 libras – seria a última participação de Malcolm na turnê. Ele ficara sabendo que a equipe exausta e mal paga estava tramando sua vingança contra a maneira espartana de gerenciamento dele e de Bernie, então escapou para pegar o último trem de volta a Londres. Bernie não teve tanta sorte e a equipe descarregou sua "raiva *roadie*" defecando em sua cama.

A essas alturas, havia muitos outros a bordo do ônibus que teriam ajudado alegremente se tivessem oportunidade, mas, com o show da próxima noite no Woods Centre de Plymouth ainda em pé – o terceiro e último dos 19 shows originais a acontecer como o planejado –, a comitiva foi obrigada a empreender uma extenuante viagem noturna de 12 horas para Devon a fim de honrar seu compromisso no sudoeste do país. No entanto, apesar de terem passado outra noite inteira dormindo em seus assentos, todas as três bandas uniram-se pela causa e tiveram performances fervilhantes, tanto para ganhar a taxa de 300 libras quanto para entreter os 150 apostadores que enfrentaram bravamente o clima de inverno.

Em uma tentativa de finalizar a turnê em grande estilo, agendou-se um segundo show em Plymouth para 23 de dezembro; porém, quando a próxima noite substitutiva no Paignton's Penelope's Ballroom foi pelo mesmo caminho de sua predecessora em Torquay, o *promoter* local empurrou para a frente o segundo show de Plymouth a fim de evitar qualquer despesa desnecessária. Para a desgraça de todos os envolvidos, a falta de promoção adequada fez com que as três bandas tocassem em um salão quase vazio. Mas, sendo aquela a noite final da odisseia – juntamente com a perspectiva da festa de final de turnê na volta ao hotel –, serviu para revigorar o espírito coletivo; tanto que cada banda foi para o palco usando e compartilhando o equipamento dos Pistols. Os poucos malucos do Woods Centre – que incluíam Sophie, Debbie e Tracey, que viajaram de Londres – que tiveram a sorte de assistir ao show foram brindados com apresentações brilhantes do Clash e dos Heartbreakers, mas a apresentação dos Sex Pistols foi arruinada por contínuos problemas de som, pois Dave Goodman começou a festejar mais cedo.

O final da turnê com uma folia até tarde da noite – incluindo uma batalha aquática – rendeu uma infinidade de queixas dos hóspedes descontentes do hotel, o que levou o gerente a fechar o bar na tentativa de conter o caos. Porém, ele e sua equipe encurralada esqueceram de fechar a porta que levava à piscina e, em lugar de todos voltarem para seus respectivos quartos, continuaram a batalha aquática em maior escala. Cadeiras de plástico, guarda-sóis e mesas foram jogados na piscina enquanto os foliões bêbados corriam, mergulhavam e lutavam entre si. Porém, as travessuras tiveram um final sangrento quando Roadent perdeu seus rolamentos de metal, mergulhou em uma parte rasa da piscina e acabou abrindo a cabeça. De manhã, outro hotel tinha acrescentado os Sex Pistols à sua lista de *persona non grata*.

CAPÍTULO 8

E a Aceitação Incondicional é um Sinal...

> *"O sorriso do cavalheiro honrado é como o enfeite de prata de um caixão."*
> Benjamin Disraeli sobre Robert Peel

Marcus Garvey, declarado o primeiro herói nacional da Jamaica e inspiração de muitas bandas de *reggae*, previu que haveria caos em 1977, e o ano apocalíptico com seu numeral duplo não começara muito auspicioso para os Sex Pistols. A banda havia retornado para Londres depois do desastre da turnê Anarchy sem nenhum fruto de seus esforços exaustivos além de algumas histórias da batalha na estrada – algumas acompanhadas de contusões – e 10 mil libras a menos em seu adiantamento da EMI. O presente da gravadora de uma cesta de Natal da Fortnum & Mason's Christmas contribuiu pouco para criar um clima festivo em Dryden Chambers. Para piorar, enquanto estavam percorrendo estradas e atalhos britânicos em vão à cata de palcos amigáveis, uma nova casa afeita aos punks tinha aberto no West End londrino. The Roxy, um antigo clube gay situado na Neal Street, em Covent Garden, tinha inaugurado em 14 de dezembro tendo como atrações principais Tony James e a banda de Billy Idol pós-Chelsea, Generation X.

Os Heartbreakers, durante outro intervalo da turnê Anarchy após o show de Caerphilly, tocaram na noite seguinte, ao passo que Siouxsie and the Banshees, com abertura da Generation X, tocaria lá em 21 de dezembro. Um antigo sócio de Malcolm, Andy Czezowski, diretor do Roxy e empresário da Generation X, havia se aproximado dele com uma oferta para os Sex Pistols liderarem o show de Ano-Novo, que seria a abertura oficial da casa e estabeleceria o Roxy como novo ponto de encontro do autêntico punk em Londres. Apesar de ter passado o mês anterior lamentando a falta de lugares na capital dispostos a aceitar os Sex Pistols, Malcolm recusou a oferta de Czezowski. Nessa época, ele não só tinha desenvolvido uma mentalidade defensiva no que concernia aos Sex Pistols, mas também estava ansioso para distanciar a si mesmo e a banda dos recém-surgidos grupos de *new wave*. Então, de forma quase profética, dado que 1977 foi o ano portentoso em que dois setes se chocaram [*clashed*, em inglês], foi o Clash, com abertura dos Heartbreakers, que subiu ao palco do Roxy em 1º de janeiro de 1977 para anunciar o ano vindouro.

#

Com ninguém importante na EMI durante o feriado de Natal, a mídia musical foi forçada a confiar em Malcolm para manter-se atualizada com o que estava acontecendo entre os Sex Pistols e o selo. Desnescessário dizer, Malcolm estava feliz por poder atirar a partir de todos os telhados e mandar uma bala de alerta para as paliçadas da EMI em Manchester Square. Ele disse ao *NME* que a gravadora não podia segurar os Sex Pistols com seu contrato para sempre. Além disso, estivesse a EMI pensando em rescindir o contrato, então haveria várias outras gravadoras interessadas na banda. Como ele colocou no final: "Se você não fechou com uma, fechou com outra. Sempre há outra vagabunda na mesma rua". Também disse ao jornal que queria marcar uma reunião com a EMI Records para que o selo confirmasse seu apoio aos Sex Pistols patrocinando o próximo *single* da banda. De fato, Frank Brunger e sua equipe do selo Harvest iam escalar, de maneira um pouco hesitante, "Pretty Vacant" como o segundo lançamento da banda se o selo viesse a público confirmar seu apoio ao grupo. Na mesma edição de *NME*, porém, a coluna *T-zers* do jornal cobria suas apostas insinuando que o drama entre os Sex Pistols e a diretoria da EMI estava por começar. Na manhã de 4 de janeiro de 1977, quando quase um mês havia se passado sem que a EMI chegasse a alguma decisão sobre seu relacionamento futuro com os Sex Pistols, os rapazes voaram a Amsterdã para empreender uma miniturnê promocional com três shows (dois em Amsterdã e um terceiro em Roterdã), bem como para uma aparição no programa da televisão holandesa *Disco Circus*, que acontecia em uma tenda de circo na periferia da cidade. Embora a turnê Anarchy tivesse sido um desastre absoluto, ninguém da EMI Records se incomodou com as notícias de que os Sex Pistols embarcariam em uma excursão europeia, já que tais empreendimentos eram considerados parte integrante dos deveres promocionais da banda.

"Anarchy In The UK" tinha vendido moderadamente bem na Holanda, e a Divisão Internacional da EMI havia conseguido o espaço na televisão holandesa para promover melhor os Sex Pistols no norte da Europa, criando assim mais interesse a tempo do próximo *single* e álbum subsequente da banda. Para assegurar que nenhum inconveniente pudesse ocorrer, a EMI Internacional mandou junto o defensor dos Sex Pistols da empresa, Graham Fletcher – que vinha defendendo a banda desde que havia acompanhado Mike Thorne ao 100 Club Punk Festival – para atuar como representante oficial. Fletcher nem teria imaginado, quando ficou nos fundos do 100 Club naquela doida noite de setembro, que ele iria, ainda que por um show apenas, servir como engenheiro de luz dos Pistols na apresentação de 5 de janeiro no Club Paradiso de Amsterdã.

Você pode imaginar então a consternação da diretoria da EMI ao ler a manchete do *Evening News*: "ESSES VIPs REVOLTANTES! SEX PISTOLS EM TUMULTO NO AEROPORTO", sem que Fletcher lhes tivesse avisado nada. O jornal alegava que a banda tinha causado confusão no aeroporto de Heathrow cuspindo e vomitando na sala de embarque do Terminal 2 antes de embarcar em um voo da KLM para Amsterdã. Havia ainda uma declaração de um dos membros da zangada equipe de *check-in* da companhia aérea holandesa – escondido atrás da proteção do anonimato – dizendo que os Sex Pistols eram "a gente mais revoltante que ela já tinha visto na vida". E também que, entre insultar a equipe de *check-in* e todos à vista, um deles teria vomitado no corredor que levava à aeronave e novamente em uma lata de lixo.

Graham Fletcher não recebeu o telefonema para contactar o escritório da EMI em Londres à "primeira oportunidade" até que ele e os Sex Pistols estivessem de volta ao hotel que hospedava a banda – se realmente o par de quartos sobre um dos lendários "cafés marrons" da cidade poderia ser descrito como hotel –, depois de terminar suas obrigações na televisão. Caso estivesse pajeando qualquer outra banda, o homem da EMI poderia ter esperando até a próxima manhã, mas, como a situação EMI/Sex Pistols ainda estava pendente, ele decidiu fazer a ligação. Enquanto esperava ser conectado, teria estado sem dúvida conjurando piadas divertidas sobre como o diretor da televisão holandesa devia ter comido muitas fatias de bolo de maconha no café da manhã daquele dia por ter colocado os notáveis Sex Pistols tocando "Anarchy In The UK" ao lado de um anão equilibrador de pratos no mesmo palco; Steve ameaçava a todo o momento rachar aquele cabecinha infeliz com sua Gibson.

O homem da EMI, porém, teria motivos para pensar que seu próprio café da manhã havia sido misturado com a erva quando soube da manchete do *Evening News*. Ele não havia saído do lado da banda em Heathrow e estava compreensivelmente confuso sobre a origem dessa história. Para ele, nenhum membro da banda, nem de longe, saíra da linha no aeroporto, e ele mesmo havia supervisionado o processamento das passagens e bagagens no balcão de *check-in* da KLM. O mais perto que qualquer um deles esteve de vomitar foi quando John – parodiando seu alterego Johnny Rotten de forma brincalhona – decidiu chocar seus colegas passageiros fingindo vomitar no avião; mesmo então o "vômito" em questão era só bagaço de laranja mastigado, devidamente regurgitado no saco para vômito.

Se alguém para e pensa sobre o conteúdo da citação da KLM no artigo do *Evening News*, verá que as alegações de que os Sex Pistols teriam cuspido e vomitado eram quase idênticas às manchetes dos tabloides após a aparição da banda no *Today*. Assim, não é impossível que o repórter do *Evening News* tenha soltado algumas libras a uma dupla de garotas do *check-in*, felizes por ajudá-lo a obter uma matéria. Outro oficial convenientemente anônimo da KLM disse ao repórter que havia ficado de olho na banda porque o comportamento de seus membros se tornava mais e mais repugnante, alarmando os outros passageiros, até que viu algo que o forçou a agir. O que seria esse "algo" ninguém sabe, e o repórter do *Evening News* evitou uma punição alegando que o incidente havia sido tão péssimo que o oficial da KLM não pôde sequer falar do assunto com suas colegas de trabalho.

Mas há outra hipótese de como o *Evening News* obteve a reportagem: Malcolm teria telefonado ao editor do jornal, pois o conto fabricado é notavelmente semelhante a outro sobre Johnny Thunders vomitando no aeroporto em Paris, que o empresário testemunhara dois anos antes. Afinal de contas, os Sex Pistols eram então inimigos públicos número 1 e tinham uma reputação a zelar. Seus companheiros de viagem, ao ler sobre esses torpes roqueiros punk nos jornais, estariam observando cada movimento da banda na esperança de pegá-los engajados em alguma atividade nojenta que poderiam contar para os amigos e a família; os contos sem dúvida tornavam-se mais fantásticos a cada versão.

Apesar da insistência de Fletcher de que nada estranho havia acontecido na terra ou no ar, entre a liderança da EMI havia os que queriam os Sex Pistols fora do selo e viam essa como a oportunidade perfeita para o tiro de misericórdia. Estivesse ou não sabendo do que havia supostamente acontecido em Heathrow, *sir* John Read chegou em seu escritório na manhã seguinte e encontrou uma cópia do *Evening Standard* sobre sua escrivaninha. Sabendo que ninguém que trabalhava na EMI Records jamais punha os pés em seu escritório normalmente antes das 10 horas, decidiu agir por conta própria telefonando para conhecidos do alto escalão da KLM. Read provavelmente suspirou aliviado quando o contato na empresa aérea confirmou cada palavra espúria escrita no *Evening News*; apesar de Brian Southall ter ligado para vários contatos na imprensa e todos confirmarem que a matéria do *Evening News* tinha realmente sido fabricada com o intuito de desacreditar os Sex Pistols.

Bob Mercer e Leslie Hill também fizeram suas próprias investigações e descobriram que os Sex Pistols eram inocentes de todas as acusações. Hill chegou a ponto de escrever diretamente a Read por temer que a rescisão do contrato com os Sex Pistols tivesse um efeito adverso em sua equipe. Em uma última tentativa desesperada de protelar o inevitável, ele tentou explicar que, embora a aparição dos Sex Pistols no *Today* tenha sido imprópria, tal comportamento era o esperado nos domínios do rock'n'roll.

No que concernia a Read, no entanto, era irrelevante se o incidente tinha ou não ocorrido. Era a percepção pública do que supostamente ocorrera que importava no momento. A confirmação dessa percepção pública veio em uma carta pessoal do parlamentar de Christchurch e Lymington, Robert Adley – sem dúvida instado por seus eleitores – questionando por que uma eminente companhia como a EMI "financiava um bando de arruaceiros mal-educados que pareciam cometer delitos onde quer que fossem". A EMI já havia sido acusada em certos ambientes de esconder-se diante do fiasco do *Today*. Embora se livrar dos Sex Pistols fizesse a companhia perder 1 milhão de libras em lucros, isso se tornava insignificante diante do que poderia acontecer com o preço das ações se o honorável representante de Christchurch e Lymington decidisse compartilhar sua opinião a respeito do apoio da gravadora aos Pistols com outros honoráveis membros do Parlamento.

Hill, sabendo que o destino da banda estava selado, marcou um voo para Amsterdã antes de telefonar para Malcolm com a feliz notícia de que estavam fora do selo. Ele também telefonou a Fletcher e pediu-lhe para convocar Malcolm ao seu quarto às 9 horas do dia seguinte para ambos trabalharem na melhor forma de lidar com esse divórcio musical de maneira civilizada. Ele então seguiu para Heathrow – a cena do crime, se tivesse ocorrido – e embarcou em um avião para a Holanda. De acordo com Brian Southall, Malcolm manteve-se totalmente imperturbável ao ser informado de que o contrato de gravação dos Sex Pistols estava rescindido. Porém, estava obviamente preocupado o bastante para telefonar para Stephen Fisher em Londres e dizer para o advogado reservar um assento no primeiro voo disponível para Amsterdã para o encontro com Hill. Para proteger os interesses da Glitterbest, ao menos.

"Olhando para trás, acho que foi um pouco sorrateiro da forma como eles fizeram, esperando que estivéssemos fora do país e tudo", diz hoje Glen Matlock. Enquanto Fisher e Hill estavam no ar em meio à rota para o aeroporto de Schiphol em Amsterdã, possivelmente no mesmo voo, a assessora de imprensa do Grupo EMI, Rachel Nelson, emitiu a seguinte nota:

A EMI E OS SEX PISTOLS

A EMI e o grupo Sex Pistols concordaram mutuamente em rescindir seu contrato de gravação.
A EMI vê-se incapaz de promover os discos deste grupo internacionalmente em vista da publicidade adversa gerada nos últimos dois meses, embora notícias recentes sobre o comportamento dos Sex Pistols pareçam ter sido exageradas.
A rescisão deste contrato com os Sex Pistols de forma alguma afeta a intenção da EMI de permanecer ativa em todas as áreas da indústria da música.

Curiosamente, foi o DJ Tony Blackburn da Radio One o primeiro a transmitir a notícia da demissão dos Sex Pistols durante seu programa vespertino *Housewives Choice*. Surpreendentemente – dado que foi a EMI a lançar a nota – foi assim que muitos da equipe de Hill na EMI Records descobriram também. A nota afirmava que a decisão de rescindir o contrato havia sido de consentimento mútuo, mas em Amsterdã Malcolm dizia a repórteres locais – sem dúvida incitados à caçada por seus patrões da Fleet Street – que não havia assinado uma única folha de papel com respeito à rescisão e, no que concernia a ele, os Sex Pistols ainda eram um grupo da EMI. Mas com Leslie Hill a caminho para Amsterdã, aqueles mesmos repórteres sabiam que a ladainha de Malcolm era um pouco mais que uma bravata para salvar as aparências. Assim que Hill chegou à cidade, Fletcher escoltou Malcolm, Stephen Fisher e o advogado da EMI na Holanda ao hotel dos homens da EMI, onde todos passaram o resto do dia discutindo como vestir o cadáver contratual para a mídia da melhor maneira possível.

Embora houvesse pouca probabilidade de o caixão abrir-se, os Sex Pistols não estavam exatamente chorando ao túmulo, pois eles – ou a Glitterbest, para ser mais preciso – receberiam as 20 mil libras restantes do contrato e as fitas originais, bem como 10 mil libras da EMI Publishing. O ramo editorial podia ter um escritório separado e uma certa autonomia, mas seu diretor, Terry Slater, ainda tinha de dançar conforme a melodia corporativa e renunciou à propriedade dos direitos de publicação da banda. Slater estava tão enfurecido com a decisão da companhia de derrubar os Sex Pistols que ameaçou demitir-se, assim como Nick Mobbs. O desanimado chefe de A&R havia avisado a seus superiores em dezembro que iria demitir-se caso o selo abandonasse a banda, e estava à beira de aceitar a oferta para assumir o departamento de A&R da CBS. Porém, foi convencido a permanecer na Manchester Square depois de a EMI decidir competir com a atrativa oferta de salário do selo norte-americano.

Houve outros da EMI Records fazendo ameaças similares de ir embora, mas, apesar de *sir* John Read ter consentido com o aumento de salário de Mobbs, ele não iria permitir que a EMI ficasse refém de uns poucos funcionários descontentes, não importava quais fossem seus cargos.

Então, em 17 de janeiro – mesmo dia em que os Sex Pistols estavam gravando no Gooseberry Studios com Dave Goodman –, com a discordância em seus quadros reprimida, a EMI cortou oficialmente suas ligações com os Sex Pistols na seguinte nota à imprensa:

> De acordo com a vontade previamente declarada de ambas as partes e do acordo verbal feito por telefone na quinta-feira de 6 de janeiro, os documentos que encerram o contrato entre a EMI e os Sex Pistols foram assinados. A EMI Records deseja aos Sex Pistols sucesso em seu próximo contrato de gravação.

A insistência da EMI em permanecer ativa em todos os estilos musicais fez com que contratassem a banda punk australiana The Saints e depois a Wire e um grupo mais conhecido: Tom Robinson Band, que atingira as paradas britânicas com "Glad To Be Gay" e "2-4-6-6 Motorway". A experiência com os Sex Pistols, porém, fez com que o selo se mantivesse afastado do lado mais conflituoso e controverso do punk rock.

Embora o selo estivesse sendo sincero ao desejar aos Sex Pistols sucesso no futuro, imaginavam ter visto o fim da banda. Em um daqueles estranhos caprichos do destino, no entanto, depois da aquisição corporativa da Virgin Music Group pela Thorn EMI, em 1992, por anunciados 560 milhões de libras, o antigo catálogo dos então extintos há longa data Sex Pistols, incluindo a arenga cáustica contra a gravadora "EMI", voltou ao seu domínio. Os lunáticos tiveram uma volta mais que bem-sucedida ao hospício e a imprensa britânica sequer piscou!

Glen, naturalmente, voltou à Manchester Square bem antes graças às propostas da EMI depois de sua expulsão dos Sex Pistols, em 24 de fevereiro de 1977. Essas propostas partiram de Mike Thorne, que sem dúvida recebeu dicas de seu amigo Graham Fletcher a respeito do relacionamento cada vez pior entre o baixista e John. Dessa forma, ele contactou Glen assim que a banda voltou da Holanda. Thorne disse a Glen que, embora a EMI tivesse se livrado dos Sex Pistols, ele – bem como todos da Divisão EMI Records – esperava que o baixista e John pudessem resolver suas diferenças e seguir em frente. Também disse ao surpreso baixista que todos do selo reconheciam seus talentos e que, caso a situação ficasse muito crítica, a EMI estaria interessada em escutar propostas solo ou relacionadas à banda que ele tivesse em mente. A primeira banda pós-Pistols de Glen foi, naturalmente, os Rich Kids, que emplacaram um sucesso no top 30 britânico em fevereiro de 1978 com seu *single* de estreia de mesmo nome, no estilo *power-pop*.

Olhando para esses eventos mais de 30 anos depois, parece bastante óbvio que Glen estava fazendo planos para uma vida além dos Sex Pistols. A formação original do grupo de *power-pop* incluía o guitarrista e garoto prodígio Steve New, então com idade suficiente para barbear-se, e o vocalista Midge Ure; ambos tinham quase participado dos Sex Pistols pré-John Lydon.

#

Em *O Lixo e a Fúria*, de 1999, quando os Sex Pistols já tinham feito as pazes para sua turnê mundial caça-níqueis *Filthy Lucre*, John tentou culpar Malcolm por seu rompimento com Glen. De acordo com John, Malcolm saíra de cena propositalmente para colocá-los uns contra os outros. Embora o já falecido empresário deva ter realmente alguma responsabilidade pela cisma, que realmente matou a banda como unidade criativa, John também deveria dar uma longa e severa olhada no espelho.

Quando ele concordou em unir-se à banda em agosto de 1975, rapidamente descobriria que, quando se tratava de política da banda, faria pouco progresso tentando discutir com Steve e Paul, já que o guitarrista e o baterista eram literalmente "parceiros no crime" e qualquer decisão que tomassem se tornava unânime. Mesmo assim, Glen era tido como o menino mimado da banda, e, se John não tivesse sido um esnobe ao contrário, atacando Glen por causa de sua origem na classe média (e também por ter coragem de reconhecer o legado musical dos Beatles), teriam sido eles – como o time compositor da banda – que teriam ditado a política. Antes da aparição dos Sex Pistols no *Today,* John tinha certo *status* entre a pequena gangue de fãs da banda. Depois, no entanto, "El Dementoid" (como Neil Tennant pré-Pet Sho Boys descreveu John enquanto redigia em primeira mão um relato sobre a pancadaria no Nashville em abril de 1976) estava sendo louvado como o Príncipe dos Punks. Jornalistas estavam brigando por suas citações, e seu ego inchava-se para combinar com o *status* elevado.

Assim, quando John começou a fazer barulho querendo livrar-se de Glen, Steve e Paul – especialmente Paul, dado que ele e Glen haviam formado uma sessão rítmica que Tony Parsons descrevera como "mais certa que o amanhã" – deviam tê-lo apoiado ficando ao lado do baixista; em vez disso, foram a Tenerife para curtir a vida.

"Aquela droga de programa do Grundy mudou tudo, transformou nossos objetivos e tornou-os líderes das massas. E, vamos ser honestos, poderia ter sobrado para qualquer um de nós, eu poderia ter dito aquele 'foda-se' na televisão sem problemas, cara", diz hoje o Captain Sensible.

No DVD de 2002 *Never Mind The Bollocks Here's The Sex Pistols,* parte da série *Classic Albums,* Steve reconhece tardiamente seu erro em permitir que John minasse a posição de Glen na banda. Não importava que Glen sempre fosse educado e lavasse os pés ou tivesse preferência por "estúpidos e pretensiosos acordes dos Beatles". A verdade é que Glen era o único deles capaz de formular ideias em melodias reconhecíveis para acompanhar as letras de John. Prova disso é o fato de que os Sex Pistols escreveram e gravaram duas novas composições depois da saída do baixista.

Ok, "Holidays In The Sun" e 'Bodies' são tentativas passáveis, mas "Anarchy In The UK" e "Pretty Vacant" não. Porém, na época, Steve estava muito tocado por seu recém-adquirido *status* de celebridade que – embora tenha sido o único a xingar no horário nobre da televisão – veio por conta da fascinação dos tabloides por Johnny Rotten. Glen foi suficientemente esperto para aceitar que era o vocalista que obtinha a glória, mas se ressentiu da arrogância elevada de John, enquanto Steve estava feliz de ter seu papel no *Today* ignorado, desde que os jornais continuassem a escrever sobre os Sex Pistols.

Os centímetros de coluna conferidos à banda nas semanas recentes significavam que Steve passara a ser um "rosto" da cena musical e poderia garantir-se, enquanto ninguém parecia muito interessado em nada que seu baixista careta tinha a dizer. O mesmo também se aplicava a Malcolm que, já tendo repreedido Glen na Holanda por sua falta de energia de palco, o chamou para uma reunião de cúpula com a banda – sem John – em um café vegetariano de Covent Garden. Glen podia ter conhecido Malcolm há mais tempo que qualquer um dos outros, já tendo trabalhado para ele na TFTLTYTD e na SEX, mas Malcolm sabia que Johnny Rotten ia vender muito mais calças de sadomasoquista que o ex-estudante de artes e baixista. Com isso em mente, deu uma espécie de ultimato a Glen, que deveria concordar em deixar de lado seu desagrado crescente em relação a John diante do que era melhor para a banda. Isso teria sido fácil de fazer caso Glen estivesse desesperado para permanecer nos Sex Pistols, mas, com a oferta da EMI na manga, ele não estava sem outras opções. Poderia ter saído na mesma hora, porém, embora já estivesse decidido a deixar a banda, resolveu adiar a ação até que Steve e Paul voltassem de Tenerife. Afinal, seu salário de 25 libras por semana poderia ter bom uso para fundar sua nova banda e, de qualquer forma, a Glitterbest também detinha o contrato de aluguel de seu apartamento.

Enquanto Steve e Paul estavam se bronzeando nas Ilhas Canárias, Malcolm encontrava-se na Califórnia mostrando as últimas demos de Dave Goodman para os fundadores da A&M Records, Herb Alpert e Jerry Moss. Podemos imaginar o que os bronzeados norte-americanos pensaram ao ver o inglês magérrimo, pálido e sardento, de cabelo ruivo espetado, vestido – apesar da temperatura elevada – em uma roupa de sadomasoquista.

Como não haveria ensaios naquela semana, Glen – com pouca vontade de encontrar-se com John – manteve-se sozinho trabalhando em melodias e arranjos, que apareceriam finalmente no álbum homônimo de estreia dos Rich Kids. Mas, quando se passou uma segunda semana sem qualquer palavra da Denmark Street, começou a ficar desconfiado. Glen pode ter sido o eterno visitante no estádio dos Sex Pistols, contudo não havia sido totalmente deixado no ostracismo, e logo soube que John, Steve e Paul estavam escondidos na Denmark Street ensaiando com Sid.

Em seu retorno da Califórnia, Malcolm tentou bancar o advogado do Diabo e informou Glen de que os outros estavam ensaiando com Sid na cara dura. Mas seu tiro saiu pela culatra, já que Glen não estava nada preocupado com as últimas notícias e mostrou sua resignação oferecendo a Sid uma série de aulas mais do que necessária de baixo. Uma segunda reunião de cúpula, dessa vez entre Malcolm e Glen, foi convocada no pub The Blue Posts, atrás do 100 Club. Malcolm – talvez tendo ouvido sobre o estilo rudimentar de Sid – instou Glen a ir a Denmark Street e exigir seu emprego de volta. Sim, ele estava zangado e ferido pela traição, mas para Glen já era o suficiente.

Em uma noite de sexta-feira de maio de 2002, no pub Windsor Castle, em Maida Vale, Londres, enquanto tentávamos esvaziar um barril de cidra Strongbow sem ajuda de uma rede de segurança, Glen – segurando uma caneca de cerveja sem álcool Kaliber – abriu-se sobre seus últimos dias como um Sex Pistol pela primeira vez. Ele havia tido, até então, 25 anos para ruminar sobre os eventos que o levaram a sair dos Sex Pistols. Disse-nos que era em primeiro lugar e acima de tudo um músico, então qual era o objetivo em permanecer em uma banda que não poderia tocar ao vivo? Para ele, os Sex Pistols estavam se tornando rapidamente um versão britânica dos Monkees, e ele queria sair.

Glen soube que a publicidade em torno da banda deixaria os executivos das gravadoras digladiando-se para conseguir as assinaturas dos Sex Pistols. Ele também foi esperto o suficiente para reconhecer que a obsessão de Malcolm por ter "No Future" (ou "God Save The Queen", como ele renomeou) como o próximo *single* da banda para coincidir com as celebrações do jubileu de prata da rainha Elizabeth II, somente resultaria em mais ultraje e expulsões. Depois de deixar claras suas intenções, ele ainda apertou a mão de Malcolm e – como a EMI – desejou aos Sex Pistols boa sorte no futuro.

Porém, sua natureza tranquila seria a causa de sua ruína. Em lugar de se apressar e informar Caroline Coon e Jonh Ingham sobre sua decisão de sair da banda, manteve-se quieto; concordou até em ir ao estúdio com os outros Pistols para gravar o baixo, já que o "novo rapaz" não estava à altura da tarefa. Esse foi apenas o jeito de Malcolm de obter vantagem. Três dias depois, ele enviou um telegrama para Derek James, do *NME*, ridicularizando Glen com a alegação de que ele havia sido demitido dos Sex Pistols por gostar dos Beatles, e a melhor credencial de seu substituto Sid Vicious era ter dado em Nick Kent uma boa sova no 100 Club em junho passado. Glen foi forçado a engolir essa humilhação já que estava ainda ganhando salário, enquanto Sophie Richmond coletava sua parte do dinheiro nos cofres da Glitterbest. De fato, a contabilidade nunca foi o ponto forte de Malcolm, mas tudo que havia para mostrar das 50 mil libras da EMI era uma página e meia de rabiscos de caneta esferográfica com débitos de cinco dígitos relacionados a miudezas não especificadas e despesas. A parte de Glen era... meras 2.965 libras.

Na época, um cheque de quase 3 mil libras seria como receber um telefonema de Camelot, mas hoje parece uma indenização lamentável por dois anos de trabalho. Especialmente quando se leva em conta que a maioria das músicas do repertório dos Sex Pistols estaria em *Never Mind The Bollocks*. Mesmo hoje, 15 anos após a reconciliação da banda em 1996, Glen não é um membro igualitário dos dividendos dos Sex Pistols e tem um arranjo distinto de John, Steve e Paul. No entanto, sem sua habilidade musical, quem sabe o que teria sido deles...

Conta a lenda que Malcolm e Bernie conspiraram para trocar de baixista entre suas respectivas bandas, o que teria feito com que Paul Simonon se juntasse aos Sex Pistols e Glen seguisse para Camden. Até mesmo a autobiografia de Glen, *I Was A Teenage Sex Pistol,* faz alusão à fábula apócrifa, embora Glen dê a entender que foram Joe e Mick os supostos instigadores. Enquanto estávamos pesquisando outras possibilidades, perguntamos isso a um Mick Jones muito simpático em uma noite no The Borderline, no Soho, em agosto de 2000, onde Glen estava tocando com sua própria banda para promover seu segundo álbum solo. Porém, o antigo guitarrista do Clash negou que ele e Joe tenham sequer pensado em substituir Paul por Glen. Glen pode ter sido seu melhor amigo e mais talentoso musicalmente que Paul, mas haveria sempre apenas um baixista no Clash.

#

Assim, com Glen recusando-se a aceitar a linha do partido ou a engolir a retórica de Malcolm, o caminho estava aberto para Sid realizar seu desejo de tornar-se um Sex Pistol.

Simon John Ritchie, mais conhecido como John Simon Beverley ou Sid Vicious, nasceu no burgo londrino de Lewisham, em uma sexta-feira, 10 de maio de 1957, filho de John George e Anne Jeanette Ritchie. O belo, ainda que sisudo, John finalizou seu período de dois anos no Serviço Nacional da Guarda Real na época do nascimento de seu filho e, em lugar de engajar-se em outros serviços militares, deu baixa e encontrou um emprego como representante editorial. Anne, por outro lado, era uma vivaz e tagarela mulher de 25 anos que já havia passado por um casamento e um divórcio na época em que se uniu a Ritchie. Estava servindo a RAF (Real Força Aérea britânica), mas era ainda menos talhada para uma carreira militar que John. Embora relutante em juntar os trapos uma segunda vez, estava feliz por dar ao seu primeiro filho o sobrenome Ritchie. O casal estabeleceu-se em um apartamento de subsolo em Lea Green, sudeste de Londres, e, embora Anne viesse mais tarde a salientar que essa foi uma época muito feliz em sua vida, estava com certeza contemplando o passado através de lentes condescendentes. O jeito taciturno de John não ajudava em seu novo trabalho e a família frequentemente se via forçada a viver da ajuda de parentes.

Com pouca chance no ramo editorial e as dívidas aumentando, Ritchie sugeriu que procurassem um novo começo no exterior. E escolheu o então tranquilo porto pesqueiro de Ibiza, nas espanholas Ilhas Baleares, e ainda persuadiu Anne de que ela e seu Simon de 3 anos deveriam ir antes enquanto ele finalizava seus negócios. Ele também prometeu enviar dinheiro antes de juntar-se a eles mais tarde. Esse dia, naturalmente, nunca aconteceu. Ritchie provou ser tão inadequado para a vida familiar quanto para a de marinheiro, e nunca mais Anne ou Simon veriam Ritchie novamente. Para para fazer justiça a Ritchie, diferentemente de Freddie Lennon ou Tommy Gallagher, que tentaram fazer dinheiro por meio da fama de seus respectivos filhos, ele não deu o ar da graça depois que Sid se tornou famoso.

Sem marido nem dinheiro, a vida na ensolarada ilha mediterrânea era tudo menos idílica para Anne, e ela foi forçada a viver de sua esperteza para sobreviver. Trabalhava ocasionalmente em bares – enquanto atuava como babá – e enrolava baseados para os pescadores locais, enquanto seu estrábico filho esperava, passando os dias nas areias com seu cão "C. P." (Cachorro Perro, filhote em espanhol) e aprendia alguns xingamentos na língua. Dezoito meses se passariam antes de que a boêmia Anne decidisse que suas férias não poderiam durar para sempre, com Simon chegando rapidamente à idade escolar. Mas seu relacionamento com um pescador local chamado Marty desenvolveu-se em algo mais significativo, então ela e Simon poderiam ter de fato permanecido na ilha – dando ao título do livro de 1997 de David Dalton *El Sid* ainda mais ressonância.

Com a educação do pequeno Simon – ou a falta dela – ocupando seus pensamentos, Anne contactou a Alta Comissão Britânica e respondeu a todas as suas perguntas com afirmativas. Eles garantiram duas passagens aéreas só de ida para Londres, onde, em último caso, poderia contar com o apoio da mãe e da irmã mais velha Veronica, ou assim acreditava. Para o azar de Anne, a Londres para onde voltou era tão pouco familiar e inflexível quanto sua mãe, que tinha ainda de perdoar sua filha mais nova por ter se casado com o imprestável John Ritchie e tê-la abandonado enquanto ia para Ibiza com o neto. Com a vida sob o teto da mãe tornando-se cada vez mais insuportável, Anne encontrou para si um apartamento de um quarto em Balham, sul de Londres, que veio com babá residente, na figura de sua senhoria.

Tirando vantagem de sua liberdade recém-conquistada, Anne arrumou um emprego no clube de jazz de Ronnie Scott, na Frith Street, Soho. Porém, em lugar de desfrutar o que tinha, Anne resolveu melhorar sua sorte registrando-se como viciada para subir ao topo da lista londrina de habitação popular. Anne sentava a noite inteira fumando baseado após baseado enquanto perfurava seus braços com agulhas para deixá-los marcados. O plano saiu pela culatra, pois, embora mãe e filho tenham rapidamente ganhado um novo lar, um apartamento de um quarto situado sobre uma loja no número 178 da Drury Lane, sua nova residência veio sem serviços de babá, forçando Anne a deixar seu emprego no Ronnie Scott. Infelizmente, não eram apenas os assistentes sociais que estavam familiarizados com essas áreas reservadas pelo GLC* para famílias de dependentes de drogas. Semanas depois de sua mudança para o apartamento da Drury Lane, os traficantes bateram em sua porta e, na Páscoa de 1962, Anne percorria rapidamente o caminho para a dependência de heroína.

#

A primeira entrada de Simon John Ritchie no sistema educacional britânico aconteceu em uma segunda-feira, 3 de setembro de 1962, na Parish School do Soho, situada na Great Windmill Street. Ironicamente, uns 16 anos depois, a mesma rua seria escolhida por Malcolm como o local do cinema em *A Grande Trapaça do Rock'n'Roll*, onde Tenpole Tudor informaria Irene Handl que Sid Vicious havia sido preso por assassinato. O período do pequeno Simon na escola paroquial teria vida curta, porque Anne – querendo evitar que sua miséria feita de heroína fosse exposta pelos preocupados professores de seu filho – logo transferiu o menino para a St. George's Primary School, na Farm Street, em Londres. A escola ficava perto da Grosvenor Square e da embaixada norte-americana onde, em dezembro de 1977, ele e os outros Sex Pistols pediriam – e teriam inicialmente negados – seus vistos norte-americanos. O boletim de Simon do St. George's afirma que ele era um aluno brilhante com jeito para música (então, o que aconteceu?), mas que lhe faltava atenção na classe. Mais uma vez, no entanto, Anne estava muito preocupada para supervisionar o rendimento escolar do filho, mas dessa vez sua atenção estava tomada pelo amor em lugar das drogas.

O novo homem em sua vida era um intelectual de classe média de Tunbridge Wells chamado Christopher Beverley. O casal se conheceu logo após o Natal de 1964 e tal foi seu ardor que se casaram em

---
*N.T.: Greater London Council, instância administrativa da cidade.

fevereiro do ano seguinte. Anne mais tarde descreveria sua união com Chris Beverley como algo semelhante a "ganhar na loteria esportiva", mas sua vitória fora escrita com tinta envenenada: depois de semanas da cerimônia de casamento, Beverley foi diagnosticado com câncer e sucumbiu à doença em agosto de 1965. Embora Beverley tivesse morrido antes de ter tempo de entrar com o processo de adoção de Simon, Anne conseguiu que ele tivesse o sobrenome de seu marido falecido; Beverley foi o verdadeiro amor de sua vida.

Em vez de voltar para o depressivo cotidiano londrino de labuta, Anne escolheu permanecer em Tunbridge Wells, principalmente para que pudesse permanecer perto do túmulo de Beverley. Ela e Simon estabeleceram-se em um pequeno e indescritível apartamento de um quarto na Lime Hill Road, nº 43. Isso, naturalmente, significava uma mudança de escolas, mas, em vez do estabelecimento privado de luxo que Chris Beverley tinha querido para seu enteado, Simon foi matriculado no bem menos salubre – e ainda assim pago – Sandrock Road Secondary Modern.

Se Anne e Simon permaneceriam em Tunbridge Wells outros três anos antes de finalmente voltar para Londres, no verão de 1971, quando se instalaram na Ayresome Road, em Stoke Newington. Simon foi matriculado na Clissold Park Secondary School, que era perto, mas outra vez mostrou ser um estudante relutante e em 1972, aos 15 anos e novamente contra a vontade de Anne, deu um adeus não muito afetuoso ao sistema educacional ao arrumar um emprego como aprendiz de cortador na Simpson's, uma fábrica local de alguma reputação por conta da sua produção de calças sociais. Caso tivesse prestado mais atenção em suas aulas, não teria tantos problemas para calcular o tamanho dos bolsos das calças e, após um grande erro de cálculo, ganhou o aviso prévio.

Vendo-se em uma encruzilhada metafórica, Simon tirou um tempo para pensar em suas opções, que não eram muitas, dada sua falta de qualificações. Em vez de suportar outra existência sem sentido trabalhando das 9 às 17 horas em alguma fábrica, decidiu seguir seu primo David matriculando-se no Hackney Technical College para estudar arte e fotografia. Nessa época, Anne havia adquirido um apartamento do governo na Queensbridge Road, em Haggerston, leste de Londres. Estava radiante com a decisão de Simon de voltar para a educação de tempo integral, mas menos encantada com outra decisão do filho – adotar o nome cristão de seu pai biológico. Para ele, "Simon" pertencia às alamedas frondosas de Tunbridge Wells, enquanto "John" era da rua. Mal Anne poderia saber que, quando seu filho saiu pela porta da frente em uma fresca manhã de setembro de 1973, estava a ponto de embarcar em uma aventura que traria mudanças cataclísmicas e irrevogáveis em sua vida: foi na Hackney Tech que ele encontrou John Lydon.

Apesar de mostrar aptidão para arte, especialmente para o desenho linear e a aquarela, John tornava-se cada vez mais inquieto na Tech. Então, quando seu amigo Lydon se mudou para o Kingsway College, na King's Cross, no verão de 1974, ele pôs de lado seus pincéis e seguiu para a Gray's Inn Road, no Kingsway. Não foi capaz de matricular-se no colégio, mas gastou pouco tempo para lançar-se em sua vibrante cena social. Foi enquanto vagava por lá que adquiriu o apelido "Spiky John" por conta de seu novo e radical estilo de cabelo "protopunk" – adotado em homenagem a seu herói Bowie. Não vamos esquecer também que nessa época Lydon estava ainda usando mechas à altura dos ombros.

Spiky John tinha certamente uma aparência interessante e era especialmente popular entre as garotas da faculdade. Lydon recordaria depois que seu amigo era uma infeliz vítima da moda durante sua fase no Kingsway, mas, apesar da obsessão por longos cachecóis esvoaçantes e as unhas dos pés pintadas, John simplesmente emanava presença, e a câmera o amava totalmente. Apesar de ser alto, moreno e bonito, recusava romances com as garotas de sua idade. Era quase com certeza virgem a essas alturas e, embora ninguém o considerasse gay, os mais próximos a ele acreditavam que era sexualmente confuso. Seu rápido flerte com a prostituição masculina, oferecendo-se com o pseudônimo de "Hymie", é um dos duradouros suportes a essa teoria. Porém, como a maioria dos eventos na breve vida de Sid, trata-se de um fato contestado por muitos.

Simone Stenfors, que também frequentava o Kingsway nessa época e que igualmente se tornaria uma figura da cena punk, prontamente admite ter tido uma grande queda por ele, apesar de ser casada à época. Outra que foi próxima a ele antes da entrada nos Sex Pistols foi a futura guitarrista do Slits, Viv Albertine. Viv nunca falou muito sobre sua amizade com Sid até o filme *Who Killed Nancy,* mas o amor deles era do tipo platônico, pois na época ela estava em um relacionamento com Mick Jones.

Embora John fosse dedicado à mãe, a atmosfera claustrofóbica do apartamento da Queensbridge Road, em um arranha-céu depressivamente sombrio, deixava a desejar. Ele já havia fugido do ninho várias vezes, mas no outono de 1975 finalmente saiu de casa por bem, mudando-se para um cortiço em New Court, Hampstead. Foi aí que supostamente se engajou em atividades nefastas, como assaltar uma velha senhora com uma faca de ponta, estrangular um gatinho e assar um porquinho-da-índia. No entanto, tudo isso eram fábulas arquitetadas para perpetuar a imagem de Sid Vicious. Residente de New Court, a falecida Lindy Poltock (namorada – e depois esposa – do gerente de *roadies* do Clash, Johnny Green) lembrava-se de como as velhas senhoras de New Court adoravam seu espetado vizinho, que sempre tinha tempo para uma conversa ou para carregar suas compras escadas acima.

Foi em New Court que o uso de anfetaminas por John entrou em uma espiral descontrolada, embora as sementes desse comportamento tivessem sido semeadas no arranha-céu de Queensbridge, onde ele as injetou pela primeira vez. A maioria dos garotos ficava feliz aspirando ou esfregando o arenoso pó branco nas gengivas, então certamente não foi a pressão dos colegas a incentivar o hábito. Foi claramente algo que ele absorveu vendo sua mãe com a seringa, de tarde, no sofá; com mãe e filho frequentemente partilhando a mesma agulha. Anne não era como outras mães que se contentavam em passar a tarde assistindo *General Hospital, Quincy* ou *Doutor Kildare* na televisão; ela tinha suas próprias receitas farmacêuticas.

Não demorou muito para seu amigo Lydon também ir morar no agourento quarteirão de prédios vitorianos de cinco andares. A autobiografia de Lydon, *No Irish, No Blacks, No Dogs*, poderia fazer-nos acreditar que New Court era uma favela dickensiana, privada de comodidades básicas como eletricidade e água quente, declarada inadequada para habitação pelo conselho local. Isso, porém, não passava de licença poética, já que New Court não era tecnicamente um cortiço e estava sob a responsabilidade de Barbara, uma mulher que mantinha os quartos asseados. Ela meio que adotou Spiky John como seu filho substituto. Com John "Jah Wobble" Wardle e John Grey sempre por perto, New Court tornou-se uma espécie de refúgio de gangue. Quando Lydon se juntou aos Sex Pistols, em agosto de 1975, seria inconcebível pensar que não voltaria a New Court depois dos ensaios para contar a seu melhor amigo tudo sobre o que estava acontecendo na Denmark Street, para não mencionar sua antipatia sempre crescente por Glen. Para evitar confusão entre os dois Johns de cabelo espetado, Lydon rebatizou seu amigo como "Sid", em parte homenageando o antigo vocalista enigmático do Pink Floyd, Sid Barret, mas também por conta do hamster desdentado da família Lydon.

#

Apesar de ter perdido o posto de vocalista dos Sex Pistols, Sid, como era agora chamado pelos amigos, estava ansioso por mergulhar na onda que os Sex Pistols estavam criando e passou o escaldante verão de 1976 – recordista em temperatura – recrutando garotas bonitas da cena para formar sua banda de apoio. Além de Sid, a linha de frente do grupo embriônico era formado por Viv Albertine na guitarra, sua amiga Sarah Hall no baixo e a namorada espanhola de Joe Strummer – e futura baterista do Slits –, Paloma "Palmolive" Romera na bateria. Adotando o nome do curto lamento miado dos Sex Pistols "Flowers of Romance" (que Johnny e companhia tinham inventado para servir de isca aos jornalistas que afirmavam que eles não conseguiriam tocar ao vivo) como nome da banda, o grupo de quatro componentes começou a ensaiar no começo no porão da Orsett Terrace, n° 42, no cortiço de Shepherd's Bush, onde Joe e Palmolive viviam na época. Embora a ideia de uma banda de apoio exclusivamente feminina fosse revolucionária – e anos-luz antes de Robert Palmer aparecer com a ideia para seu vídeo "Addicted To Love" –, a falta de um músico reconhecido na formação tornou-se um obstáculo. Outro inconveniente era a baixa resistência ao tédio de Sid, que, em lugar de se mexer, preferia ficar chapado e falar sobre o destino da banda em vez de levantar o traseiro e dirigir-se para lá.

Os Flowers ensaiavam havia umas poucas semanas quando Sid tirou Palmolive da banda depois de uma discordância sobre os pontos de vista racistas do primeiro, bem como sua fascinação pelos ícones nazistas. Foi durante a fase em que a banda esteve temporariamente fora de atividade depois dessa saída que Sid se voluntariou para o posto de baterista na estreia dos Banshees no 100 Club Punk Festival.

Depois de seu lançamento no Ashford Remand Centre, no final de outubro de 1976 (ele havia sido preso lá por atirar um copo de vidro durante a apresentação do Damned, como foi mencionado anteriormente), mudou-se de New Court e alojou-se temporariamente no espaço de ensaio do Clash, em Camden. Durante sua passagem pela Ashford, teria bastante tempo para escrever letras para músicas com títulos há muito esquecidos, como "Brains On Vacation", "Piece Of Garbage" e também "Belsen Was A Gas" (esta última teria também ido para o lixo reciclado se os Sex Pistols não tivessem cooptado a música para dar um pouco de tempero ao seu enfadonho repertório do final de 1977).

Com os Sex Pistols contratados pela EMI e trabalhando em seu *single* de estreia, Sid estava duplamente desesperado para reviver o Flowers of Romance. Mas, durante sua ausência forçada, Viv saiu da banda para trabalhar com Palmolive, e então Sid foi forçado a abandonar sua ideia de uma banda formada só por garotas. Embora não tenha conseguido um baterista, trouxe o ex-guitarrista do Clash, Keith Levene, bem como o colaborador ocasional do fanize *Sniffin' Glue*, Steve Walsh, como segundo guitarrista. De novo, porém, Sid se contentava em ficar chapado e falar muito, contanto que não precisasse se mexer para nada. Seu desinteresse em realmente trabalhar suas ideias para música em estruturas adequadas – sem mencionar ter trazido para a banda Levene, um viciado em anfetamina – significava que o Flowers of Romance, como o London SS, estava destinado a permanecer uma banda apenas no nome.

O colorido empresário dos Heartbreakers, Leee Black Childers, muito próximo de Sid nesse período – e teria se tornado muito mais caso Sid quisesse –, diz que o Flowers of Romance se mostrava promissor. Seu estilo de tocar à "1-2-3-4 Hey Ho, Let's Go" dos Ramones cabia perfeitamente na cena punk britânica, em rápida expansão, e teria causado uma tempestade no Roxy. Tais especulações tornaram-se irrelevantes quando John Lydon deu o tal telefonema em fevereiro de 1977 para oferecer a Sid o lugar de baixista dos Sex Pistols.

CAPÍTULO 9

And We're So Pretty, Oh So Pretty... We're Vacunt!

> *"Mantenha sempre algo na retaguarda; nessa indústria você logo é engolido inteiro se tiver o cuidado de colocar tudo na primeira página."*
> Another Hollywood – William Kovac, 1966

Além de participar de uma entrevista no rádio feita tarde da noite durante um rápido telefonema transatlântico com o lendário DJ Rodney Bingenheimer, de Los Angeles, a primeira atividade oficial de Sid como Sex Pistol foi colocar seu nome de guerra no contrato da A&M na quarta-feira de 9 de março de 1977, nos escritórios londrinos da Rondor Music (subsidiária de publicação do selo norte-americano). O contrato negociado por Malcolm e Stephen Fisher era um acordo para dois anos e 18 faixas, que excluía os direitos de publicação. E acrescentava outras 75 mil libras aos cofres quase vazios da Glitterbest, com mais 75 mil a ser pagas após um período de 12 meses.

O diretor inglês de 32 anos da A&M, Derek Green, fora tão completamente cativado pela energia das demos de Dave Goodman que implorou a seus chefes para que passassem a perna em seus parceiros norte-americanos CBS e Warner Bros, conseguindo os The Sex Pistols para o elenco de bandas de soft rock da A&M. No entanto, evitou apresentar seus novos contratados em uma reunião presencial por temer que seu comportamento os pusesse na rua, decisão que sairia caro aos seus patrões norte-americanos. Green mais tarde confessaria para o biógrafo de Malcolm Craig Bromberg que, como ele tendia a evitar a opressora mídia e jornais de música para que não influenciassem seu julgamento, nunca tinha ouvido sobre os Sex Pistols – ou seu irascível empresário – até Malcolm telefonar no começo de 1977 divulgando a mercadoria Sex Pistols. Malcolm estivera gravitando ao redor de selos norte-americanos como o A&M, CBS e Warner Bros, depois de não conseguir angariar nenhum interesse nos Sex Pistols em casa. De fato, o mais perto que ele chegou foi com Chris Parry da Polydor que, apesar de ter falhado em conseguir os serviços dos Sex Pistols da primeira vez, ainda estava interessado e ansioso para apresentar a banda a seu supervisor imediato, Freddie Haayen. Este último mostrou-se igualmente entusiasmado, dando a Parry o sinal verde para seguir adiante e contratar os Pistols pelo preço original pedido de 40 mil libras.

Surpreendentemente, porém, a dona da Polydor, a Philips, recusou-se a dar seu aval para o negócio. Tendo um pé na porta – pela simples razão de Green ignorar inocentemente que os Sex Pistols eram párias sociais –, Malcolm começou a cortejar Green com a fita cassete com as demos de Goodman. Como ele mesmo admitiu, Green estava cada vez mais desiludido com a cena musical por volta de fevereiro de 1977, mas sua antena artística entrou em êxtase ao ouvir o som cru e direto dos Sex Pistols. Imediatamente percebeu que não se tratava de outra banda inglesa tentando soar norte-americana. Eram ingleses em sua essência, a real, e sabia que tinha de tê-los a qualquer custo. Assim que o fuso horário permitiu, ele contatou Jerry Moss em Los Angeles para obter o sinal verde que permitiria começar as negociações.

Embora Green tenha conseguido o tal sinal verde para os Sex Pistols, as longas negociações duraram quase um mês, com vários pontos de menor importância com que as duas partes não concordavam. Embora a CBS e a Warner tivessem expressado interesse pela banda, as subsidiárias britânicas de ambos os selos já tinham deixado claro para seus chefes norte-americanos que rejeitariam a banda caso o acordo dependesse delas; com as coisas na CBS chegando a ponto de arrancar Malcolm à força de seus escritórios enquanto seus surpresos representados esperavam sentados no parque em frente. Era a A&M ou nada.

Quando Green voou para Los Angeles para relatar o caso dos Pistols para seus superiores imediatos, Malcolm o seguiu para a Costa Oeste. A equipe da A&M americana estava acostumada a lidar com grupos e artistas como The Carpenters, Peter Frampton e Supertramp, e os Sex Pistols podiam ser de outro planeta, no que os concernia. Muitos dos companheiros de Green lhe disseram que tinha ido longe demais, mas ele, no entanto, permaneceu irredutível. Embora admitisse passar por cima de algumas regras da companhia para acomodar os pontos de atrito contratuais – um deles aquiescendo à exigência de Malcolm de que o acordo seria para 18 faixas em lugar dos usuais dois álbuns –, o homem da A&M não estava disposto a tornar-se refém, dando a Malcolm um ultimato no qual ou ele aceitaria a oferta da A&M ou o negócio estaria cancelado. Com nenhuma outra oferta no horizonte, Malcolm foi forçado a sentar-se à mesa.

Sid Vicious *Chatterbox* (bebendo vodca Cossack) – capa pirata.

  Apesar de supostamente não ter qualquer conhecimento prévio dos Sex Pistols, Green tinha feito o dever de casa sobre a banda e estava disposto a reconhecer que seu mau comportamento fora grosseiramente exagerado pelos tabloides. Mas, em seu entusiasmo, deixou de dar um telefonema à Manchester Square para ter alguma informação interna da EMI sobre os Sex Pistols. Caso o tivesse feito, saberia que Glen, o mentor musical por trás das músicas da fita, havia deixado a banda e fora substituído pelo nada musical Sid Vicious. Pode-se imaginar a cara de Green quando, ao verificar o escritório da Rondor em busca de Glen, encontrou em seu lugar um pateta com jaqueta de couro cravejada e cabelo espetado. Já estava decidido que "God Save The Queen" seria o primeiro lançamento da banda na A&M.

A assinatura do contrato na Rondor foi bem discreta, mas às 7 horas do dia seguinte um Mercedes preto circulou lentamente duas vezes ao redor da ilha central que abriga o Memorial da Rainha Vitória, em frente do Palácio de Buckingham, até estacionar no meio-fio. Seus passageiros desregrados saltaram para a calçada diante do bloco de jornalistas à espera. Um desses jornalistas era Peter Kodick, que involuntariamente forneceria a Sid sua última e fatal dose de heroína daí a pouco menos de dois anos.

Em *O Lixo e a Fúria,* John viria a afirmar que o pai de Sid estivera servindo no Palácio de Buckingham enquanto o filho punha seu nome no contrato da A&M. Mas isso era pura hipérbole – como o próprio John sabia –, pois John Ritchie pai trocara seu colbaque e sua baioneta por um uniforme e uma mochila quando seu filho começou a andar; quanto mais agora que ele curtia o fato de ser um Sex Pistol. Sob a supervisão do executivo da A&M Tony Burfield, Sid e o restante da banda rabiscaram rapidamente seus nomes no contrato, fizeram algumas poses para as câmeras e correram de volta para o Mercedes para esperar. Dispararam no meio do tráfego evitando assim o assédio e uma possível prisão – feita por um inquisitivo policial fazendo sua patrulha a pé.

Na sequência de seu primeiro golpe publicitário, os quatro Sex Pistols foram levados para o agora extinto Regent Palace Hotel, em Piccadilly, para uma coletiva de imprensa no estilo "Meet the Beatles". A coletiva aconteceu dentro do Salão Apex do Hotel, e o relógio não tinha ainda dado as 8 horas quando Sid – obviamente ansioso para estabelecer suas credenciais como Sex Pistol aos olhos da imprensa reunida – avançou nas bebidas de cortesia, particularmente na vodca Cossack, que continuou engolindo durante os cerca de 30 minutos de coletiva como se fosse água mineral.

Green, ainda remoendo as repercussões da não anunciada partida de Glen, deu continuidade ao processo já em curso com a apresentação dos membros da banda de olhos ainda macilentos antes de colocar as questões sobre a decisão da A&M de contratar a banda mais notável e digna da atenção da imprensa da Grã-Bretanha. Disse aos jornalistas que, disponíveis, os Sex Pistols eram uma oportunidade de negócio única para a A&M ligar-se a uma nova força musical encabeçada pela banda. Ele também expressou sua crença de que os Pistols causariam algumas mudanças importantes no rock e que a A&M estava animada por ter feito um acordo de gravação mundial com a banda.

John, Steve e Paul, entretanto, estavam bem menos entusiasmados e mostraram pouco interesse em falar, deixando a imprensa sozinha.

Mantiveram propositalmente suas expressões de tédio generalizado o tempo todo, escolhendo deixar o cara novo lidar com as perguntas. Sid, claro, estava em seu ambiente – estivera sonhando com esse momento nos últimos 18 meses. Embora em seus sonhos ele teria sido requisitado para ser o homem de frente dos Sex Pistols no lugar de John, estava perfeitamente feliz em ser o baixista. Estava igualmente contente por concordar com a visão de Malcolm de que sua falta de familiaridade com o instrumento era uma uma vantagem, em vez de falha.

Alguns dos repórteres reunidos haviam voado por meio mundo para estar na coletiva e, embora estivessem compreensivelmente curiosos sobre o novo baixista dos Sex Pistols, estavam igualmente interessados em ver se a banda estava sofrendo de alguma cicatriz mental pela reação da imprensa após sua aparição no *Today*, bem como pelo fiasco da turnê Anarchy. Afinal, quatro meses haviam se passado desde que os Pistols tinham feito sua última aparição em Londres, no Notre Dame Hall, e estavam em perigo de ser usurpados por seus imitadores que se apresentavam com frequência.

Sid, porém, não estava interessado em falar sobre a turnê Anarchy, já que esses eventos – embora relativamente recentes – haviam ocorrido antes de sua entrada na banda e, portanto, não eram dignos de sua atenção. Ele tinha seu uniforme à Dee Dee Ramone, mas, até então, era desprovido de listras; ele tinha também 18 meses para recuperar. Então, quando uma repórter do *Daily Express* teve a temeridade de perguntar o que ele considerou uma questão "chata", ele a depreciou perguntando se não era ela que ele vira recentemente em uma festa "dando para tal cara". A apreciadora de *reggae* da *Sounds*, Vivienne Goldman, que era também amiga de John, entrou em cena para defender sua amiga jornalista e imediatamente se viu na linha de fogo de Sid – sem receber nenhuma ajuda de seu dito amigo John.

Outro repórter decidiu mudar de rumo perguntando a Green se ele tinha obrigações contratuais a respeito do comportamento da banda. Antes que Green pudesse responder, Sid, com requintado *timing* humorístico, ergueu uma nádega da cadeira e peidou. Isso pareceu estabelecer o tom daí por diante. Quando outro invasor perguntou aos outros Pistols por que haviam escolhido Sid como substituto de Glen, Sid antecipou-se, regalando os repórteres com a história sobre ele ter batido em seu colega escriba Nick Kent no 100 Club; embora a colocação também possa ter sido uma ameaça velada para cada um deles manter boas relações com a banda escrevendo críticas favoráveis.

Quando anunciaram que os Sex Pistols fariam um show beneficente no King's Road Theatre em abril, um engraçadinho perguntou se era em prol de Keith Richards, que havia sido preso recentemente na fronteira canadense por posse de heroína. Novamente coube a Sid responder, e o baixista o fez alegre e despreocupadamente declarando que não mijaria no guitarrista dos Rolling Stones se ele estivesse pegando fogo. Não deixou de ser surpreendente, visto que essa era a primeira aparição pública dos Sex Pistols desde a turnê Anarchy, o fato de nem Caroline Coon nem John Ingham estarem presentes na coletiva. Em lugar de Caroline, o *Melody Maker* enviou Brian Harrigan para entrevistar a banda. A primeira – e última – impressão de Harrigan sobre Sid foi menos que favorável; sua crítica preconceituosa descreveu o baixista dos Sex Pistols como "alto, magro, de cabelo espetado, com a tez de uma laje polifílica e aparência de um cadáver de dez anos recém-pescado do rio". No entanto, suas observações foram de pouca importância, já que, quando a próxima edição do *Melody Maker* chegou às bancas, os Sex Pistols e a gravadora A&M já haviam se separado.

Imediatamente após a coletiva de imprensa, os membros da banda – completamente bêbados – foram levados para os Estúdios Wessex, em Highbury, onde Chris Thomas estava mixando "God Save The Queen". Permaneceram no estúdio por uma hora mais ou menos, engolindo seu butim grátis e contando piadas estúpidas em lugar de dar um ouvido amigo aos esforços de Thomas, antes de ser colocados de volta no carro à espera. Durante os 30 minutos da jornada para os escritórios luxuosos da A&M na New King's Road, a sudoeste de Londres – onde se esperava que escolhessem o lado B do próximo *single* – Sid decidiu melhorar seu *status* na hierarquia dos Sex Pistols provocando Paul. Estava desesperado para viver de acordo com seu nome "Vicious", mas com John como seu melhor amigo e portanto intocável e hesitante em partir para o corpo a corpo com Steve, começou a insultar o baterista chamando-o de cruzamento entre um gorila albino e Rick Wakeman.

Os insultos logo se tornaram um quebra-pau coletivo, com Paul levando a pior com seu olho roxo, e o relógio digital de John – presente de aniversário de sua mãe por seus 21 anos – também ficou danificado. Steve resolveu o caso removendo os sapatos de Sid e os jogando na rua, no meio do tráfego.

Por falar em Wakeman, que também era contratado da A&M, ele iria tornar-se uma nota involuntária na história dos Sex Pistols. Malcolm acusou falsamente o mestre dos teclados de chantagem industrial. Logo após a decisão da A&M de livrar-se dos Pistols, Malcolm disse aos repórteres que a demissão de sua banda havia sido arquitetada por Wakeman e vários outros artistas da A&M, que ameaçaram deixar o selo a menos que os Sex Pistols caíssem fora. Sua antipatia pelo grupo teria acontecido depois da altercação noturna com o "sussurrante" Bob Harris, ex-cadete de polícia careca, anfitrião do programa noturno de "música séria" *The Old Grey Whistle Test*, da BBC2.

A base dessa fábula traiçoeira veio por Malcolm ter espiado um telegrama de Wakeman sobre a escrivaninha de Derek Green; nele, o tecladista dizia a Green para livrar-se dos Sex Pistols ou então começar a servir alfinetes de segurança para outros contratados do selo. Caso Malcolm tivesse se incomodado em examinar a data do telegrama, teria visto que havia sido enviado para Green vários dias antes do incidente no bar (sobre o qual falaremos em um minuto) e que o comentário de Wakeman não era nada mais que uma piada inconsequente.

#

Além de supostamente aprovar a mixagem do lado A e selecionar a música para o lado B do *single*, Green tinha programado uma visita a seu QG para que os Sex Pistols pudessem conhecer as pessoas que trabalhariam na promoção do disco depois de seu lançamento, marcado para a sexta-feira de 25 de maio.

Quando o filme *A Grande Trapaça do Rock'n'Roll* finalmente foi lançado, em 1980, a vasta maioria dos fãs da banda – embora familiarizados com a reação após o lançamento de "God Save The Queen" – sabia apenas vagamente do envolvimento da A&M na história. Assim, o público apenas se divertiu com as cenas de animação mostrando os cinco Sex Pistols circulando enlouquecidos pelos escritórios da fictícia MAMIE Records, alheio aos verdadeiros acontecimentos daquele dia na A&M.

A paciência de Derek Green estava para ser duramente testada nesse dia, com Paul, depois de sua briga com Sid, emergindo do Mercedes com um olho fechado de inchaço e sangue espalhado por toda a frente de sua camiseta "Exija o Impossível". Sid vinha atrás quando tropeçou e deixou cair uma de suas garrafas de vodca roubadas. A garrafa espatifou-se na calçada, mas Sid, depois de ter sorvido uma garrafa inteira de Cossack no Regent Palace, não tinha mais nenhuma coordenação e cortou seu pé direito no vidro estilhaçado (lembre-se de que Steve tinha jogado os sapatos dele para fora do carro). Totalmente alheio ao sangue esguichando de seu pé, abriu caminho em meio à equipe atônita de Green e andou até o departamento de divulgação do selo, onde imediatamente desmaiou em uma cadeira.

Rotten, embora chateado por ter tido seu relógio quebrado, guardou humor suficiente para arrebatar um narciso de um vaso das proximidades e lançá-lo ao colo do baixista. Steve estava tão bêbado que entrou por engano no banheiro feminino. Em lugar de desculpar-se como um cavalheiro, entrou em modo tarado e agarrou duas garotas que estavam lá enquanto elas tentavam escapar. Recuperando a consciência, Sid foi ao banheiro masculino e tentou limpar seu ferimento enfiando o pé dentro da privada, que de alguma forma conseguiu quebrar: tarefa nada fácil para alguém descalço. Uma janela foi avariada também, antes que ele cambaleasse para trás até o grupo das secretárias onde, mostrando o pé a uma delas, horrorizada, exigia que lhe trouxessem um *band-aid*.

Com Steve perdido durante a ação, John e Paul enfiaram Sid no elevador e seguiram para o porão, onde ia acontecer a seleção do lado B. Mas os três estavam tão fora de si que mal podiam manter os olhos abertos, quanto mais tomar uma decisão executiva. Green podia ter estado disposto a ouvir as palhaçadas e respostas divertidas da banda antes, na coletiva daquele dia, mas não estava preparado para ficar de braços cruzados enquanto os quatro Sex Pistols bêbados abusavam de sua equipe e rondavam doidamente por seus escritórios. Em lugar de arriscar um pedido de demissão massivo de sua equipe, rapidamente selecionou "No Feeling" (ainda tiveram de acrescentar o "s" ao título da música) como lado B do *single*, antes de conduzir a banda para fora do prédio da forma mais rápida possível.

Steve mais tarde viria a gabar-se para a estrela pornô Mary Millington em uma cena de cinema de *A Grande Trapaça...* de que a banda fora expulsa da A&M porque ele tinha "estuprado uma das gatinhas de seus escritórios", mas é duvidoso que o sedutor pudesse levantar mais que os olhos em seu estado catatônico. Quando o guitarrista finalmente deu por si, ele e o restante da banda estavam na rua, já que o motorista se recusou a aceitá-los de volta no carro. O banco de trás do Mercedes estava todo manchado de sangue e cheio de cacos de vidro, e, quando o motorista arrancou, disse a Malcolm que iria mandar a conta da corrida.

Como havia uma equipe de gravação da televisão norte-americana esperando pela banda na Denmark Street, Malcolm foi forçado a pedir dois táxis para levá-los de volta ao West End. Se o diretor de pessoal da NBC esteve no QG da banda para coletar suas memórias sobre o contrato com a A&M para a posteridade, foi deixado dolorosamente na vontade porque – além de conseguir uma declaração ruminada de Sid sobre como era incrível ser um Sex Pistol – os bêbados depravados caíram na cama de Steve e nada mais foi ouvido até a manhã seguinte.

#

Embora Green tenha ficado fora de si por ter de lidar com os Sex Pistols em seu estado de embriaguês, havia sido sua ideia realizar a coletiva de imprensa em hora tão antirrock'n'roll, bem como disponibilizar tamanha quantidade de bebida grátis, de modo que dificilmente poderia censurar a banda por seu comportamento rude e lascivo. Embora ainda tivesse reservas sobre o estilo empresarial, ou falta dele, de Malcolm, acreditava que os Sex Pistols poderiam ser um trunfo considerável para a A&M Records no curso dos próximos dois anos; na manhã seguinte, deu o sinal verde para a prensagem de 25 mil unidades iniciais de "God Save The Queen".

O departamento de arte do selo tinha trabalhado em uma capa crua, com a banda posando do lado de fora do Palácio de Buckingham, enquanto sentinelas eram vistas segurando cartões de registro de desempregado. A Glitterbest, no entanto, como já havia feito na EMI, rejeitou a ideia em favor de lançar o *single* em uma capa completamente preta da companhia, acompanhada de várias imagens promocionais e com certeza confrontacionais. Estas incluíam panfletos, pôsteres e adesivos que Jamie Reid havia elaborado usando o retrato oficial da rainha no jubileu de prata, de Cecil Beaton, como modelo. Embora o selo de propriedade de norte-americanos não tivesse nenhum problema com Reid espetando um alfinete de segurança na boca da monarca, barrou a ideia de colocar suásticas sobre seus olhos.

Na mesma manhã, John esteve por trás do banco dos réus na Corte de Magistrados da Marlborough Street para responder à acusação de possessão de sulfato de anfetamina feita depois de sua prisão em 12 de janeiro. Tendo sido pego por posse, John não tinha outra opção além de declarar-se culpado da acusação. Tentou aliviar o débito inevitável em sua conta bancária dizendo que dava 15 das 25 libras semanais de salário para sua mãe para cobrir seus gastos com a casa e a comida. Seus advogados também tentaram fazê-lo parecer melhor afirmando que o incidente havia sido único e que John preferia beber umas poucas cervejas com os amigos no pub do que ser preso por uso de drogas. Apesar de a pena de prisão nunca ter sido ventilada, houve quem, no círculo interno da banda, temesse que o magistrado pudesse usar a ocasião para marcar um gol das instituições contra os Sex Pistols. Tais medos provaram-se infundados e John passou o restante do dia com Sid e Wobble celebrando o contrato com a A&M depois de ser submetido a nada mais severo que um sermão e uma multa de 40 libras.

Mais tarde naquela noite os três foram parar em um bar clandestino da Margareth Street, onde encontraram com Steve e Paul, e as comemorações foram além da conta. A noite certamente teria acabado com nada mais que uma ressaca coletiva na manhã seguinte se não fosse pela chegada de Bob Harris e seu amigo engenheiro George Nicholson. Harris tinha aparentemente andado pela área do bar para encontrar seus amigos (a há muito esquecida banda Bandit e a equipe de *roadies* de folga do Procol Harum), quando Wobble ficou ofendido pelo *The Old Grey Whistle Test* ter até então ignorado os Sex Pistols. Quando o doce apresentador disse educadamente para Wobble em termos inequívocos que os Sex Pistols nunca apareceriam no programa enquanto ele estivesse no comando, Wobble partiu para cima e teve de ser contido por vários membros do pessoal de Wobble. Foi nesse ponto que Sid decidiu entrar em ação atacando Nicholson com uma garrafa quebrada, deixando o infeliz engenheiro com a cabeça ferida e 14 pontos. Outra versão do incidente saiu na edição de *Sounds* de 26 de março e traz John como culpado, alegando que ele teria "pegado dois copos e os utilizado contra a multidão, usando um deles para atingir a testa de George (Nicholson)".

Na sua resenha de *No One Is Innocent* (Orion) para o *Independent* na edição de 17 de junho de 2007 do tabloide, Wobble chega a negar que algo desagradável tenha acontecido no bar naquela noite; isso apesar de Harris mencionar o incidente em seu livro *Bob Harris: The Whispering Years*, e de novo quando entrevistado na série da BBC *Seven Ages Of Rock*. Embora Wobble naturalmente desejasse distanciar-se desse ato repugnante, acaso espera realmente que acreditemos que a A&M teria cortado suas ligações com os Sex Pistols – para não mencionar a entrega de 75 mil libras – por um incidente que nunca aconteceu? Bem, façam as contas!

Fora o choque a alguns arranhões, Harris conseguiu escapar ileso, mas o ataque imotivado – para não mencionar a ameaça de morte de Wobble caso nunca o visse novamente – deixou-o profundamente perturbado. Na manhã seguinte, Harris colocou seu empresário Philip Roberge em ação. O primeiro telefonema do norte-americano Roberge foi para a casa de Derek Green para informar o homem da A&M do que havia ocorrido. A primeira reação de Green foi negar sua culpa argumentando que era apenas o diretor do selo de gravação da banda e o comportamento desagradável deles não era de sua jurisdição: pura cascata, é claro. Ele conhecia Harris havia muitos anos e mal podia imaginar-se tomando partido contra seu velho amigo. Se a EMI havia estado preparada para posicionar-se contra o uso flagrante de linguagem ofensiva pelos Sex Pistols na televisão ao vivo, a A&M poderia esconder-se quando a banda atacava de propósito quem se recusava a ceder a seus caprichos?

A primeira manifestação que Malcolm ouviu sobre o incidente foi na segunda-feira de manhã, quando uma carta de Roberge chegou a Dryden Chambers. Ao contrário de Green, no entanto, Malcolm estava feliz por livrar-se de qualquer responsabilidade pelos encargos de seu comportamento e esgotou seu mantra já bem desgastado a essas alturas: "garotos serão garotos". Ainda assim, ele deve ter percebido que as cartas estavam marcadas, pois Roberge não era um empresário comum. Além de cuidar de nomes como Bob Harris e Rick Wakeman, Roberge também era sócio de Dee Anthony que supervisionava os negócios de Peter Frampton. Frampton, o ex-homem de frente do Humble Pie, tinha partido para uma carreira solo em 1971, e, embora seus primeiros lançamentos tenham hesitado e tropeçado, o álbum mais recente do cantor, *Frampton Comes Alive*, lançado em 14 de fevereiro de 1976, tinha ocupado o cobiçado primeiro lugar da Billboard por dez semanas, e ainda se mantinha nas paradas 13 meses depois, o que fazia dele, de longe, o artista mais bem-sucedido da A&M.

Com seu sábado arruinado pelo telefonema de Roberge, Green passou o restante do fim de semana considerando suas opções quanto aos Sex Pistols. Ele havia contratado a banda contra a vontade da maioria de sua equipe londrina e permitiu que sua opinião pessoal influenciasse seus chefes da Costa Oeste; agora iria colher o que havia plantado. Não era tanto sua reputação que o preocupava, mas sim o que poderia ocorrer a seguir caso ele escolhesse enterrar a cabeça na areia e ignorar a predileção dos Sex Pistols pela violência. Telefonou para Dryden Chambers naquela mesma segunda-feira para saber o que Malcolm pretendia fazer para colocar seus meninos na linha. Embora Malcolm prometesse que iria tentar e dar um jeito neles, Green percebeu pelo tom de Malcolm que a admoestação, se de fato acontecesse, seria pouco mais que um gesto simbólico.

Green, porém, não podia mais se esconder sob seu chapéu corporativo diante do comportamento dos Sex Pistols; Harris era um amigo pessoal. Sua mente estava em uma crise absoluta, então, em lugar de ir para o escritório na manhã seguinte, ele parou para pegar um amigo antes de seguir para Brighton, onde passou a tarde jogando pedras nas vagas, enquanto desabafava. Embora não fizesse muito sentido em fingir que Malcolm poderia – ou realmente conseguiria – exercer algum controle real sobre os Sex Pistols, a A&M ainda esperava fazer muito dinheiro com a banda. Margens de lucro eram tudo o que verdadeiramente contava no mundo dos negócios, então ele chegou à única solução disponível para ele: mais tarde naquela noite ele telefonou para

Jerry Moss em Los Angeles e pediu demissão. Para sua surpresa, no entanto, Moss recusou-se a aceitá-la e disse a ele que, se o selo tivesse de escolher entre manter os Sex Pistols ou perder seu inglês de confiança, então os Sex Pistols eram história. Depois, ainda na mesma noite, o recluso Herb Alpert, com quem Green não tivera nenhum contato direto por vários anos, ligou para ele em casa para dar um segundo voto de confiança.

Na manhã seguinte, quarta-feira de 16 de março, Green chamou Malcolm e Stephen Fisher a seu escritório "para discutir o ponto contratual mais importante". Os irmãos Glitterbest chegariam ao escritório da A&M na New King's Road, imaginando que estavam lá para resolver algum problema com a campanha promocional do *single*, e ficaram atordoados por encontrar a equipe jurídica da A&M aguardando sua chegada. Green entrou e entregou a Malcolm a nota de duas frases escritas à mão: *A A&M Records deseja anunciar que seu contrato de gravação com os Sex Pistols foi encerrado com efeito imediato.* (Embora Green também determinasse que as 25 mil cópias de "God Save The Queen", AMS7284, já prensadas fossem destruídas, algumas sobreviveram ao abate. Na época da redação deste livro, valiam mais de 10 mil libras em um bom dia de leilão no eBay. Cheque seu sótão para ver se não encontra alguma!)

Malcolm tentou rir da situação, imaginando que Green estivesse fazendo algum trote corporativo ou talvez tentando encenar algum blefe por conta do assalto a Harris. Mas o sorriso se desfez de suas pálidas feições quando o rosto severo do homem da A&M disse a ele que o *press release* iria ser divulgado às 15 horas, e que a única coisa a ser discutida era quanto iria custar para o selo. Cerca de uma hora depois, um Malcolm em estado de choque deixou o escritório da A&M com um cheque de 25 mil libras cobrindo o ano inicial do contrato. Embora ele tentasse mais tarde tornar a saga menos pesada, com gracejos sobre entrar e sair de escritórios com cheques na mão, o jubileu de prata aconteceria em menos de três meses; o tempo estava voando.

#

Depois de ter se reunido com a imprensa e causado a confusão na A&M, Sid fez sua estreia ao vivo como Sex Pistol quando a banda voltou ao Notre Dame Hall para um show na segunda-feira de 21 de março de 1977.

Os devotos donos do espaço, apesar de ter lucrado na última vez em que os Pistols apresentaram-se em seu porão, estavam agora decididos a se afastar da banda e tentaram cancelar o show. Quando essa opção deixou de existir porque Malcolm ameaçou tomar medidas legais, os padres católicos fizeram o possível, restringindo a lotação para apenas 50 pessoas. Malcolm novamente fez uma petição aos sacerdotes e teve esse número aumentado para 150. No entendimento dos poucos escolhidos que conseguiram entrar naquela noite, a restrição foi pior que um cancelamento, já que a clara falta de clima só serviu para minar os esforços da banda. O estupefato público saiu para a noite pensando se tornariam a ver seus amados Sex Pistols em Londres. Muitas dessas quase 150 pessoas reunidas no Notre Dame tinham chegado esperando ver Sid comportar-se como um idiota no palco, mas, embora nunca fosse alcançar a destreza musical de Glen, conseguiu fazer o show inteiro sem cometer muitos erros. Mais uma vez, o sucesso deveu-se ao método autodidata à Ramones – "um *riff* serve para tudo" – durante a truncada apresentação de 11 músicas da banda.

Muitos do círculo interno da banda estavam emocionados por ver um dos seus no palco como um autêntico Sex Pistol, embora o elevado *status* de Sid não caísse muito bem para todos os aficcionados pela banda. O baixista – vestido com seus jeans rasgados de costume, tênis Converse e camiseta Vive Le Rock – tinha saído do Notre Dame quando uma voz o desafiou dizendo que ele tinha "se vendido". Sid naturalmente se voltou com os olhos ardentes e punhos cerrados, mas o baixista imediatamente baixou guarda ao descobrir que seu agitador era um dos gêmeos da gangue do East End que vinha seguindo a banda por quase tanto tempo quanto ele mesmo. Mas, ao contrário de Ronnie e Reggie, Michael e John faziam algum dinheiro honesto vendendo cachorros-quentes aos turistas em Piccadilly. O xingamento usado para qualquer propósito pela dupla, "never mind the bollocks" ["não se importe com as encheções de saco"], daria por acaso aos Sex Pistols o título de seu álbum de estreia.

A equipe de gravação da NBC continuava seguindo a banda e portanto estava a postos para capturar a estreia de Sid. Porém, não eram os únicos norte-americanos de olho em Sid naquela noite. Uma *groupie* de Nova York, falsa loira e gordinha chamada Nancy Spungen, tinha chegado recentemente a Londres, querendo ficar com seus velhos parceiros de drogas do Bowery, Jerry Nolan e Johnny Thunders. Depois de enganar-se acreditando que ela e Jerry eram um casal, decidiu seguir o baterista à Inglaterra, após ler sobre os Sex Pistols e a emergente cena do punk rock inglês.

O empresário dos Heartbreakers, Leee Black Childers, encontrou-se por acaso com Nancy quando ela estava andando pela Carnaby Street em sua primeira tarde em Londres. Ele já estava a par do *modus operandi* "transa por drogas" de Nancy e, sabendo quais podiam ser as consequências caso ela encontrasse Nolan, avisou-a para ficar longe do baterista do Hearbreakers. "Poucos dias depois, soube que ela tinha ficado com Sid", lamentou-se para Jon Savage em *England's Dreaming*. "Um arrepio gelado desceu por minha espinha quando ouvi as notícias, porque daquele dia em diante Sid não foi mais a pessoa que eu conhecia."

Nancy Laura Spungen nasceu em 27 de fevereiro de 1958 na área de Huntingdon Valley de Lower Moreland Township, na Pensilvânia, um suburbio da Filadélfia. Ter nascido um mês prematuramente a levou a desenvolver cianose, uma coloração roxo-azulada da pele e das membranas mucosas causada por deficiência de oxigênio no sangue. Embora Nancy fosse uma criança inteligente, seus primeiros anos foram atormentados por ataques de raiva incontroláveis, e ela tinha apenas 3 anos quando seus frustrados pais, Frank e Deborah, finalmente enfrentaram os problemas de sua filha e buscaram ajuda externa na terapia. Porém, nem as sessões nem o remédio prescrito aliviaram os problemas, e aos 11 anos ela estava recebendo uma longa e intensa ajuda psiquiátrica. Seus anos de formação foram igualmente exasperantes para seus pais. No entanto, apesar de tentar suicídio, fugir da escola em várias ocasiões e experimentar drogas às claras, conseguiu notas suficientes para entrar na Universidade de Colorado. Como seu futuro amante Sid, Nancy entrou em desacordo com o sistema educacional e aos 17 anos deixou a faculdade e foi para Nova York, onde rapidamente entrou para a sórdida cena do Max's Kansas e embarcou em um caso rápido com Richard Hell. Empregou-se como dançarina *topless* em um dos decadentes bares da Times Square e, para sustentar sua crescente dependência das drogas, complementava seus ganhos prostituindo-se.

#

Enquanto Malcolm se preocupava em achar para os Sex Pistols uma nova gravadora, Vivienne estivera ocupada lançando as bases para seu futuro império e supervisionava as últimas mudanças na King's Road, nº 430. O casal havia decidido pela reforma no último dezembro, mas, em lugar de cuidar eles mesmos do trabalho como haviam feito anteriormente, pediram ajuda a Ben Kelly – que mais tarde projetaria o interior da Manchester Hacienda – e seu desenhista David Conners para supervisionar.

O provocante letreiro em plástico rosa choque e o aforismo de Rousseau deram lugar às vidraças opacas de última tecnologia – e caríssimas – com bordas decoradas. Uma pequena placa em bronze fixada em uma das vidraças trazia o novo nome da loja: *Seditionaries: clothes for heroes* [algo como "Subversivos: roupas para heróis"] em escrita elegante. Porém, ao optar por uma fachada com painéis de vidro, Vivienne e Malcom presentearam sem querer quem tivesse algo contra os Sex Pistols com o instrumento perfeito para uma vingança. Os painéis de vidro também receberam bastante atenção dos *hooligans* do clube de futebol Chelsea, que se divertiriam muito usando as janelas da loja para praticar tiro ao alvo durante suas idas ou voltas do Stamford Bridge. Como não fazia muito sentido reclamar para as autoridades, o casal instalou telas de proteção de arame sobre as vidraças. Medida de segurança que, mesmo assim, se mostrou ineficaz diante de alguém com a brilhante ideia de utilizar uma chave de fenda ou qualquer outra arma alongada.

A nova fachada radical da loja violou todas as regras do comércio varejista, já que os passantes não podiam enxergar seu interior. Isso era simplesmente uma extensão do mantra de Malcolm e Vivienne de que não queriam que "todos" viessem checar suas mercadorias; para ambos, os que tinham a curiosidade despertada pelas vitrines podiam agora se deliciar com o novo empório punk BOY, de John Krevine, mais adiante na King's Road.

A BOY fora inaugurada com grande alarde na primeira semana de março, ostentando sua "vitrine de cultura legista" como principal atração. Esta havia sido criada por Peter Christopherson, mais conhecido como "Sleazy", da banda de vanguarda Throbbing Gristle (que também havia fotografado os Sex Pistols no começo de 1976). A vitrine consistia na imitação de partes de corpos dentro de uma série de placas de Petri. As peças de Christopherson eram tão detalhadas que muitos passantes paravam, congelados de susto, achando que eram reais. Desnecessário dizer, a vitrine, para não mencionar a multidão de curiosos, atraiu a atenção da polícia, que considerou a ideia ofensiva e determinou sua remoção.

O novo interior minimalista da Seditionaries era igualmente de ponta. O assoalho era coberto por um grosseiro carpete cinza industrial, ao passo que as paredes traziam cruas fotos em preto e branco da cidade alemã de Dresden depois do bombardeio aliado de 14 de fevereiro de 1944. Cerca de 800 bombardeiros Lancaster da RAF (Real Força Aérea Britânica) e outros 400 bombardeiros B-17 norte-americanos haviam inundado a cidade barroca com toneladas de bombas incendiárias até reduzi-la a uma ruína fumegante e deixando cerca de 130 mil alemães mortos ou à morte entre os escombros. Para combinar com o tema de bombardeio, abriram-se buracos no teto por onde se projetava a luz abrasadora de dois holofotes. A parede logo atrás do balcão trazia uma foto colorida do Piccadilly Circus propositalmente de ponta-cabeça; previamente recortada em seções para permitir o acesso aos armários atrás do móvel. As barras de ginástica das paredes sobreviveram, mas foram polidas e realocadas no centro da loja para servirem como cabides de roupas, enquanto assentos cafonas forrados em nylon fluorescente cor de laranja estilo anos 1960 serviam de poltronas. Nos fundos da loja, onde antes ficava a cama cirúrgica, um aparelho de televisão havia sido pendurado sobre um balcão em formato de rim. A decoração espartana era completada com uma mesa – desenhada por Conners – dentro da qual um rato vivo circulava para cima e para baixo.

Embora alguns artigos da SEX tivessem sido mantidos à mostra, as novas peças traziam um selo com o símbolo Ⓐ da anarquia junto com o slogan: "para soldados, prostitutas, sapatonas e punks". "Fizemos a Seditionaries por 2 mil libras e essas 2 mil libras vão mudar o mundo." Conners mais tarde diria a Jane Mulvagh em *Vivienne Westwood: An Unfashionable Life*. "Eram só ideias. Dinheiro não tinha quase nada a ver com a história. Intimidação, era isso."

#

Parafraseando lady Bracknell em *The Importance of Being Earnest*,* perder uma gravadora pode ser considerado um azar, mas perder duas em alguns meses pode revelar desleixo. De qualquer forma, a situação deixou a banda totalmente esgotada, particularmente John, Steve e Paul. Malcolm decidiu, portanto, mandá-los – com Jamie Reid e John "Boogie" Tiberi atuando como acompanhantes – para férias rápidas em Jersey. Na época em que este livro estava sendo escrito, Jersey havia sido abalada por abuso sexual infantil envolvendo muitas das figuras principais da ilha, conhecida como paraíso fiscal. Mas, em março de 1977, com muitos "esqueletos infantis" trancados em armários, a ilha de língua nativa predominantemente francesa era um respeitável destino de férias tanto para franceses como ingleses da elite; e os dignatários "amantes da infância" não tinham a intenção de permitir que os repugnantes Sex Pistols profanassem publicamente seu refúgio.

---

*N.T.: *A Importância de Ser Honesto*, em algumas traduções; comédia de Oscar Wilde.

Jersey havia sido ocupada pelas forças alemãs durante a Segunda Guerra Mundial, e não seria de estranhar que os Sex Pistols tivessem pensado que a SS de Hitler voltara à ilha. Os rapazes foram proibidos de entrar em seu hotel, sofreram o insulto de uma meticulosa revista pela polícia local e foram avisados de que tinham 24 horas para deixar o lugar. Embora Jamie tenha conseguido encontrar outro hotel para acomodá-los naquela noite, quando ele e a banda foram tomar café da manhã no dia seguinte, foram seguidos em cada passo pelos mesmos zelosos oficiais. Os rapazes, com exceção de Sid, que estava sem dúvida adorando cada minuto sob os holofotes, voltaram a Londres mais estressados do que já estavam antes de sair da cidade, então o novo braço direito de Malcolm, Boogie, sugeriu outra excursão, dessa vez para Berlim.

Tiberi havia sido um rosto conhecido na cena do Soho desde antes no final dos anos 1960 e fizera bons trabalhos em várias ocupações honestas, inclusive como fotógrafo, antes de tentar meios mais escusos, que o levaram a uma passagem no banco dos réus por fraude bancária. Depois de sua soltura da prisão, começou a trabalhar com os 101'ers e ganhou o apelido "Winston O'Boogie" – um dos peculiares pseudônimos de John Lennon – de Joe Strummer pela predileção de Tiberi por cigarros Capstan Full Strength (Winston era uma marca popular de cigarros nos anos 1970). Quando Joe deixou os 101'ers para juntar-se a Bernie e Mick Jones, o então complicado Boogie não tinha nenhuma vontade de envolver-se na retórica política de Bernie; em vez disso, gravitou em torno da King's Road e da SEX. Logo fez amizade com Malcolm e com os Sex Pistols e estava perfeitamente apto a tomar as rédeas depois da saída de Nils.

Ao chegarem a Berlim, Boogie e a banda hospedaram-se no hotel Kapinski e alugaram um fusca para levá-los a pontos turísticos da cidade dividida como o Palácio do Reichstag, o Portão de Brandenburgo e o famoso Muro de Berlim coberto de grafites, que separava capitalistas e comunistas desde 1961. Boogie havia levado consigo sua câmera Super 8 e filmou a banda fazendo palhaçadas no Checkpoint Charlie (nome de posto militar entre as duas Alemanhas durante a Guerra Fria). De fato, podiam muito bem ter atravessado a mais famosa das oito passagens oficiais do muro para conhecer a barata Berlim Oriental caso Sid não tivesse esquecido de levar consigo seu passaporte naquele dia. Na sequência da excursão alemã, os Sex Pistols voltaram a Londres para tocar em um show grátis no cinema Screen On The Green, em Islington, no domingo de 3 de abril. Como no "Midnite Special" de agosto último, a banda não subiu ao palco até as primeiras horas da madrugada de domingo. Uma das pessoas que aproveitavam o festival grátis era Jon Savage, que fez a crítica do show para o *NME*. Savage abriu sua resenha com a opinião de que "Deve-se admitir que Malcolm McLaren tem um cérebro de primeira classe para lidar com a mídia e um instinto perfeito para o teatro". E realmente foi teatro para o público de cerca de 350 pessoas que se manteve esperando por mais tempo do que talvez fosse necessário, para dar mais clima e fazer com que estivesse no ponto para a primeira exibição de *Sex Pistols Number One*, um filme caseiro feito de clipes de televisão e entrevistas reunindo as aventuras da banda até a data. Isso incluía suas aparições no *So It Goes*, no *Today* e algumas filmagens bizarras feitas durante uma visita recente de Derek Nimmo à Seditionaries, quando o afetado ator, que havia feito seu nome nas *sitcoms* religiosas da televisão *All Gas And Gaiters* e *Oh Brother!*, fez uma reformulação punk de visual antes de passear para cima e para baixo do lado de fora da loja vestindo calças de sadomasoquista.

As Slits, fazendo sua estreia em Londres, foram a banda de abertura, mas a novidade de uma banda só de garotas havia se perdido para Savage, por conta de sua gritante incompetência musical; embora ele estivesse pronto a conceder que as garotas por si sós fossem um "grande show". Surpreendentemente, Savage achou que os Pistols tinham melhorado desde seu primeiro show no Notre Dame em novembro, mesmo que o material – com exceção de "God Save The Queen" e "EMI" – estivesse começando a soar muito familiar. Sid, que talvez estivesse fazendo sua verdadeira estreia ao vivo, conseguiu o selo de aprovação de Savage – pelo menos por ter a aparência adequada para o papel –, enquanto Steve e Paul já caíam na categoria de músicos de apoio na banda que eles mesmos haviam formado. Savage reservou seus verdadeiros elogios para John, cuja performance ele descreveu como "totalmente hipnótica: a criatura dos becos abandonados, um vilão espasmódico de pantomima, com maldade verdadeira".

#

Malcolm passou o dia seguinte, 5 de abril, fazendo rondas em várias gravadoras. Considerando que já havia se dado ao luxo de ignorar telefonemas de chefes de gravadoras, muitas águas haviam corrido sob as pontes de Londres desde os dias despreocupados de seis meses antes. E descobriu que, em muitas delas, sequer poderia marcar uma visita. Estava ficando cada vez mais desesperado para conseguir outro contrato para os Sex Pistols e ter "God Save The Queen" nas lojas a tempo do jubileu de prata. Infelizmente para seus pés doloridos, porém, não eram apenas as casas de estreia de Londres que estavam agora fechando suas portas para a banda e ele teve suas investidas rejeitadas a cada nova tentativa. Com nenhum outro selo mostrando real interesse, Malcolm foi forçado a atender ao telefone de Richard Branson, da Virgin. Branson, que depois diria ter contactado Leslie Hill na manhã seguinte à aparição dos Sex Pistols no *Today*, oferecendo-se para tirar os rapazes das mãos da EMI, havia batalhado para contratar os Sex Pistols. Embora tenha tido de esperar três meses, finalmente conseguira a banda.

Malcolm e Steven Fisher encontraram-se com Branson nos escritórios da Virgin na segunda-feira de 2 de maio para trabalhar nas negociações contratuais e ficaram um tanto divertidos por sentarem-se à mesa com o mesmo advogado, Robert Lee, que havia representado a A&M. Branson, ou "Mr. Pickle", como Malcolm chamava o chefão da Virgin, pode ter sido um *hippie*, mas era o polo oposto de *sir* John Read e desdobrou-se para atender a todos os caprichos da Glitterbest. Hoje o logotipo da Virgin é onipresente: pode-se comprar passagens de trem e avião – e pagá-las com um cartão de crédito da Virgin –, bem como comprar Virgin cola. Tivesse Branson sido bem-sucedido em sua tentativa de assumir a assediada sociedade de crédito imobiliário Northern Rock, então poderia muito bem ter ganhado o mundo. Mas, nos anos 1970, porém, a Virgin começava como uma ponta de estoque musical com entrega por correio antes de se tornar a Virgin Records em 1973.

O barbudo não tinha medo de fechar os olhos às leis de consumo, contanto que isso pudesse ser revertido em lucro. Ele pagava, no entanto, o preço por desrespeitar as ditas leis, recebendo a então pesada multa de 28 mil libras por falsificar exportações que podiam ser vendidas a preços muito mais baratos como importações sem o VAT (imposto sobre importação britânico). Diferentemente da EMI e da A&M, a Virgin era um selo independente sem acionistas nem conselho formado por abastados e rabugentos componentes de meia-idade com pouco ou nenhum conhecimento da indústria musical. Era também uma bem articulada "empresa familiar" na qual Branson confiava em homens como Nik Powell, John Varnom e seu "vice" Simon Draper – que disse a seu chefe que a Virgin "contrataria os Sex Pistols sobre seu cadáver"; todos eram também próximos amigos pessoais do dono. Graças ao grande sucesso do álbum conceitual de estreia de Mike Oldfield, de 1973, *Tubular Bells* – que continuaria nas paradas por mais de quatro anos e meio –, o selo tinha passado a competir com os grandes do mercado.

Em 12 de maio, os Sex Pistols passaram a fazer parte do elenco da Virgin em um acordo para um álbum com pagamento inicial de 15 mil libras, com outras 50 mil a ser pagas um mês depois, permitindo à Virgin o direito de lançar os Sex Pistols em todo o mundo (a Virgin não tinha distribuição direta nos Estados Unidos nesse tempo e era representada pela WEA, o que ficará evidente mais tarde na história). Mas, com os cofres da Glitterbest já mostrando o fundo, Malcolm insistiu que a soma deveria ser paga em 12 parcelas conforme cada faixa fosse entregue. No dia seguinte, enquanto Sid estava no hospital recuperando-se de uma hepatite contraída por compartilhar agulhas (ele não assinaria o contrato até dia 16), John, Steve e Paul escreveram seus nomes em seu terceiro contrato com uma gravadora.

CAPÍTULO 10

Nunca Confie em um *Hippie*

"Vou agora lhe dizer algo que poderá fazê-lo rir, Tony. Mas escute, a garotada ainda vai estar comprando nossos discos no ano 2000!"
O empresário dos Beatles, Brian Epstein, para Tony Barrow em 1964

"God Save The Queen" (VS181) foi lançado oficialmente pela Virgin Records na sexta-feira de 27 de maio de 1977. De forma um tanto irônica, pois os Sex Pistols haviam sido os pioneiros da última moda musical no Reino Unido, as primeiras 200 cópias do *single* foram postas à venda no dia anterior na loja de discos Remember Those Oldies ("Lembre-se da Velha Guarda"), em Cambridge. A data de lançamento foi posta em perigo quando a equipe da fábrica de prensagem da CBS em Aylesbury, que na época manufaturava todos os lançamentos da Virgin, imitou seus colegas da EMI na fábrica de Hayes ameaçando uma greve caso fossem forçados a lidar com o disco controverso.

Malcolm gracejara na época do encerramento do contrato da A&M dizendo que os Sex Pistols eram uma espécie de doença contagiosa, e agora a quarentena estendia-se a qualquer coisa ligada à banda. Felizmente, porém, a disputa foi resolvida amigavelmente e os trabalhadores voltaram a seus postos. A prensagem inicial de 50 mil cópias pode ter saído a tempo, mas nem todos foram receptivos como a Remember Those Oldies: as três gigantes líderes do comércio, Boots, Woolworths e W. H. Smith, recusaram-se a estocar o disco. Desnecessário dizer, todas os quatro semanários musicais fizeram de "God Save The Queen" seu "*Single* da Semana". O *Record Mirror* e o *Melody Maker* colocaram os Sex Pistols em suas respectivas capas, e o *NME* praticamente dedicou a edição especial daquela semana aos Sex Pistols.

Tanto o *NME* como o *Sounds* tiveram anúncios de página inteira em suas quartas capas, mas o anúncio deste último foi de alguma forma alterado sem consentimento enquanto estava na prensa, o que obrigou o jornal a oferecer um pedido de desculpas à banda na semana seguinte. A campanha *cross-media* de Jamie Reid também caiu em desgraça com os censores, com a Thames e a LWT rejeitando o anúncio de televisão proposto, enquanto as estações de rádio comerciais se recusaram a transmitir os anúncios de rádio. Não é de surpreender, dado que o disco havia sido banido, que o vídeo promocional, gravado por Julien Temple no Marquee, em 23 de maio, tenha sido cortado indefinidamente e não ressurgiria até ser incluído no *A Grande Trapaça do Rock'n'Roll*.

Embora a BBC tenha banido o *single* por julgá-lo "grosseiro e de mau gosto", o principal líder na Radio One permitiu que John Peel tocasse a música duas vezes em seu programa noturno durante a primeira semana de junho. O IBA (Autoridade Independente de Transmissão) instruiu todas as rádios comerciais e estações de televisão a não transmitirem o *single* por este violar a Seção 4 (10) (A) de sua legislação. Apesar de ser capaz de implementar tais medidas draconianas, os engravatados de Whitehall foram impotentes para impedir as pessoas de entrarem nas lojas e comprar o disco, nem que fosse apenas para saber do que se tratava toda aquela confusão. Em sua primeira semana de lançamento, "God Save The Queen" vendeu mais de 150 mil cópias, o que fez com que entrasse para a parada britânica de *singles* como número 11 na semana terminando em 4 de junho de 1977 (a mesma semana em que o grupo The Jam entrou no número 40 com "In The City"). Na próxima semana – semana do jubileu – chegou ao número dois, mas perdeu o cobiçado primeiro lugar, que ficou para o lado A duplo de Rod Stewart "I Don't Wanna Talk About It/The First Cut Is The Deepest". Mas você encontrará gente tanto de dentro quanto de fora da indústria da música disposta a discutir sobre o lugar das músicas nas paradas até o Juízo Final!

#

Embora as celebrações do jubileu de prata – que incluíam dois dias de feriados públicos – não estivessem programadas para começar até 7 de junho, a rainha fez seu discurso de jubileu em 4 de maio. Ao dirigir-se à nação, ela não só falou do velho império e suas esperanças para a Commonwealth, mas também comentou que a entrada do Reino Unido para o Mercado Comum havia sido uma das decisões mais significativas tomadas durante seu reinado de 25 anos. Ainda que tenha sido cuidadosa em não criticar diretamente aqueles dentre seus súditos que advogavam a independência da Escócia e do País de Gales, usou o discurso para lembrá-los de que havia sido coroada rainha do Reino Unido da Grã-Bretanha e Irlanda do Norte.

Nenhuma outra nação é capaz de tanta pompa e circunstância como os britânicos, e na terça-feira, 7 de junho, enquanto a Guarda Real encenou a saudação de 25 tiros no Hyde Park em honra dos 25 anos de trono da rainha, o país tornou-se uma enorme festa de rua e enterrou seus problemas em um mar de bandeirolas vermelhas, brancas e azuis. Sua majestade havia começado as celebrações na noite anterior acendendo uma fogueira gigante no Windsor Great Park, que foi o sinal para cerca de cem outras fogueiras serem acesas desde Land's End, em Cornwall, até Saxa Vord, nas Ilhas Shetland (os mesmos pontos usados pela rainha Elizabeth I em 1588 para alertar a nação sobre a chegada da frota invasora da armada espanhola). Depois de uma procissão a cavalo desde o Palácio de Buckingham – aplaudida por cerca de 1 milhão de admiradores – até a Catedral de Saint Paul, para um culto de ação de graças, a rainha e o príncipe Philip participaram de um banquete suntuoso no Guildhall.

Como os Sex Pistols haviam sido banidos de todas os espaços de shows dentro e ao redor de Londres, e não seriam convidados de honra do banquete de Guildhall, Malcolm organizou uma festa especial de jubileu em um barco. Alugou o *Queen Elizabeth* por 500 libras para levar a banda e cerca de 175 convidados variados (a capacidade limite oficial do barco) acima e abaixo do rio Tâmisa. A tarefa de cuidar de todos os arranjos necessários – delegada a John Varnom – não foi facilitada pela manchete de 6 de junho do *Daily Mirror*, que declarava falsamente que os Sex Pistols haviam ousado chamar a rainha de "idiota". Mas o rápido Varnom conseguiu acalmar o capitão do navio dizendo a ele que, embora os Sex Pistols tivessem realmente sido contratados pela Virgin, o barco havia sido alugado para promover a última banda de tecladistas alemães do selo.

Às 18h30, em uma noite levemente fria, o *Queen Elizabeth* afastou-se de suas amarras no cais de Charing Cross, e, enquanto o barco seguia rio abaixo, duas faixas enormes foram desfraldadas a partir dos trilhos de proteção do barco; uma delas era um anúncio do novo *single*, enquanto a outra proclamava: "Rainha Elizabeth dá boas-vindas aos Sex Pistols". A julgar pela filmagem de Temple em *A Grande Trapaça...*, todos parecem muito bem, com a possível exceção de John, que examina com absoluto desdém a camarilha de bajuladores da Virgin antes de desaparecer sob o convés principal, onde os então já inseparáveis Sid e

Nancy estavam sendo cortejados por Boogie e o mais recente assalariado da Glitterbest, Steve "Roadent" Connelly. Este último tinha pulado a bordo fazia pouco (com perdão do trocadilho náutico), graças à equipe do Clash durante a turnê White Riot da banda; cansara-se do ego mimado de Mick Jones. "Você precisa de um pajem, e não de um *roadie*!", foi sua tirada final.

Roadent, ou SCON, como era às vezes chamado, havia chegado a Londres de sua nativa Coventry no último mês de outubro, logo após ter cumprido uma sentença de duas semanas de prisão pelo não pagamento de uma multa. Havia ficado com o Clash após assistir ao show explosivo da banda no ICA em 23 de outubro e, depois de ajudar a carregar o equipamento da banda em troca de livre acesso ao show, uma conversa com Joe – que reconheceu nele outro leopardo disposto a mudar suas pintas e distanciar-se de seu passado de classe média – o levou a ser convidado a dormir no espaço de ensaio da banda. Aí – junto com seu apelido duradouro dado por Paul Simonon – adquiriu um posto mais permanente na bem articulada infraestrutura da banda. Paul e Mick também aceitaram o novo recruta diligente em seus corações, com Mick chegando a ponto de dizer ao mão-fechada Bernie que tirasse algum dinheiro disponível do caixa para comprar um novo par de meias para Roadent. Embora tais meias viessem a ser úteis na malfadada turnê Anarchy, Roadent havia se unido ao Clash principalmente para carregar seus equipamentos para dentro e fora do palco, e não simplesmente para atender cada capricho de Mick. E, depois de uma extravagância além da conta, ele telefonou a Malcolm oferecendo seus serviços.

Hoje, pai divorciado de três filhos – a ex-mulher trabalhou como secretária de Malcolm cuidando dos interesses da Bow Wow Wow –, pode frequentemente ser achado segurando uma Guinness no pub Spice Of Life, em Cambridge Circus, Londres. Irá fingir amnésia sempre que um estranho tentar abordar o assunto de suas aventuras passadas com o Clash e os Sex Pistols, mas em raras ocasiões dará um alegre passeio pela estrada da memória e dividirá quaisquer anedotas com que se depare. Basta entabular com ele cinco minutos de conversa para saber que – como Joe Strummer – seu sotaque vulgar dos Hammers é mero disfarce para mascarar eloquência e inteligência adquiridas graças à educação de uma escola privada. "Eu poderia ter passado meus anos de formação em um ótimo estabelecimento", confessa a contragosto na primeira vez que tentamos escavar o passado. "Mas era apenas uma bolsa porque meu pai trabalhava em uma fábrica de carros", acrescentou tirando uma folha do livro de Joe sobre crédito que recebeu das pessoas.

Para a infelicidade de Roadent, no entanto, não era apenas em painéis de carro que Connely pai estava disposto a bater até dar forma; ocasionalmente o velho fazia hora extra em seu filho. Roadent pode não ter sido um anjo, mas certamente não merecia apanhar sempre que o humor do pai estava propício, de modo que fez as malas, passando vários meses em casas de amigos e quartos alugados em Coventry e arredores. Mesmo que o punk ainda não tivesse atingido a cidade, seu pendor por roupas ambíguas o destacou das massas de boca de sino; e ele e seus amigos foram levados a frequentar clubes gays simplesmente para escapar do ridículo.

Embora tenha ficado feliz em renunciar aos prazeres da turnê de reunião dos Sex Pistols em 1996 – "Eu já os vi antes", diz se alguém pergunta – e não tenha se incomodado com nenhum dos shows ao vivo que a banda fez depois, tem sido frequentador constante sempre que o Sex Pistols Experience (de longe o melhor dos muitos grupos de tributo do país) vão à cidade para recriar a lendária festa de jubileu no barco. Sua recriação inaugural, a bordo do já um pouco deteriorado *Queen Elizabeth*, aconteceu em junho de 2004, com Roadent dignando-se a ir parecendo algum tipo de professor distraído – com direito a colete e gravata-borboleta – que talvez tivesse perdido o rumo. Mal o barco deixou a doca, vários punks da velha guarda em couros recém-pintados começaram a gracejar dizendo que ele "estava no barco errado". "Bem, se era verdade", ele ponderou enquanto olhava por cima da borda de seu gim-tônica, "eu estava no barco errado há 27 anos". Se a memória não nos falha, ele continuou no gim pelo restante da noite!

Na falta de um palco adequado, o equipamento dos Sex Pistols foi armado na popa do *Queen Elizabeth*, já que era a única área coberta a bordo do barco. A banda já estava a postos, mas adiou a apresentação até que o barco alcançou o Palácio de Westminster para atacar "Anarchy In The UK". Embora um passeio pirata pelo rio Tâmisa parecesse uma proposta agradável no papel, ninguém parecia ter se preocupado com a acústica ou a flagrante falta dela, e a apresentação foi marcada pelo retorno de som o tempo todo. Steve, Paul e Sid continuaram mesmo assim, mas John, cujo humor ainda estava tão negro quanto as águas agitadas do Tâmisa, recusou-se a concorrer com o som que vinha das margens do rio e estacou, fitando o espaço em lugar de abrir o verso de "No Feelings".

Com a Seditionaries dirigida ao mercado de luxo, o vocalista havia abandonado seu traje Oxfam com alfinetes de segurança em favor de calças de couro e smoking branco usado sobre uma das últimas criações de Malcolm: a camisa "Destroy". A camisa de musselina trazia a palavra "Destroy" em letras de forma arruinadas vermelho-sangue na parte superior, com uma suástica no centro e uma imagem invertida de Cristo crucificado reproduzindo o quadro de Grünewald de 1515, *Crucificação*. E – como para manter-se no tema do jubileu – a camisa também tinha uma imagem de selo postal da rainha Elizabeth II cortada no pescoço.

Na metade de "Pretty Vacant", dois barcos policiais surgiram para xeretar, mas com tudo nos trinques, na moda de Bristol, não tinham como interferir e impedi-los de continuar rio acima. Porém, os guardas logo voltaram em resposta ao sinal de SOS do capitão, enviado porque Wobble teria batido em um fotógrafo francês. Embora Sophie Richmond tivesse intervindo para separar a dupla, o capitão, em busca de qualquer desculpa para tirar os roqueiros punks de seu barco, cortou a energia elétrica e rumou para a margem, onde mais policiais já estavam dispostos em fila. A brigada de champanhe e patê de salmão de Branson desapareceu na noite, mas os Sex Pistols e seu cortejo estavam compreensivelmente irritados com o interrompimento da diversão e recusaram-se a desembarcar. Eclodiram conflitos quando os oficiais começaram a arrastar as pessoas para a prancha de desembarque, e o clima da noite foi logo tomado pelo som das sirenes que se aproximavam. Felizmente, Boggie manteve a sagacidade e, com ajuda de Roadent, levou o material do grupo para fora do barco, enquanto Sophie deu a cada um dos confusos membros da banda 5 libras para o táxi e os escamoteou até a segunda – e menos visível – escada do navio. John, Steve e Paul voltaram para o West End com seus amigos, enquanto Sid e Nancy voltaram a seu ninho de amor em Chelsea Cloisters para usarem heroína. No pensamento de Nancy, Sid era um astro de rock e astros de rock usam drogas.

Malcolm, Vivienne, Jamie, Ben Kelly, o irmão mais novo de John, Jimmy Lydon, bem como a própria Sophie e outra meia dúzia foram postos na parte de trás de um camburão e levados à delegacia de Bow Street. Malcolm, que havia ousado chamar os oficiais de "fascistas bastardos de merda", foi multado em 100 libras. Vivienne, considerada culpada por obstruir um policial, foi multada em 15 libras com 15 libras de custo, sendo que Jimmy Lydon foi multado em 3 libras depois de declarar-se culpado por utilizar linguagem obscena.

Malcolm admitiu alegremente que "God Save The Queen" foi o ápice de seu trabalho com os Sex Pistols; bem, não é todo dia que você enfia um alfinete no nariz da rainha, certo? Mas a maior glória de Malcolm foi a Woolworths recusar-se até mesmo a reconhecer a existência da música. Suas prateleiras não mencionavam os Sex Pistols ou os títulos de suas músicas pelo nome, preferindo em lugar disso deixar um espaço em branco no topo da tabela. Jamie Reid era da opinião de que os Pistols, bem como todos ligados à banda, deviam chamar isso de o dia seguinte ao auge que nunca poderiam ter a esperança de ultrapassar. Era fácil para ele dizer, porque, enquanto ele e Malcolm poderiam facilmente desaparecer e aventurar-se em outros campos criativos, os quatro Sex Pistols seriam deixados para se defender por si mesmos, já sem ninguém para cumprir esse papel.

Mesmo Jordan que, com Sid, era a encarnação dos ideais punk de Malcolm – ela mesma seria o centro das atenções como Amyl Nitrate no filme de Derek Jarman de 1977, *Jubille* –, estava tendo maus presságios. Para Alan Jones, entre outros, o choque de testemunhar a brutal mão pesada da polícia contra ele e seus amigos era demais para suportar. Embora Alan ainda andasse com o público dos Sex Pistols, livrou-se dos tópicos punk e mudou-se para outras pastagens musicais.

#

Como já mencionamos, o lado A duplo de Rod Stewart "I Don't Wanna Talk About It/The First Cut Is The Deepest" foi número 1 durante a semana do jubileu. Mas há quem acredite até hoje que sombrias figuras governamentais estiveram envolvidas com o propósito de manter "God Save The Queen" fora do topo das paradas. Seu argumento baseia-se no fato de a CBS, distribuidora dos dois discos, ter admitido prontamente que os Sex Pistols estavam vendendo mais que Rod, na base de dois para um. Richard Branson sempre defendeu que os poderes constituídos da BPI (Instituto Fonográfico Britânico) pressionaram seus homólogos da BRMB (Departamento Britânico de Pesquisas de Mercado) para sabotar os Sex Pistols, derrubando todos os gráficos de retorno de vendas de lojas ligadas à Virgin no censo daquela semana em particular. Seu argumento é reforçado pelo fato de John Fruin, diretor da BPI na época – e também diretor executivo da WEA Records –, ter perdido seu emprego em 1981 por causa de irregularidades nos lugares nas paradas de vários artistas da WEA.

Isso, naturalmente, era no passado, quando os *singles* ainda eram importantes e alguns argumentariam que qualquer artista no segundo lugar do top 10 deveria dar-se por satisfeito com sua posição; especialmente se o dito disco estivesse vendendo mais que o número 1 na base de dois para um. Em lugar disso, "God Save The Queen" desceu para o quarto lugar. Novamente, caso os engravatados de Whitehall tenham mesmo sido responsáveis por mover os pauzinhos necessários para barrar os Sex Pistols, dificilmente iam dar tapinhas nas próprias costas por um trabalho bem feito só por impedir o disco polêmico de alcançar o primeiro lugar na próxima semana, deixando a apoquentada BBC na incômoda posição de ter de finalmente reconhecer a existência do disco.

As instituições podiam ter ganhado o dia, mas era muito claro que os Sex Pistols não iriam acabar tão cedo. Então, uma vez que as celebrações do jubileu foram encerradas e as bandeirolas guardadas para o próximo casamento real, o *Sunday Mirror*, cujo irmão de imprensa, o *Daily Mirror,* havia sido o único tabloide a publicar um artigo sobre as prisões da festa no barco, decidiu lançar uma cruzada moral contra os Sex Pistols e a gente de sua laia.

A manchete do jornal de 12 de junho, em grandes caracteres, conclamava a nação: "Punição aos punks".

A liberdade de imprensa é supostamente um dos pilares da democracia, e, muito embora cada um de nós tenhamos o direito de emitir nossa opinião sobre qualquer assunto, nada enfurece mais um inglês do que ter seu país ou sua soberania como objeto de gozação pública. Então, embora fosse permitido ir ao pub com amigos para lamentar as políticas insanas do Partido Trabalhista ou zombar do jeito de vestir de Margareth Tatcher, alguém que se atrevesse a chamar Sua Majestade de idiota em seu jubileu de prata deveria esperar chumbo grosso. John alegaria mais tarde ter escrito a letra de "No Future", que era mais um poema do que uma canção, no final de outubro de 1976 e que não havia sido uma decisão consciente de escrever uma música sobre a rainha ou as celebrações próximas do jubileu de prata. Pode ser verdade, mas a decisão dos Sex Pistols de lançar "God Save The Queen" perto do jubileu ouriçou alguns cabelos patrióticos. De fato, a banda teve uma amostra do que estava por vir quando estreou a música – com o título original "No Future" – na Lanchester Polytechnic de Coventry, em 29 de novembro de 1976. O corpo estudantil ofendeu-se com a música e recusou-se a pagar a banda por considerá-la "fascista". Ainda se esses autoproclamados "patriotas" tivessem se incomodado em ouvir o conteúdo da letra da música em lugar de acreditar no que liam no *Daily Mirror*, teriam se dado conta de que a música estava na verdade chamando cada um deles de idiota por permitirem que políticos e burocratas de Whitehall ditassem como deveriam viver suas vidas.

Os ingleses também são criados para acreditar que aqueles no poder nunca devem ser questionados. O pomposo parlamentar Marcus

Lipton – novamente no *Daily Mirror* – sugeriu que, se a música pop estava tentando destruir as instituições estabelecidas do país, por isso deveria ser destruída primeiro. Infelizmente, houve brutamontes suficientes andando pelas ruas de Londres dispostos a assumir o discurso cáustico do *Mirror* em seus corações.

O primeiro a sentir a reação foi Jamie Reid, que teve o nariz quebrado e a tíbia direita fraturada depois de ser alvo de quatro valentões perto do apartamento em que vivia com Sophie no dia seguinte à exortação do *Mirror*. Qualquer um imaginaria que os quatro membros da banda entenderiam o assalto a Jamie como um aviso para se manterem fora de circulação até que os tabloides encontrassem outras pessoas para difamar. Mas no próximo sábado, 18 de junho, depois de um dia passado nos Estúdios Wessex gravando faixas, John, Chris Thomas e o engenheiro do Wessex, Bill Price, foram tomar um calmo drinque no pub Pegasus das proximidades, quando John entrou na linha de fogo de vários clientes do pub já bem calibrados. Os três rapidamente largaram seus drinques e dirigiram-se para a saída, mas os brutamontes – que estavam obviamente em busca de encrenca, já que estavam armados de facas – os seguiram até o estacionamento. Embora John fosse obviamente o alvo, Chris e Bill foram condenados por associação; e Chris sofreu um corte no rosto, enquanto Bill, de óculos, levou um corte profundo no braço esquerdo tentando defender-se de seus agressores. John teve cortes no rosto e em sua mão esquerda, com dois tendões cortados. De alguma forma conseguiu entrar no carro de Chris, mas um dos sujeitos o atingiu com um machete, o que poderia muito bem tê-lo deixado permanentemente manco caso ele não estivesse vestindo calças de couro. A ironia não estaria perdida com ele já que, como o ataque havia acontecido em Highbury, os autores seriam provavelmente seus companheiros na torcida do Arsenal.

No dia seguinte, Paul foi atacado na Goldhawk Road, perto da estação de metrô de Shepherd Bush. Esse ataque, no entanto, foi mais casual que sectário: os cinco *teddy boys* que o levaram a cabo se sentiram afrontados porque o baterista estava usando um par de coturnos. Porém, apenas superar sua vítima na proporção de cinco contra um não era suficiente para os covardes *teddy boys*, e um deles desferiu nele um golpe cruel na parte de trás da cabeça com um pé de cabra, deixando Paul com um ferimento que precisou de 15 pontos. Os tabloides, indiretamente responsáveis pela violência, tiveram a ousadia de perguntar se os ataques haviam de fato ocorrido ou eram apenas outra das acrobacias de marketing de Malcolm.

Com a Virgin pretendendo lançar "Pretty Vacant" (VS184) em 2 de julho, Malcolm estava provavelmente deliciado com a publicidade, especialmente porque ele deveria voar para Los Angeles para encontrar-se com o exêntrico rei do pornô leve Russ Meyer para discutir suas propostas para um filme dos Sex Pistols.

A banda – assim como seu círculo íntimo – estava menos encantada em ser deixada à mercê de cada justiceiro de Londres. Depois de um segundo ataque a John em Dingwalls, em 23 de junho, Sid ligou para Malcom no meio da noite e ameaçou fazer um grande estrago a menos que ele se mexesse e levasse a banda para fora do país. Então, na manhã seguinte – com as ameaças de Sid ainda reverberando em seus ouvidos delicados – Malcolm ligou para John Jackson na Cowbell Agency e fez com que arranjasse uma turnê de duas semanas e 13 shows na Escandinávia, com início em 13 de julho no Daddy's Dance Hall, na capital dinamarquesa Copenhague.

#

A Virgin Records lançou "Pretty Vacant" em 2 de julho de 1977, sábado, e duas semanas depois, com "God Save The Queen" ainda incomodando os moralistas no número 27, atingiu a sétima posição na parada de *singles* do Reino Unido, dando à banda seu segundo sucesso no Top 10 em igual número de meses. A música livre de impropérios foi autorizada pelas poderosas IBA e BBC, mas Tony Blackburn, Noel Edmonds, Dave Lee Travis e o resto da brigada "vá com cuidado" da Radio1 recusaram-se a incluir o disco em suas *playlists* diurnas, embora a música fosse tocada uma vez por semana no resumo semanal da parada da estação. Entretanto, os Sex Pistols ririam por último por conta da velha Tia Beeb, que teria suas calcinhas corporativas envolvidas em uma reviravolta sobre o conteúdo das letras de "Anarchy In the UK" e "God Save The Queen", deixando escapar a flagrante ênfase de John na segunda sílaba de "Va-Cunt" (a segunda sílaba da palavra "vacant", desocupado, tem a pronúncia parecida a "cunt", palavra chula para vagina).

A banda tinha surpreendentemente aceitado fazer outro vídeo promocional para "Pretty Vacant" e, enquanto Malcolm estava em Los Angeles cortejando Russ Meyer na casa do diretor em Hollywood, a Virgin quis ter seu próprio vídeo na boca do povo, veiculando-o no *Top Of The Pops*. O vídeo promocional – novamente dirigido por Mike Mansfield, e gravado dentro de um ambiente fechado de estúdio – foi feito em alguma hora ridícula, e todos os três homens de frente aparecem em desesperada necessidade de um estimulo de adrenalina. John, novamente vestido com seu combo-caos favorito de camisa de musselina "Destroy" e calças de couro, também está usando óculos da vovó para proteger seus olhos do brilho excessivo das luzes do estúdio. Parecia que tinha sido arrastado à força de sua cova. Sid está novamente usando sua segunda pele "Vive Le Rock" e olha convenientemente mal-humorado para a câmera. Permanece imóvel durante todo o tempo; sua letargia deve-se ao cedo da hora ou ao efeito duradouro da heroína.

Novamente, a ironia não passaria despercebida pelo fato de os Pistols – uma banda que se orgulhava de sua política contra drogas pesadas – terem incluído um usuário de heroína entre seus componentes. Antes da chegada dos Heartbreakers à cena punk londrina no último dezembro, a heroína era privilégio da velha guarda da elite do rock, como Keith Richards e Eric Clapton. Embora a droga não fosse prevalente em Londres durante a segunda metade dos anos 1970, era disponível se você tivesse contatos e bastante dinheiro. Nova York, no entanto, havia sido inundada pela droga e qualquer um com 30 dólares podia comprá-la. Thunders e Nolan eram dependentes há anos nessa época. A dupla deve ter trazido seu próprio estoque, porque eles não recebiam grande coisa da turnê Anarchy, como sua esquálida existência pós-turnê em Earls Court testemunhou. Nancy não teria se arriscado contrabandeando heroína pela rigorosa alfândega de Heathrow, e foi esse o motivo de ela ter estabelecido uma linha direta com seus velhos amigos do Bowery alojados em Londres. Não fosse Sid tão familiarizado às seringas, não teria sucumbido tão facilmente aos encantos de Nancy e à heroína.

Em circunstâncias normais, a banda poderia ter rejeitado a intempestiva proposta do vídeo promocional. As circunstâncias, porém, estavam longe de ser normais e a equipe de divulgação da Virgin – liderada por John Varnom – começou a trabalhar nas fragilidades coletivas da banda e obtiveram seu consentimento. Porém, quando Malcolm ouviu as notícias, ficou fora de si de raiva. Lá estava ele, tentando vender um filme dos Sex Pistols baseado na noção de que a banda estava tendo seu direito de tocar negado no Reino Unido e no entanto lá estavam eles, ainda que em vídeo, no programa musical de ponta da Grã-Bretanha, *Top Of The Pops*. Ele exprimiu seu desprazer para John e Branson, mas nada podia fazer a uma distância de quase 10 mil quilômetros da ação.

Então, em 14 de julho, enquanto um Malcolm ainda fervilhando continuava fazendo corte a Russ Meyer no casa do diretor em Hollywood Hills, e os Sex Pistols estavam fazendo seu segundo show no Daddy's Dance Hall, o vídeo promocional "Pretty Vacant" recebeu sua primeira aparição pública veiculada no *Top Of The Pops*. Os Sex Pistols foram agraciados com o penúltimo lugar, antes do disco número 1 da semana, *So You Win Again*, do Hot Chocolate. O programa daquela semana, apresentado pelo DJ nascido no Canadá David "Kid" Jensen, ganhou um crédito punk extra por apresentar uma performance de estúdio dos punks australianos The Saints dublando seu terceiro *single*, "This Perfect Day". Porém, este obviamente teve o efeito desejado e a música entrou para as paradas na semana seguinte no número 34. O resto do programa, porém, foi típico: Rita Coolidge apresentou "We're All Alone"; os Commodores estavam no número 21 com "Easy", mas ao menos fomos poupados da presença real de Lionel Ritchie & Cia.; sua canção foi posta de lado pela apresentação infinitamente mais atraente do grupo Legs & Co (homens de uma certa idade irão sem dúvida concordar conosco nesse ponto!). Dave Edmunds, com sua mais nova banda, Rockpile, estava voltando às paradas depois de uma ausência de quatro anos com "I Knew The Bride". Enquanto o menos conhecido Jigsaw apresentou "If I Have To Go Away", feito que conseguiram sem nenhuma dificuldade. O breve parceiro dos Sex Pistols no selo A&M, o Supertramp, estava estagnado no número 29 com "Give A Little Bit".

#

Tirando o fato de Sid ter imitado a amnésia de Malcolm de setembro do ano anterior, chegando em Heathrow sem passaporte, as duas semanas da turnê escandinava deram aos Sex Pistols o estímulo de que precisavam, longe das restrições do (mau) gerenciamento e dos ataques dos justiceiros de rua. Além de Boogie e Roadent, o amigo fotógrafo de John, Dennis Morris, que também havia estado presente na gravação do vídeo "God Save The Queen", foi levado para capturar os pontos altos; muitas das imagens apareceriam em seu livro *Rebel Rock* (Omnibus Press). Vários jornalistas da imprensa de música – incluindo Giovanni Dadomo, que cobria a turnê para seus novos patrões na *Sounds* – também acompanharam a banda em suas travessuras pelos fiordes, mas, ao contrário de Morris, tiveram de pagar sua própria estadia. Os convites haviam sido feitos a mando da Virgin, mas convidar jornalista para a estrada nunca havia sido o ponto forte da agenda de Malcolm, e ele encontrou um surpreendente aliado em John, que insistia igualmente que os jornais deveriam pagar suas despesas em vez da gravadora. Isso provaria ser um golpe de mestre, já que os editores – ansiosos por obter o máximo de retorno pelas despesas inesperadas – davam páginas duplas para a turnê.

Depois dos dois shows dinamarqueses no Daddy's Dance Hall, os Sex Pistols atravessaram o mar para a Suécia, para o primeiro dos quatro shows na Beach Disco de Halmstad, em 15 de julho. "Quando deixamos o hotel na Suécia", diz Roadent, "o gerente voltou-se para mim e disse: 'Bem, ao menos vocês não são tão ruins quanto os Bay City Rollers!'. Então só Deus sabe o que eles fizeram durante sua estada!". A seguir, foram à Noruega, onde Paul celebrou 21 anos e a banda deu uma coletiva de imprensa seguida de um show no restaurante da cidade Pingvinen Restaurant.

Depois de um show no Student Ssamfundet Club, em Trondheim – lançado em 1992 na caixa com dois CDs *Kiss This* –, a banda voltou à Suécia para dois shows em noites consecutivas no Barbarella's, em Vaxjo; o primeiro show voltado para garotos de 15 a 20 anos, com a segunda noite reservada estritamente para maiores de 21. Os normalmente reservados suecos receberam os Sex Pistols calorosamente, especialmente Sid, que, tendo já adquirido *status* de celebridade na Grã-Bretanha, rapidamente fez seu nome – e novos amigos – na terra estrangeira. Sua inocência infantil e ingenuidade o tornaram especialmente popular entre a garotada, sendo que dois jovens suecos se aproximaram do baixista e o cobriram de doces.

Em 25 de julho, porém, Sid foi forçado a voltar suas atenções para um assunto mais sério. Ele voltou a Londres para encarar a história de ter sido apanhado com um canivete na segunda noite no 100 Club Punk Festival, em setembro do ano anterior. Sua mãe, Anne, acompanhou-o em sua nova moto de 250 cilindradas para oferecer apoio moral. John Ingham, Mick Jones e Paul Simonon, junto com a nova namorada de Paul, Caroline Coon, foram todos como testemunhas. O fato de a data do julgamento na corte de Wells Street ter sido adiada por dez meses em virtude de falta de evidências sólidas contra ele era um índice de que o caso da promotoria estava tão precário quanto a roupa de um mendigo, na melhor das hipóteses. Mas Sid estava desesperado para voltar à Suécia o quanto antes e não quis arriscar-se. Chegou à corte vestido com um terno preto, camisa e gravata, com sua única escolha de sapatos – um par de elegantes *brothel creepers* (modelo tradicional de sapatos) – que nada davam a conhecer da sua verdadeira personalidade.

O advogado de Sid fez um discurso apaixonado sobre como uma sentença de prisão poderia colocar em risco a futura carreira de seu cliente com os Sex Pistols e, com apenas um policial à mão para combater as evidências providas por Mick, Paul, Caroline e John, o juiz levou o processo a uma rápida conclusão, emitindo uma severa repreenda e multando Sid em 125 libras. Em vez de comemorar com Mick e Paul, ou tomar chá com sua mãe, Sid pulou em um táxi e seguiu direto para Heathrow, embarcando em um voo com destino à capital sueca, Estocolmo, onde a banda devia apresentar dois shows em noites consecutivas no Student Karen Happy House a partir de 27 de julho.

Com "God Save The Queen" no topo da parada sueca, os dois shows tiveram lotação máxima e centenas de fãs sem ingressos sobravam do lado de fora quando os Pistols começaram a tocar, por volta das 21h15. Como não havia palco, banda e público estavam separados apenas por uma corda, mas, apesar de travar uma guerra de cuspe com Sid, o público permaneceu tranquilo e manteve-se em seu lugar. O primeiro show deu-se sem incidentes, mas a segunda noite foi marcada pela chegada de uma espécie de Hell Angels locais, conhecidos como "The Ragarre"; a gangue atacou os fãs na saída do show. Os "Rags" também tentaram chegar aos próprios Sex Pistols e a polícia local foi forçada a escoltar os rapazes e sua equipe de volta ao hotel. Os fanáticos Rags os seguiram e formaram um cerco ao hotel, onde os funcionários atônitos foram forçados a formar uma barricada nas portas para impedir sua entrada.

#

Na sexta-feira de 19 de agosto de 1977, enquanto o restante do mundo civilizado ainda lamentava a morte de Elvis Presley, os Sex Pistols chegaram ao Club Lafayette em Wolverhampton. Anunciado como "The Spots", foi o primeiro de vários shows incógnitos conhecidos como turnê SPOTS (Sex Pistols em Turnê Secreta). Desnecessário dizer, os rapazes tinham pouca simpatia pelo Rei e não ligavam para seu falecimento. "Ele (Elvis) esqueceu-se de quem era, e as pessoas tinham de lhe dizer. Era muito burro para saber mais que isso", foram as sábias palavras de Sid; enquanto o "Aquela droga de lixo já vai tarde" de John nunca faria parte do livro de condolências do *Memphis Tribune*. John também resolveu recriminar a vida de excessos do corpulento cantor, que o levou à morte prematura: "Elvis estava morto bem antes de morrer", opinou. "Seu traseiro estava tão grande que fazia sombra no rock'n'roll. Mas o que importa agora é nossa música." Frank, irmão do baixista do Slade, Jim Lea, esteve em Lafayette e nos contou, alguns anos depois: "Eu ia naquele clube quase todas as noites, porque James e eu conhecíamos os seguranças, e aquele foi um dos shows mais loucos que já vi por lá! Foi mais um evento do que um show!".

Ao contrário da crença popular, os Sex Pistols não foram "banidos da terra", como Malcolm afirmaria eloquentemente do alto da Tower

Bridge, enquanto enunciava sua lição "Nunca confie em um *hippie*" para Helen Wellington-Lloyd em *Trapaça*. Na verdade, muitas casas de espetáculos queriam desesperadamente receber a banda, e geralmente era apenas quando as autoridades locais ficavam sabendo da possibilidade que desencavavam alguma lei antiquada há muito esquecida para impedir os Sex Pistols em sua cidade. Então Malcolm teve a ideia de ludibriar as despóticas autoridades agendando a banda por todo o país sob uma variedade de nomes descartáveis como "Tax Exiles" (Outlook Club de Doncaster, 24 de agosto), "Special Guest" (Scarborough), "Acne Rabble" (Rock Garden de Middlesbrough, 26 de agosto), "The Hampsters" (Woods Hole de Plymouth, 31 de agosto), "A Mystery Band Of International Repute" (Winter Gardens de Penzance, 1º de setembro). Malcolm, então, confiava no boca a boca para assegurar que cada show estivesse lotado até o teto no momento em que a banda estivesse no palco e revelasse sua verdadeira identidade. Os donos do Club Lafayette, percebendo o potencial para fazer dinheiro, cobraram 1,50 libra por ingresso, apesar de terem anunciado uma libra em seus pôsteres.

"Aqueles cinco ou seis shows foram muito divertidos", Roadent conta hoje sobre a turnê SPOTS. "Não tenho nem certeza do que gostei mais, dos shows em si ou da emoção de tentar manter cada um deles em segredo enquanto íamos em lugares como Middlesbrough, Scarborough... e Blackburn", ri com uma piscada, por causa de nossas raízes no norte do país. Um pequeno segredo conhecido é que um show da SPOTS quase ocorreu no King George's Hall, o auditório cívico de Blackburn (agendado originalmente pelo promotor local, Andy Grimshaw, que esteve envolvido na aparição da banda na cidade em 1976, no clube de sua mãe, The Loadstar), mas foi cancelado na última hora por pressões da câmara local.

"Pouco importa a estrela de cinema alemã", Roadent disse, pontuando o ar com o dedo para dar ênfase, enquanto se referia à música dos Passions de 1981 "I'm In Love With A German Film Star", escrita em sua homenagem. "Eu me sentia como um espião nazista ou um agente provocador, esgueirando-me por aí para dar telefonemas em código para donos de casas de espetáculos para saber se ainda estava tudo certo ou se os políticos já tinham farejado o mal chegando à sua cidade. Era como brincar de esconde-esconde e, quando éramos pegos, o que acontecia de vez em quando, especialmente quando a droga da imprensa musical conseguisse descobrir, eu tinha de ligar para Malcolm para que ele tentasse agendar um show alternativo na vizinhança. Ou então a pobre e velha Barbara (Harwood), motorista da banda, estudante de medicina homeopática, teria de nos levar de volta a Londres porque não poderíamos nos arriscar a nos hospedarmos em um hotel para passar a noite, pois o gerente poderia alertar a polícia. Acho que a banda também gostou muito desses shows, especialmente Sid", ele ri com um brilho travesso nos olhos enquanto um incidente de turnê há muito esquecido perpassa sua memória.

"O que as pessoas parecem esquecer é que Sid tinha um terrível senso de humor e era realmente uma alegria tê-lo por perto. A banda tinha acabado de fazer a turnê escandinava e, embora isso tenha sido antes de ele começar a mutilar a si mesmo tentando dar vida a seu próprio mito, ele começava a relacionar-se com os fãs. E acho que aqueles shows secretos serviram como um divisor de águas do que eles assinalam como o fim da fase em que os holofotes estiveram voltados para John."

Acima: "Queremos dinheiro". Foto do pagamento da A&M. (Mirrorpix)
Abaixo: John mantém distância dos outros três na Holanda – um sinal do que estava por vir. (Mirrorpix)

Acima: John, Malcolm e o advogado Stephen Fisher depois de uma audiência por posse de anfetaminas. Esquerda: Jon Savage considera Jordan a primeira Sex Pistol – Aqui, ela posa para um dos cartões que acompanhavam uma marca alemã de cigarros. (Coleção de Alan G. Parker)

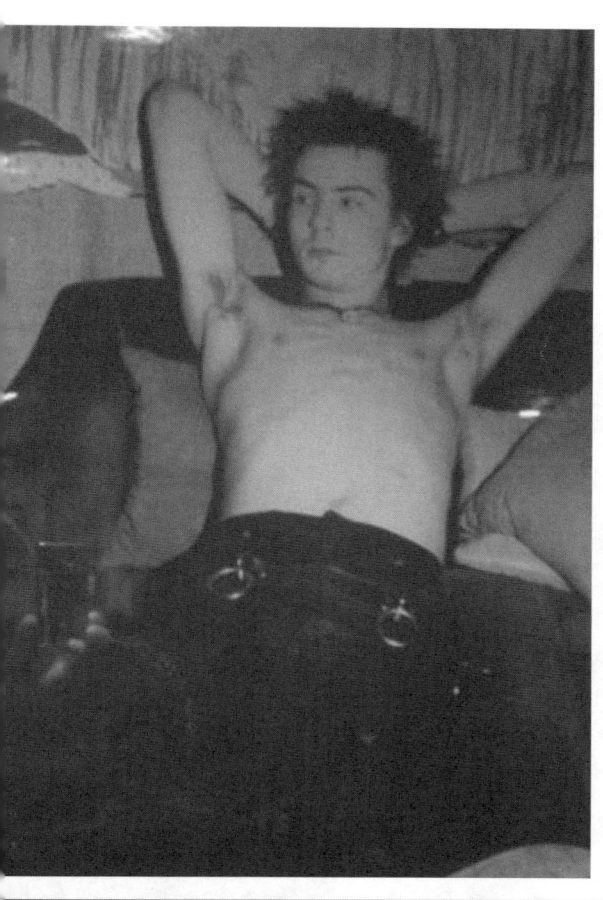

Esquerda: Sid descansando (arquivo da família).
Abaixo: A banda na Suécia (arquivo de Roadent).
Página seguinte: A banda na famosa Langan's Brasserie. Michael Caine, um dos proprietários à época, está na mesa ao lado – pouca gente sabe disso. (Mirrorpix)
Página seguinte espelhada: A festa no barco pelo jubileu acaba mal. Na foto, Vivienne Westwood no chão. (Mirrorpix)

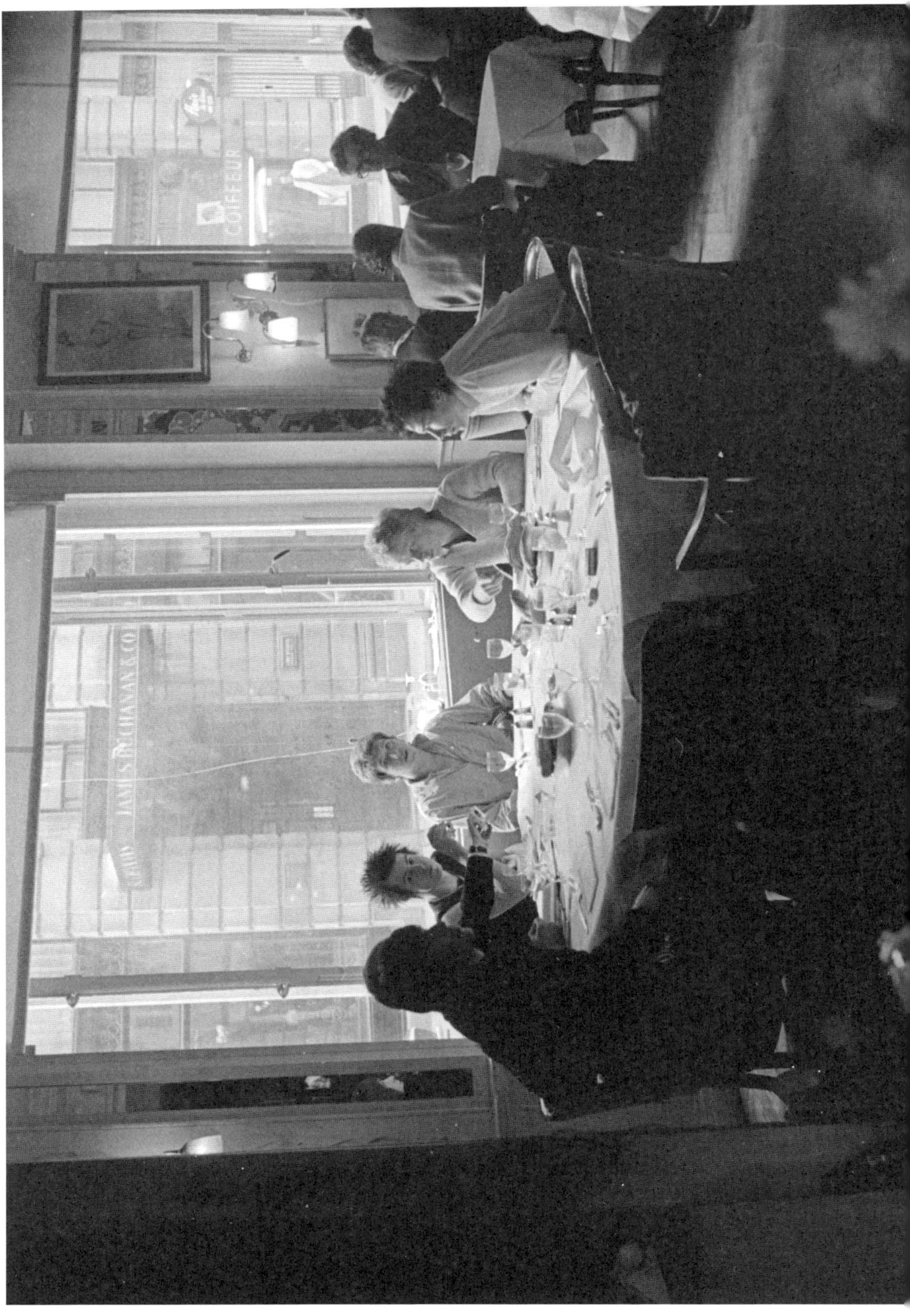
COIFFEUR

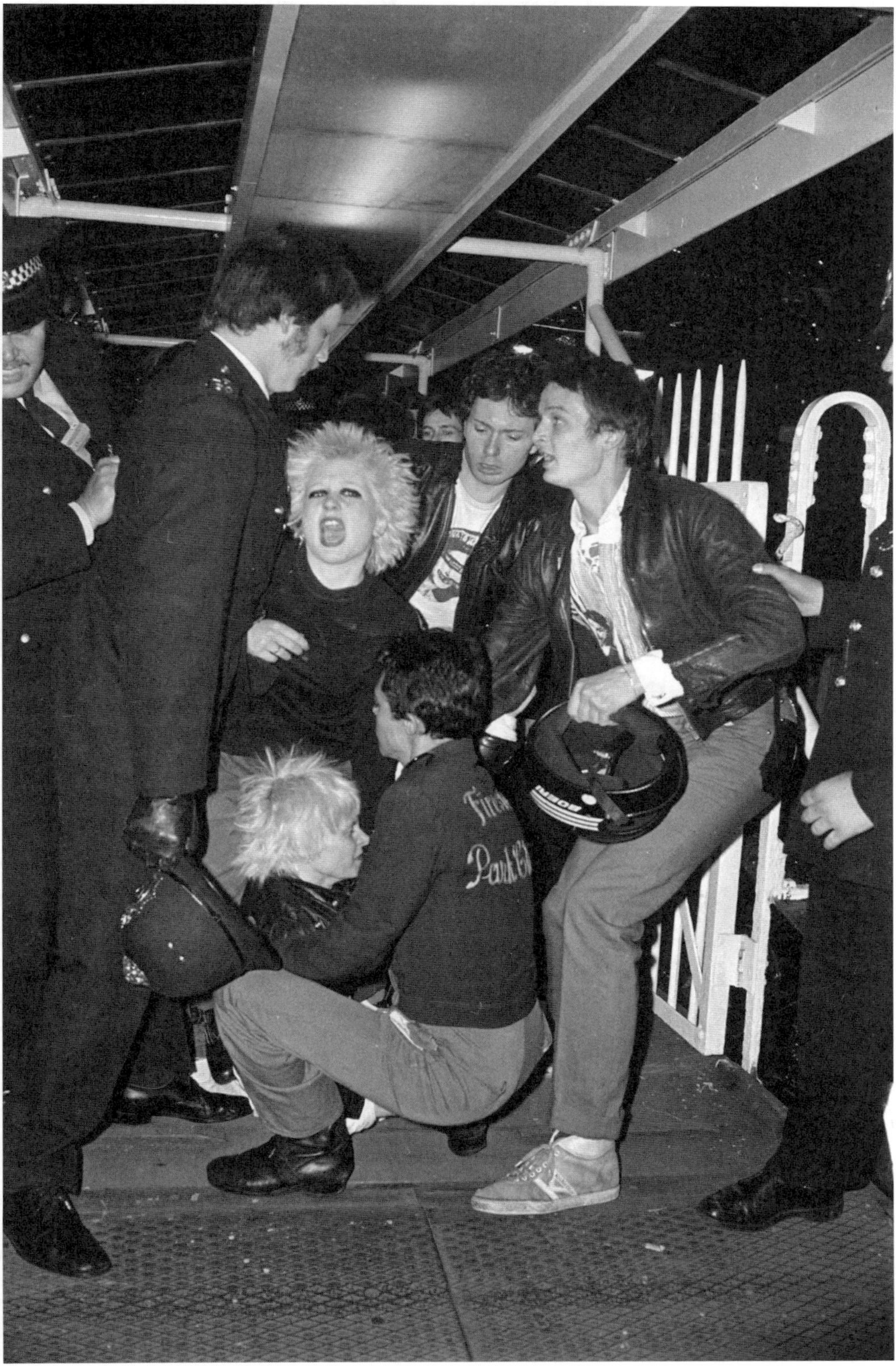

Acima: A harmonia que Tony Parsons descreveu como mais "certa que o amanhã", em 1976, ainda funciona em 2007.
Esquerda: O engenheiro Bill Price reconheceu que Steve Jones era o guitarrista mais preciso com quem já trabalhou. (As duas fotos são da Brixton Academy, tiradas por Brian Jackson.)
À frente: John dando duro na Brixton Academy (alto da imagem). Depois de todos esses anos, seu olhar ainda é assustador! Hammersmith Apollo 2008. (As duas fotos são de Brian Jackson.)
Na página seguinte: "Boa noite, Hammersmith", 2008 (Brian Jackson).

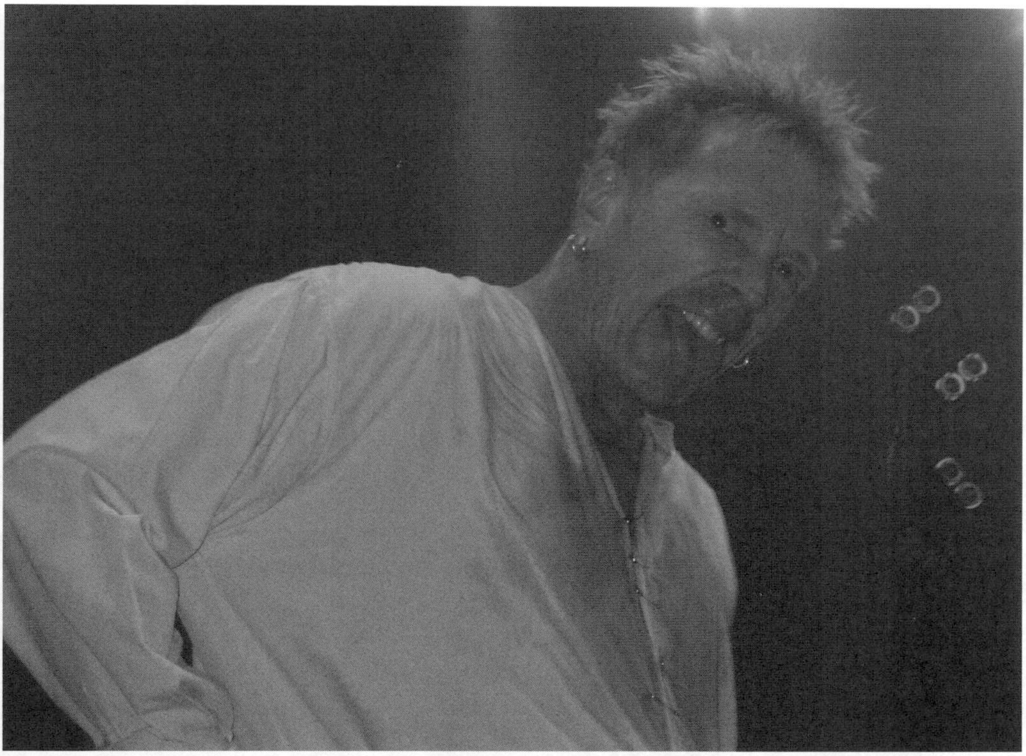
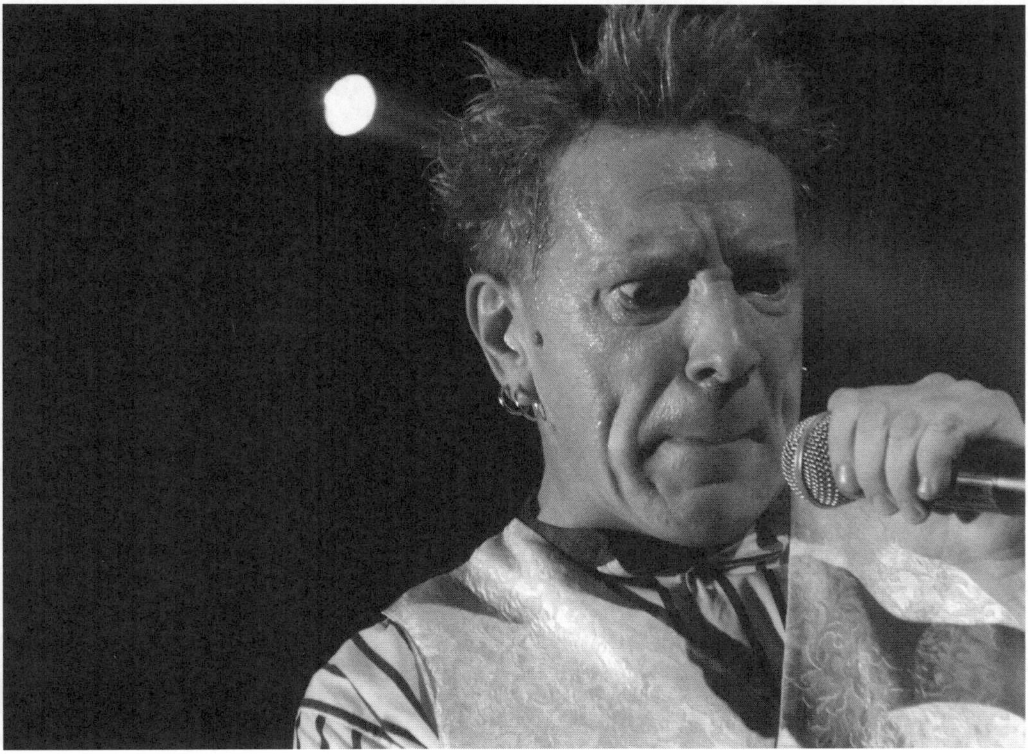

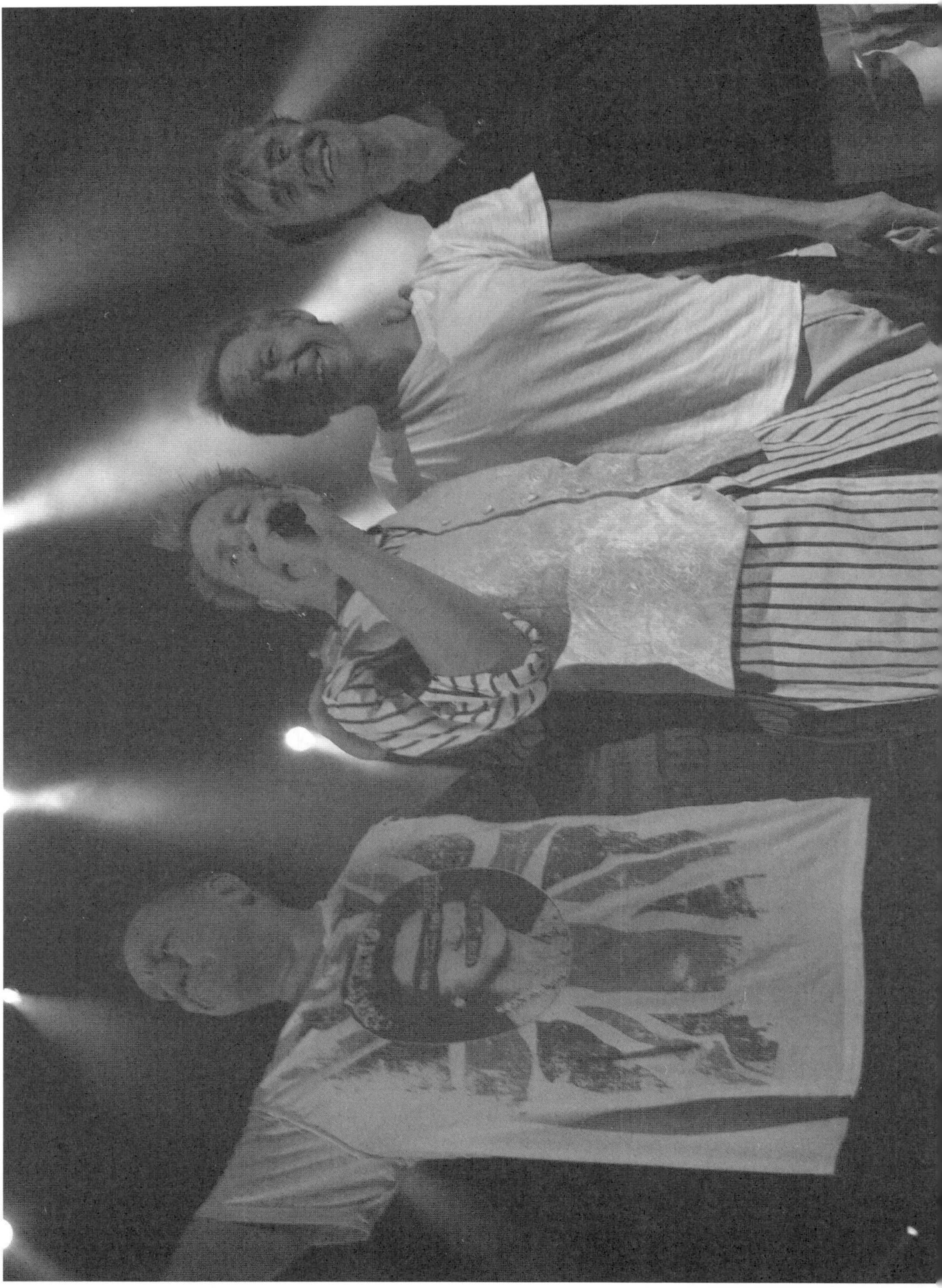

CAPÍTULO 11

Deus Salve os Sex Pistols

*"You criticise us and you say we're shit,
but we're up here and we're doing it,
so don't criticise the things we do,
cause no fucker pays to come and see you!"**

**Você nos critica e diz que somos uma merda,
Mas estamos aqui fazendo o que sabemos fazer
Então não critique o que fazemos
Porque nenhum babaca paga para assistir você!*
Trecho de "We're the league", do Anti-Nowhere League.

Na sexta-feira, 28 de outubro, o mesmo dia em que a polícia de West Yorkshire finalmente admitiu a existência de um *serial killer* na região e pediu ajuda do público e da Nova Scotland Yard para encontrar o homem apelidado de "Estripador de Yorkshire", *Never Mind The Bollocks Here's the Sex Pistols* (V2086) foi lançado. As 200 mil cópias iniciais traziam as 11 faixas do álbum, mais o *single* "Submission" e um pôster colorido de Jamie Reid. Como aperitivo – como se fosse preciso – a Virgin tinha lançado "Holidays In The Sun" (VS 191), quarto *single* dos Sex Pistols 13 dias antes, em 15 de outubro.

A música havia sido concebida durante a viagem da banda ao Muro de Berlim em março e então – com ajuda de Chris Thomas – foi trabalhada nos Estúdios Wessex durante as sessões de gravação de *Bollocks*. Apesar de ser uma música relativamente nova, teve uma recepção pouco calorosa da imprensa. O *NME*, que vinha defendendo os Sex Pistols desde fevereiro, saiu com a manchete: "Nada de mais, baby, nada de mais". Embora o *Melody Maker* e o *Sounds* tenham feito da música seu "*Single* da Semana", ambas as publicações não deixaram de sugerir um plágio, apontando similaridades entre o *riff* explosivo da música e o de "In The City", do Jam. Apesar dos rumores não oficiais de que "Holidays" seria incluída no álbum a ser lançado em breve, o *single* atingiu o número 8 nas paradas.

A música também trouxe ainda mais controvérsia quando o Serviço de Viagem Belga notificou a Glitterbest por violar os direitos autorais do folheto de férias de verão, a partir do qual Jamie Reid tinha feito a arte de capa do *single*. A Virgin, ansiosa por impedir uma multa pesada, imediatamente retirou a capa de circulação e a reembalou em uma sacola branca. Porém, mais de 50 mil *singles* já haviam atravessado o balcão àquelas alturas e a capa em falta rendeu aos fãs dos Sex Pistols outro item colecionável. Por "Holidays In The Sun" conter uma referência ao famoso campo de concentração nazista de Bergen-Belsen, não havia como o disco ser veiculado no rádio. Somos da opinião de que os Pistols deveriam ter ido diretamente à cansada jugular do pop lançando "Bodies" e "EMI" como *single* de lado A duplo: "Não sou um animal, mamãe! (da letra de "Bodies") Adeus A&M".

#

A badalação ao redor da banda assegurou ao disco *Never Mind The Bollocks* um destino de enorme sucesso. Encomendas antecipadas de 125 mil cópias foram suficientes para mandar o álbum direto para o número 1 da parada britânica; era a primeira vez que isso acontecia desde os Beatles. A cereja do bolo foi o fato de o álbum ter desalojado Cliff Richard da EMI do topo. Era, no entanto, um pouco irônico que o último LP de Cliff fosse um pacote de *Greatest Hits* porque, embora ninguém soubesse na época, o álbum que o substituía no topo das paradas era também um *O Melhor de* contendo todos os quatro *singles* dos Sex Pistols até então, apesar das garantias reiteradas em contrário da banda e da Virgin. De fato, notas de imprensa da Virgin sobre "God Save The Queen" haviam comunicado que a música não estaria no novo álbum. Porém, em retrospecto, o que mais os Sex Pistols poderiam ter feito? Sem Glen, John havia perdido seu único parceiro musical. Steve e Paul – embora poderosos no estúdio – deixavam a desejar no departamento criativo, enquanto Sid estava rapidamente deixando de ter utilidade como músico e enfeite. Com a musiquinha de autoria do baixista "Belsen Was A Gas" ainda a ser trabalhada antes de ser acrescentada ao repertório dos Pistols, a banda tinha apenas 15 músicas originais com as quais criar um álbum. Três das quais ("I Wanna Be Me", "Did You No Wrong" e "Satellite") já constavam em lados B.

Porém, álbuns dos Sex Pistols eram como ônibus: você espera uma eternidade por um e então aparecem três de uma vez. O primeiro era na verdade um pirata intitulado *Spunk* ("Sex Pistols UNKnown"), consistindo em demos da Denmark Street e do Gooseberry Studio gravadas por Dave Goodman entre julho de 1976 e janeiro de 1977. Tratava-se finalmente da vingança do produtor contra McLaren? Essa foi uma questão muito debatida por ambos os lados, mas Dave, que infelizmente morreu em 2005, sempre negou. A descoberta chocante da existência de *Spunk* foi feita pelo *Sounds*, que trouxe a história em sua edição de 22 de outubro. Para o horror de Branson, o repórter da vez do jornal, Chas De Whalley – que comprou sua cópia na loja Rough Trade, em Ladbroke Grove –, aumentou a aposta citando *Spunk* como um álbum para o qual "nenhum fã de rock de respeito torceria o nariz". O jornalista terminou o artigo admitindo que o dito álbum havia monopolizado sua vitrola na semana anterior, sem sinal de desgaste desde sua chegada. Realmente, muitos fãs partilhariam do entusiasmo de De Whalley pelo álbum alternativo – e ilegal –, com sua produção rápida e básica remontando ao som dos Sex Pistols por volta do verão de 1976 e no 100 Club Punk Festival.

Porém, durante a entrevista da Radio One com John e Sid, realizada por John Tobler, Lydon menosprezou as gravações de *Spunk* dizendo que eram "horríveis" e "precárias" e acrescentou que deveriam ter permanecido inéditas. Ainda de maneira controversa, o vocalista reclamou para Jon Savage que o álbum oficial *Bollocks* era "produzido demais" e sua sonoridade perfeita lembrava-lhe alguma banda da Costa Oeste norte-americana. Isso dito, para sermos honestos, é o álbum oficial *Bollocks* com a "parede de som" de guitarras múltiplas de Chris Thomas que ainda nos arrepia. Em uma das pequenas ironias da vida, a Virgin relançou *Spunk* como parte do CD duplo *Bollocks* em 1996.

A data para o lançamento da versão oficial do Reino Unido de *Bollocks* havia sido marcada para a quinta-feira, 10 de novembro, mas a Virgin foi forçada a adiantar a data para 28 de outubro quando descobriu que a versão francesa, da Barclay Records, estava disponível no Reino Unido como importação e continha 12 faixas. A intenção inicial da Virgin havia sido lançar uma versão de 11 faixas do álbum com "Submission" como um *single* grátis de um lado A, mas, como a vingança é um prato que se deve comer frio, Malcolm tinha tempo suficiente para saborear sua sobremesa. Como um meio de atrasar mais o álbum do Reino Unido, insistiu que a Virgin acrescentasse "Submission" às 11 faixas já prensadas. Isso seria desastroso para a Virgin, com Branson sabendo que os fãs da banda simplesmente comprariam a versão importada da Barclay, que já estava começando a aparecer nas lojas londrinas. Em uma última tentativa desesperada de conter a inundação das importações francesas, o furioso chefe da Virgin ordenou que o álbum fosse lançado rapidamente – com ou sem "Submission".

Malcolm – que depois ainda admitiria sua preferência por *Spunk* em detrimento do álbum oficial – estava bastante satisfeito que uma versão francesa importada de *Bollocks* pudesse sabotar as vendas da versão britânica. Este foi seu jeito de devolver ao "Sr. Pickle" o favor de ter permitido que o vídeo promocional de "Pretty Vacant" fosse ao ar no *Top Of The Pops*. Malcolm deliciou-se ao nos dizer, em abril de 2007, que, quando Branson exigiu que ele recuperasse as fitas master de seu homólogo francês Eddie Barclay, que estava violando o contrato, ele respondeu dizendo a Branson que "não queria tê-las de volta". Para ele, Branson era um *hippie* de um só truque que tinha capitalizado sobre o fato de ter os Sex Pistols, enquanto o suave Eddie Barclay era da mesma cepa que ele. O Barclay supremo havia convidado Malcolm e Stephen Fisher para seus escritórios de cobertura ao estilo Luís XIV na Avenida Foch em Paris, em 6 de maio, para fechar o acordo de lançamento do produto Sex Pistols na França, na Suíça, em Zanzibar e na Algéria. Ele os regalaria com caviar e lagosta regados a champanhe, o que certamente fez melhor figura que o sanduíche de queijo de segunda que a Virgin havia oferecido.

#

Os Sex Pistols entraram nos Estúdios Wessex no final de abril/começo de maio de 1977 para começar a trabalhar em seu LP há muito aguardado. Como Chris Thomas estava ocupado, o engenheiro da casa, Bill Price, foi o único supervisor técnico durante as primeiras sessões. Thomas lembra-se hoje que estivera disponível para os quatro *singles*, também para "Bodies" e "EMI", enquanto Bill Price ficara responsável pelas seis faixas restantes: "New York", "Seventeen", "No Feelings", "Liar", "Problems" e "Submission". As ausências impostas do produtor não atrapalharam as gravações, por Steve e Paul terem desenvolvido um entendimento quase telepático das capacidades recíprocas e ser capazes de executar suas partes com proficiência. Poderíamos argumentar que era o mínimo a se esperar deles, já que a maioria das músicas do álbum finalizado tinha mais de 12 meses e presença constante no repertório ao vivo da banda.

Na série *Classic Albums*, Price prestaria o tributo final a Steve declarando-o o guitarrista rítmico mais enxuto com quem já trabalhara. John poderia também ser levado em conta por colocar sua voz cortante em uma ou duas faixas. O vocalista ressaltava a articulação das palavras das letras propositalmente para não soar norte-americano, como muitos de seus contemporâneos britânicos. No entanto, logo ficou aparente para a equipe de produção que a reprodução das linhas rítmicas do baixo de Glen estavam além das capacidades de Sid. Enquanto Steve compensava as deficiências de Sid tocando a nota tônica de cada acorde na guitarra, Sid era deixado divertindo-se como bem entendesse, desde que se mantivesse longe dos adultos.

Durante a entrevista já mencionada na Radio One, Sid também lamentou a existência do álbum *Spunk*. Ficou flagrantemente óbvio que ele estava completamente por fora do assunto sobre os discos piratas, já que disse ao surpreso Tobler que sua objeção era que "algum estúpido babaca com um gravador estava fazendo milhões de libras com algum show que suamos para fazer". Para não parecer tão ignorante como seu convidado, Tobler sentiu-se obrigado a observar que o álbum *Spunk* consistia inteiramente em gravações de estúdio. Caso quisesse, poderia ter diminuído Sid ainda mais, observando que o disco havia sido feito antes de sua entrada na banda.

Verdade seja dita, a contribuição de Sid em *Never Mind The Bollocks* sequer valia ser mencionada. Steve e Paul podem ter brincado consigo mesmos dizendo que substituir o "excessivamente virtuoso" Glen pelo "mau e temperamental" Sid havia dado à linha de frente da banda uma dinâmica visual. Porém, o absurdo de permitir que John forçasse Glen a sair prejudicou os Pistols quando chegou a hora de começar a gravar o álbum. O próprio John teve tempo de rever seus atos, pois quando ele, Steve, Paul e Glen voltaram a se reunir na coletiva de imprensa no 100 Club, em 18 de março de 1996, para revelar seus planos para uma turnê mundial, John referiu-se a Sid dizendo que era pouco mais do que ter um "cabideiro no palco".

A analogia tão pouco gentil pode ter sido um artifício desajeitado para elogiar Glen – e provavelmente o mais próximo de um pedido público de desculpas que o baixista receberia de John; teria sido muito mais eficiente se aplicada às contribuições de Sid fora do palco, seu *playground* pessoal; era apenas no estúdio de gravação que o "acessório de moda" realmente sobrava. De acordo com Chris Thomas, Sid tocava baixo em "God Save The Queen" e "Bodies", mas o produtor foi rápido em observar que os ditos esforços ficavam tão escondidos na mixagem que somente um border collie de audição afiada seria capaz de ouvir.

#

A intenção original era ter o álbum pronto no final de junho, e um quase disco estava finalizado com a sequência aprovada, apresentando uma versão de "No Fun" dos Stooges, única música não original do trabalho. Surpreendentemente, uma prévia do LP a ser lançado apareceu no fanzine *48 Thrills*. O artigo, embora sem data, deve ter sido compilado antes de 2 de julho, já que menciona "No Fun" como música inédita. A crítica também dava a seguinte lista de 11 faixas: lado 1: "Seventeen", "New York", "Pretty Vacant", "Holidays In The Sun", "Liar", "Problems"; enquanto o lado 2 abria com "Anarchy In The UK" seguida por "Submission", "No Feelings", "Satellite" e "EMI". O crítico incógnito também alude ao mantra de "Problems" que serve como coda do lado um, sendo novamente reproduzido no final do lado 2.

Com vendas antecipadas da ordem de 125 mil, realmente não importava o que os críticos achavam de *Never Mind The Bollocks*. Como seria de se esperar, dada a onda de euforia cercando o muito esperado primeiro LP dos Sex Pistols, todos os semanários musicais estavam aplaudindo em uníssono. Kris Needs do *Zigzag* opinou: "O título realmente diz tudo. Ignore a histeria da imprensa, artigos dopados da *Rolling Stone* e o pânico/medo/ódio pelo país para com 'esses desbocados Sex Pistols'. O álbum transcende tudo isso [...] e ainda cala a boca desses bastardos ignorantes que ainda dizem que eles não sabem tocar ou são idiotas". Kris também louva Chris Thomas e Bill Price por produzirem um "álbum sem frescura" com um "som matador" que incorpora o "Muro de Berlim de poderosos acordes arrasadores de Steve, a bateria simples e poderosa na medida de Cook e o rugido metronômico do baixo de Sid (tal elogio errôneo só pode ter sido em razão de Sid ter na época salvado Needs de uma surra por um grupo de *teddy boys*), finalizado com a voz fenomenal de Rotten, que pode ir de uma frieza de dar arrepios na espinha até lamentos maníacos e frenéticos".

No *NME*, Julie Burchill foi igualmente favorável à sua maneira. Embora também não pudesse resistir a apontar as similaridades sonoras entre "Holidays In The Sun" e "In The City" – chegando a comparar as letras – e a criticar a inclusão dos quatros *singles* de até então, saudou *Never Mind The Bollocks* como o maior LP punk.

Chris Brazier, do *Melody Maker*, apesar de referir-se à capa fluorescente como uma das mais horrivelmente bregas de todos os tempos (o jornal foi a ponto de censurar a palavra "Bollocks" quando publicou o anúncio da Virgin de página inteira), citou *Never Mind The Bollocks* como uma das reuniões mais brilhantes e importantes de rock'n'roll letal já prensadas em vinil. Embora Brazier não tenha deixado de questionar a inclusão dos *singles* – três dos quais estavam ainda bem disponíveis na época do lançamento do álbum –, era da opinião que sua inclusão fazia do álbum uma obra-prima mais completa do que se tivessem sido omitidos.

Jon Savage fez a crítica do álbum para o *Sounds*, e, embora tenha listado por engano "EMI" como composição de Vicious, o jornalista seguiu a onda citando *Bollocks* como um poderoso álbum de rock'n'roll, ainda que criticando a inclusão ao estilo K-Tel de todos os quatro *singles* previamente lançados. O fato de ter seguido a carreira da banda desde o verão anterior o levou a expressar suas dúvidas se os Sex Pistols teriam ímpeto suficiente para produzir material tão bom quanto o de 1976 e sentiu que algumas das novas músicas soavam um artifício desanimador.

Do outro lado do oceano, na *Rolling Stone*, Cook Nelson abriu sua crítica (que não apareceu até março de 1978 – dois meses depois de os Sex Pistols terem implodido) elevando a banda à categoria de grupo de rock'n'roll mais incendiário desde os Rolling Stones e o Who, e comparou o álbum a uma bomba atômica jogada na aridez sociopolítica de sua nativa Inglaterra e da maioria das músicas que os formavam artística e filosoficamente. Uma década depois, como parte das celebrações do 20º aniversário da revista, a *Rolling Stone* proclamaria *Never Mind The Bollocks* como o segundo álbum mais influente dos 20 anos anteriores, só perdendo para *Sgt. Pepper's Lonely Hearts Club Band*, dos Beatles.

#

Em 17 de novembro, os Sex Pistols embarcaram em uma turnê promocional pelo país em estações de rádio, tanto a BBC quanto as independentes; também fizeram aparições nas lojas da Virgin de cada cidade. Em seguida, uma visita promocional aos escritórios da Radio Luxembourg, acompanhados do fotógrafo Bob Gruen. A camiseta "Fuck Your Mother" ("Foda-se sua mãe") de Steve consternou as mulheres da equipe da estação, e abaixar suas calças de couro no estacionamento para uma foto de Gruen quase levou a entrevista a ser cancelada. De sua parte, a Virgin separou 40 mil libras para divulgar *Bollocks*, mas, embora a IBA tivesse dado autorização temporária para a campanha proposta, os anúncios em si foram banidos pela ITCA (Associação de Companhias Independentes de Televisão) por considerarem a capa do álbum ofensiva. Um porta-voz da ITCA revelou que não era o teor dos anúncios que causava ofensa, e sim o produto em si. Porém, o porta-voz foi rápido em observar que o banimento não era definitivo e qualquer álbum futuro dos Sex Pistols seria julgado inteiramente por seus próprios méritos.

Com os canais comerciais normais fechados, a Virgin foi forçada a procurar meios alternativos para divulgar o álbum, o que incluiu lotar sua loja de Notting Hill Gate somente com *Never Mind The Bollocks*. A ITCA nada podia fazer para impedir Branson de decorar suas próprias vitrines com as características capas em amarelo e cor-de-rosa, mas as autoridades ficaram muito felizes em responder às queixas do público. A polícia metropolitana mandou oficiais fardados visitarem as lojas da Virgin, bem como outras lojas de varejo como a Small Wonder, para alertar cada gerente que corria o risco de ser multado pela lei de Propaganda Indecente de 1889, a menos que removesse os pôsteres das vitrines – ou ao menos concordasse em cobrir a palavra "ofensiva".

No sábado, 5 de novembro – o mesmo dia que os Rich Kids de Glen Matlock foram contratados pela EMI –, Julie Storey da WPC esteve na loja da Virgin em Nottingham para notificar o atônito gerente Christopher Searle de que, por ter a capa do álbum abertamente exposta em sua loja estava se arriscando a ser processado sob a lei de Propaganda Indecente de 1899 (sim, havia realmente duas leis promulgadas com dez anos de diferença uma da outra – esses vitorianos pudicos, hein?). Searle ignorou seus avisos, mas a dedicada Julie se dispôs a mostrar que não estava para brincadeiras. Voltou à loja na mesma semana para encontrar a capa ainda à mostra, e imediatamente prendeu Searle. Ele foi acusado sob a lei arcaica de ter se recusado flagrantemente, em quatro ocasiões diferentes, a aderir à instrução da polícia para remover os pôsteres em exibição na vitrine da loja. Muitos suspeitaram que Searle estava agindo a mando de Branson, pois o chefe da Virgin rapidamente declarou que cobriria cada centavo dos custos legais de seu empregado. De toda forma, Searle rapidamente substituiu as capas promocionais do álbum depois de cada visita da polícia, no que demonstrou que não rasgava dinheiro.

Marcou-se uma audiência em 24 de novembro, na corte de Nottingham. Branson, tendo sido acusado anteriormente, e absolvido, sob a mesma lei em 1970 por ter produzido um folheto inflamável em seu tempo de estudante, apelou para os serviços de John Mortimer (advogado e escritor afamado da série britânica *Rumpole of the Bailey*) para defender os interesses da Virgin. Desnecessário dizer, a Virgin tentou capitalizar sobre o processo judicial iminente, colocando anúncios em estilo montagem nos jornais de música da semana seguinte com o *slogan*: "O ÁLBUM VAI FICAR – A CAPA TALVEZ NÃO".

O caso da promotoria consistiu basicamente em categorizar a palavra "bollocks" como tão ofensiva quanto os impropérios de quatro letras mais óbvios, como "fuck" e "cunt", algo que até mesmo o membro mais puritano da maioria de moral indignada teria problemas para defender. Fazê-lo constrangeria a reputação de luminares da literatura como Shakespeare, Dylan Thomas e James Joyce, que haviam todos considerado "bollocks" uma palavra aceitável em seus escritos. Os promotores tentaram, então, desviar o foco, chamando mais a atenção da corte para o conteúdo inflamável do álbum do que para sua chocante capa; estranhamente eles não nomearam a música ("Bodies") em questão.

Em retrospecto, a causa da Glitterbest poderia ter sido melhor servida caso a capa do álbum tivesse sido considerada ofensiva, com a consequente remoção do álbum das lojas de todo o país, deixando Eddie Barclay livre para matar. Branson, no entanto, havia se precavido contra essa eventualidade e contratou os serviços de Mortimer para assegurar que seu produto continuasse à venda, e o renomado advogado não o desapontou.

O golpe de misericórdia foi dado pela testemunha-chave de Mortimer, o professor James Kingsley. Este era diretor do departamento de Literatura Inglesa na Universidade de Nottingham, mas era também um vigário anglicano e subiu ao banco de testemunhas com seu manto eclesiástico e colarinho clerical. E informou à corte que a palavra "bollocks" havia aparecido em registros datados da Idade Média, quando foi usada pela primeira vez como nome informal para designar os clérigos da época. Ele então acrescentou que, embora fosse – e ainda seja – a gíria coloquial para os testículos dos homens, também era usada no vernáculo do dia a dia para indicar quando alguém falava bobagens. Sua opinião, portanto, levou o título do álbum a significar *Never Mind the Nonsense, Here's the Sex Pistols* (Não ligue para as "bobagens", aqui estão os Sex Pistols).

#

Na segunda-feira, 5 de dezembro de 1977, a banda voou para Roterdam para a primeira apresentação de uma turnê holandesa de nove shows no clube Eksit da cidade. Achando-se livres de punição e contenção, os Pistols fizeram um senhor show, que apresentou todas as músicas do cânone da banda – incluindo a primeira vez de "Belsen Was A Gas".

Sid, ainda amargando mais uma tentativa fracassada de Malcolm de raptar Nancy e metê-la em um avião para os Estados Unidos com uma passagem só de ida, disse aos repórteres que em sua opinião o show de Eksit fora o melhor que os Pistols já haviam feito. A tentativa frustrada de sequestro havia acontecido quatro dias antes, no mesmo dia em que Sid e Nancy haviam aparecido na capa do *Sun* após sua prisão por posse de substâncias ilegais. Sem shows ao vivo desde a turnê SPOT, e sem pressão para que comparecesse às sessões de gravação de *Bollocks* em Wessex, Sid fora deixado dando um tempo afastado, aplicando heroína com Nancy em seu ninho de amor em Pindock Mews, onde o casal vivia desde agosto.

Tivesse Nancy se contentado em ser uma namorada zelosa que mantivesse a boca fechada quando não estivesse dando prazer ao seu amante, o restante da banda teria feito algum esforço para aceitá-la no bando. Embora fosse natural para ela colocar Sid em um pedestal, seu falatório incessante sobre como ele era o verdadeiro astro do show, bem como suas tentativas de ditar a política da banda, estava fazendo com que se tornasse cada vez mais difícil para os outros suportá-la. John, naturalmente, tendo rejeitado os avanços de Nancy antes de passá-la maliciosamente para Sid, nunca mediu suas palavras a respeito dela. Em *O Lixo e a Fúria*, Steve, que – de acordo com Paul – foi o primeiro Pistol a avaliar os deleites da senhorita Spungen, também deixava sua opinião bastante clara. Enquanto Malcolm considerava Sid como o Sex Pistol ideal e pouco se importava com as deficiências musicais do baixista, precisava manter a banda coesa como uma unidade de trabalho para que suas aspirações cinematográficas fossem concretizadas. Ele certamente não deixaria uma prostituta viciada comprometer suas ambições.

Os shows holandeses completavam a primeira etapa de uma ambiciosa turnê mundial que incluiria também algumas poucas datas no Reino Unido até o Natal, antes de partir para os Estados Unidos (onde *Never Mind The Bollocks* havia sido lançado em 11 de novembro), Finlândia, Suécia, Alemanha, França e Espanha, para finalizar com uma volta triunfal ao Reino Unido a tempo de uma turnê nacional em março. A última coisa que Malcolm queria era um racha na banda durante tal maratona e decidiu que a "Nauseante Nancy" teria de cair fora. Então, tendo mandado o distraído Sid para o dentista para um *check-up* de rotina, Malcolm arranjou para que sua ajudante Sophie atraísse Nancy para fora do covil do casal em Maida Vale sob o pretexto de uma ida às compras nas vizinhança, em Paddington, para que Nancy pudesse comprar coisas para o apartamento. Sophie ainda conseguiu manter o teatro tempo suficiente para Nancy fazer algumas compras, mas, quando esta descobriu que a próxima parada da saída às compras seria no *duty-free*

Capa alemã de "Pretty Vacant".

de Heathrow, ficou histérica e Sophie teve de pedir reforços no escritório da Glitterbest.

Malcolm, acompanhado de Roadent e Boogie, que pareciam autênticos capangas contratados, com suas capas de chuva azul-claras de peito duplo da Seditionaries, chegaram à cena. Depois de entender que não havia meio de colocar a ainda histérica Nancy dentro do carro à espera, Malcolm perdeu a compostura e começou a gritar com ela, dizendo que não estava apenas arruinando a vida de Sid, mas também ameaçando a existência da própria banda.

"Honestamente, não tenho ideia do que Malcolm estava planejando", diz Roadent hoje. Confirmação disso é que ele permaneceu em bons termos tanto com Sid quanto com Nancy, apesar de ter participado da abdução falida. "Boogie e eu estávamos no escritório na Shaftesbury Avenue (a Glitterbest havia mudado de Dryden Chambers em julho) repassando o itinerário da turnê na Holanda, cheio de vaivéns, quando Sophie telefonou pedindo para falar com Malcolm. Em um minuto Malcolm estava sentado ao lado da janela folheando as reportagens especulativas da imprensa musical sobre o projeto do filme e a próxima coisa que soube é que estávamos chispando na Oxford Street no carro de Boogie rumo a Paddington. Fiquei com o carro enquanto via que tudo iria terminar em lágrimas – e não necessariamente apenas as de Nancy", ele acrescenta, com um sorriso de quem sabe das coisas.

Quando contou seu lado da história para Rosalind Russell do *Record Mirror*, que apareceu na edição de 8 de abril de 1978 (quando os Sex Pistols já tinham acabado há muito), Nancy disse que tinha se oferecido para voltar a Nova York por algumas semanas para que os Sex Pistols pudessem resolver suas diferenças a tempo da proposta turnê mundial. Ela também lamentou-se do espírito vingativo de Malcolm que não havia tido a decência de permitir que ela voltasse ao apartamento para pegar sua receita médica de metadona.

Desnecessário dizer, quando Sid voltou do dentista e soube do plano de seu empresário para separá-lo de sua alma gêmea não ficou nem um pouco contente, ameaçando matar os envolvidos no sequestro caso tentassem qualquer outra acrobacia que interferisse em sua vida privada. "O que Malcolm não conseguia entender", diz Roadent com um suspiro, "é que Nancy – com todas as suas falhas – foi o primeiro amor de Sid. Sei que isso soa piegas e nada punk, mas você só tinha de passar dez minutos na companhia deles para entender que realmente se amavam". Alguém pode questionar os motivos de Malcolm aqui: se ele acreditava que a salvação de Sid residia em livrá-lo de sua heroína (sic), então por que agendou uma série de shows dos Pistols na Holanda – a capital europeia da droga? "E outra coisa que as pessoas deixam de perceber", diz Roadent, "é que, quando os Sex Pistols tocaram no Notre Dame Hall e no Screen On The Green mais cedo naquele ano, Sid ainda era John Simon Beverley no coração. Mas, na época da turnê SPOTS, Sid Vicious havia emergido totalmente de seu casulo e estava disputando com John o centro do palco. Afinal, Sid conhecia John desde seus dias na Hackney Tech e sabia que Johnny Rotten era apenas um rosto público que seu amigo apresentava como Sex Pistol, e que ele próprio poderia ter sua porção de manchetes vivendo sua própria persona punk".

Com apenas um dia de descanso depois de sua volta da Holanda, os Sex Pistols começaram sua miniturnê de sete dias Never Mind The Bans, no Reino Unido, com um show na Brunel University, em Uxbridge, na sexta-feira, 16 de dezembro. O show, que tomou lugar no cavernoso ginásio, foi o primeiro em Londres depois de oito meses, e deveria ter sido um retorno triunfal. No entanto, o sempre frugal Malcolm alugou um PA lamentavelmente inadequado, o que forçou John a virar seus pulmões do avesso simplesmente para se fazer ouvido além das primeiras fileiras. De fato, o vocalista estava tão descontente com as artimanhas avarentas de Malcolm que, antes de começar o primeiro número, "God Save The Queen", se desculpou para o público, prometendo uma retribuição à altura para o "babaca responsável". O ginásio estava lotado até o teto, e o show ainda foi memorável somente pela violência instigada por uma gangue local de *teddy boys* que ainda estavam com a intenção de travar uma guerra total com os punks. Também digno de nota é que, embora Malcolm tivesse proibido Nancy de acompanhar a banda à Holanda, não havia nada que ele pudesse fazer para preveni-la de viajar a Uxbridge para estar ao lado de seu amor.

Tendo perdido a batalha contra o PA de Brunel, a voz de John era pouco mais que um sussurro no show da noite seguinte no clube noturno Mr. George's, em Coventry, de modo que a banda foi forçada a remarcar o show da noite de domingo no Club Lafayette de Wolverhampton para a próxima quarta-feira. No entanto, a voz de John estava pronta para o trabalho para o show da noite de segunda-feira no Nikkers Club em Keighley, West Yorkshire. Na sequência do show remarcado de Wolverhampton, esteve no Stowaway Club, em Newport, Shropshire em 23 de dezembro, e passou a noite de véspera de Natal em Norfolk, para um show de ingressos esgotados no Links Pavilion de Cromer, com capacidade para 600 pessoas.

Houve algumas dúvidas quanto à realização do show de Cromer por causa de protestos e ameaças de ação legal de moradores locais que se recusavam a receber o "Anticristo" em sua cidade na noite de nascimento do Menino Jesus. A polícia inicialmente apoiou os moradores e revogou a licença para música do Links, mas estranhamente rescindiu a ordem no dia do show depois que a banda supostamente entregou uma garantia escrita ao chefe superintendente de polícia Ronald Spalding de que não usariam má linguagem no palco. Novamente, John arriscou o ridículo de seus amigos Pistols, particularmente Sid, subindo ao palco usando o velho capacete de exército que já havia usado na Brunel University, enquanto o próprio Sid trocou sua camiseta pela gravata de um fã que trazia a imagem de uma garota nua.

#

Na manhã de Natal de 1977, enquanto quatro rapazes completamente detonados vestidos em couro estavam fazendo a dura viagem do leste da Inglaterra para Huddersfield, em West Yorkshire, para um show beneficente para os filhos dos bombeiros locais em greve, o "Vagabundo" original, Charlie Chaplin, partiu deste palco terreno aos 88 anos, em sua casa na Suíça. Em 2 de março de 1978, o mundo ficou atônito ao saber que uma gangue de demônios havia removido o caixão de Chaplin do cemitério de Cosier-sur-Vevey e o escondeu a cerca de 16 quilômetros, onde permaneceu por dez semanas. Os demônios – que surpreendentemente não fizeram nenhum pedido de resgate pelos restos mortais do astro – nunca foram capturados e levados à Justiça por seu crime hediondo, mas há boatos de que a gangue fugiu para a Inglaterra e empregou-se no Conselho de Lambeth para ajudar na limpeza do estoque de cadáveres à espera de enterro!

As notícias de que os supostamente desprezíveis e nojentos Sex Pistols tinham voluntariamente desistido de seu Natal para tocar em uma matinê beneficente no Ivanhoe's em Huddersfield para 250 moradores menores de 14 anos foi igualmente desconcertante para o público britânico. Tal caridade, organizada por Barbara Harwood, não era apenas aberta aos filhos dos bombeiros locais envolvidos na greve nacional em curso, mas também aos dos trabalhadores demitidos da David Brown Gears na cidade próxima de Lockwood, bem como aos filhos de mães e pais solteiros. Além de fornecer recursos financeiros para um banquete, que incluía um gigantesco bolo recheado, sanduíches de peru, uma montanha de doces e mil garrafas de refrigerante, a Glitterbest também forneceu vários artigos relacionados aos Sex Pistols, como lenços "Anarchy In The UK" e camisetas transparentes "Never Mind The Bollocks", assim como providenciou três ônibus especiais para trazer e levar a garotada.

Os quatro Sex Pistols – que estariam trazendo a aleatória agenda de sua turnê a um final festivo com um show normal naquela mesma noite – estavam preocupados com a possibilidade de ofender os inocentes ouvidos e alteraram as letras de algumas músicas, enquanto "Bodies" foi compreensivamente omitida por inteiro de sua lista na matinê. Malcolm deve ter batido a cabeça ou sido visitado pelo Fantasma dos Natais Passados, já que não só ficou feliz de utilizar os cofres da Glitterbest para financiar o show beneficente, como também permitiu que Nancy viajasse para Huddersfield para estar com seu amado Sid.

Com o olhar funesto das instituições ocupado com outras coisas, os quatro Sex Pistols estavam relaxados, especialmente John, que interrompeu o show e deixou o palco para atacar o bolo gigante, o que incitou o entusiasmado público a um "salve-se quem puder" por iguarias, para depois voltar ao palco coberto de creme e bolo. O Natal pode ser o tempo de boa vontade entre os homens, mas, embora John estivesse feliz de deixar de lado seu personagem "Rotten" por algumas poucas horas, seu humor generoso não se estendia a seu antigo parceiro musical Glen Matlock (que havia passado na cidade com os Rich Kids cinco dias antes), já que usava uma camiseta com o slogan "Never Mind Rich Kids we're the Sex Pistols" ("Não ligue para o Rich Kid, nós somos os Sex Pistols").

Na ausência de uma banda de abertura reconhecida, Sid foi autorizado a ser o centro das atenções no palco temporariamente, com ajuda e proteção de Steve e Paul, e apresentou "Chinese Rocks" e "Born To Lose" dos Heartbreakers. Deixá-lo sozinho com o microfone – para não mencionar a escolha de músicas – foi uma estranha decisão, por supostamente se tratar de uma festa infantil. Diferentemente de John, que havia crescido festejando o Natal com três irmãos mais novos e era, portanto, apto para lidar com as demandas da criançada agitada, Sid, que gostava da companhia de crianças fora do palco, parecia incapaz de livrar-se de sua personagem nos Sex Pistols.

O baixista foi igualmente incapaz de deixar de lado seu vício em drogas, e depois do show ele e Nancy aproximaram-se de um atônito Boogie oferecendo-lhe dinheiro para que filmasse o casal fazendo sexo sobre um pôster de *Never Mind The Bollocks*. Boogie, talvez percebendo uma oportunidade de começar um plano de aposentadoria, aceitou a proposta. Porém, a abstinência de heroína provocou alguns estragos na libido de Sid, e seu pênis permaneceu tão imóvel quanto seus progressos com o baixo. Julien Temple também estava à mão com sua câmera e filmou os trabalhos, partes dos quais apareceriam em *O Lixo e a Fúria*, para a posteridade punk. No entanto, para tristeza contínua dos fãs dos Sex Pistols em todo o mundo – dado que o Ivanhoe's foi o último show britânico da banda com Sid –, o diretor tem recusado terminantemente a lançar a filmagem em sua totalidade.

CAPÍTULO 12

Anarchy In The USA

> *"Uma vez que os americanos se envolvem,
> o jogo termina;
> acham que inventaram tudo o que você vê,
> então alegremente lhe darão todo tipo de conselho sobre
> qualquer tipo de assunto, mesmo que você não precise!"*
> Rock'n'Roll Babylon

Em 3 de janeiro de 1978, os Sex Pistols voaram de Heathrow para o aeroporto JFK de Nova York em rota para Atlanta, na Georgia, onde deveriam começar sua malfadada turnê de sete dias a partir de 5 de janeiro. Novamente, de acordo com a edição de 4 de janeiro do *Daily Mail*, a banda ganhou a inimizade de seus colegas passageiros da Pan por cuspirem e praguejarem, bem como ameaçarem os fotógrafos enquanto andavam até a sala de embarque em Heathrow. Sid, a quem o *Daily Mail* citou erroneamente como guitarrista da banda, teria supostamente berrado para os perseguidores da imprensa: "Podem se foder. Não precisamos da imprensa. Não precisamos de ninguém!".

Um dos americanos ofendidos que voltava para casa após passar o feriado de Natal na velha Londres havia comparado o comportamento da banda a um bando de animais selvagens, mas um porta-voz da Pan Am disse ao mesmo repórter do *Daily Mail* que os quatro membros da banda "haviam se acalmado consideravelmente" uma vez no avião. A mudança abrupta de comportamento poderia ser por causa do recente desastre aéreo em que um Boeing 747 da Air India havia explodido no ar sobre Mumbai no dia de Ano-Novo, matando todos os 213 passageiros. Quando a banda embarcou em seu voo de conexão de Nova York para Atlanta, porém, Sid havia espantado sua letargia e fez uma tentativa de "começar a festa" apalpando uma aeromoça enquanto ela se debruçava sobre ele para entregar a John sua refeição.

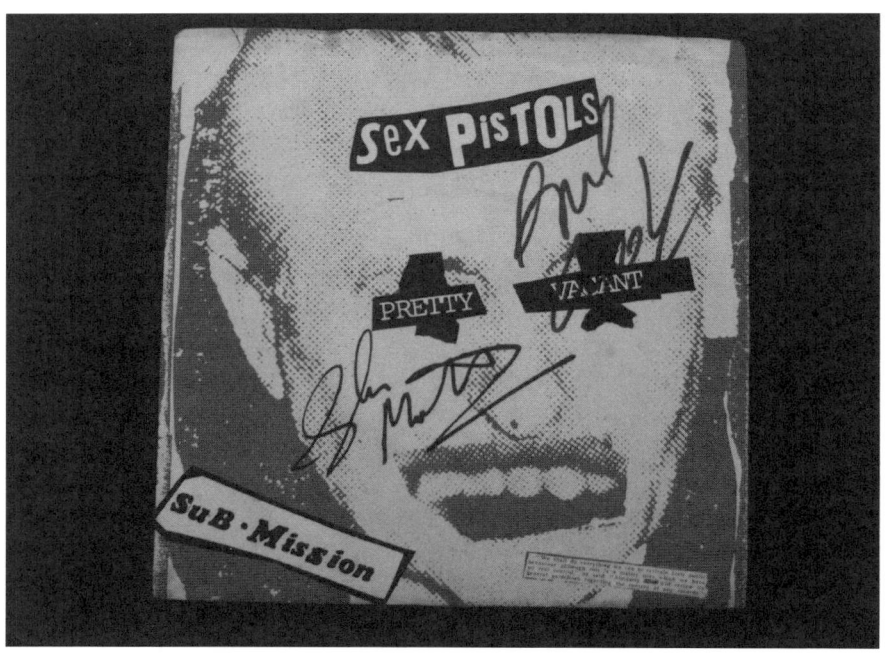

Capa de "Pretty Vacant" nos Estados Unidos.

Era natural que os Sex Pistols se voltassem para os Estados Unidos, mas sete shows não provocariam mais do que uma marola vinda do outro lado do oceano. A música *disco* era o som do momento nos Estados Unidos, e, embora *Never Mind The Bollocks* fosse saudado como obra-prima em certos ambientes da imprensa musical dos Estados Unidos, o álbum não causou nenhum impacto na parada Billboard. Lavrar um sulco solitário pelo Sul Profundo não iria mudar esse estado de coisas, mesmo que cada uma das 10 mil a 12 mil pessoas que foram aos shows comprassem o álbum. A experimentada e testada – e mais rentável – maneira de conquistar os Estados Unidos era fazendo cerco às suas costas. Embora Malcolm (que só voou para lá em 6 de janeiro) tivesse concordado relutantemente com um show em São Francisco, no Winterland Ballroom da capital *hippie*, com capacidade para 5 mil pessoas, recusou-se a levar a banda para o epicentro musical da Costa Oeste, Los Angeles. Ele detestava igualmente a ideia de os Pistols tocarem em Nova York e disse a qualquer um que escutasse que isso era para manter um ar de mistério ao redor da banda. A verdade era que ele estava ainda amargando a recusa da *Big Apple* em reconhecer seus esforços para ressuscitar a carreira já terminal dos Dolls três anos antes.

No entanto, consentiu que a banda fizesse uma aparição no *Saturday Night Live*.

O itinerário original da turnê nos Estados Unidos continha 11 shows e começava no Leona Theatre, em Homestead, Pennsylvania, a 28 de dezembro, com outros três shows em Chicago (Illinois), Cleveland (Ohio) e Alexandria (Virgínia) antes de rumar para o Sul Profundo. Porém, a turnê fora truncada quando a embaixada dos Estados Unidos em Londres recusou os vistos necessários aos Sex Pistols em virtude do passado criminoso de cada membro da banda. O único problema de Paul com a lei havia sido em maio de 1974, quando foi multado em 60 libras por roubar o valor de 900 libras de uma propriedade não revelada. A ficha de Steve, surpreendentemente, dado seu passado de dedos leves, continha apenas uma acusação de "invasão de domicílio" em outubro de 1971, além de outras 12 acusações que vão desde "embriaguês de desordem", "vadiagem" e várias infrações de trânsito. A ficha de Sid era de interesse particular para as autoridades americanas, por conta de o baixista ter duas acusações de agressão a policiais e outra de posse de arma ilegal (o canivete). Talvez o mais sério de todos, John tinha uma condenação por drogas manchando sua ficha, que estaria impecável se não fosse por isso.

A certas alturas parecia que a turnê seria adiada indefinidamente, mas a Warner Bros estava ansiosa para recuperar alguns de seus 700 mil dólares investidos na banda, então mandou seu cérebro legal de primeira linha, Ted Jaffe – que realizara milagre semelhante para os Rolling Stones –, para a batalha. Em 30 de dezembro, o Departamento de Estado finalmente cedeu e emitiu vistos para os Sex Pistols, mas apenas sob a condição de que a Warner Bros concordasse em dar uma fiança de 1 milhão de dólares para garantir o bom comportamento da banda enquanto em solo americano. O indulto de última hora, porém, veio muito tarde para os quatro shows originais. Também veio muito tarde para a cobiçada aparição no espaço televisivo do *Saturday Night Live*, que teve, em lugar dos Pistols, Elvis Costello and the Attractions, que também estavam em turnê no país na mesma época. Essa dávida inesperada fez com que o baixista da banda, Bruce Thomas, fosse para o palco do programa vestido com uma camiseta com os dizeres "Thanks Malc" ("Obrigado, Malcolm").

O vice-presidente da Warner Bros, Bob Regehr, o homem responsável pela contratação dos Sex Pistols pelo selo norte-americano, podia estar ansioso para fazer a banda explodir nos Estados Unidos, mas estava igualmente ansioso para proteger a fiança de 1 milhão de dólares dada pelo selo. Até então, ele apenas havia negociado com o representante dos Pistols nos Estados Unidos, Rory Johnston, um inglês que morava em Los Angeles e que conhecia Malcolm desde que ambos estiveram na escola de arte juntos. Com pouca ou nenhuma fé nem nas qualidades de liderança de Malcolm nem nas habilidades de gerente de *roadies* de Boogie, o vice da Warner Bros pediu a ajuda do renomado gerente de *roadies* Noel Monk para supervisionar a operação. Monk tivera sua primeira experiência no rock trabalhando como produtor de palco no Fillmore East em Nova York e era também veterano em gerência de turnês. Havia passado dez anos supervisionando turnês para artistas como Johnny Cash, Moody Blues e os *bad boys* britânicos originais, Rolling Stones. Porém, se o bigodudo Monk acreditava que já tinha visto de tudo em termos de excessos do rock'n'roll depois de enfrentar a estrada com Ron e Keef, estava para ter um despertar dos mais chocantes.

Para manter a banda – especialmente Sid – fora de confusões durante sua breve visita ao Estado natal do presidente Jimmy Carter, hospedou todos no Squire Motor Inn, um hotel da região onde Monk e sua equipe também ficaram. A casa de espetáculos retangular era horrivelmente imprópria para um grupo de destaque como os Sex Pistols, e os quatro membros da banda sob efeito do fuso horário estavam mal equipados para lidar com o intenso escrutínio da mídia que seguia todos os seus movimentos. De fato, havia tantas câmeras e refletores voltados para o palco que era como se os repórteres locais e as equipes de mídia tivessem abocanhado a maioria dos ingressos.

Uma das equipes de filmagem era contratada de Thomas King Forcade, o editor de 33 anos da revista *High Times,* cujo nome saíra da música do MC5 de mesmo nome, e era dedicada a drogas recreacionais (especificamente maconha) e à cultura americana das drogas. Forcade, um antigo membro do Youth International Party ("Partido Internacional da Juventude") ou "Yippies", como o movimento jovem teatral e antiautoritário fundado em 1967 por Abbot "Abbie" Hoffman era conhecido, acreditava que ele e os Sex Pistols eram almas gêmeas. Ele convidou a si mesmo para a turnê depois de encontrar com o diretor de Nova York Lech Kowalski, que estava igualmente interessado em saber do que se tratava os Sex Pistols. Kowalski teve pouco trabalho para convencer Forcade a prover fundos para seu projeto de filme sobre a turnê dos Sex Pistols. No entanto, a desconfiança coletiva da banda por Forcade, que acreditavam ter ligações com o FBI e com a CIA, fez com que qualquer acesso ao grupo fosse negado a Kowalski. Então, o diretor teve de se contentar em filmar às escondidas, nos fundos de cada show. O filme/

documentário de rock resultante *D.O.A (Dead On Arrival)*, lançado em 1981, certamente capturou os Sex Pistols em sua queda livre autodestrutiva. Mas o filme teria sido melhor servido caso Kowalski tivesse se concentrado apenas na banda e na turnê, em lugar de fazer filmagens inconsequentes utilizadas para preencher espaço do Generation X, do X-Ray Spex, do Dead Boys e do Sham 69. E quanto menos falasse de Terry and the Idiots, melhor seria!

Forcade também convidou John Holmstrom, da revista *Punk*, para a viagem (o cofundador da revista, Legs McNeil, estava com os Ramones em Los Angeles quando o convite foi feito, mas Legs estava interessado em saber do que se tratava todo aquele barulho e fez a viagem pela Pacific Highway a fim de se juntar ao seu parceiro em San Francisco para o show do Winterland). Forcade, que teria caído em depressão depois do fim dos Pistols e mais tarde encostaria uma arma na cabeça em um apartamento em Manhattan no dia 16 de novembro de 1978, havia se mudado para Nova York em 1967 depois de frequentar a Universidade de Utah. Dentro de semanas após sua chegada na *Big Apple*, ajudou a formar o UPS (Underground Press Syndicate), um grupo que aglutinava cerca de 150 jornais alternativos. Em janeiro de 1978, quando a revista *Punk* já havia sido incorporada pelo UPS, a *High Times* tinha uma circulação de mais de 500 mil exemplares e receitas anuais de publicidade da ordem de 1,5 milhão de dólares. A edição de dezembro de 1977 – uma das maiores vendas da *High Times* – trazia Johnny Rotten na capa.

Afora seu envolvimento editorial com a UPS, Forcade também escrevia. Seu único livro publicado, *Caravan of Love and Money*, fora inicialmente escolhido pela divisão de cinema da Warner Bros como uma possível opção para filme, antes de os chefes dos estúdios caírem em si e manterem o proprietário da *High Times* a distância.

Além dos melhores de Atlanta, policiais do *vice squad** de Memphis, onde os Pistols deveriam tocar na noite seguinte, estavam também alinhados contra a parede dos fundos do teatro. "Ouvimos muito sobre esses meninos", o tenente de Memphis Ronald Howell disse a repórteres locais em resposta a histórias exageradas sobre o comportamento supostamente obsceno da banda no palco. "Caso eles se comportem, certamente daremos a eles calorosas boas-vindas." "Mas", disse ele estreitando os olhos para causar efeito, "Memphis é uma cidade limpa e queremos mantê-la desse jeito". E o superior de Howell, o diretor

---

*N.T.: Divisão especializada em crimes morais.

Capa pirata no estilo Beatles edição 2 – Pistols com Sid piscando.

do Departamento de Polícia de Memphis, E. Winslow Chapman, que obviamente estava levando em conta o que diziam as histórias fantasiosas dos jornais sobre a banda, disse a esses mesmos repórteres: "Não permito masturbação no palco. Esses garotos podem cuspir e vomitar quanto quiserem, mas nada de masturbação".

O Great Southeast Music Hall de Atlanta, com capacidade para 500 pessoas, era onde amantes locais do *country* costumavam ver o palco montado com confortáveis degraus estofados; ficava sobre um boliche no centro comercial de Broadview Plaza (a "plaza" ou praça foi mais tarde demolida para dar lugar a uma loja da rede voltada para construção Home Depot DIY e um Starbucks – bem, eles estão em todo lugar no mundo todo, certo, Steve?). (Para os não iniciados, Alan e Mick estão se referindo a Steve Diggle e sua música "Starbucks Around The World".)

A propaganda exagerada e a histeria que cercavam a chegada dos Sex Pistols nos Estados Unidos poderiam ter sido justificadas se a banda tivesse feito uma performance brilhante. Mas a voz de John tão desafinada quanto a guitarra de Steve não permitiu que saíssem da primeira marcha e eles morreram na praia; a própria banda admitiria que tinha deixado a desejar naquela noite. O repórter enviado da *Billboard Magazine* ficou suficientemente desapontado pela estreia dos Pistols nos Estados Unidos para opinar: "Sex Pistols passam em branco em seu primeiro show no país, em Atlanta". Barry Cain estava em Atlanta cobrindo a turnê dos Estados Unidos para o *Record Mirror* e, como membro de carteirinha do fã-clube da Fleet Street dos Pistols, não estava preparado para poupá-los de constrangimentos e condenou o show abertamente como o pior que a banda já tinha feito. O ritmo estava tão irregular quanto a afinação, e a banda levou sua apresentação caótica de 12 músicas a um final com "Anarchy In The USA", alterada para o local, antes de fugir do palco. Seu embaraço foi tanto que permaneceram no camarim em lugar de voltar para o bis; e não haveria entrevistas após o show – para tristeza de muita gente da mídia à espera.

Para piorar, Sid conseguiu escapar para a noite em busca de drogas e não voltou até a manhã seguinte. Monk, no entanto não estava disposto a permitir que o sumiço de Sid atrapalhasse a agenda, e ordenou que o restante da banda estivesse pronto para a curta viagem de ônibus para o aeroporto com destino a Memphis. O novo recruta da segurança, Glen Allison, um velho amigo de Monk que morava em Atlanta e havia cuidado das coisas no Great Southeast Music Hall, foi mandado em busca do indescritível fugitivo de cabelo espetado. Nascido em Atlanta, Allison conhecia cada um dos buracos mais escondidos da cidade e finalmente encontrou o Sex Pistol errante em uma galeria onde viciados em heroína iam injetar a droga. Sid passara lá a noite, saciando suas necessidades narcóticas.

Allison havia sido contratado para ficar de olho em Sid. O baixista, mais tarde, tentaria enfrentar aquela montanha de quase 2 metros e 130 quilos e desafiá-la para uma luta. O surpreso veterano do Vietnã, temendo ser acusado de assassinato por socar Sid, em vez disso o agarrou pela garganta e bateu sua cabeça contra o teto do ônibus várias vezes para garantir que sua mensagem de "não enche" entrasse em seu cérebro blindado pelo gel. Bob Gruen, que havia voado para Atlanta pretendendo tirar algumas fotos da banda para acrescentá-las à sua já vultuosa coleção de imagens dos Sex Pistols antes de voltar a Nova York, estava deixando o Squire Motor Inn quando topou com Sid e Allison voltando ao hotel. O fotógrafo concordou em dividir um táxi para o aeroporto internacional de Atlanta e, no caminho, decidiu embarcar em outro show para mostrar o resultado ao pessoal de sua cidade; assim, pegou um voo para Memphis.

#

Outro "amigo" fotógrafo de Nova York a aparecer em Memphis foi Joe Stevens. Ele era conhecido pelos Sex Pistols por sua ligação com o *NME*, e o fotógrafo acabou dividindo o quarto com Malcolm pelo restante da turnê. Com Sid ausentando-se sem permissão em Atlanta, e a fiança de 1 milhão de dólares da Warner Bros na balança, seria de se esperar que Monk prestasse atenção especial no baixista. Entretanto, minutos após a banda voltar para o motel (um Holiday Inn especialmente escolhido por localizar-se fora da cidade), depois de uma checagem de som no Taliesyn Ballroom, com capacidade para 1.200 pessoas, Sid deu um jeito de escapar de Allison e desaparecer em busca de algo para aliviar a volta de sua agonia por abstinência de heroína.

Uma equipe de busca partiu pela Rota 55 e arredores, mas sem sucesso. Mais tarde, Tom Forcade tentou chantagear Monk para permitir acesso aos Sex Pistols à equipe de filmagem de Kowalski em troca de informação sobre onde andaria Sid. Foi talvez uma sorte para Sid que ele tenha conseguido obter algum bálsamo farmacêutico, pois, quando reapareceu no motel logo após se drogar – e com o apelo "Gimme a Fix" ("Me dê uma calibrada") escrito no peito –, foi submetido à primeira de várias surras "não comprometedoras" pela equipe de Monk. Monk pode ter juntado a banda ao seu baixista, mas seus apelos a Regehr e ao restante da hierarquia da Warner Bros – que até então fingia ignorância sobre o problema de Sid com drogas – para prover metadona para o baixista foi ignorado.

Memphis, claro, era lar do lendário Sun Studios, na Union Avenue, nº 706 (situado a poucas quadras do Taliesyn Ballroom), onde, em 1953, um caminhoneiro bem-educado de 18 anos chamado Elvis Aaron Presley havia entrado para gravar uma música para sua mãe Gladys e acabou mudando a face da música para sempre. Memphis orgulhava-se de ser considerada "o berço do rock'n'roll" e o dia seguinte, 7 de janeiro, veria a cidade celebrar o primeiro aniversário póstumo de Elvis, com uma fila de peregrinos já formada fora de Graceland. Porém, havia suficientes jovens impressionáveis que, cansados de ouvir seus pais falando insistentemente sobre "O Rei"; estavam desesperados por novos rebeldes do rock'n'roll para chamá-los de seus.

Tal era seu entusiasmo que o promotor local, Bob Kelly, dono da Mid-South Productions, teve poucos problemas para vender todos os 1.200 ingressos. Kelly, porém, tinha se esquecido de um pequeno problema. O Taliesyn Ballroom – que mais tarde se tornaria um Taco Bell – podia ter capacidade para 1.200 pessoas, mas os bombeiros (como mais tarde no caso do Clash no Bond's Casino em Nova York, em junho de

1981) restringiram o limite para 725 pessoas, o que, desnecessário dizer, deixou 475 possuidores de ingressos do lado de fora, no frio. A multidão zangada começou a espantar o tédio fazendo um cerco às portas em uma tentativa de arrombá-las. Quando a ação combinada da polícia e dos bombeiros não conseguiu dispersar os agitadores, o já mencionado diretor do Departamento de Polícia de Memphis, E. Winslow Chapman, pediu o reforço da SWAT, cuja mera presença foi suficiente para fazê-los sumir. Quanto ao show em si, depois que os heróis locais Quo Jr. entretiveram seus conterrâneos, os Pistols inexplicavelmente deixaram o público esperando 90 minutos antes de ir para o palco.

Embora a banda ainda não estivesse em sua potência máxima, fizeram um show melhor do que o de Atlanta; John, particularmente, esforçou-se para compensar a estreia desastrosa da noite anterior. Entre as músicas, o vocalista, usando usando um novo conjunto xadrez, cortesia de Vivienne, instigava a plateia fazendo observações depreciativas contra Elvis e Dolly Parton, mas a garotada estava de acordo e saudou cada uma delas. No dia seguinte, em sua crítica de primeira página do show no *Commercial Appeal*, principal jornal da cidade, Walter Dawson, jornalista musical, opinou: "O que os Sex Pistols provaram foi que são realmente roqueiros de primeira, mergulhados na tradição do gênero e possuidores de uma raiva que há muito faltava ao rock".

Ao fim do show, Bob Gruen estava novamente tentando voltar a Nova York. Mas, mesmo depois de despedir-se da banda, Malcolm lhe ofereceu um leito disponível dentre os 12 que havia no ônibus. Com Nova York atolada em um inverno rigoroso, e a próxima parada da turnê programada para um lugar de clima ameno no sul do Texas, em suas próprias palavras, ele "subiu a bordo do ônibus para uma viagem muito louca pelos Estados Unidos".

#

Imediatamente após o show, os quatro Sex Pistols exaustos subiram de volta ao ônibus de batalha para a extenuante viagem noturna de Memphis para o Texas. De acordo com Monk, em seu livro – com Jimmy Guterman – divertido e talvez um pouco exagerado sobre a turnê, *12 Days On The Road: the Sex Pistols and America* (Quill), ele e Rory Johnston haviam sido alertados pela Warner Bros sobre possíveis ameaças de morte à banda vindas de San Antonio. Então, em vez de irem direto à cidade, Monk decidiu que se esconderiam em Austin, a capital do Estado da "Estrela Solitária", quase a 13 quilômetros ao norte de San Antonio. Sendo a lógica que Austin era ao mesmo tempo perto o suficiente para uma viagem a "San Antone" na tarde do show e longe o bastante para permitir à equipe da turnê relaxar um dia inteiro e aproveitar as vistas e delícias da cidade. Uma dessas delícias é a torre do relógio de quase 71 metros da Universidade do Texas onde, em 1º de agosto de 1966, um ex-marine atirador de elite chamado Charles Whitman havia mandado bala em estudantes, policiais e qualquer desafortunado sob a mira de sua arma, matando 16 pessoas e ferindo outras 32.

É possível ver os buracos de bala até hoje. Monk obviamente não achou necessário informar àqueles fora de sua jurisdição sobre a mudança de planos, o que deixou Forcade e Holmstrom – ambos vestidos com trajes de caubói comprados com o cartão de crédito corporativo do *High Times* de Forcade – vasculhanto San Antonio em uma busca desesperada dos supostamente "encomendados" Sex Pistols. Seria pertinente elocubrar se as ameaças de morte eram reais ou apenas "pimenta" de Monk, mas as razões de Forcade para correr atrás da banda eram puramente financeiras, já que estava fazendo enormes despesas em seu cartão de crédito de negócios financiando sua equipe que continuava crescendo; enquanto Holmstrom simplesmente queria prender os quatro Sex Pistols por tempo suficiente para garantir uma entrevista à *Punk*.

O circo itinerante de Forcade expandiu-se ainda mais depois da chegada de outro profissional da fotografia de Nova York, Roberta Bayley. Roberta tinha se alçado à proeminência punk por fotografar a imagem de capa do álbum de estreia dos Ramones, bem como "os bróders" e outras bandas de passagem no CBGBs. A pequena chantagem de Forcade em Memphis assegurou o lugar dela na lista negra de Monk e Malcolm. Felizmente para Holmstrom, porém, Roberta era conhecida de Malcolm por conta de sua breve temporada empresariando os New York Dolls, o que significava que ele poderia participar com ela de um jantar com Malcolm antes do show.

Embora Malcolm tenha tido pouco tempo para Forcade, Holmstrom, entre mastigar e salpicar Malcolm de perguntas sobre a turnê, ficou impressionado com as similaridades entre os dois aspirantes a agentes do caos. De fato, Roberta é da opinião de que Forcade pretendia tirar os Sex Pistols de Malcolm para podê-los usar em seu próprio projeto político. Forcade, como se sabe, não está mais entre nós para explicar a razão de sua fascínio pelos Sex Pistols, mas sua obsessão não terminou com o fim da banda, já que – novamente com Holmstrom – ele seguiu John à Jamaica naquele abril quando o vocalista foi ao país em busca de novos talentos do *reggae* para a Virgin. Exatamente o que ele queria ninguém sabe, mas o editor de *High Times* poderia ter poupado tempo e trabalho, para não mencionar dinheiro; porque, apesar do ódio que perdura até hoje de John por Malcolm, o vocalista há muito tinha resolvido que Malcom era o sujeito certo para se ter como empresário.

Se os shows dos Sex Pistols em pontos fora do radar do rock'n'roll como Atlanta e Memphis levantaram sobrancelhas na Inglaterra, a decisão de agendar a banda no caipira Randy's Rodeo, na cidade "méxico-texana" de San Antonio – famosa por ser o local do legendário cerco de 13 dias de Alamo, em 1836 –, certamente foi além dos limites da credibilidade. Embora pudéssemos argumentar que os Sex Pistols estavam ficando craques em tocar para públicos hostis, agendá-los em um verdadeiro *saloon* texano, do tipo barra-pesada, onde um insulto poderia facilmente ser respondido com uma bala ou uma faca Bowie, era colocar as vidas dos membros da banda em sério risco.

Capa pirata japonesa inspirada no *Electric Ladyland*.

O Randy's Rodeo, com capacidade para 2.200 pessoas, chamado assim por conta do nome de seu proprietário, Randy Sherwood, e localizado na Bandera Road, 1.534 (Rodovia Estadual 16), já havia servido a comunidade local como um boliche chamado "Bandera Bowl". Quando o boliche foi reformado para ser um *saloon* do Velho Oeste no final dos anos 1960, o palco foi construído onde antes as pistas acabavam, e naquela noite – apenas – a população predominantemente hispânica da cidade teria quatro pinos animados de boliche para derrubar.

Os habitantes da cidade provavelmente nunca haviam ouvido falar dos Sex Pistols antes de o jornal local *San Antonio Express-News* informá-los sobre os obscenos *punk rockers* ingleses que baixariam em sua cidade. As histórias exageradas do jornal sobre o comportamento da banda asseguraram que os ingressos – vendidos a 3,5 dólares – fossem vendidos bem antes de sua chegada. Se os Pistols ainda não sabiam que iriam passar um mau bocado no rodeio, então a consciência do que lhes esperava veio logo após às 23 horas, quando subiram ao palco para ser saudados por uma enxurrada de latas de cerveja – nem todas vazias – e cachorros-quentes, um dos quais acertou John diretamente na boca. A banda estaria em todo o seu direito de abandonar o palco, mas, se tivessem feito isso, teriam pouca ou nenhuma chance de dar o fora da arena vivos, com 2.200 caipiras e hispânicos sentindo-se ludibriados e querendo seu sangue.

Assim como para o coronel William B. Travis na Missão de Alamo 142 anos antes, a rendição não era uma opção e eles atacaram direto "God Save The Queen". O público, no entanto, estava cantarolando o "Deguello", a melodia triste que o general Santa Anna ordenou que fosse tocada antes que seu exército fizesse cerco a Alamo, significando que não haveria clemência durante o ataque que se seguiria. A ameaça de violência pairava no ar como fumaça de canhão, mas, como se não fosse suficiente que setores do público já altamente esquentado não tivessem entendido muito bem as conotações da camiseta de caubói de John, Sid, usando óculos escuros "emprestados" do guitarrista da banda local que havia aberto o show, os Vamps, deu um passo até o microfone e os chamou de "bando de veados". Quando um dos ditos "veados" tentou subir ao palco para provar sua masculinidade desafiando a banda para uma briga, Sid saltou para a frente e lhe golpeou a cabeça com seu baixo. No dia seguinte, o *San Antonio Express-News* trazia a manchete "Sex Pistols Vencem Tiroteio de San Antonio". Bem, foi realmente um tipo de vitória, já que ninguém morreu, e os Sex Pistols haviam crescido ante os sempre armados texanos.

O filme *D.O.A.* de Kowalski já valeria só pelas imagens à Zapruder feitas no Randy's Rodeo do nariz de Sid explodindo (como a cabeça de JFK depois de ser fatalmente atingido na cabeça na Dealy Plaza) ao ser atingido na cara por uma lata cheia de cerveja.

#

Na segunda-feira, 9 de janeiro, os Sex Pistols fizeram seu quarto show no país, dessa vez no Kingfish Club – assim chamado por conta do político da Lousiana mais bem-sucedido, senador Huey Pierce "Kingfish" Long –, na capital do Estado do pelicano, Baton Rouge. Como no show em Memphis, o promotor local havia vendido mais ingressos que a capacidade oficial do lugar, mas, felizmente para seus compradores, os bombeiros da cidade estavam ocupados com outra coisa naquela noite. Depois que a banda local de apoio Rockin' Dopsie and the Twisters levantou o público com um pouco de mágica caipira, os Pistols foram recebidos no palco com aplausos entusiásticos, mas o fervor não foi recíproco. A banda estava visivelmente cansada após a confusão mexicana na noite anterior em San Antonio e o efeito de uma extenuante viagem de mais de 800 quilômetros de ônibus, e acabou fazendo outro show ruim. Uma das imagens mais bizarras da turnê nos Estados Unidos foi capturada pelo *NME,* que publicou uma foto de John ajoelhado na frente do palco, cuspindo no público, que projetava as mãos com as palmas para cima: em lugar do corpo de Cristo, clamavam por receber a catarrada do autoproclamado anticristo. O que planejavam fazer com seu intragável prêmio? Levá-lo para casa para mostrar à mamãe?

Foi no Kingfish Club que John estendeu sua mão para a plateia pela primeira vez. Os Sex Pistols haviam feito quatro shows e ele estava

Propaganda japonesa do Winterland.

cansado de ser bombardeado com copos de papel amassados e latas de cerveja e pediu aos ingênuos americanos que jogassem algo mais aceitável. O público, predominantemente formado por universitários locais, respondeu atirando moedas de 10 e 25 centavos. E, quando John pediu valores maiores – e menos esféricos –, deram-lhe uma ducha de notas de um dólar. No termino do show, ele e Sid embolsaram 30 dólares entre eles, o que era uma boa soma, considerando que ele e o restante da banda só recebiam 25 dólares cada um por dia.

Dos sete shows da turnê nos Estados Unidos, o de Baton Rouge é provavelmente o menos documentado. Isso não se deve apenas ao fraco desempenho dos Pistols, já que vários outros da turnê caíram nessa mesma categoria. Atlanta poderia gabar-se de ter sido a abertura da turnê; Memphis tinha as conotações de Elvis; San Antonio e Dallas foram ambos memoráveis pelas duras recepções que a banda recebeu dos anfitriões texanos; os indignados moradores de Tulsa fizeram um protesto religioso; Winterland sediou o último show dos Sex Pistols com Sid entre seus membros. A única reinvindicação de fama de Baton Rouge parece ser por Sid ter pegado uma *groupie* americana baixinha e gordinha vestida com lurex. Soa familiar?

Baton Rouge pode não ter visto muito em termos de conflito ou confrontação, mas deu a Malcolm – para não mencionar a guitarra Les Paul de Sylvain – uma segunda oportunidade de experimentar o encanto do Estado do pelicano. Os proprietários estavam claramente felizes por receber os Sex Pistols em sua humilde casa, já que tinham camisetas impressas para comemorar a visita da banda. As camisetas em cinza e preto, com o logotipo dos Sex Pistols junto com uma imagem serigrafada de uma das fotografias de Dennis Morris do vídeo de "God Save The Queen", foram dadas apenas aos membros da banda e sua equipe. Caso alguma dessas peças aparecesse no eBay hoje, custaria mais que qualquer criação Westwood/McLaren. George X, a adorável ovelha negra *cockney*, amigo do grupo e figura da cena londrina, está em posse – e ocasionalmente usa – da camiseta de John do Kingfish Club e ouviria de boa vontade ofertas por ela o dia inteiro. Embora não pense em vendê-la jamais! Ok, está um pouco acima do *Antiques Roadshow.**

Na sequência de Baton Rouge, o ônibus da turnê voltou um pouco pela fronteira para o Texas, para um segundo show no Estado da estrela solitária, no Longhorn Ballroom, Dallas. A cidade rica de petróleo que emprestou seu nome à série de televisão de sucesso fenomenal não foi

---

*N.T.: Programa britânico da BBC no estilo "Caçador de Antiguidades".

tão hostil aos Sex Pistols como San Antonio. Embora ninguém tenha tentado atirar neste "JR" em particular, a banda ainda teve uma recepção fria dos seus anfitriões apreciadores de country & western, que gostaram muito mais da abertura de Merle Haggard.

Nos dias que antecederam a chegada dos Sex Pistols em Dallas, a estação de rádio local, KZMP, contribuiu para aumentar os níveis de expectativa: *"Dizem que ninguém pode ser mais bizarro que Alice Cooper ou mais destrutivo que o Kiss... é que não viram os Sex Pistols. Na noite de terça-feira, a Stone City Attractions apresenta ao vivo os Sex Pistols. Expulsos de seu próprio país, os ingleses Sex Pistols tiveram negada sua entrada nos Estados Unidos, trazendo a* new wave *para o Metroplex nesta noite de terça-feira, no Longhorn Ballroom. Eles disseram que não seria possível, mas irá acontecer na noite de terça-feira: Sex Pistols ao vivo"*.

O Longhorn Ballroom era talvez o lugar perfeito para abrigar um show dos Sex Pistols, já que também havia sido coberto pela infâmia. Há 15 anos, a casa em "L" fora um bar de *topless* conhecido como Carousel Club, e, no domingo de 24 de novembro de 1963, o então proprietário Jack Ruby atirou em Lee Harvey Oswald na televisão ao vivo. Oswald, é claro, foi o principal suspeito do assassinato do presidente John F. Kennedy que havia morrido em Dallas dois dias antes.

O show no Longhorn foi gravado e lançado em vídeo (e mais tarde em DVD) como *Ao Vivo no Longhorn* e, a despeito de o câmera ter sumido inexplicavelmente durante os quatro números de abertura, a filmagem é bastante interessante. Afinal, foi no Longhorn que Sid finalmente toma o lugar de John como ponto focal da banda. Por dois anos, John fora o centro das atenções da banda no palco, mas agora o "circo" tinha verdadeiramente chegado à cidade – e o mestre de cerimônias estava vestido de preto. Em vez de se aglomerarem à frente do palco, como era norma, os americanos acotovelavam-se pelo lugar à frente do lado direito do palco, onde estava Sid.

Um desses fãs era uma loira baixinha chamada Helen "Killer" Keller, que estava tão decidida a ficar "perto e pessoalmente" de seu herói de cabelo espetado que não pôde esperar até os Pistols chegarem à sua Califórnia natal e – na companhia de várias amigas igualmente determinadas – fez todo o caminho de carro até Dallas. Tendo já encontrado com Sid mais cedo naquele mesmo dia, quando o baixista insistiu para que as garotas tivessem de volta o dinheiro gasto com seus ingressos recém-comprados e fossem colocadas na lista de convidados, Helen e suas colegas posicionaram-se à beira do palco diretamente em frente do seu herói. Helen entrou para o folclore punk por ter sido a garota que deu uma cabeçada em Sid, mas a verdade é mais prosaica. Durante sua entrevista para *Who Killed Nancy* (Soda Pictures), Helen revelou que na verdade estava segurando um cigarro para Sid, mas ambos bateram a cabeça quando ele se aproximou dela, abrindo o nariz ainda ferido pela segunda vez. A equipe de Monk, os únicos com direito de bater em Sid, entrou em cena para botar Helen para fora, mas Sid sinalizou para que se afastassem e deixou o sangue correr pelo rosto e peito.

Bob Gruen estava a menos de dois metros de Sid a seu lado no palco e capturou o momento em que o ensanguentado Sid barra a tentativa dos seguranças de arrastar Helen para fora do palco. No entanto, o fotógrafo com acesso a todas as áreas pagou seu preço. Enquanto estava clicando algumas imagens a caminho de Dallas, Sid, que havia estado cobiçando abertamente os calçados de seu vizinho, confiscou as botas de engenheiro de Gruen para completar sua imagem. De acordo com Joe Stevens, que testemunhou o evento, Sid segurou uma faca contra a garganta de Gruen adormecido enquanto perguntava a Joe e John se poderia ficar com as ditas botas se matasse o amigo fotógrafo de Joe.

A penúltima parada deu-se em Tulsa, Oklahoma, uma cidade profundamente religiosa situada no coração da região atormentada por tempestades de areia. Os já cansados de guerra Sex Pistols chegaram ao Cain's Ballroom com capacidade para 600 pessoas em meio a uma violenta tempestade de neve, que apenas serviu para dar o clima. Ao saltar do ônibus, a banda foi saudada por um pastor batista empunhando a Bíblia e cerca de 30 pessoas de sua congregação temente a Deus carregando cartazes com o atrativo *slogan*: "a vida é podre quando o senhor é esquecido" (*life is rotten when the lord is forgotten*). John, Paul e Steve bem poderiam imaginar que voltaram no tempo, até dezembro de 1976, porque o zeloso pastor, assim como o clérigo de Caerphilly, entregava folhetos de fogo e enxofre exortando aqueles que iam ao show a se arrependerem de seus modos punk. Caerphilly podia ter sido uma vitória para os cantores de hinos, mas os golpeadores de bíblias estavam em lamentável desvantagem numérica em Tulsa. Os jovens de Oklahoma, entusiasmados e ávidos, não ligaram que os Pistols fizessem outra performance sem vida por John e Steve estarem ambos gripados.

De fato, o único incidente digno de nota durante o show foi uma cortesia de Sid. Em uma quase repetição de San Antonio, Sid ressentiu-se da gracinha de um provocador, mas, felizmente para o obstinado garoto de Oklahoma, a viva equipe de segurança de Monk estava a postos para impedir que Sid desse outra paulada matadora com seu baixo.

O segundo incidente aconteceu depois do show, quando Sid foi para o quarto no Holiday Inn da cidade com uma loira suspeita, bem mais alta – e infinitamente mais larga – que ele mesmo. Foi apenas quando Monk bateu na porta na manhã seguinte e deu com a conquista de Sid retocando a maquiagem que se deu conta que ela era uma transexual. "Não sabia se chupava seu pau ou sua boceta", o baixista admitiria depois aos seus colegas de banda.

#

Bob Regehr e o restante da hierarquia da Warner Bros estavam sem dúvidas esperando que o show final da turnê americana dos Sex Pistols, no Winterland Ballroom de San Francisco, com capacidade para 5.400 pessoas, no sábado de 14 de janeiro – onde os ingressos haviam sido vendidos em um único dia –, fosse um final glorioso, pavimentando o caminho para o retorno da banda aos Estados Unidos em um futuro próximo e uma turnê mais abrangente. Havia mesmo conversas sobre estender a turnê atual para talvez incorporar shows em Los Angeles e Nova York, uma vez que receberam as notícias de Londres de que o show previsto no dia 18 de janeiro na capital da Finlândia, Helsinque, havia sido cancelado por conta de as autoridades finlandesas terem negado os vistos da banda.

O breve encarceramento de Roadent em uma prisão o havia impedido de acompanhar os Pistols na turnê dos Estados Unidos. Ele estava, portanto, cuidando do escritório da Glitterbest na ausência de Sophie, quando atendeu ao telefonema de um jornalista de tabloide farejando a história de que os Sex Pistols haviam sido banidos da Finlândia. Roadent havia tomado parte do agendamento do show no Worker's Hall de Helsinque e, embora percebesse que o jornalista estava falando a verdade, decidiu ouvir por si mesmo e deu um telefonema para a embaixada finlandesa em Grosvenor Square. Em lugar de lidar com algum subordinado, porém, Roadent se viu na linha com o próprio embaixador que, gentil mas firmemente, o informou de que os Sex Pistols não eram mais bem-vindos em seu país. A revogação dos vistos de entrada deveu-se à pressão da imprensa finlandesa, começando com um editorial hostil contra os Sex Pistols que aparecera no principal jornal do país, o *Helsingin Sanomat,* em 3 de janeiro.

O cancelamento supôs cinco dias de folga para a banda antes do próximo show marcado em Estocolmo, na Suécia. A esperança de Regehr de persuadir Malcolm a pensar sobre mais shows nos Estados Unidos, porém, era mais frágil que promessa de político, já que a máquina de guerra dos Pistols já estaria avariada quando a turnê alcançasse San Francisco. Ao contrário de John e Sid, Steve e Paul há tempos já estavam cansados de passar hora após hora assistindo a *flashes* da paisagem americana aparentemente sem fim passando pela janela e escolheram voar a San Francisco com Malcolm e Sophie, que haviam se juntado a eles em Baton Rouge.

Sua chegada na cidade da Golden Gate bem antes de John e Sid deu aos dois membros mais antigos da banda bastante tempo para avaliarem suas opções. Ambos entraram em uma aventura musical com poucas ambições além de ficar bêbados, transar e ganhar dinheiro depois de cada show, e, embora ambos reconhecessem que sem John ainda estariam batalhando shows no circuito de clubes de Londres, estavam fartos de sua atitude autocentrada. Quanto a Sid...

Ao escolher permanecer no ônibus, John também teve bastante tempo para pensar sobre sua situação. Sua irritação, porém, não se dirigia aos Sex Pistols em si, mas com a perene má gestão de Malcolm. Quando se unira à banda, em agosto de 1975, John tinha pouca opção além de seguir a linha do partido de acordo com a cartilha de Malcolm. Agora, no entanto, "El Dementoid" tinha amadurecido e não estava mais disposto a compactuar com os desmandos de Malcolm. O que John deixou escapar era que a má gestão constitia na maior força de Malcolm. Apesar de sua breve aliança com os Dolls, ele nunca quis ser empresário de uma banda de rock'n'roll séria – o que a essas alturas os Sex Pistols haviam sem dúvida se tornado –, e havia tropeçado mais do que trapaceado em seu caminho rumo à popularidade. Seu estilo estava mais para "antigestão" do que "má gestão", ou como explicar de outra forma o enorme sucesso da Seditionaries – uma loja que contradizia todos os mandamentos do varejo ao ter uma fachada com vitrines em vidro opaco? Malcolm estava feliz em correr com a bola sem ligar muito para a regra de impedimento; e poderia John honestamente esperar que ele mudasse de rumo já tendo chegado tão longe no jogo?

Depois do final dos Pistols, Malcolm acusaria John de estar em coluio com Richard Branson, acreditando que o presidente da Virgin estava cortejando abertamente o vocalista com a visão de uma carreira solo pós-Pistols. Embora John não soubesse disso na época, as ideias para músicas nas quais estava trabalhando durante a turnê nos Estados Unidos – "Public Image" e "Sod In Heaven" (também conhecida como "Religion") – eventualmente apareceriam ambas no primeiro álbum do PiL. Não deixava de ser surpreendente, dado o assunto incendiário de várias músicas dentro do cânone dos Pistols. Quando John apresentou

"Sod In Heaven" para o restante da banda durante a checagem de som em Dallas, Steve e Paul abafaram a ideia. As instituições doentes da Grã-Bretanha e sua monarca foram consideradas alvos legítimos, mas mexer com religião era ir longe demais. John simplesmente guardou a música para uso posterior. Agora que ele estava em um relacionamento firme com Nora Foster, dez anos mais velha que ele e filha de um rico magnata do jornalismo, se jogasse as cartas certas haveria pouca necessidade de preocupar-se com a vida após os Sex Pistols.

Por terem voado com Malcolm, Steve e Paul tiveram acomodações no luxuoso hotel cinco estrelas Miyako, situado na Post Street, nº 1.625, a poucas quadras do Winterland. Embora permanecer no ônibus com o viciado do Sid fosse pouco preferível a dividir o espaço aéreo com Malcolm, John esperava ter acesso ao mesmo luxo como vocalista da banda. Mas, quando chegou ao Miyako, soube que não havia quarto para eles no hotel e que ele e Sid teriam de se contentar em ficar com a equipe de *roadies* nas instalações bem menos salubres do Cavalier Motel, perto do aeroporto da cidade. Depois de dar uma volta pela "doca da baía",* John e Sid – com Bob Gruen – foram escoltados pela cidade para os escritórios da K-SAN, a estação de rádio líder de audiência em San Francisco. A estação orgulhava-se de transmitir *The Outcastes,* o primeiro programa de estação comercial do país totalmente dedicado a promover o punk rock; os rapazes foram escalados para uma entrevista com o diretor de programação da estação, Bonnie Simmons. Como o show dos Pistols no Winterland seria transmitido ao vivo a partir da meia-noite como parte das duas horas do programa *The Outcastes*, Steve e Paul haviam sido convidados para a estação na noite anterior para participar de uma entrevista em um programa noturno com perguntas de ouvintes por telefone, com os anfitriões Norman Davis e Howie Klein.

Ter seu dedo no pulso da vibrante cena do punk rock de San Francisco significava que a K-SAN estava sintonizada com o que acontecia em Londres. Estavam, portanto, ansiosos por ter os Sex Pistols no estúdio para falar sobre a turnê, bem como dar suas versões de certos eventos bem documentados na agitada carreira da banda até então. Davis e Klein estavam provavelmente pensando que, na ausência de John e Sid, Steve e Paul estariam felizes por colocar suas visões e pensamentos sem temer nenhuma contradição. Infelizmente, as coisas não saíram desse jeito, já que os dois Sex Pistols levemente alcoolizados pensaram que seria divertido se esquivar das instruções de Klein sobre o que poderiam

---

*N.T.: Referência à música de Ottis Reeding "Sitting on the Doc of the Bay".

ou não dizer no ar usando palavrões da Inglaterra para insultar os que telefonassem para o estúdio.

John e Sid, por outro lado, confundiram a equipe da estação não só por se manterem gentis durante toda a entrevista, mas por estarem muito dispostos a discutir assuntos delicados como "por que a banda havia sido demitida da EMI e da A&M" ou "por que haviam escolhido tocar no sul do país em lugar de Nova York e Los Angeles". Ouvindo a entrevista de Simmons com Sid e John hoje, não há indicação de qualquer atrito entre os dois. De fato, parecem estar de bom humor, com Sid contente rasgando suas gírias *cockney* e o patuá jamaicano para confundir seus anfitriões.

O Winterland Ballroom ficava na esquina das ruas Post e Steiner, no distrito da Marina de San Francisco, antes de ser demolido na metade dos anos 1980 para dar lugar a inevitáveis apartamentos de luxo. Seu primeiro show musical ao vivo teve lugar em 1966, quando o lendário promotor da Bay Area, Bill Graham, então proprietário do Fillmore Auditorium, nas cercanias do Geary Boulevard, agendou a casa para os pioneiros psicodélicos de San Francisco, Jefferson Airplane. Após o encerramento do Fillmore East em Nova York, em 1971, Graham começou a usar o Winterland regularmente; marcou shows para atrações do naipe dos Rolling Stones, The Who, Jimi Hendrix, Led Zeppelin e Cream.

Quando o lugar abriu suas portas pela primeira vez, em 29 de junho de 1928, era conhecido como New Dreamland Auditorium, uma fabulosa pista de gelo de 1 milhão de dólares. Porém, a casa teve seu nome mudado em algum momento do final dos anos 1930 depois de ser reformada para que a pista fosse convertida em palco para atrações ao vivo. O ano de 1978 não só viu a casa comemorar meio século, como também foi seu ano final, e a Winterland fechou suas portas pela última vez no Ano-Novo depois de um show do Grateful Dead.

Como esse seria o último show da turnê, Malcolm pensou que seria divertido abrir o palco do Winterland com qualquer banda local que quisesse aparecer e tocar. Tivesse o canto do cisne dos Sex Pistols tomado lugar em Dallas ou Memphis, ou qualquer outra casa de espetáculo do itinerário, então Malcolm teria permissão para pôr sua ideia em prática, mas Graham – que continuou dominando a cena da música ao vivo de San Francisco até sua morte em um acidente de helicóptero em outubro de 1991 – recusou-se a sequer considerar a ideia. Para ele, as portas abririam às 17 horas, como estava programado, e as duas únicas bandas da Bay Area que poriam os pés no palco, the Nuns e The Avengers, já haviam sido confirmadas.

Foi somente por conta de um pedido da K-San para transmitir o show da Winterland como parte de seu programa *Outcastes* que o começo do show dos Pistols foi marcado novamente no horário das bruxas. Esta, no entanto, era uma receita de desastre, já que significava que Sid teria uma janela de sete horas entre a porta e o show. Monk e sua equipe haviam relaxado a guarda sobre o baixista agora que seus deveres de babá estavam quase chegando ao fim, então Sid poderia escapar sem deixar rastro com Helen Keller e várias outras *punkettes* locais que o levariam a Haight Ashbury para conseguir alguma heroína.

Dois meses antes, em meio a um show incendiário do Clash no Queen's Hall em Bellevue, Manchester, Joe Strummer deu de ombros, com um "foda-se" no palco, perguntando retoricamente: "quem quer que isto soe como no disco?". Ainda que Joe tenha levantado um bom ponto, ainda que as músicas tocadas em um show ao vivo não devam imitar os lapidados discos de estúdio, não ajuda em nada se o público sequer reconhecer a melodia. Em sua crítica do show de Winterland para o *Record Mirror*, Mark Cooper descreveu a apresentação dos Pistols e seu jeito de tocar nessa noite como "descoordenado" e "absolutamente sem ritmo ou variação".

O elogio fúnebre de Cooper foi confirmado com o lançamento de *Gun Control* (SP 2900), um disco pirata americano que emergiu mais adiante naquele mesmo ano. Embora as maravilhas da tecnologia moderna tenham desde então fornido os fãs com várias versões de captação livre infinitamente superiores, *Gun Control* (que surgiu em uma capa em branco com um folheto do tipo faça-você-mesmo, trazendo uma foto de John e Glen do show de novembro de 1976 no Notre Dame Hall) revelou ao mundo que os Sex Pistols eram – como Malcolm afirmou justamente em *Trapaça* – um cavalo a que precisamos aliviar o sofrimento. Sim, com certeza o PA inadequado e os monitores com defeito tiveram sua parte no miasma monofônico que emanava do palco, mas o PA não pode ser culpado pela indiferença de John ou pela guitarra desafinada de Steve.

Sid surpreendentemente voltou antes da meia-noite e ainda cuidou do público com três músicas dos Ramones cantadas à sua moda "(I Don't Want To Go Down To The) Basement", "Sheena Is A Punk Rocker" e "Blitzkrieg Bop", mas ainda estava fora de si, andando pelo palco desajeitadamente, como um Frankestein precisando de uma carga de eletricidade.

#

Quando Paul atacou a introdução em *staccato* de "No Fun" no bis, John informou ao público do Winterland que teriam "um número e apenas um número" por ele ser "um bastardo preguiçoso". A essas alturas, era também um bastardo desiludido e insatisfeito, pois estava então cantando para 5.400 pessoas – o maior público que a banda já havia tido até então – e ainda devia encarar a insistência de Malcolm em manter o preço do ingresso a reles 5 dólares (insignificante para os afluentes padrões de São Francisco), o que significava que, quando Bill Graham tivesse tirado sua fatia do bolo, e outras deduções fossem feitas dos 21.800 originais, a banda seria deixada com apenas 66 dólares por sua dura ralação. Não seria de se admirar que o bis só tivesse uma música!

O maço de sujas notas de um dólar que o público havia atirado no palco e que estava agora aninhado nos bolsos do novo colete de couro de John não significava muito coisa como forma de compensação. Antes de deixar o palco, e involuntariamente abaixando a cortina sobre o primeiro *round* da carreira dos Sex Pistols, John proferiu sua frase imortal: "Já tiveram a sensação de que estão sendo enganados?". Mark Cooper do *Record Mirror* citou a fala enigmática de John como "uma estratégia perfeita para convencer o público de que já bastava para eles". Por anos acreditou-se que a análise de Cooper era sobre dinheiro, e que John estava zombando dos apostadores. Quando John, em 1986, finalmente resolveu explicar o verdadeiro significado por trás de sua desconcertante colocação na série de Def Ham na BBC2 *That Was Then This Is Now,* soubemos que a observação também fora destinada a ele mesmo e seus colegas dos Sex Pistols, por permitirem que Malcolm provocasse desentendimento entre eles e ao mesmo tempo lhes negasse seu dinheiro.

#

Com cinco dias de folga antes do show em Estocolmo em 19 de janeiro e a concordância da Warner Bros em emitir para os Sex Pistols passagens de avião para qualquer destino que escolhessem, a mente ardilosa de Malcolm entrou em hiperexcitação. Inventou outro esquema para fabricar manchetes segundo o qual os Pistols voariam para o Rio de Janeiro, no Brasil, para fazer um show e encontrar com o ladrão do trem pagador, Ronnie Biggs.

Novamente (esperem aí, já fazia um certo tempo), encontramo-nos no reino dos "ses", "mas" e "talvez". *Se* as autoridades finlandesas não tivessem se deixado levar pela vilanização dos Sex Pistols promovida pelos jornais do país, *então* não teria havido tempo para navegar pelo Amazonas com tio Ronnie. A banda *poderia* ter completado todos os seus compromissos de turnê de janeiro a março de 1978, com ou sem Sid, e então ter tirado alguns muito necessitados meses de folga para recarregar as baterias antes de reagrupar-se. Este, naturalmente, seria apenas um voto de nossa parte nortista, já que um dos shows confirmados para março seria no Manchester Mayflower: agora há um "se" que gostaríamos de ter visto acontecer.

Embora Biggs tivesse tido apenas um papel menor no audacioso roubo, sua fuga da prisão de Wandsworth com destino primeiro à Austrália e depois ao Brasil o tornou um tipo de herói folclórico entre os britânicos. Malcolm achou que seria interessante se o fugitivo se juntasse à banda no palco e recitasse alguma poesia entre as músicas. Steve e Paul, como membros integrais do "clube de descontos passando a mão", tinham os ladrões do trem pagador na mais alta estima, e estavam felizes com a viagem. Sid estava surpreendentemente receptivo à ideia também, embora seu entusiasmo pudesse ser em razão da disponibilidade de drogas baratas nas favelas do Rio, mais do que qualquer afeição genuína por Biggs. John, no entanto, que afirmou que só descobriu sobre a proposta para ir ao Rio por intermédio de Sophie, estava furioso por não ter sido consultado e recusou-se a ir.

Em *No Irish, No Blacks, No Dogs*, John rejeita Biggs como um "ladrão velho beberrão" e diz que não poderia tolerar a ideia de celebrar alguém que havia tomado parte em um assalto que resultou no "massacre de um maquinista de trem" e "o roubo do que era basicamente dinheiro de trabalhadores". O fato de o dinheiro em questão estar seguindo para Londres para ser destruído e que o maquinista do trem, Jack Mills, tivesse recebido nada mais violento que um golpe na parte de trás da cabeça, enfaixada pela polícia para ser usada como peça de publicidade, parece ter escapado a John. Parece mais plausível que sua aversão pela viagem ao Rio tivesse sido seu modo de ficar quite com Malcolm. Havia também o fato de que ele tinha acabado de passar dez dias cruzando os Estados Unidos confinado em um ônibus com ar-condicionado durante um inverno rigoroso que havia sido duro com sua sinusite: "Eu estava cuspindo sangue e eles (Malcolm, Steve e Paul) esperavam que eu me sentasse em um avião por dois dias!", foi como ele explicou a situação em poucas palavras à época.

Embora ter os Sex Pistols se bronzeando na praia de Copacabana com Ronnie Biggs certamente causasse sensação na Grã-Bretanha, Malcolm pode muito bem ter aparecido com a proposta do Rio como forma de dividir a banda. Joe Steven disse a Jon Savage, em *England's*

Dreaming, que Malcolm estava "farto de empresariar uma banda já estabelecida" e andava em busca de uma saída. Ele saberia que, ao manter John fora do esquema propositalmente, faria com que o vocalista retaliasse e vetasse a proposta.

Em sua já citada entrevista para o *Record Mirror* em 8 de abril de 1978, Sid disse a Rosalind Russel que Malcolm o havia pegado em Haight Ashbury às 5 horas da manhã do dia 16 para levá-lo ao aeroporto – onde Steve e Paul já estavam fazendo *check-in* – para o voo das 7 horas da Pan Am para o Rio. Durante a viagem para o aeroporto, além de vociferar seu desprazer à ideia de ir ao Rio "tocar para um bando de paquistaneses que não entendem a gente nem sabem quem somos", o baixista também expressou sua desilusão com o que os Sex Pistols, particularmente John, haviam se tornado. Ele também disse a Malcolm

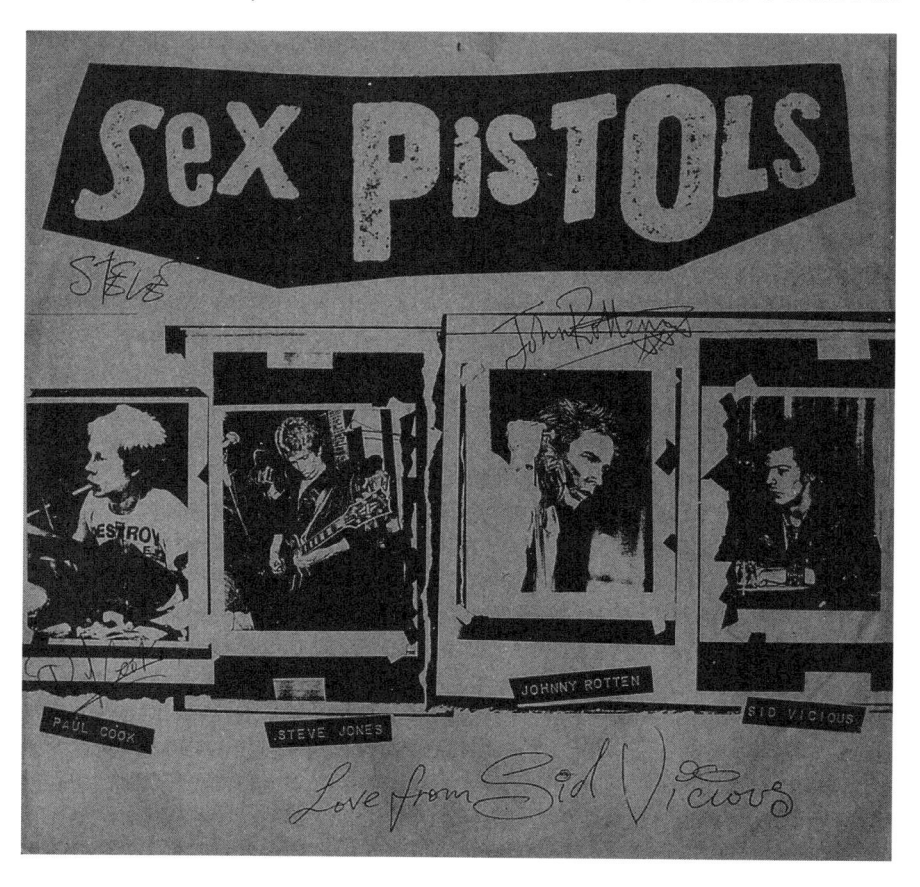

NMTB (*Never Mind The Bollocks*) dos Estados Unidos autografado pela banda.

que queria sair da banda porque não achava mais que John fosse um artista que valesse a pena. Então ordenou que Malcolm o levasse de volta a Haight Ashbury onde passou algumas horas novamente perdido, enquanto contemplava suas próprias opções, antes de ligar para John no Cavalier Motel para dizer a seu antigo chegado que o via como um "fracassado inútil".

Mais tarde naquele dia, John foi ao Miyako para finalmente conversar com Malcolm. Quando ele não deu mostras de que ia deixar seu quarto, o vocalista foi ao saguão confrontar Steve e Paul. Para ele, Sid havia queimado a última de suas pontes, mas ele ainda acreditava que os três poderiam e deviam continuar. Tentou fazê-los ver o erro de tomar partido de Malcolm, mas parecia que o empresário tinha prendido bem os fios de seus títeres, e eles estavam também danados com John por este ter negado suas férias sob o sol carioca. A certa altura, durante a discussão, os três fizeram uma visita ao quarto de Malcolm, onde John acusou seu empresário de ter inventado o ridículo golpe do Rio como forma de "armar para ele" mais uma vez. Malcolm replicou dizendo que John estava de conluio com Richard Branson, que o estaria polindo sorrateiramente para torná-lo o novo Rod Stewart! E o bate-boca correu assim. Como disse John, não houve pancadaria ou resignação; cada um simplesmente se retirou para lamber as próprias feridas. A "unidade de guerra" que havia se erguido sobre a mediocridade para agarrar a Grã-Bretanha pelas bolas tinha finalmente voltado para si mesma fragmentado-se sem possibilidade de reparo. Não houve fanfarra à moda de Wagner, mas o crepúsculo dos "Sods" caía sobre nós. O *Götterdämerung* ("Crepúsculo dos Deuses", em alemão), iniciado na verdade com a partida forçada de Glen 11 meses antes, estava agora completo.

CAPÍTULO 13

Três Lados da Mesma História; o Seu, o Meu e a Verdade!

> *"O fato de que eles estão agora em três diferentes cantos do mundo pode ser entendido como parte de sua contínua tentativa de subverter a autoridade e adquirir dominação mundial. Também pode ser entendido como separação."*
> (Nota da Virgin Records à imprensa)

A decisão do presidente do Egito Anwar Sadat de retirar sua delegação de paz do Cairo em 18 de janeiro até que seu equivalente israelense, o primeiro-ministro Menachem Begin, revisse sua posição sobre a Palestina produziu ondas de choque pelo Oriente Médio e alhures. O *Sun*, porém, Deus os abençoe, sabia reconhecer uma história mais importante quando se deparava com ela, e em sua manchete de primeira página de 19 de janeiro lia-se: "Sex Pistols causam sensação: banda punk se separa depois que Rotten sai".

Na época, o tabloide líder da Grã-Bretanha estava por acaso distribuindo aos leitores o livro *Sex Pistols* de Fred e Judy Vermorel em fascículos. Em outra matéria "exclusiva do *Sun*", o jornal rastreou Malcolm em Los Angeles para ter sua versão dos fatos. "Está tudo acabado. Eles nunca mais tocarão juntos", Malcolm disse à reporter Leslie Hinton que telefonou a ele de Nova York. "Eu desisti de ser seu empresário e todos nós seguiremos caminhos separados." Quando lhe perguntaram sobre o que teria acontecido, Malcolm respondeu: "Tivemos uma longa conversa depois do show em San Francisco e os outros componentes (da banda) decidiram tirar Johnny Rotten. Ele era muito destrutivo e estava nos arrastando para baixo". Hinton estava em Nova York e lá descobriu o esconderijo de John. "Apenas sentamos e concordamos que o fim tinha chegado", John disse a Hinton. "Fomos o mais longe que pudemos. Todos estavam tentando nos transformar em uma grande banda e eu odiava isso." E para que não houvesse dúvidas quanto às suas intenções, ele acrescentou: "Estou cansado de trabalhar com os Sex Pistols. Nunca mais quero aparecer com eles novamente".

Mais tarde, naquele mesmo dia, a Glitterbest soltou a seguinte nota: "O empresário está cansado de empresariar uma banda de rock'n'roll de sucesso. O grupo está cansado de ser uma banda de rock'n'roll de sucesso. Queimar casas de show e destruir gravadoras é mais criativo que as construir". Porém, duas horas depois a Glitterbest retirou a declaração. "Sim, a retratação apressada foi ordem de Malcolm", diz Roadent, um dos responsáves por escrever a nota. "Você sabe do que Malcolm gosta", ele ri com sua Guinness. "Ele estava preocupado com a possibilidade de que os departamentos jurídicos da EMI e da A&M levassem a mal o termo 'destruir gravadoras' e tentassem recuperar alguns de seus gastos nos processando, ou melhor, processando a Glitterbest. Outra razão era que ele ainda achava que poderia ter os rapazes de volta. Mas todos no escritório sabiam que isso não aconteceria tão cedo. Eu estava bravo por ter perdido a chance de ir aos Estados Unidos, mas ao mesmo tempo estava feliz pelo fato de a banda ter acabado quando acabou, porque até mesmo trabalhar para uma banda de rock'n'roll bem-sucedida torna-se mais chato no fim das contas, sabe?".

#

Não se sabe se foi Joe Stevens que colocou Hinton em contato com John, mas foi apenas graças à sua generosidade que John pôde sair de San Francisco. Porque, embora a Warner Bros tenha honrado seu compromisso de cuidar das viagens de Malcolm, Steve, Paul e Sid, não havia nenhuma passagem em aberto esperando por John. Os quatro Pistols nunca tiveram contas bancárias próprias, de forma que o vocalista se achou sozinho e encalhado a cerca de 10 mil quilômetros de casa com apenas 30 dólares no bolso. Logo Stevens emprestou-lhe 50 dólares para que pudesse comprar uma passagem de volta a Londres. Mas o fotógrafo não deixaria passar uma oportunidade de ter informações privilegiadas e o convidou para ficar alguns dias como seu convidado em Nova York antes de voltar ao Reino Unido.

Ao chegar a Nova York, John – à custa de Stevens – telefonou para o escritório local da Warner Bros para requisitar fundos com que voltar para casa. Parece, porém, que o selo havia decidido que a soma das partes dos Sex Pistols nunca seria tão grande como seu todo, ou que não acreditava ser mesmo John dando o telefonema. Como John estava com Stevens, ao menos enquanto as nevascas persistissem, a edição do *NME* de 4 de fevereiro de 1978 trouxe um especial comemorativo de página dupla central:

Seção A: "Quatro dias em Nova York com o sem-teto Johnny Rotten", com várias fotos de Stevens mostrando John relaxando com algumas cervejas e revistas pornô no apartamento do fotógrafo, bem como no CBGBs, andando pelas ruas cobertas de neve da cidade e até mesmo posando do lado de fora do departamento de Segurança Social. A foto mais eloquente, porém, é uma de John encolhido de encontro ao balcão de recepção no saguão do Miyako, olhando furtivamente sua mala, enquanto Steve está por perto olhando propositalmente para o outro lado.

Seção B: "Uma noite com Sid e Nancy: O estranho casal a portas fechadas" apresentava uma entrevista de Chris Salewicz com Sid e Nancy no Pindock Mews acompanhada de fotos do par tiradas no banheiro de Phil Lynott, o homem de frente do Thin Lizzy. Infelizmente para Chris, porém, a entrevista seria renomeada "Atrás de Roncos Fechados", pois Sid, como já fizera com Lech Kowalski, pôs-se a cochilar no meio de uma frase.

#

Enquanto John estava a caminho de Nova York com Joe Stevens, e Steve e Paul acompanhavam Malcolm e Boogie a Los Angeles, Sid ficara para trás em San Francisco, recuperando-se de sua última *overdose* de heroína. Ao voltar para a galeria de viciados em heroína, cortando assim o elo de cinco anos de amizade com John, Sid esquentou outra pedra de crack da China e partiu em busca do lendário dragão. Poderia ter lá permanecido por toda a eternidade se não fosse uma das componentes de seu perturbado fã-clube feminino dar um telefonema histórico para o Miyako. Boogie e Steve foram para o endereço na Haight Ashbury e acharam o baixista caído e sem vida em um colchão sujo, cercado por vários tipos de vermes de San Francisco. Os dois conseguiram reanimar Sid o suficiente para ele poder viajar e depois seguiram pela ponte de Golden Gate com destino a um médico alternativo em Marin County que administrava acupuntura para aliviar os sintomas de abstinência crônica de drogas. Mas, com Boogie acompanhando Malcolm, Steve e Paul a Los Angeles, a tarefa de pegar Sid na manhã seguinte recaiu sobre Sophie. Ela tinha instruções para levar Sid a Los Angeles, mas, como não sabia onde Malcolm e os outros estavam hospedados, foi forçada a bancar a babá por outras 24 horas antes de Boogie aparecer como um anjo de misericórdia para escoltar o baixista de volta a Londres.

A essas alturas, naturalmente, os efeitos anestésicos da acupuntura já tinham acabado fazia tempo. Sid não poderia encarar passar cerca de dez horas em um avião com nada para aplacar a dor; então, antes de seguir para o aeroporto internacional de Los Angeles, Boogie teve de revirar a cidade em busca de um médico com ética questionável disposto a suplementar Sid com tabletes de metadona suficientes para durar até o Reino Unido. Sem o conhecimento de Boogie, porém, Sid também tinha um estoque de Valium escondido consigo e tomou algumas pílulas com a metadona pensando que a mistura poderia ajudar a aplacar a dor. O resultado foi outra *overdose*, e, com seu corpo magro já incapaz de lidar com o bombardeio constante, entrou em coma induzido por drogas.

Quando o avião aterrisou no JFK em Nova York, suas condições eram tão ruins que a equipe médica do aeroporto se recusou a permitir que embarcasse no voo de conexão para Londres e o levou depressa para o Jamaica Hospital, no Queens, onde o baixista foi mantido em observação. Tivesse Sid simplesmente sucumbido à metadona e Boogie poderia ter demonstrado um pouco mais de compaixão e permanecido no Jamaica com ele. Mas, ao descobrir a verdadeira causa do acidente aéreo de Sid, lavou metaforicamente as mãos e seguiu para Manhattan, justamente enquanto uma forte nevasca caía sob a cidade. Assim, quando Sid finalmente voltou à terra dos vivos em algum momento da manhã seguinte, teria tido pouca ou nenhuma ideia de onde estava e teria de descobrir sozinho como havia chegado até ali.

John, naturalmente, estava em Nova York naquela época, mas, mesmo se tivesse sabido da situação de Sid, é improvável que fizesse algum esforço para manter contato. Embora Sid tivesse amigos e conhecidos na cidade, como Bob Gruen, John Holmstrom e Roberta Bayley, a nevasca havia deixado Nova York quase paralisada; era virtualmente impossível para qualquer um deles chegar ao posto de gasolina da esquina, quanto mais sair de Manhattan até o Queens. O único contato de Sid com o mundo exterior no entanto aconteceu por meio de uma entrevista por telefone com Roberta, em 20 de janeiro. Durante os cerca de 30 minutos de conversa, além de lamentar o abandono de Boogie e a consequente perda de sua revista em quadrinhos *Marvel*, o até calmo Sid inflou sua própria autoestima lançando um olhar depreciativo sobre seus amigos ex-Sex Pistols. "Eles provavelmente vão montar outra banda juntos – e vão se dar mal", disse em resposta à pergunta de Roberta sobre as perspectivas musicais de Steve e Paul. "E John está completamente acabado", acrescentou depois de criticar seu antigo amigo e parceiro recente de palco. "Ele está acabado como pessoa; simplesmente não é mais o que costumava ser. Ninguém sequer vai querer conhecê-lo. Vão dizer 'ei, você não costumava ser Johnny Rotten?'" Quando Roberta perguntou sobre seus próprios planos, Sid manifestou o desejo de fazer algo com Johnny Thunders: "Pense no que aquele grupo (os Heartbreakers) poderia ser comigo, Thunders, Nolan e Walter Lure", meditou. "E seria um incentivo para eu ficar saudável também."

#

John chegou de volta ao Reino Unido em 23 de janeiro e acrescentou outra mentira ao mar de mitos e inverdades ao redor dos Sex Pistols desde sua aparição no *Today*, 13 meses antes. Ele informou aos repórteres esperando para saudar sua chegada em Heathrow que "os Sex Pistols não haviam acabado; é tudo um truque de publicidade. Estou me divertindo muito com essa história toda. Ainda existo e estou me divertindo". Enquanto certos escribas famintos por manchetes e menos conhecedores dos Sex Pistols e da máquina de propaganda da Glitterbest – jornais como o *Daily Telegraph* e o *Daily Mail* – morderam a isca e correram de volta à Fleet Street, repórteres experientes que mantinham seus ouvidos no chão não foram tão facilmente enganados. Quando um desses últimos perguntou sobre seus planos, John brincou: "Nem tive tempo ainda de pentear meu cabelo. Deem uma chance à garota".

Como os jornais de música já haviam sido impressos quando a história explodiu, só puderam comentar sobre a separação na semana seguinte. A edição de 28 de janeiro do *Sounds* deixou seu epitáfio para a amiga de John, a amante de *reggae* Vivienne Goldman, que expressou o que muitos dos primeiros fãs da banda também estavam pensando: "Os Pistols tinham de terminar em uma explosão se realmente falavam sério, cara". Tendo citado a amizade estremecida de John e Sid, a tensão nas relações entre John e Malcolm e a desilusão coletiva de John, Steve e Paul "com as farras autodestrutivas" de Sid como principais razões para a dissolução, Goldman compôs o que deveria revelar-se como uma presciente peça de jornalismo: "Não importa o que digam uns dos outros publicamente, John trabalha em uma parceria afiada com Steve; e Paul e Steve compõem uma forte unidade". E continuou acrescentando que "boatos próximos à banda sugerem que não é inconcebível que John, Paul e Steve se juntem novamente".

A edição especial do *Record Mirror* dedicada aos Sex Pistols, que trazia uma foto colorida da banda em sua página dupla central, continha resenhas do livro *The Sex Pistols*, de Fred e Judy Vermorel, e do show do Winterland; também cobria os últimos acontecimentos relacionados à dissolução da banda em sua página de notícias; a coluna de humor "Off Centre" do jornal – acompanhada de um desenho nada lisongeiro – opinava: "A divulgada dissolução do internacionalmente aclamado grupo de punk rock, os Sex Pistols, não provocou até agora protestos públicos, imposição de toque de recolher em Bromley... ou uma seca na Índia". Descrevendo a sensação dos Sex Pistols com "um passo além de um rojão molhado", o *Record Mirror* decidiu sondar "algumas figuras proeminentes aos olhos do público", sobre seus pontos de vista a respeito do fim dos Sex Pistols. Um tanto surpreendentemente, nenhum dos interrogados pareceu muito chocado pelas notícias, mas então novamente o niilismo tende a ter uma curta vida útil: com os Sex Pistols aparentemente sem metas, era inevitável que a banda se voltasse para si mesma.

O ex-Pistols Glen Matlock expressou perplexidade: "É para valer então? Só sei o que li no *Sun*", brincou. "Poderia ser só um truque de publicidade. Já foi feito antes. Mas agora está chegando a um ponto que vai além da piada." Outro baixista a quem pediram opinião foi Bruce Foxton, do Jam: "Bem, acho que é apenas mais um truque de publicidade de Malcolm McLaren", disse, também escolhendo a vertente do "truque publicitário". "Caso seja verdade, não fico tão chateado. Eles fizeram grandes discos, mas seu final não me afeta de nenhum outra forma."

Quem definitivamente não estava nada triste com as notícias era o DJ Tony Blackburn, da Radio One: "Tenho certeza de que sobreviveremos muito felizes sem eles", exultou. "A *new wave* já está de saída de qualquer forma. Não vou chorar por isso." Além de oferecer citações de John e Malcolm furtadas da capa do *Sun*, o engravatado assessor de imprensa da Virgin, Al Clark, declarou na "Off Centre": "Atualmente os Sex Pistols estão descansando uns dos outros", teria sido a declaração de Clark. "Uma situação provocada em grande parte por sua turnê americana e pelo risco de se tornarem celebridades do rock, o que era precisamente o tipo de estereótipo contra o qual resistiam. Além disso, bandas construídas com detonadores internos queimam brilhantes em explosões breves. Rotten e Sis (sic) Vicious e Malcolm McLaren estão em Londres. Steve Jones e Paul Cook estão no Rio de Janeiro. Até que toda a banda se reúna em um mesmo lugar não há muito mais a dizer. Estão todos contratados por nós para vários (sic) álbuns por vir."

#

Em 21 de janeiro, com o visto para expirar no dia seguinte – e a equipe do hospital sem nenhum desejo de estender sua estada –, Sid deu-se alta e embarcou em um avião de volta a Londres. Embora não houvesse repórteres para recebê-lo em sua chegada a Heathrow, estava de volta aos braços de sua amada Nancy. Além de cumprir as obrigações contratuais como Sex Pistol a fim de receber seu salário semanal de 60 libras da Glitterbest ou conceder entrevistas bizarras, ele retirou-se para trás dos muros de seu esconderijo em Maida Vale, onde, com Nancy, mergulhou fundo no pesadelo narcótico do qual nenhum dos dois escaparia.

Em 24 de fevereiro, no entanto, Sid viu-se de volta ao microscópio da mídia depois de sua aparição na corte com Nancy por conta das drogas no dia anterior. O *Sun* liderou a caça às bruxas com sua manchete de capa "Sex Pistol e Namorada em Investigação sobre Drogas" acompanhada por uma foto de Sid tirada por Bob Gruen durante a viagem promocional da banda a Luxemburgo, em novembro. E era sem dúvida uma caça às bruxas. Embora Sid e Nancy tenham sido pegos em posse de metanfetamina, um psicoestimulante mais comumente conhecido nas ruas pelo nome de "cristal", a quantidade encontrada com eles era, de acordo com o advogado do casal, "a menor já conhecida e invisível ao olho humano". Fevereiro também marcou a volta de Sid aos holofotes quando foi convidado para assumir a bateria do grupo de Johnny Thunders, apropriadamente chamado "The Living Dead" ("Os Mortos Vivos") no palco do Speakeasy. Porém, a cena havia mudado desde setembro de 1976, e este não era nenhum tipo de 100 Club Punk Fest. Thunders podia ser um viciado, mas levava sua música muito a sério e o retorno triunfante de Sid terminou em vergonhoso fracasso quando Johnny o ejetou do palco depois de ele desmaiar sobre a bateria.

Sob circunstâncias normais, ser ejetado da corte de Johnny Viciado não soaria como sentença de morte das aspirações musicais de ninguém. Entretanto, Sid não era apenas "ninguém" e, com os Sex Pistols nas manchetes em 19 idiomas, ele não seria deixado lambendo suas feridas por muito tempo. A prova disso veio quando a Virgin lançou sua rendição punk ao clássico atemporal de Frank Sinatra "My Way" como um *single* de lado A duplo – a outra faixa era "No One Is Innocent" (VS220); foi o primeiro *single* dos Sex Pistols pós-Johnny Rotten, e o lançamento ocorreu em 30 de junho de 1978. Por incrível que pareça, dado seu *status* icônico hoje em dia, quando "My Way" foi originalmente lançada em 1969, empacou como número 27 da Billboard. Iria, no entanto, sair-se muito melhor no Reino Unido, onde alcançou o quinto lugar e tornou-se o *single* mais vendido do ano. O compositor da música, Paul Anka, tendo comprado os direitos de publicação da canção francesa "Comme d'habitude" dois anos antes sem ter em mente nenhum uso específico de sua emocionante melodia, começou a escrever a letra reflexiva destinada a tornar-se a "assinatura musical" de Sinatra depois de jantar com "os velhos olhos azuis" na Flórida. Ao ser entrevistado para uma retrospectiva de "My Way", em 2007, Anka disse que havia ficado "um tanto perturbado" pela versão de Sid, mas estava disposto a conceder que Sid havia sido sincero em sua interpretação.

Sid havia gravado a canção em Paris, em 10 de abril, no Studio de La Grande Armée, em Porte Maillot, no Quartier de l'Europe da capital francesa. Embora os serviços de Chris Thomas não tenham sido requisitados, a mixagem final incluiu um arranjo de cordas de Simon Jeffes da famosa Penguin Café Orchestra. Na verdade, ele só foi informado sobre a finalidade de seu arranjo semanas mais tarde para evitar problemas caso ficasse muito ansioso a respeito! Os *riffs* característicos de Steve, já então sua marca registrada, deram a "My Way" um tempero de Sex Pistols.

Apesar da proibição generalizada nas estações de rádio, bem como do veto previsível das cadeias de lojas/guardiãs da moral nacional Woolworths, Boots e W. H. Smith – todas se recusaram a estocar a última ofensa dos Sex Pistols –, o *single* entrou para o Top 10. As duas músicas, é claro, estariam em *A Grande Trapaça do Rock'n'Roll*, bem como no álbum duplo da trilha sonora. Em uma repetição do fiasco que havia cercado o lançamento de *Never Mind The Bollocks*, 18 meses antes, a Virgin seria forçada a apressar o lançamento da trilha sonora em 26 de fevereiro de 1979 para combater a versão importada da Barclay.

Começaram a circular boatos de que Ronnie Biggs seria levado de helicóptero para cantar "No One Is Innocent" com Steve e Paul na cobertura do estúdio da ITV, de onde o programa noturno das noites de sábado *Revolver*, voltado para música punk/new wave e apresentado por Peter Cook, seria transmitido. Infelizmente, eram boatos infundados. Enquanto o público do programa no estúdio seria utilizado para o vídeo promocional, aqueles de nós grudados em nossos aparelhos de televisão só teríamos acesso àquele deleite cinematográfico quando *A Trapaça do Rock'n'Roll* chegasse aos cinemas, uns dois anos depois.

Caso "My Way" tivesse sido selecionada como único lado A do *single* – como na França –, então seria provável que a música tocasse no rádio e seu vídeo promocional (rodado no Olympia de Paris, no Boulevard des Capucines, em 23 de abril de 1978) talvez aparecesse no *Top Of The Pops*. Da forma como aconteceu, Malcolm teve de confiar em velhos amigos de Tony Wilson, que devem ter se valido de sua influência com os poderosos da Granada para que o vídeo estreasse no *Granada Reports*, a revista de notícias da emissora de televisão regional, na quarta-feira, 5 de julho.

Três anos haviam se passado, mas a intuição de Vivienne sobre as capacidades de Sid como homem de frente havia finalmente sido posta à prova. Embora o estilo vocal de Sid fosse uma pálida imitação do cáustico desvario de Johnny Rotten, Malcolm, Julien Temple, Boogie e todos os outros que testemunharam a performance fanfarrona de Sid vestido de *smoking* no salão musical mais antigo – e de maior prestígio – de Paris, souberam que o desajeitado baixista tinha finalmente achado seu forte. Infelizmente para Malcolm, porém, Sid tinha apenas concordado em gravar "My Way" em troca de sua assinatura em um papel renunciando suas responsabilidades empresariais sobre o músico. Depois de filmar as últimas cenas – mais notadamente os vídeos para "Something Else" e "C'mon Everybody", bem como a cena cortada do jubileu no quiosque –, Sid subiu em sua motocicleta e partiu para o crepúsculo dos Sex Pistols, em busca de fama e fortuna sob a orientação de sua nova empresária, Nancy.

Seria de se esperar que o *status* ressuscitado de Sid visse uma fila de astros de rock batendo em sua porta com a proposta de montar uma nova banda. Entretanto, com exceção de Roadent e Steve English, os únicos visitantes em Pindock Mews eram os amigos viciados que moravam na Sutherland Avenue e na Harrow Road nas redondezas, em busca de uma rodada grátis de droga e um lugar para passar a noite. "Tivemos algumas noites boas em Pindock Mews", diz hoje Roadent. "Isso, é claro, quando conseguíamos entrar", acrescenta. "Muitas vezes eu recebia um telefonema de Sid me convidando para um papo e alguns drinques. E durante todo o caminho até Maida Vale eu ia pensando: 'Bem, ele parecia bastante lúcido e de bom humor, então acho que tudo vai dar certo'. Mas quase sempre eu chegava lá e passava 20 minutos batendo na porta da frente antes de desistir e voltar para casa porque um de seus traficantes já havia feito sua visita."

No final de junho, Helen (Killer) Keller, que havia chegado a Londres vinda de Nova York várias semanas antes, mudou-se para o número 3 da Pindock Mews e permaneceu lá até Sid e Nancy partirem para Nova York. Helen, que já percorrera 5 mil quilômetros da Califórnia a Nova York para conferir a cena punk da cidade, decidiu que, já que estava a meio caminho de Londres, deveria ir até o fim e convenceu sua mãe a financiar seu bilhete de ida para o Reino Unido. Ao chegar à capital sem um centavo, Helen telefonou a Malcolm só para ouvir que telefonasse mais tarde, pois ele estava em reunião. Porém, enquanto andava pela King's Road pouco depois naquela mesma tarde, ela encontrou-se com uma conhecida de Los Angeles que a convidou para morar no cortiço onde estava vivendo com vários outros punks locais. Embora Helen tenha regalado seus colegas de casa com histórias sobre suas aventuras com os Sex Pistols, especialmente com Sid em Dallas e em San Francisco, só descobriu que os punks ingleses não acreditavam nela várias semanas depois. Tal descoberta aconteceu em uma tarde de sábado na King's Road, quando um de seus detratores parou e apontou em direção à BOY, onde Sid e Nancy estavam vasculhando as mercadorias da loja. "Por que você não entra e dá um alô para Sid", zombaram. Helen não tinha razão nenhuma para não entrar na loja, embora cinco meses houvessem se passado desde a última vez em que tinha encontrado com Sid, e ela também não tinha certeza de que ele se lembraria dela; e também havia Nancy para enfrentar. Porém, ela não precisava ter se preocupado, já que Sid viu Helen uma vez, foi em sua direção e lhe deu um abraço, e os detratores puderam apenas olhar em um silêncio envergonhado, enquanto Nancy dava boas-vindas à sua amiga compatriota com braços abertos e insistia para que ela se mudasse para a residência dos Vicious.

"Eles faziam coisas comuns como ir ao cinema", Helen nos contou. "E saíam para comprar mantimentos ou ir ao *chip shop*.* Só o quarto deles era pintado de preto, o resto do lugar era completamente normal". Sid e Nancy também levaram Helen para ver bandas em lugares como o Music Machine e o Electric Ballroom, em Camden Town. A lembrança permanente de Helen sobre Sid durante os dois meses em que esteve em Pindock Mews é de vê-lo pulando na sala de estar ao som de discos de Eddie Cochran vestido apenas com sua jaqueta de couro e cuecas com estampa de onça.

Um dos frequentadores regulares de Pindock Mews era o assistente de estúdio de 19 anos John Shepcott, que passou a noite de 12 de agosto acreditando ingenuamente que poderia acompanhar os níveis de tolerância de seus vizinhos mais ilustres e teve uma *overdose* com um coquetel de cocaína e heroína. Conta a lenda que Sid e Nancy levantaram a certa hora do dia seguinte para encontrar o jovem Shepcott deitado morto na cama ao lado deles. A morte prematura de Shepcott foi suficiente para estimular Sid e Nancy a procurarem ajuda entrando em um programa de metadona no hospital particular Bowden House, em Harrow-on-the-Hill, noroeste de Londres. De acordo com o *Collins English Dictionary*,

---

*N.T.: Estabelecimento comercial que vende peixe e batata frita, tradicional prato popular britânico.

a metadona é um "droga analgésico-narcótica similar à morfina, mas com risco menor de criar dependência". Mas o "risco menor de criar dependência" precisa da força de vontade do paciente. O que o dicionário também deixa de mencionar é que a abstinência de metadona pode de fato ser pior do que a de heroína.

#

A Virgin podia ter mantido a boca fechada sobre seus compromissos contratuais com os Sex Pistols, mas ficou claro que o selo seguiria o talento. John mal teve tempo para desfazer a mala antes de Richard Branson levá-lo, junto com seus amigos Don Letts, Dennis Morris e Vivienne Goldman, a uma viagem de três semanas à Jamaica com todas as despesas pagas. A ideia era que John, servindo como A&R não oficial, usasse seus ouvidos atentos para descobrir grupos locais de *reggae* com potencial, para contratá-los para a nova subsidiária do selo, a Front Line.

Muitos observadores viram a viagem como pouco mais que um meio de Branson bajular John. O chefe da Virgin nega desde então qualquer motivo ulterior por trás da viagem à Jamaica, embora algumas pessoas na época duvidassem disso. John poderia muito bem ter adquirido gosto pelo *reggae* durante suas idas, em meados de 1976, a clubes como The Four Aces em Dalston, cortesia de Don Letts, mas ele dificilmente poderia ser considerado um expert no gênero. E que outro propósito teriam Don, Dennis e Vivienne durante essas três semanas de missão de reconhecimento do *reggae* que não fazer companhia ao colega?

Além de ouvir fitas demo relaxando ao lado da piscina do Kingstone Sheraton Hotel (que seria citado na música do Clash "Safe European Home"), John ia para a Trench Town passear e fumar chalice (tipo de cachimbo de água jamaicano usado para fumar maconha) com astros do *reggae* como Peter Tosh, Big Youth, Burning Spear, U Roy e Prince Far I. John não era negro e não tinha *dreadlocks* (você deve ter notado), mas os rastas locais reconheceram nele um espírito anticolonial afim. Don diz que, após receber o convite em cima da hora de John para ir à Jamaica, juntou passaporte, a câmera Super-8 (a mesma que usou para fazer o hoje lendário *Punk Rock Movie*) e um par de cuecas velhas em uma sacola e foi para Heathrow.

A Jamaica era a terra dos antepassados de Don, mas seria a primeira vez que ele estaria na ilha, a qual, como admitiria mais tarde, lhe era tão estranha como deve ter sido para John. Uma visita surpresa à casa de seus avós terminou em comédia, já que ele e John fizeram a viagem ao bairro pobre onde o velho casal morava em uma limusine branca dirigida por motorista. Outro momento infeliz aconteceu quando Don acompanhou John ao refúgio de Joni Mitchell na ilha, e os dois foram forçados a encurtar sua visita depois de, sem querer, desrespeitarem o último álbum de Joni. Gafes à parte, a viagem à Jamaica foi um grande sucesso com vários entre os principais grupos de *reggae* contratados pelo selo Front Line de Branson, o que sugere que o chefe da Virgin teve justificado o envio de Rotten e companhia na jornada.

#

Enquanto John aproveitava suas férias sob o sol, Malcolm voltou a Londres principalmente para montar uma equipe de filmagem e encontrar Steve e Paul no Rio, mas também para ir a uma reunião convocada por Bob Regehr. O poderoso da Warner Bros queria falar sobre sua preocupação em ter colocado uma larga soma de dinheiro nos Sex Pistols, uma banda que agora só existia na imaginação de Malcolm.

Um indesejável contratempo legal surgiu graças ao advogado de Ray Stevenson, que ameaçava entrar em litígio contra a Glitterbest por esta ter interrompido a feitura do livro do fotógrafo: *Sex Pistols Scrap Book* (Ray foi forçado a publicá-lo por si só enquanto corriam as medidas legais, antes que a Omnibus Press decidisse publicá-lo com o nome *The Sex Pistols File*). Malcolm estava desesperado para conseguir com a Warner Bros 200 mil libras de adiantamento pelo filme, mas parecia que o único meio de conseguir isso seria resolvendo suas diferenças com John. Então, quando ouviu sobre a odisseia jamaicana de John, entregou a Boogie várias folhas de papel em branco, cada uma com sua assinatura, e lhe disse para reservar um assento no próximo voo disponível para a ilha.

A missão de Boogie era dupla: as folhas de papel assinadas deviam ser usadas para fazer propostas, falsas, para John se o vocalista aceitasse uma trégua e cooperasse com o filme em produção. Caso essa artimanha falhasse, então Boogie deveria tirar algumas fotos de John fumando um baseado à piscina para desacreditá-lo em casa. John, é claro, era esperto o suficiente para saber que, fossem quais fossem as promessas que Boogie estava fazendo em nome de Malcolm, não valiam o papel em que estavam escritas, e deu a seu antigo gerente de *roadies* uma resposta curta e grossa. Afinal, qual possível razão ele teria para fumar o cachimbo da paz com Malcolm quando tinha o ouvido de Richard Branson? Então, em lugar de voltar a Londres de mãos vazias, Boogie armou um posto de observação no Sheraton na esperança de

A Grande Trapaça do Rock'n'Roll, Steve Jones e Ronnie Biggs
Pôster promocional do filme *Trapaça*.

pegar John em flagrante com a *ganja* nas mãos. Sua descendência anglo-italiana pode ter lhe dado o semblante de um pele-vermelha quando bronzeado, mas Boogie continuou preso como uma bola de neve em um depósito de carvão e os nativos não eram nada gentis com intrusos; especialmente os que carregavam câmeras. Quando o infeliz Boogie foi descoberto escondido entre os arbustos com suas lentes apontadas em direção ao quarto de John, foi sumariamente atirado na piscina.

#

Steve e Paul também desfrutavam de uma espécie de "férias de negócios" no Rio de Janeiro com Ronnie Biggs. Na manhã de 17 de janeiro, com todos os shows cancelados e sua agenda imediata vazia, os dois músicos tinham acompanhado Malcolm e Boogie a Los Angeles para ver o que a Cidade dos Anjos tinha a oferecer, antes de voar para o Rio para se encontrar com Biggs. Apesar de viver no exílio, Biggs sabia dos Sex Pistols graças a um amigo que tocou para ele o *single* de "God Save The Queen". O afável imigrante estava feliz por ter uma dupla de "bons e velhos garotos londrinos" para um bate-papo. Como diz John em *No Irish, No Blacks, No Dogs*, a decisão de Steve e Paul em permanecer com Malcolm em lugar de ficar ao seu lado não foi tomada por maldade, mas por ser o atalho mais fácil na época.

Ao contrário de John, que havia insistido para que seu nome constasse no registro de imóveis da casa recentemente comprada em Gunter Grove, em Chelsea, Steve e Paul tinham permitido ingenuamente que Malcolm assinasse o contrato de locação de seu apartamento na Bell Street, e foram deixados com poucas opções além de dançar conforme a música do empresário. Sid, evidentemente, estava em posição similar, com o contrato de locação de Pindock Mews em nome de Sophie Richmond.

Tendo conseguido, embora temporariamente, aliviar as preocupações de Regehr enviando Boogie para sua malfadada missão de reconciliação à Jamaica, Malcolm voou para o Rio a fim de se juntar a Steve, Paul e a equipe de filmagem. Para impedir que sua pálida figura fosse exaurida pelo calor escaldante, passou a usar um boné de beisebol e óculos escuros, o que deu a ele uma semelhança mais do que ligeira com o piloto Niki Lauda e levou os brasileiros a tomá-lo por "Niki". Lauda, naturalmente, havia sido forçado a usar um boné para esconder a cicatriz facial adquirida em um acidente quase fatal no Grande Prêmio da Alemanha, em agosto de 1976.

Além de tomar banhos de sol e paquerar o bando de belezas brasileiras a desfilar pela lendária praia carioca de Copacabana, Steve e Paul foram a um estúdio local gravar duas músicas, com Biggs (a quem a equipe de imprensa da Virgin apelidaria inevitavelmente de "Ronnie Rotten") nos vocais, para ser incluídas na trilha sonora de *A Grande Trapaça do Rock'n'Roll*. Uma delas era a já mencionada "No One Is Innocent" (também conhecida como "A Punk Prayer"), ao passo que os outros estavam retrabalhando "Belsen Was A Gas". Malcolm tinha querido originalmente chamar "No One Is Innocent" (na qual Biggs propõe o perdão para os crimes dos Assassinos de Moors, Ian Brady e Myra Hindley, do ditador da Uganda Idi Amin e do nazista fugitivo Martin Bormann) de "Cosh the Driver" ("Porrete no Maquinista"), uma referência distorcida ao ataque dos assaltantes do trem ao maquinista Jack Mills. A Virgin rejeitou essa proposta, o que forçou Malcolm a repensar o título. Havia também uma questão sobre a arte original da propaganda do *single* feita por Jamie Reid, com o título "No One Is Innocent", apresentando uma foto do próprio Branson com seu braço ao redor de uma colegial premiada, junto com a frase "Três vivas para o pedófilo da escola pública!'". Essa imagem, evidentemente, também seria arquivada até muitos anos depois.

Em uma entrevista exclusiva por telefone conduzida pelo editor do *Record Mirror* Tim Lott, publicada na edição de 15 de julho de 1978 – época em que "No One Is Innocent" estava subindo na parada britânica –, Biggs disse que sua "prece punk" era ao menos "metade séria", já que tinha colocado muito de seus próprios sentimentos na letra. "Se é mau gosto ou não, depende de seu ponto de vista", o filosófico ladrão de trem disse a Lott através da barulhenta linha telefônica transatlântica. "A mensagem da música é simplesmente esta: se Deus vai salvar a rainha, então deve salvar Myra Hindley, Martin Bormann e Ian Brady. Ele tem de salvar a todos ou a ninguém; porque ninguém, absolutamente ninguém, é inocente", acrescentou como se fosse um teólogo. Quando Lott questionou Biggs sobre ter escrito vários novos versos – igualmente insípidos – para "Belsen Was A Gas" a fim de substituir os originais escritos por Sid, o assaltante negou que estivesse fazendo dinheiro à custa de um dos episódios mais vergonhosos da história: "'Belsen Was A Gas' já tinha sido gravada pelos Sex Pistols antes de eu me envolver com eles", disse em sua defesa, antes de acrescentar levianamente: "De qualquer forma, Belsen foi um gás. As pessoas foram mortas com gás". (Ronnie deveria ter prestado mais atenção nas aulas de história da escola, já que o campo de concentração de Belsen – onde a jovem escritora holandesa do famoso diário Anne Frank perdeu a vida – não possuía câmara de gás.)

Caso alguém não tivesse captado as vibrações de direita emanando do Rio, Malcolm contratou o ator norte-americano James Jetters – talvez mais conhecido por estrelar a versão original de 1976 de John Carpenter de *Assalto à 13ª DP* – para posar usando um uniforme nazista como Martin Bormann, papel que ele já havia interpretado para Russ Meyer.

Lott concluiu sua entrevista perguntando a Biggs o que ele esperava ganhar com sua inesperada aventura na música pop: "Desejo fazer um bom dinheiro", Biggs respondeu. "Mas tenho estado envolvido em tantas barcas furadas, em tantas promessas que não vingaram", acrescentou melancolicamente, "que agora não coloco muita expectativa em nada". E "Ronnie Roqueiro" estava certo, porque, embora tenha conseguido tirar alguns milhares de dólares de Malcolm, nenhum *royalty* jamais foi visto em sua conta no Rio.

Malcolm foi forçado a interromper sua agenda de filmagem no final de fevereiro e voar para Los Angeles para comparecer a uma audiência de reconciliação arranjada por Bob Regehr na tentativa de conseguir um acordo sobre *Trapaça*, de forma que a Warner Bros pudesse recuperar parte dos seis dígitos de seus gastos com os Sex Pistols. Dessa vez, a Warner queria ambos os protagonistas onde pudesse vê-los, entrando até mesmo com dinheiro suficiente para que John trouxesse sua mãe Eileen para umas férias em Los Angeles. O mês passado desde seu último encontro amargo no Miyako em San Francisco pouco contribuíra para suavizar os sentimentos de John por seu antigo empresário. Ainda antes de sentar-se à mesa de negociações com Malcolm, John deixou claro que não tinha quaisquer intenções de voltar a trabalhar com os Sex Pistols. Ele era até mesmo da opinião de que a Warner deveria em vez disso pensar em financiar seus futuros projetos musicais. As esperanças de Regehr a respeito de John reconsiderar ao menos sobre dar seu consentimento ao projeto *Trapaça* foram trituradas na manhã seguinte quando John e Malcolm ficaram cara a cara no Continental Hyatt House Hotel. O vocalista propositalmente impôs várias cláusulas de contrato não negociáveis, com as quais ele sabia que Malcolm jamais concordaria.

#

Além de buscar ajuda para curar sua dependência crônica de drogas durante o verão, Sid também tentou reavivar sua amizade com John na esperança de que pudessem trabalhar juntos no futuro. Apesar de Sid ter chamado John publicamente de "imprestável" meses antes – e de assassiná-lo moralmente na entrevista feita por Rosalind Russel para o *Record Mirror* –, John estava surpreendentemente receptivo à ideia de uma colaboração musical; sua única preocupação era que agora Sid tinha experimentado o sucesso diante do microfone, qual poderia ser seu papel nessa aventura? Em seu próprio jeito inimitável, Nancy sabotou a colaboração, bem como as esperanças de Sid de uma reconciliação, informando a John que ele poderia ser o baterista da nova banda de seu amado!

Em uma noite no começo de agosto, Sid e Nancy fizeram outra visita a Gunter Grove. Agora, embora gostaríamos de pensar que tal visita era para que Sid pudesse se desculpar por Nancy ter insultado John em sua própria casa, era mais provável que o casal estivesse lá com convites para a festa depois do seu próximo show individual no Electric Ballroom, em Camden Town, no dia 15. Embora o casal pudesse ouvir ruídos vindos do andar de cima, onde John gostava de receber a turma da meia-noite, ninguém respondeu a suas batidas incessantes, então eles desistiram e voltaram para Pindock Mews. Sid, no entanto, devia ter uma necessidade preemente de falar com John, porque ele e Nancy

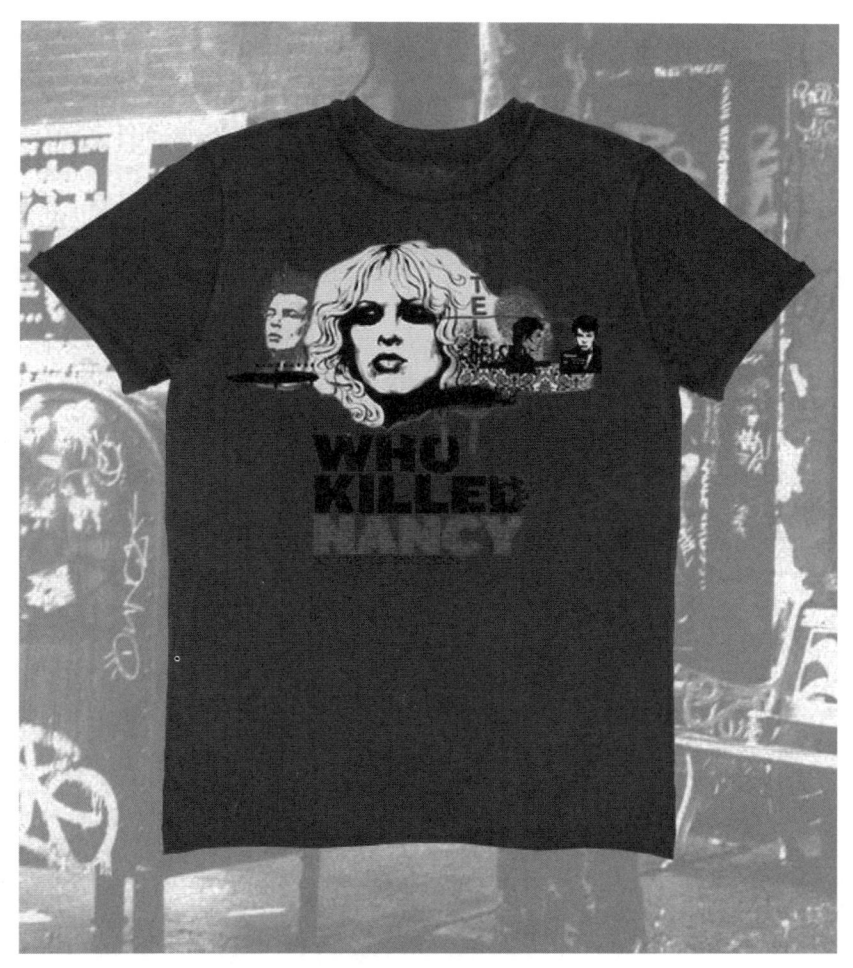

Who Killed Nancy – *camiseta do filme.*

voltaram a Gunter Grove mais tarde naquela mesma noite; novamente não tiveram nenhuma resposta.

Sid não gostou nada de ser ignorado, especialmente depois de atravessar Londres, e procurou o telefone público mais próximo, onde descarregou sua raiva por vários minutos antes de voltar ao lar de John e chutar sua porta da frente. O que aconteceu a seguir foi sempre cercado de mistério e intriga, mas o que sabemos é que Sid e Nancy foram atacados por Wobble ou Paul Young ou outro dos companheiros de John de Finsbury Park, quando subiam as escadas. Sid depois afirmou que foi atingido por um machado, mas Wobble, que atendeu ao telefone e foi a vítima aleatória do discurso raivoso, sempre contestou essa versão e diz que Sid tropeçou nas escadas e bateu a cabeça contra o triturador de metal encaixado na moldura da porta. Machado ou acidente não fazia diferença aos olhos de Sid, com Nancy também sendo ferida durante o ataque: desnecessário dizer, o convite para depois do show permaneceu no bolso de Sid. O show do Electric Ballroom foi o canto do cisne de Sid no Reino Unido; um show beneficente com ele como beneficiário, para levantar fundos para uma vida nova em Nova York. Embora fosse improvável que John fosse ao show de Camden de qualquer maneira, ele não poderia saber que jamais veria ou falaria com Sid novamente.

Porém, um ex-Sex Pistol presente no show do Electric Ballroom foi Glen Matlock. Glen nunca guardara qualquer ressentimento por Sid, já que seu problema fora sempre com John. Ele ofereceu seus serviços e ventilou a ideia de fazerem algo juntos durante uma cerveja no pub Warrington (localizado no final da Warrington Avenue em Maida Vale), perto de onde ambos viviam na época. Combinaram que Glen tocaria baixo deixando Sid livre para cantar; Glen trouxe seu parceiro e em breve ex-Rich Kid Steve New para assumir a guitarra e seu amigo em comum com Sid, Rat Scabies, para a bateria. Depois da dissolução do Damned no começo do ano, Rat tinha montado sua própria banda, The White Cats. Os quatro, então, decidiram amalgamar seus nomes e assim nascia o Vicious White Kids.

Glen tinha reservado uma semana de ensaios no John Henry's Rehearsals, em Islington, mas, como fariam apenas um show, havia pouca necessidade de novas composições. Em vez disso, o grupo improvisado trabalhou em um conjunto de nove músicas consistindo em "My Way", bem como "Something Else" e "C'mon Everybody" de Eddie Cochran (que se tornariam sucessos póstumos de Sid), "Belsen Was A Gas" e alguns poucos clássicos do rock'n'roll, como "(I'm Not Your) Stepping Stone" dos Monkees e "(Don't You Gimme) No Lip" de Dave Berry, ambas do repertório do começo dos Sex Pistols. Com dois Sex Pistols na linha de frente, há que se pensar por que eles não incluíram algumas músicas originais da banda no show, como "Pretty Vacant" de Glen, para mandar o público de Camden (que incluiria aristocratas punk como Captain Sensible, Viv Albertine, Debbie Harry e Joan Jett) diretamente para o espaço de tanta empolgação.

Por que não usar o elo com o Damned como desculpa para tocar "New Rose" também? Afinal Sid havia quase entrado para a banda em 1976. Helen Keller também estava no show e, talvez não surpreendentemente, achou-o fantástico. Incidentalmente, Helen não concor-

Who Killed Nancy – *pôster do filme.*

da totalmente conosco sobre a premissa de que, caso Sid não tivesse morrido, então não teria restado nada para Billy Idol fazer. Ela também deixou escapar em *off* durante as filmagens de *Quem Matou Nancy* que Sid havia dado de presente a ela seu *smoking* branco do vídeo de "My Way" (roubado posteriormente) antes de ir para Nova York.

Seria de se esperar que Sid levasse Roadent para ser o gerente de palco de seu show de uma noite, mas em vez disso essa honra recaiu para o gerente de *roadies* do Clash, Johnny Green. Johnny admite prontamente ter ficado extasiado com a performance de Sid, mas isso apenas durante a checagem de som, pois nosso herói havia voltado ao seu normal quando a cortina subiu. Vários anos depois, Glen estava almoçando com Rob Dickens, o então diretor da Warner Bros que havia contratado os Rich Kids para um acordo de publicação com a Warner Bros Music. Ele ficou bastante surpreso quando Dickens comentou que em sua opinião os Vicious White Kids haviam sido a melhor banda do currículo de Glen. Quando Glen perguntou por que então a Warner não havia lhes oferecido um contrato – o que poderia ter feito Sid repensar sua ida para Nova York –, Dickens disse que, embora acreditasse que Sid possuía talento natural de *performer*, ele estava no negócio tempo suficiente para reconhecer uma causa perdida: ou talvez devêssemos entender que ele sabia reconhecer um "cadáver perdido" quando via um.

E então, em 23 de agosto de 1978, depois de oferecer uma afetuosa e derradeira despedida aos poucos amigos que haviam deixado em Londres, Sid e Nancy seguiram para Nova York.

CAPÍTULO 14

And Now, The End Is Near...

> *"Quando chegaram a Nova York não eram astros, podiam andar por todos os lugares, pouquíssimas pessoas sabiam quem eram! Quando muito, eram 'famosos' no underground."*
> Sturgis Nikides

Ao chegarem à *Big Apple*, Sid e Nancy hospedaram-se no Chelsea Hotel, West 23 Street, com os nomes de senhor e senhora John Ritchie. Nancy havia ligado para casa várias semanas antes pedindo dinheiro para sua mãe Deborah para que ela e Sid pudessem se casar, embora Deborah recusasse, suspeitando, com razão, de que o dinheiro seria gasto com drogas. Antes de irem para Heathrow, Nancy, seguindo o lema dos escoteiros "sempre alerta", havia escondido a dose de metadona do casal dentro de uma embalagem plástica do detergente Fairy Liquid. Não que houvesse alguma necessidade de preocupar-se sobre de onde viria sua próxima dose, já que a maior parte da clientela do "Hotel da Heroína" era formada por dependentes incuráveis da droga. E, se acontecesse de nenhum dos residentes ter a droga, então os mensageiros do Chelsea ficariam felizes em ajudar.

Até 1899, os 12 andares com fachada de tijolos vermelhos do Chelsea tiveram a honra de compor uma das estruturas mais altas de Nova York. O hotel havia aberto suas portas em 1884 para servir como a primeira cooperativa de artistas de Nova York. O empreendimento durou dez anos antes de falir, mas depois de uma reforma o Chelsea reabriu como hotel em 1905. Nas décadas seguintes, tornou-se uma espécie de lar para escritores luminares como Mark Twain, Thomas

Wolfe, Brendan Behan e Eugene O'Neill. No final dos anos 1970, porém, o hotel – como a própria Nova York – havia caído em grave declínio, e era então refúgio de aspirantes a ator em busca de uma chance na Broadway, bem como para músicos miseráveis.

"Não era o pior lugar da cidade de forma alguma", o ex-residente do Chelsea (e antigo guitarrista do Neon Leon) Sturgis Nikides nos contou. "Na época você não poderia reservar um quarto por mais de uma noite nem no St. Mark's (St. Mark's Hotel, na St. Mark's Place, no East Village)", acrescentou. "As paredes estariam cobertas de sangue onde os hóspedes anteriores houvessem removido as bolhas de ar antes de administrar sua dose antes de dormir". John Holmstrom endossa essa visão. "Quando me mudei de Connecticut para Nova York, por volta do verão de 1973, não podia ficar no Chelsea porque 100 dólares por mês era muito dinheiro na época. Para colocar isso em perspectiva, havia muitos lugares em Manhattan onde se podia ficar por 10 dólares por semana."

Antes de deixar Londres, Nancy não hesitou em encher a cabeça de Sid com histórias sobre a próspera cena punk rock da cidade e como um astro de rock de sua envergadura seria recebido de braços abertos pela cidade. Entretanto, a *Big Apple* ainda se ressentia por ter sido esnobada pelos Sex Pistols em janeiro último, e a cidade vingou-se ignorando a chegada de Sid – não se importando com o fato de que sua amante/empresária/mãe de aluguel fosse nativa. Felizmente para Sid, no entanto, o talento de Nancy para compromissos verbais significava que ela estava apta a assegurar para seu amante várias datas no Max's Kansas City localizado na Park Avenue South.

O lendário restaurante/clube noturno de dois andares que hoje é uma mercearia coreana é geralmente lembrado como o primeiro bar de Manhattan voltado para o estranho e o maravilhoso. Quando seu colorido proprietário Mickey Ruskin abriu suas portas pela primeira vez em dezembro de 1965, o lugar servia predominantemente como ponto de encontro do coletivo de artistas, poetas, músicos e escultores da New York School, antes de ganhar proeminência graças ao patrocínio de Andy Warhol. Durante a década seguinte, o Max's havia sediado shows de artistas como Bruce Springsteen, David Bowie e Bob Marley, bem como os pais do punk: Velvet Underground, os Stooges e os New York Dolls. A adoração de Sid pelos Dolls e pelos Ramones, e a garantia de Nancy de que a heroína jorraria das torneiras, significava que Nova York era claramente o lugar para ele tentar estabelecer uma carreira solo. Porém, embora Johnny Thunders e Dee Dee Ramone pudessem funcionar sob sua influência, e ainda criar melodias cativantes de quebra, tudo que Sid tinha para levar à festa era sua dose. No entanto, seu *status* de celebridade como ex-Sex Pistol assegurou que haveria muitos músicos locais dispostos a lhe oferecer seus serviços. O primeiro a colocar seu nome na lista foi o guitarrista dos Dead Boys, Cheetah Chrome, depois de encontrar Sid e Nancy por acaso no escritório do gerente do Max's, Peter Crowley. Chrome firmou a proposta convidando-os para seu apartamento para experimentar um pouco de suas drogas, onde seu parceiro de moradia e baixista dos Dead Boys, Jeff Magnum, foi cooptado. Tendo recrutado o amigo Dead Boy, Jimmy Zero, bem como Jerry Nolan, Chrome e Magnum chegaram a ponto de marcar ensaios antes de Nancy chamar a dupla para uma reunião no Max's para informar aos Dead Boys que eles – e Zero – não faziam mais parte dos planos de Sid. Ter estado nos New York Dolls e nos Heartbreakers, bem como entre as pernas de Nancy, significava que Nolan estaria sempre em algum lugar e ele de fato ocupava a bateria quando Sid – e sua banda improvisada para aquela noite, os Idols – fez sua estreia no Max's em 7 de setembro.

Além de Nolan, os Idols consistiam no ex-parceiro da sessão rítmica do baterista nos New York Dolls, Arthur "Killer" Kane (que emprestou de Sid o baixo Fender respingado de sangue para o show) e o amigo de drogas de Sid e Nancy de Londres, Steve Dior (Stephen Hershcowitz) na guitarra. Steve, ele mesmo um dependente de heroína, havia conhecido Sid enquanto andava com uma turma de Warrington Crescent exatamente antes da explosão do punk no Reino Unido. Uma amizade com Glen fez dele um visitante regular da Denmark Street, onde frequentemente participava de *jams* com Glen, Steve e Paul. A inexplicável inimizade de John contra o jovem judeu de classe média de Kensington significou que Sid inicialmente tivesse uma antipatia por ele. Mas, uma vez que Sid desenvolveu o gosto pela heroína, cortesia de Nancy, ambos se tornaram amigos; Sid até mesmo confiou em Steve para ficar de olho em Nancy enquanto ele estava fora em turnê com os Pistols.

Ele estava presente na noite em que Sid ligou de Tulsa para dizer a Nancy que tinha acabado de fazer sexo com um travesti e divertiu-se ouvindo Nancy dizer a seu amante que tudo bem, contanto que não fosse com outras garotas. Steve, naturalmente, é uma das poucas pessoas que têm algo de positivo para dizer sobre Nancy. "Sim, ela chiava muito", diz ele imitando o anasalado sotaque nova-iorquino de Nancy. "Mas ela realmente tinha um coração de ouro. Lembro de encontrá-los na Canal Street logo depois de sua chegada a Nova York, e aconteceu de eu estar usando um par de chinelos chineses que já tinham tido dias melhores; de fato meu dedão estava saindo para fora de um deles. E Nancy insistiu em comprar para mim um par novinho de botas de motocicleta e nunca me deixou pagá-lo de volta, mesmo eu tendo feito um bom dinheiro com os shows no Max's."

De acordo com Steve – cuja irmã mais nova, Esther, também era íntima de Sid e Nancy por estar saindo com Jerry Nolan à época –, Johnny Thunders foi também solicitado para os shows no Max. Porém, um desentendimento entre o guitarrista e Nolan no dia anterior à abertura do show levou Steve a chamar Mick Jones, que por acaso estava na cidade com Joe Strummer supervisionando a mixagem de *Give 'Em Enough Rope*. No início, Mick hesitou em envolver-se, mas eventualmente cedeu diante da pressão de Joe. Embora o homem das seis cordas do Clash não fosse estranho às drogas, Mick teria ficado tentado a sugerir uma mudança de nome do próximo e segundo álbum pela CBS do Clash para *Give 'Em Enough Dope,* já que depois comentou que havia dividido o palco com pessoas tão distantes das drogas quanto alguém possivelmente estaria sem estar morto.

Apesar de suas reservas, Mick estava feliz por ter estado no show, portanto ficou chateado quando não o convidaram para tocar na noite seguinte. Surpreendentemente, a restrição tivera sua origem em Sid, que havia crescido acostumado a tocar com apenas um guitarrista e tinha criticado o estilo faustoso da guitarra de seu velho parceiro. Steve também se lembra de Sid dando uma chamada nele e em Mick por não terem feito a mudança de acordes em "My Way". Ele e Mick haviam passado a tarde do show de estreia escutando o *single* mais e mais vezes sem perceberem a mudança de tom em meio à música, mas ela não poderia ser podada: Não tocar "My Way"? De jeito nenhum! Assim, firmou-se um verdadeiro compromisso punk rock de que tocariam a música até a dita mudança de tom antes de caírem mortos e saírem do palco. Vários meses se passariam antes que os caminhos de Steve e Mick se cruzassem novamente, e as primeiras palavras da boca de Mick foram para deixar claro a Steve que não tinha havido nenhuma mudança de tom; ele simplesmente fora excluído pela improvisação de Steve Jones.

Ao todo, Sid fez oito aparições no Max's naquele mês de setembro. Enquanto Steve admite sem problemas que vários shows foram caóticos – muito por conta da inabilidade de Sid para continar em pé até deixar o palco –, o guitarrista diz que os dois últimos, os de 28 e 30 de setembro (ambos no CD *Sid Lives*), foram realmente grandes performances. Dois em oito, no entanto, não compõem uma boa porcentagem, e a maioria dos nova-iorquinos que cedera à curiosidade deve ter pensado afinal do que se tratava aquela confusão ao verem Sid cambaleando no palco como um zumbi lobotomizado tentando lembrar-se das letras das músicas. "O show que vi era muito ruim", o simpático e muito atento Sturgis nos disse para *Quem Matou Nancy* (Soda Pictures). "Sid estava totalmente fora de si de heroína naquela noite e mal podia lembrar-se das letras das músicas! As pessoas ainda falam de Sid Vicious sendo lembrado como um astro de rock em Nova York, mas isso era apenas entre a fraternidade punk rock que consistia em um número restrito de pessoas. Colocando em outras palavras, ele não teria conseguido um quarto de motel em Cleveland."

Sid mal tinha entrado na casa dos 20 anos, mas 12 meses de abuso excessivo de substâncias o tinham envelhecido prematuramente e o tornado uma sombra da criatura viva que já fora. A heroína também tinha cobrado um pesado tributo sobre sua antiga beleza soturna. Durante a sessão de fotos de "God Save The Queen" apenas 15 meses antes, ele havia ficado tão preocupado com uma pequena mancha em sua face que cobriu o defeito indesejável com um *souvenir* do jubileu em forma de moinho de plástico estrategicamente posicionado. O orgulho pela aparência, naturalmente, é uma das primeiras vítimas da dependência de heroína; a emaciada forma física de Sid, e sua palidez de pergaminho, lembrava aquela dos confinados de Belsen que ele uma vez havia ridicularizado. Além disso, uma lamentável altercação unilateral de fim de noite com um marinheiro de licença em março o tinha deixado com o olho direito permanentemente semicerrado. Nancy porém estava em seu ambiente. Não importava que seu namorado morresse aos poucos todas as noites, porque para ela ter Sid aparecendo no Max's Kansas City havia elevado seu *status* entre seus pares. Em visitas anteriores ao clube, ela fora apenas outra *groupie* querendo trepar com quem estivesse tocando na noite. Mas agora era a senhora Sid Vicious e poderia orgulhar-se por ficar ao lado do palco.

Tendo descoberto da maneira mais difícil que Nova York não aceitava ser enganada de bom grado, a *Big Apple* deve ter parecido ainda mais amarga quando Sid descobriu que a metadona não era vendida sob prescrição médica. Então, uma vez que o Fairy Liquid secou, ele e Nancy foram forçados a pegar a fila da clínica da vizinhança na Spring Street para ter sua dose diária. Nessa fase, é claro, a metadona não era mais a única droga consumida pelo casal, e Sid e Nancy também estavam tomando barbitúricos como Tuinal e Dilaudid (uma morfina sintética normalmente dada a pacientes com câncer terminal). Diz-se frequentemente que os americanos não têm senso de perspectiva; para eles tudo é branco e preto, sem nuanças de cinza no caminho. Os vermes e viciados de todos os tipos na fila para ganhar sua dose diária para o esquecimento, tendo reconhecido Sid por verem sua foto no *Village Voice,* tomaram-no por seu valor nominal. Caso fosse chamado Sidney Estúpido ou Sidney Sarcástico, as pessoas apenas pediriam que ele as fizesse rir, mas, depois de muitas surras no Bowery, Sid começou a andar com uma faca para se proteger.

#

Os shows do Max's Kansas City tiveram um público razoável, mas, verdade seja dita, a maioria das 400 ou 500 pessoas ia para ver se essa seria a noite em que o trem avariado de Sid Vicious finalmente sairia dos trilhos. Tendo completado a data final no Max's em 30 de setembro – e sem outros shows até o primeiro dos dois marcados para 18 de outubro em Artemis, cidade de Nancy na Filadélfia –, Sid e Nancy afastaram-se do público e passaram as noites enfurnados em Chelsea, apagando sua existência miserável com uma cornucópia de drogas adquiridas com o dinheiro de Sid dos shows no Max's. O *status* de celebridade de Sid como um legítimo Sex Pistol assegurava que houvesse um fluxo constante de visitantes no quarto 100, para o qual o casal tinha se mudado recentemente depois de ter acidentalmente ateado fogo no colchão em seu antigo quarto no terceiro andar. Durante a primeira semana de outubro, os fundos de sobrevivência de Sid e Nancy receberam um impulso considerável por conta dos 20 mil dólares em *royalties* pagos pela Virgin Records por "My Way".

Como nenhum dos dois tinha uma conta bancária nos Estados Unidos, esconderam os maços de 100 dólares na última gaveta de um armário de cabeceira. Ter 20 mil dólares – um valor que hoje corresponde a cerca de 100 mil dólares – queimando em seu bolso coletivo significou que Nancy foi logo ao telefone conversar com os traficantes de drogas que operavam seus serviços no restaurante El Coyote, o bar dos moradores do Chelsea. Um deles era o cabeleireiro e aspirante a ator Michael "Rockets Redglare" Morro. Em algum momento das primeiras horas da manhã seguinte, Rockets chegou em Chelsea e subiu para o quarto 100, onde Nancy fez um pedido de 40 cápsulas de Dilaudid – conhecido por D-4 na rua – e pagou mais de 1.600 dólares.

Para uma descrição mais detalhada do que aconteceu nas próximas seis horas, recomendaremos inicialmente *No One Is Innocent* (Orion

Books). Em suma, Sid – alegremente fora de si por ter tomado Tuinol suficiente para derrubar uma triceratope no cio – acordou para encontrar uma trilha de sangue levando ao pequeno banheiro da suíte onde Nancy, vestida apenas de calcinha e sutiã pretos, jazia caída no chão entre o vaso sanitário e o lavatório: uma faca – sua recém-comprada Jaguar K-11 – saía de seu abdome. O dinheiro, é claro, havia sumido.

"Sid estava totalmente chapado naquela noite", diz o antigo astro de Sopranos Victor Colicchio, que vivia em Chelsea, e na verdade havia fornecido para Nancy as cápsulas de Tuinol. "Minha namorada na época, que estava pagando o aluguel, me disse que Sid queria algum Tuinol. Eu os tinha sob prescrição médica, sabe, e tinha muitos comigo, então desci ao andar do quarto de Sid onde Nancy me deu 60 dólares por umas 12 cápsulas, que era um preço acima do valor na rua. Quando dei uma passada por lá mais tarde, a caminho de ir ao quarto do Neon Leon em busca de alguma maconha, notei que a porta do quarto de Sid e Nancy estava aberta uns 15 centímetros e vi Nancy discutindo com um traficante (Steve Cincotti) que eu via andando pelo hotel de vez em quando. Sid estava deitado imóvel com o rosto na cama, e eu tipo percebi que não o veríamos até o dia seguinte."

Ninguém foi punido pelo assassinato de Nancy. Por 30 anos, os acontecimentos de 11 e 12 de outubro estão envoltos em mito, desverdades e mistério; um enigma para os adeptos do punk rock. Em *No One Is Innocent*, pusemos a arma do crime – ou a faca manchada de sangue – na porta de Rockets, mais porque ele viria a gabar-se para quem quisesse ouvir – incluindo o cineasta do *underground* Nick Zedd – que havia matado Nancy para pôr as mãos no dinheiro dos *royalties* de Sid, e os 20 mil dólares certamente sumiram do quarto do hotel. E também, no dia seguinte ao assassinato de Nancy, ele foi visto pavoneando-se pelo East Village vestido em novíssimas calças de couro e botas de caubói, pagando bebida para todo mundo, bem como falando em começar um selo de gravação de discos. É justo dizer que a justiça é que deveria decidir se ele foi 100% culpado, mas certamente suas mãos não estavam totalmente limpas; afinal, ele estivera sem um centavo no dia anterior. Rockets morreu em 1999 sem montar sua gravadora, enquanto seu talento de ator nunca foi além de um pequeno papel na estreia cinematográfica de Madonna em 1985 em *Procura-se Susan Desesperadamente* (ele é o taxista gordo que leva um calote da personagem Madge). Muitos dos antigos companheiros de Rockets, no entanto, têm convicção de que ele não tinha nada a ver com o assassinato de Nancy e que na verdade serviu como guarda-costas não oficial de Sid. O dinheiro que o viram jogando fora no dia seguinte do assassinato de Nancy podia ter sido os 1.600 que Nancy lhe tinha dado pelas cápsulas de Dilaudid.

Redglare, naturalmente, não foi o único Michael suspeito pela morte de Nancy. Quando entrevistado para o filme *Who Killed Nancy,* Steve Dior nos contou que, quando foi interrogado pela polícia de Nova York, os detetives que conduziam as investigações sobre o assassinato tinham mais ou menos admitido para ele que estavam praticamente certos de que Sid não havia matado Nancy e estavam ansiosos para falar com o Michael de quem Nancy havia se tornado amiga pouco antes de sua morte. Steve nos contou exatamente o que disse à polícia: ele não tinha ideia de onde esse misterioso Michael – que ele descreveu como um garoto punk magro de cabelo loiro, temperamento esquentado e um gosto por camisas xadrez com padrão azul – tinha vindo ou qual era seu relacionamento com Nancy. E o guitarrista ainda trouxe consigo um esboço feito a lápis do matador suspeito para nosso uso.

A dona de um estúdio de gravação em Los Angeles, Kathleen Robinson Wirt, que tentou ela própria fazer um documentário sobre o assassinato de Nancy nos anos 1980 – e entrevistou Elliot Kidd e Arthur Kane para seu projeto eventualmente cortado –, revelou que logo depois do assassinato Michael foi visto segurando um maço de notas de 100 dólares embrulhado na faixa de cabelo vermelha de Nancy. Kathleen também afirma que Michael estava ainda vivo e que tinha atacado sua amiga Ned logo após o assassinato; ela mostrou a entrevista filmada de Ned – que se recusou a pronunciar o nome de Michael diante da câmera temendo represálias – falando sobre o ataque.

Outro possível suspeito era o peculiar vizinho do Chelsea de Sid e Nancy, Neon Leon Webster, um aspirante a astro de rock e dependente de drogas, que conseguia pagar seu aluguel tocando em shows ocasionais no CBGBs e no Max's. Foi Webster quem plantou a semente do pacto suicida dizendo à polícia que Sid e Nancy o tinham visitado e à sua namorada *go-go girl* e *stripper* Cathi "Honi" O'Rourke no quarto 119 por volta das 21h45, permanecendo lá até a meia-noite, hora em que Cathi normalmente saía para trabalhar. De acordo com Leon, Sid e Nancy pareciam estar muito desanimados durante sua visita e Sid manteve-se chamando a si mesmo de "um nada" e dizendo que não tinha "futuro". A versão de Webster dos eventos também tem o casal legando-lhe seus bens terrenos, incluindo o portfólio de recortes de jornal de Nancy, vários discos de ouro dos Sex Pistols e a valiosa jaqueta de couro de Sid.

Isso – como a maior parte do que ele disse sobre aquela fatídica noite – simplesmente não se sustenta sob qualquer análise. Mesmo se Sid e Nancy estivessem pensando em suicídio, não há evidências que sugiram que seu relacionamento com Sid se estendia para além de serem vizinhos com um gosto compartilhado por drogas, muito menos que Sid o escolheria como beneficiário de seus bens mundanos antes de partir para o paraíso punk. Leon disse à polícia que, depois da partida de Cathi, Sid e Nancy haviam voltado para seu próprio quarto e que ele então saiu para encontrar-se com amigos no Max's. Agora, o Max's Kansas City era como um segundo lar para Leon e mesmo assim ninguém – nem mesmo a equipe do bar – pôde afiançar sua história. Felizmente para ele, no entanto, um de seus amigos arrastou-se para fora da toca para dar-lhe um álibi, jurando que Leon estava com ele no bar The Nursery, outro *point* punk rock bem conhecido na Terceira Avenida; caso contrário, o fato de ele estar em posse dos pertences de Sid poderia ter levantado algumas questões desconfortáveis no distrito de polícia. E Victor Colicchio afirma que Leon tentou coagi-lo a mentir para a polícia sobre em qual noite Sid teria supostamente entregado os ditos itens. Leon observou que ele não poderia ter sido mais assediado nas semanas que se seguiram ao assassinato de Nancy, tanto pela polícia quanto pelos New York Punks, ainda que suas impressões NÃO estivessem entre as seis digitais diferentes não identificadas achadas pelos policiais no quarto 100.

A afirmação de Leon sobre um pacto suicida é apoiada pelo bilhete suicida de Sid, que mencionava um pacto de morte e que o Pistol estava simplesmente cumprindo sua parte no acordo. Mas teria sido o bilhete – convenientemente encontrado no bolso de trás dos jeans de Sid algum tempo depois – verdadeiramente escrito por Sid?

Sim, sabemos que Sid já havia tentado se matar cortando seus pulsos com uma lâmpada quebrada enquanto estava com sua mãe no Hotel Deauville, na East 29 Street, e que em sua carta para Deborah Spungen, escrita em 30 de outubro, falava que se mataria se algo acontecesse a Nancy. Também não devemos esquecer sua fala para o repórter do *Nationwide* Bernard Clarke em 28 de novembro dizendo que queria estar "debaixo da terra". Porém, o uso de letras de forma maiúsculas como as escritas no bilhete do pacto não era característico de Sid. E ainda, onde estão os reveladores floreios femininos sobre os "i"s que rapidamente identificavam a escrita à mão de Sid? A teoria do suicídio é também apoiada pelo fato de que Nancy morreu de um único golpe à haraquiri de cerca de 2,5 centímetros no baixo abdome. Esse tipo de ferimento pode ter sido feito por ela própria, enquanto um golpe aplicado no calor do momento por Sid, Rockets Redglare, o evasivo "Michael", ou qualquer outro homem teria sido certamente mais severo. O que suscita a questão: por que Sid e Nancy estariam contemplando o suicídio quando tinham 20 mil dólares para gastar em drogas? A autópsia de Nancy conduzida pelo doutor Geeta Natarajan e acompanhada pelo corpo de legistas de Nova York confirmou que ela morreu de hemorragias internas e externas em consequência de seu ferimento à faca. O ferimento em si, porém, não era imediatamente fatal, e Nancy poderia muito bem ter sido salva se alguém tivesse acionado o alarme. Caso um quase inconsciente Sid ou um intruso tivessem esfaqueado Nancy, por que ela rastejou para o banheiro da suíte – de onde não teria como escapar – em lugar de telefonar para a recepção pedindo socorro?

Embora o relatório do doutor Natarajan não tenha estabelecido o horário específico de sua morte, geralmente se assume que Nancy foi esfaqueada entre 6 horas e 7 horas e morreu em algum momento entre 8 horas e 10 horas. Em outras palavras, Nancy passou duas horas sangrando até a morte, sem ter feito nenhuma tentativa tangível para acionar o alarme. A vizinha de porta do casal, a escultora Vera Mendelssohn, de 48 anos, disse à polícia que acordou por volta das 7h30 por causa dos estranhos sons de gemidos vindos do quarto 100, e ainda assim não tinha se levantado para investigar nem acionado o alarme. Então, novamente, a celebridade de Sid como ex-Sex Pistol, de par com seu pendor e de Nancy por substâncias ilegais, significava que estranhas idas e vindas e ruídos desagradáveis não eram nada incomuns no quarto 100. Seriam os sons de gemidos ouvidos por Mendelssohn os estertores finais de Nancy?

#

Ao retornar do Rio, Steve e Paul continuaram trabalhando em *Trapaça*. A natureza tímida e retraída de Paul fez com que suas aparições no filme fossem poucas e distantes entre si, sendo seu principal momento a cena do estupro no carro com Gordon Sumner, mais conhecido por Sting, da banda The Police; ele acabou entrando com uma ação para ter a cena removida, implicando o gasto de uma fatia significante do adiantamento da A&M para a banda na contratação de um advogado.

Steve, por sua vez, atirou-se à atuação como um gato a uma sardinha, fazendo "O Trapaceiro", papel que lhe caiu como uma luva, vestido como um detetive de filme *noir* à Philip Marlowe, enquanto vasculhava as ruas do Soho em busca de alguns alusivos milhões perdidos de Malcolm e dos Sex Pistols.

Quando não estavam ocupados em frente da câmera, ambos aproveitavam seu *status* de ex-Sex Pistols como exímios frequentadores de bocas-livres do circuito londrino; com Steve chegando a ponto de seguir o ônibus da turnê "Out On Parole" do Clash pelo interior do país com seu recém-adquirido BMW. No começo, Mick Jones não parou para questionar o que seu colega de instrumento estava fazendo por perto. Porém, depois de várias aparições de Steve impulsionadas pelo calor do momento do bis, ele encurralou o ex-Sex Pistol e ficou alarmado em saber que o ex-Sex Pistol estava em conluio com Bernie Rhodes para substituí-lo como guitarrista. Tal movimento, obviamente, não deu em nada e, quando o projeto *Trapaça* se mudou para a sala de edição, Steve e Paul aceitaram o convite de Johnny Thunders para juntar-se a ele no estúdio e adicionar seu som distintivo às várias músicas do álbum solo de estreia do ex-Heartbreaker, *So Alone*. Uma dessas músicas era "London Boys", que Johnny tinha feito em resposta à música dos Pistols contra os New York Dolls, e que continha várias referências nada lisonjeiras à banda inglesa. A dupla também foi convidada para integrar o All Stars de Thunders no Lyceum Ballroom em 11 de outubro.

#

Na sexta-feira de 13 de outubro de 1978, enquanto Sid subia pelas paredes em uma cela do 51º Distrito de Nova York, acusado de assassinato em segundo grau, de acordo com a lei americana, a nova banda de John, a Public Image Limited, mais conhecida como PiL, lançava seu *single* de estreia homônimo *Public Image* (VS228) pela Virgin. O *single* foi embalado em um jornal dobrado – criado por Dennis Morris – cheio de absurdas histórias inventadas sobre John e o restante da banda, satirizando à altura os tabloides que deliberadamente inventaram coisas sobre os Pistols. Esses mesmos tabloides – bem como a imprensa musical – esperavam com a respiração presa John emergir de seu parapeito em Gunter Grove revelando seus planos.

Quando ele finalmente o fez, em julho, mal podia ser associado ao anticristo de olhos maníacos que havia aterrorizado as instituições britânicas um ano antes. Não apenas havia reassumido seu nome verdadeiro, John Lydon, mas também cortado as mechas espetadas cor de gengibre e jogado fora as musselinas e calças de couro Destroy.

Embora tenha se juntado com o ex-guitarrista do Clash, Keith Levene, John deixou bem claro para a imprensa musical – e para qualquer um que estivesse esperando por um Sex Pistols II – que o som da nova banda estava bem distante do punk rock tanto em estilo quanto em conteúdo. Mas, embora John tivesse passado por uma metamorfose musical, não havia perdido seu senso de humor e em certo ponto chegou a considerar nomear sua banda como "The Royal Family". Outro nome que teria sido, segundo boatos, seriamente considerado na época foi Carnivorous Butterflies, antes que eles finalmente se estabelecessem como Public Image Limited, da novela de 1968 de Muriel Spark, *The Public Image*.

Apesar de já ter tido uma vez sua mão que alimenta duramente atacada, John chamou novamente um dos "Johns" para tocar baixo em sua nova banda. Dessa vez foi Wobble que, como Sid, nunca havia tocado o difícil instrumento. Mas a intuição de John lhe pagou dividendos, pois Wobble mostrou ter um dom natural para tocar baixo. Porém, seu baterista canadense, Jim Walker, foi recrutado mediante a via mais tradicional da sessão de classificados do *Melody Marker*. Ele (Walker) foi o único baterista dos que ouvi que gostei", John teria dito segundo o *website* Fodderstompf. "Ele soava como o baterista do Can (Jaki Liebezeit), só batidas duplas..."

Em uma entrevista no mesmo *site*, Walker, como "Donut", por seu nome real ser James Donat graças ao seu avô franco-americano, contou que logo depois de sua chegada a Londres, em outubro de 1977, lhe foi oferecido um emprego para substituir Rat Scabies no Damned. Quando essa aventura em particular não deu certo, ele desacelerou durante o inverno e ficou de olho nos movimentos de John depois do final dos Pistols. "Imaginei que ele precisaria de um baterista em algum momento", diz. No entanto, ao ser questionado sobre sua temporada no PiL por um dos autores nos bastidores do Marquee, em janeiro de 1981, quando estava tocando no Straps, Walker disse que, quando respondeu ao anúncio do *Melody Maker*, nunca tinha ouvido falar dos Sex Pistols ou de Johnny Rotten. Estava, portanto, totalmente desligado quando chegou à casa de John para uma reunião com sua nova banda e encontrou a casa cheia de jornalistas bajulando seu homem de frente. Walker, porém, não foi só membro original do Public Image Limited, como também diretor da empresa PiL. Quando deixou a banda em janeiro de 1979, recusou-se a abrir mão de seus ganhos na empresa e continuou a recolher sua parte nos lucros por vários anos subsequentes até que John – e quem estava a bordo no momento – conseguiu votar sua exclusão.

#

Em vez de recrutar músicos com ideias parecidas para formar uma banda, Steve e Paul escolheram manter-se ocupados unindo forças a Phil Lynott, Scott Gorham e Brian Downey do Thin Lizzy para formar The Greedy Bastards. A ideia era fazer alguns shows em Londres e nos arredores durante o verão, mas a colaboração acabou perdurando pelo resto do ano. Boatos da indústria diziam que os dois músicos dos Sex Pistols estavam pensando seriamente em formar juntos uma nova banda depois do sucesso de "Silly Thing" (VS256), lançado pela Virgin em 30 de março de 1979; o terceiro *single* dos Sex Pistols retirado da trilha sonora de *A Grande Trapaça do Rock'n'Roll*. Por incrível que pareça, os boatos tornaram-se verdadeiros. Não era realmente uma banda nova, e sim um supergrupo punk, com Steve e Paul unindo-se ao homem de frente transferido do Sham 69, Jimmy Pursey, e o baixista do Hersham Boys, Dave "Kermit" Treganna.

Em 29 de junho, ambos se juntaram ao Sham 69 no Glasgow Apollo (o show foi vendido como "Sham's Last Stand", ou "a "Última Resistência do Sham") para tocar um bis de três músicas com "Pretty Vacant", "White Riot" e "If The Kids Are United". A perspectiva de um supergrupo "Sham/Pistols" provocou grande entusiasmo entre os fãs e a imprensa. Os quatro músicos chegaram ao ponto de ir para o estúdio, onde gravaram duas – oficialmente não lançadas – músicas juntos (há um pirata): "Some Play Dirty" e "Natural Born Killer". Entretanto, a aventura subiu para o ego, com Steve e Paul dizendo que o relacionamento com Pursey era "pior que trabalhar com o maldito Rotten" ao saírem da sessão de gravação.

Falando em Rotten, o Public Imagem Limited lançou seu álbum de estreia *First Issue* (VS114) na sexta-feira de 8 de dezembro de 1978. Contrariando expectativas, o disco de oito faixas – uma fusão magistral de funk, *reggae* e rock – estacou no número 22 das paradas e também foi mal recebido pela imprensa musical: "E o menino olhou para Johnny e gritou: 'Veja, mamãe, o imperador está nu!'", foi o comentário de Pete Silverton no *Sounds*. Desnecessário dizer, os fãs ainda seguem comprando o álbum em hordas, e quando começaram a circular boatos de que o PiL faria sua estreia ao vivo com um show secreto no terraço do mercado da Beaufort Street no dia seguinte, centenas de punks foram ao lugar. A polícia também chegou às dúzias, o que levou o show a ser cancelado na última hora e então as várias centenas de pessoas em compacta multidão seguiram pela King's Road para a Seditionaries em reação a outro boato – sabidamente começado por Malcolm – de que a loja iria fechar e toda mercadoria remanescente seria distribuída. A loja estava realmente fechada, mas isso era simplesmente por causa da atitude *blasé* de Vivienne em relação aos negócios e não por uma iminente falência. Quando Vivienne apareceu para dizer aos caçadores de barganhas que não havia fundamento nas histórias de Malcolm e que haveria negócios normais na King's Road, nº 430, uma parte da multidão ficou zangada e saqueou a loja, fugindo com 3 mil libras do estoque. É provavelmente justo assumir que muitas daquelas roupas roubadas foram expostas quando o PiL fez sua estreia ao vivo no Reino Unido, 15 dias depois no Natal no Rainbow Theatre, em Finsbury Park. O show foi marcado por brigas esporádicas de facções de futebol beligerantes entre si e que formavam boa parte do público de milhares de pessoas. Apesar de John recriminar a multidão, que continuava pedindo músicas dos Sex Pistols, o show incluiu "Belsen Was A Gas".

Jim Walker tinha deixado a banda na época em que o PiL se aventurou no interior para se apresentar como a principal atração do Creation for Liberation Concert de ajuda para a Race Today Friendly Society, no palco do Bellevue's King's Hall de Manchester, na sexta-feira de 23 de fevereiro de 1979. Sua substituição naquela noite foi o baterista dos Vibrators, John "Eddie" Edwards. Como haviam feito em Londres dois meses antes, "Belsen Was A Gas" constava entre as sete músicas apresentadas pela banda. A morte de Sid completava três semanas nesse dia, e mesmo assim John insensivelmente escolheu ignorar a contribuição de seu colega para a música apresentando-a, como havia feito no Rainbow, como "uma música que eu e Keith fizemos". Sid estava obviamente olhando lá de cima: mal Keith tinha começado a dedilhar os acordes de abertura, quando teve de parar por causa de problemas com o som.

#

Nos Estados Unidos, o segundo dia de fevereiro é tradicionalmente conhecido como "Dia da Marmota", no qual o peludo habitante mais inconstante do Tio Sam – também conhecido por marmota – emerge da hibernação para determinar o começo da primavera. Caso acontecer de a marmota ver que ainda está escuro na superfície, volta a esconder-se em sua toca e o inverno continuará arrastando suas garras geladas pela paisagem por mais seis semanas. Para Sid, no entanto, 2 de fevereiro marcaria seu inverno eterno. No dia anterior, como a marmota, Sid havia emergido da escuridão graças ao seu advogado, James "Jimmy" Merberg, ter apresentado à corte presidida pela juíza Betty Ellerin evidências suficientes para sugerir várias grandes inconsistências no caso da promotoria.

Sid havia passado o Natal e o Ano-Novo na prisão de Riker's depois de ter atacado Todd, o irmão de Patty Smith, na badalada discoteca Hurrahs, em Manhattan, na West 62 Street. Smith ofendeu-se por Sid ter flertado com sua namorada e por conta disso levou um copo de cerveja na cara. "Imediatamente o tiramos de lá em um táxi", Pete Kodick nos contou. "Mas foi inútil, já que havia dúzias de testemunhas que haviam visto Sid em ação. A polícia o prendeu na manhã seguinte." A diligência de Merberg, porém, significaria a derrocada de Sid. Malcolm deveria voar para Nova York no domingo, com Steve e Paul, para pegar Sid antes de voar novamente a Miami a fim de gravar um álbum de clássicos do rock'n'roll para levantar fundos para o julgamento iminente. Malcolm tinha esperado que a audiência de fiança acontecesse na sexta-feira, quando Sid, então, seria solto e ficaria aos cuidados de sua mãe Anne, que o manteria longe de encrencas durante o fim de semana. Mas aconteceu de Sid ser libertado no horário do almoço de quinta-feira, dando ao Diabo mais tempo para encontrar trabalho em mãos ociosas.

Uma das pessoas que esperava fora da corte com Anne e Michelle Robison (uma aspirante a atriz e *groupie* de segunda linha com quem Sid estava agora vivendo apesar de a situação infringir suas estritas condições de fiança) era o fotógrafo Pete Kodick. "Sid emergiu da corte vestido apenas com seus jeans e uma camiseta imunda com a inscrição 'I Love New York'. O tempo estava de congelar no mês de fevereiro em Nova York, e o hotel onde sua mãe se hospedava ficava a umas dez quadras de distância. Ainda assim, Sid estava interessado no que Anne tinha trazido para ele. Ela trouxera, é claro, mas era algo muito fraco e então ele me pediu para sair e conseguir alguma coisa mais forte." Pete chegou ao apartamento na Bank Street 63 em Greenwich Village por volta das 20 horas, quando Sid já estava subindo pelas paredes, apesar de sua última desintoxicação na Ilha de Riker's. Também presentes naquela tarde fatídica estavam a amiga fotógrafa de Sid e Nancy, Eileen Polk, Jerry Nolan e sua namorada Esther (irmã de Steve Dior), e os músicos Howie Pyro e Jerry Only.

Depois de apresentar Pete à mãe como "o cara que vai fazer a capa do meu álbum solo", Sid – seguido de perto por Jerry – conduziu Pete para fora do quarto no final do saguão. De acordo com Eileen, esse foi o sinal para ela sair; porém, quando ela, Howie e Jerry estavam se dirigindo para a porta, ouviram estranhos – ainda que familiares – ruídos vindos de trás da porta. Ao entrar no quarto, Eileen encontrou Sid prostrado na cama. Anne, sendo pouco mais que uma completa turista, tinha pouca ideia do que tinha nas mãos, enquanto Pete tinha completado seu aprendizado no rock'n'roll como fornecedor de drogas pessoal de Keith Richards e sabia exatamente onde conseguir heroína de qualidade. Nisso residia o problema, pois a heroína que Pete tinha trazido era quase 100% pura e, embora tenha dado a Sid uma pequena dose, seu corpo desintoxicado não conseguiu lidar com o efeito e ele teve uma *overdose*. "Ele estava muito mal", Pete nos contou. "Conseguimos revivê-lo com chícaras de chá, cigarros e fazendo-o andar pelo quarto. Fiquei até às 2 horas, e ele com certeza não consumiu mais nenhuma droga enquanto estive por lá, porque dei o restante para sua mãe."

A versão oficial do que aconteceu durante a madrugada de segunda-feira, 2 de fevereiro de 1979, é que Sid acordou e, encontrando o esconderijo da heroína no bolso de sua mãe adormecida, voltou ao quarto para cozinhar a dose que o mandaria para o além. Outra versão mais perturbadora é que Anne – temendo que Malcolm não fosse capaz de livrar seu filho da acusação de assassinato – deu a heroína a Sid propositalmente para poupá-lo dos horrores do duro sistema penal americano. Embora Anne nunca tenha dito "sim, dei a ele a dose fatal", ela mais que deu a entender isso durante uma longa noite de bebedeira.

A prova de que ela ao menos ajudou Sid a morrer foi dada pelo dr. Michael Baden, da polícia forense de Nova York, que cuidou da autópsia. Ao chegar ao local do crime e examinar o corpo, o dr. Baden rapidamente verificou que a dose fatal havia sido administrada bem antes do que Michelle ou Anne haviam informado. Michelle, que se levantou e encontrou Sid morto na cama ao seu lado, estava ainda histérica e havia estado soluçando incontrolavelmente desde que o sargento Richard Houseman – o primeiro policial a chegar ao local – respondeu ao chamado, embora tenha sido apenas quando Baden lançou dúvidas sobre a versão das mulheres dos eventos que o verniz de Anne rachou. Muito para o espanto de Houseman, Anne tornou-se agressiva e lançou para ele um mantra aparentemente bem ensaiado sobre ela agora ser a única executora dos bens de seu filho morto. Em lugar de acusar Anne de ao menos "colaboração e cumplicidade com suicídio", como Houseman estava seriamente considerando, a polícia listou a morte de Sid como suicídio, o que também encerrava muito convenientemente o caso sobre o assassinato de Nancy.

Graças ao empenho de uma diligente jovem da Filadélfia – que deseja permanecer anônima por razões óbvias –, temos uma cópia do caso sobre o assassinato de Nancy arquivado no Departamento de Polícia de Nova York. O arquivo, lamentavelmente incompleto e cheio de erros de digitação, contém relatórios dos policiais na cena do crime, bem como várias fotos nunca vistas. Duas delas – classificadas como fotos de "suspeito preso" – mostram Sid em pé no centro da moldura da porta do quarto 100 com as mãos ensanguentadas e um olhar confuso no rosto; um horrível close do corpo ensanguentado de Nancy caído entre a pia e o vaso sanitário e três imagens do interior do quarto em desordem. Caso Sid tivesse vivido o suficiente para ir a julgamento, a polícia teria seguido três linhas de investigação: foi Sid, foi suicídio ou outra pessoa? Os relatórios médicos de Bellevue – junto com o testemunho do recém-ordenado ministro religioso Victor Colicchio – revelaram que Sid estava viajando de Tuinal quando Nancy morreu. E, a menos que os tiras de Nova York tenham se servido do adiantamento dos *royalties* de

Gold Who Killed Bambi – Verso da capa francesa do álbum *Trapaça*.

Sid, então o dinheiro desaparecido abre um buraco do tamanho de uma magnum na teoria do suicídio; o que nos deixa com a "outra pessoa".

É onde a especulação nunca termina. Rockets Redglare era um traficantezinho de segunda categoria, e não um doutor em química, e 40 Dilaudids não era o normal de suas encomendas. Ele teria de falar com seus próprios fornecedores, e novidades sobre o ninho dos *royalties* de Sid e Nancy teriam chegado às ruas em Nova York em um minuto. Embora *Quem Matou Nancy* não resolva o caso conclusivamente entregando a culpa em um endereço certo, mostra que Sid é completamente inocente do crime. Ninguém merece ir para o túmulo acusado de um assassinato que não cometeu: nem mesmo um viciado Sex Pistol.

#

Dezembro de 1979 viu novamente Steve e Paul juntarem-se com os meninos do Thin Lizzy para ressucitar os Greedy Bastards. Dessa vez, os cinco homens sábios foram ao estúdio para gravar o *single* de Natal "A Merry Jingle", lançado naquele mesmo mês pelo selo Vertigo Records, um subsidiário do selo Phonogram, do Thin Lizzy. Para assegurar que tocasse muito no rádio no clima festivo até o Natal, eles prudentemente transformaram seu nome para "The Greedies". Agora que Steve e Paul tinham finalmente se livrado de seus personagens do Sex Pistols, não tinham objeção a fazer uma aparição ao vivo no estúdio em 20 de dezembro no *Top Of The Pops*. Em 31 de dezembro, com os rapazes do Lizzy tendo de voltar para seus empregos, a cortina caiu sobre a carreira dos Greedies com uma aparição final no especial televisivo da noite de fim de ano de Kenny Everett: *Will Kenny Everett Make It To 1980?*

O ano-novo viu Steve e Paul espanarem seus cartões de igualdade e acompanharem o baixista do Clash, Paul Simonon, ao Canadá para estrelarem o filme de Lou Adler: *Ladies And Gentlemen – The Fabulous Stains*. Os Fabulous Stains eram uma fictícia banda punk de garotas (apresentando a futura estrela de *Jurassic Park*, Laura Dern) que vai para a estrada abrindo o show para os The Looters, uma "banda punk decadente e suja" interpretada por Steve, os dois Pauls e o astro de *Scum*: Ray "Johnny Strummer" Winston.

Em julho de 1980, Steve e Paul juntaram-se ao baixista do Lightning Raiders, Andy Allen, para formar o Professionals. Apesar de fracassarem em entrar para as paradas, o *single* de estreia "Just Another Dream" (VS353) da banda de três componentes recebeu críticas favoráveis, mas nessa época Steve estava brincando com heroína, o que significou atrasos inevitáveis em um álbum. O próximo *single*, "1-2-3" (VS379), foi lançado no começo de outubro e deu aos Professionals seu primeiro e único lugar nas paradas: um letárgico número 43.

Na época em que a banda saiu em turnê, ainda naquele mês, Allen havia sido substituído pelo ex-baixista do Subway Sect, Paul Myers, e Ray McVeigh foi trazido como guitarrista adicional. Mas Allen teria de esperar muito para ter sua vingança, pois naquele novembro a Virgin lançou *Cash Cows*, um álbum de amostragem da gravadora apresentando uma faixa promocional de cada um dos 12 discos que o selo pretendia lançar durante os primeiros meses do próximo ano. A primeira faixa era "Kick Down The Doors", dos Professionals, e o baixista não só ganhou uma liminar contra a Virgin por lançar a música sem sua permissão, como também recebeu o pagamento atrasado por sua contribuição em "Silly Thing". A Virgin não só foi forçada a relançar *Cash Cows* com o número do Magazine "A Song From Under The Floorboards" substituindo "Kick Down The Doors", como também teve de alterar a arte do álbum.

Nada foi ouvido sobre os Professionals até o próximo junho, quando a Virgin lançou o *single* "Join The Professionals" (VS426), que nem era realmente material novo, já que a melodia era uma remixagem de uma das músicas que Steve e Paul tinham feito para o filme *Fabulous Stains*. Em outubro, depois de fazer uma rara aparição no Futurama Festival de Leeds, a banda embarcou em uma turnê pelos Estados Unidos, que descarrilhou indefinidamente quando os dois Pauls e Ray McVeigh foram seriamente feridos em uma suposta batida de carro em Minnesota em 5 de novembro. Os boatos dizem que o acidente era simplesmente um disfarce para a real gravidade da dependência de heroína de Steve, já que dois dias após o alegado acidente um Paul Cook perfeitamente saudável andava pelos escritórios da Virgin em busca de um cheque de *royalties* atrasado dos Sex Pistols. E, se o boato sobre as drogas não era mais que uma falácia, então por que três membros da banda teriam sofrido sérios ferimentos enquanto Steve teria, quando muito, saído com alguns arranhões? Um tanto ironicamente, dado que teria acontecido em Minessota, o álbum há muito esperado do Professionals *I Didn't See It Coming* (V2220) foi lançado no começo do mês. Recebeu críticas positivas, mas, com três membros supostamente se recuperando de seus ferimentos, a banda não pôde sair em turnê para promover o álbum.

Em abril de 1982, os Professionals começaram sua segunda turnê nos Estados Unidos com um show no Keystone Berkeley, em Los Angeles. O Clash, que também estava em turnê no país para promover seu quinto álbum de estúdio, o *Combat Rock*, tinha convidado a banda para abrir vários shows para eles. O Clash estava fazendo sucesso no *mainstream* dos Estados Unidos e esta era uma oportunidade para os Professionals tocarem para um público grande e aberto, mas Steve e Paul eram muito orgulhosos para aceitar o que eles consideraram uma esmola da banda que já tinha tocado em posição secundária para eles. Isso, é claro, tinha sido há muito tempo. E era demais agora. Então, enquanto o Clash continuou a agitar as *Kasbahs* coloniais, os Professionals ficaram para trás, afundando em seu rastro. Depois do último show devagar da turnê americana, em lugar de voltarem ao Reino Unido com os outros, Steve decidiu tentar a sorte nos Estados Unidos, o que foi o fim dos Professionals.

#

O sábado do dia 31 de maio de 1979 viu John voltar para o centro do palco quando foi convidado para aparecer no rejuvenescido programa musical dos anos 1960 da BBC, *Juke Box Jury* apresentado por Noel Edmonds. Além de flertar com a colega jurada Elaine Page, John deu sua cáustica opinião sobre vários dos lançamentos de *singles* daquela semana em particular, incluindo "Playground Mystery", a última produção de Siouxsie and the Banshees, que não estava tão longe do som supostamente inovador do PiL. A BBC tinha convidado John ao show para aumentar sua audiência e propositalmente o apresentou como "Johnny Rotten" em lugar de John Lydon. O diretor estava disposto a fazer vista grossa para o copo de Guiness de John abominavelmente deixado fora das vistas da câmera, mas não gostou de o vocalista colocar um chapéu de palha. John, no entanto, ficou igualmente desgostoso quando alguém do estúdio tentou lhe tirar o chapéu e caiu fora do *set* de gravação. "Parti para acabar com o programa e pensei: eu consegui", comentou mais tarde. "Eles não gostavam nada de mim. E devia me parecer com um idiota. Eles cortaram a parte em que eu estava falando com o público. Não gostei disso. Fracamente, é o programa mais horroroso do mundo."

Em 29 de junho de 1979, tempo em que o antigo baterista do 101'ers Richard "Snakehips" Dudanski tinha se unido à sua linha de frente, a Virgin lançou o segundo *single* do PiL, *Death Disco* (VS274). John pode ter feito a música como um lamento ao falecimento recente de sua mãe Eileen, mas para a imprensa era um pouco mais que um sinuoso canto fúnebre sem melodia. O *NME* impiedosamente descreveu a música como "uma fusão de *disco* e *reggae* desgastada (que) emerge como uma dose letal de ecletismo psicodélico capaz de fazer até os ruídos da Plastic Ono Band soarem pop". O terceiro *single* da banda, *Memories* (VS299), lançado em 10 de outubro – tempo em que Dudanski tinha deixado a bateria rotatória para ser substituído por Martin Atkins –, também não entrou nas paradas, mas foi entusiasticamente recebido pela imprensa musical; o *Sounds* foi a ponto de declarar *Memories* como "o disco mais agressivo do PiL até agora".

Seu segundo álbum, *Metal Box* (Metal 1), que consistia em três *singles* de 12 polegadas embalados em uma lata de guardar filmes, saiu-se um pouco melhor que seu antecessor, alcançando a parada britânica de ábuns na 18ª posição. A imprensa musical também estava impressionada, com Angus MacKinnon do *NME* afirmando: "Todo esse fluxo em 12 meses – é quase assustador. O PiL está milhas além e milhas à frente. Acompanhe com cuidado". O álbum foi relançado em formato normal em 22 de fevereiro de 1980 como *Second Issue* (VD2512) e alcançou uma posição respeitável na parada.

Na segunda-feira, 5 de fevereiro de 1980, quase três anos após Bob Harris ser atacado no Speakeasy por recusar-se a ter os Sex Pistols em seu programa, John finalmente fez sua aparição no palco do *Old Grey Whistle Test*. A banda apresentou dois números: "Poptones" e "Careering", com John lendo as letras diretamente da capa do álbum Second Edition. Harris tinha abrandado? Provavelmente. Ele já não estava apresentando o show nessa época, mas sua sucessora, Ann Nightingale, descreveu a exibição como "a performance mais poderosa que já vi no Whistle Test".

Em abril, o PiL voou para Boston para o show de abertura de uma turnê de dez dias nos Estados Unidos. Como fosse sua primeira incursão no país, a Warner Bros queria que a banda fizesse 40 shows, mas nessa época John tinha desenvolvido uma aversão profunda a turnês e recusou-se. Em junho, a banda sofreu um revés quando o baterista Martin Atkins anunciou que estava deixando o PiL para se concentrar em sua própria banda, Brian Brain, mas os fãs tiveram seu grande choque quando Jah Wobble anunciou sua partida em 5 de julho. John podia ter se cansado de sair em turnê, mas Wobble acreditava que isso era parte integral de ser uma banda e partiu para seu próprio negócio. O primeiro *single* do PiL pós-Wobble, "Flowers Of Romance" (VS397), foi lançado em 27 de março de 1981. John talvez tenha feito um mergulho em seu passado em busca do título da canção, mas o som de ponta de seu baixo acústico e sua bateria eram definitivamente do presente e indicavam um futuro de bons augúrios. Em 5 de setembro de 1983, o PiL lançou "This Is Not A Love Song" (VS529), que não só deu à banda sua maior posição nas paradas, mas também marcou o canto do cisne de Keith Levene.

No dia 26 de outubro, já com Levene fora banda, John convocou uma coletiva de imprensa no Royal Lancaster Hotel em Londres para promover o filme *A Ordem é Matar* (mais conhecido como *Copkiller*) que ele estrelava ao lado de Harvey Keitel, e também para anunciar a próxima turnê britânica e europeia do PiL, começando em 2 de novembro no Top Rank em Brighton. Dois dias depois, os fãs tiveram a chance de experimentar o novo som de "piano de cabaré" do PiL quando a banda apareceu no maior programa musical do Channel 4, *The Tube*. Entre as músicas tocadas estava um rápida versão inesperada de "Anarchy In The UK".

CAPÍTULO 15

Quem Matou Russ Meyer?

> *"Em última análise, você tem de ser homem... Do contrário, você não vale nada se afinal não luta por alguma coisa; algo em que você acredite."*
> Russ Meyer

Em 25 de maio de 1980, um domingo, os sonhos cinematográficos de Malcolm finalmente se tornaram realidade quando *A Grande Trapaça do Rock'n'Roll* estreou no antigo ponto de irradiação dos Sex Pistols, o cinema Screen On The Green em Islington. O primeiro rascunho do que finalmente havia se tornado *A Grande Trapaça do Rock'n'Roll* foi registrado no The Screen Writers Guild of America, West, Inc. (Sindicato dos Roteiristas dos Estados Unidos, Oeste, Inc.), durante a primeira semana de julho de 1977 sob o título bastante óbvio de *Anarchy In The UK*. O roteiro era creditado ao ganhador do Prêmio Pulitzer, crítico de cinema e roteirista americano Roger Ebert, de uma história original de Malcolm McLaren, Rene Daalder, Rory Johnston, Russ Meyer, Johnny Speight e o próprio Ebert.

De acordo com o biógrafo de Malcolm, Craig Bromberg, a primeira parada de Malcolm havia sido o comediante a quem ele encontrara no verão anterior nos estúdios da TV Granada em Manchester quando Cook e os Sex Pistols haviam aparecido em *So It Goes*. No entanto, nunca se fez qualquer menção ao envolvimento de Graham Chapman no processo inicial de escritura do roteiro, mas o ex-membro do Monty Python foi levado a trabalhar com Johnny Speight em uma trama no começo daquele verão, enquanto Malcolm estava ocupado em tentar fazer um acordo com o Shepperton Studios. O acordo era em relação à propriedade por parte do estúdio dos *sets* de filmagem utilizados na versão musical da novela de Charles Dickens *Oliver*, ganhadora do Oscar de 1968, que estranhamente continuava em pé na parte de trás do estúdio.

Como *Anarchy In The UK* contava a história de uma gangue de moleques de rua que formam uma banda de rock'n'roll – com Malcolm transformado em personagem como o empresário da banda estilo Fagin –, ele via os velhos *sets* dickensianos como perfeitos para seu filme.

Decidido a levar às telas a história fictícia dos Sex Pistols, Malcolm começou a procurar alguém para dirigir sua obra. Achou ter encontrado a pessoa certa: Don Boyd, formado na London Film School, 28 anos. Ele dirigia sua recém-fundada companhia de produção Boyd's Co. na Berwick Street, Soho, quase ao lado do QG dos Sex Pistols na Denmark Street. Ao formar-se na LFS em 1970, Boyd conseguiu um emprego trabalhando na série da BBC de ciência e tecnologia há tempos no ar, *Tomorrow's World,* e então mudou para a direção de comerciais de televisão por alguns anos antes de fazer seu primeiro filme de longa-metragem, *Intimate Reflections*, premiado no Festival de Cinema de Londres em 1974. Porém, seu filme seguinte, *East Of Elephant Rock*, de 1976, estrelado por John Hurt, foi o que o levou à atenção de seus pares. A revista especializada *Variety* foi a ponto de saudá-lo como o "Whiz Kid in Brit Pix Biz" ("O Garoto Mágico do Cinema Britânico", na gíria rimada *cockney*). Boyd estava consciente dos Sex Pistols bem antes de aparecerem no *Today* graças à amizade de seu sócio Michael Dempsey com Jamie Reid. Boyd reconhece que Malcolm estava só interessado em fazer o filme mais comercial possível: algo como a comédia romântica rock'n'roll de 1956 de Frank Tashlin, *Sabes o que quero*, estrelada por Jayne Mansfield e Tom Ewell. Ele também queria um roteiro repleto do humor chulo da classe trabalhadora britânica tipificado na recentemente extinta série da BBC *Til Death Us Do Part*, estrelada por Warren Mitchell e Dandy Nichols. De fato, foi Boyd que colocou Malcolm em contato com o criador da série, Johnny Speight, que rapidamente concordou em escrever um roteiro por 25 mil libras. O envolvimento de Boyd no filme, no entanto, durou pouco tempo, por ele insistir no controle criativo completo sobre o projeto, algo que Malcolm – apesar de dar garantias – jamais cumpriria. Esse desligamento também pôs fim ao breve encontro de Speight e Chapman com os Sex Pistols.

#

A partida de Boyd abriu caminho para o lendário cineasta de pornô leve americano, e ex-fotógrafo de combate do exército dos Estados Unidos, Russ Meyer, entrar na pós-produção do filme. Meyer, então com 55 anos – faleceu em setembro de 2004 aos 82 anos –, havia começado com curtas internos para clientes como a Southern Pacific e a Standard

Oil, antes de fazer seu primeiro longa-metragem *The Immoral Mr. Teas* em 1959. O filme, inspirado em parte em *As Férias do Senhor Hulot*, de Jacques Tatit, lançado seis anos antes, fora filmado como um velho filme mudo com um jeito de documentário bem-humorado, o que levou um crítico a rotular o filme de "Tati com tetas!". Nessa época, Meyer tinha também se estabelecido como quase um fotógrafo com seu trabalho aparecendo na *Playboy* e na há muito extinta revista *Adam*; seu material de trabalho eram as "belezinhas nuas".

Nos anos que se seguiram, Meyer escreveria, dirigiria e distribuiria mais de 24 filmes de "sexploitation" (exploração sexual), incluindo *Mudhoney* (1965), *Faster, Pussycat! Kill! Kill!* (1965), *Mondo Topless* (1966), *Vixen* (1968) e *Beyond The Valley Of The Dolls* (1970), cada um apresentando com generosidade gatinhas com seios grandes naturais como Anita Ekberg, de sutiã 52, e a igualmente bem-dotada Tura Santana. Isso lhe rendeu um título: "Rei das Peladinhas". Sua produção mais recente, *Up* (1976), no entanto, foi o primeiro filme de Meyer a apresentar garotas com seios cirurgicamente aumentados.

O roteiro original de *Anarchy In The UK*, de apenas 80 páginas, credita Meyer como diretor, com Malcolm nomeado produtor. O roteiro original também lista o filme como uma produção da Matrixbest, sendo primeira menção em qualquer lugar da nova empresa que Malcolm havia criado para incorporar os projetos de cinema da Glitterbest. Acompanhando a primeira versão do roteiro há uma biografia simples de duas páginas. Não dos Sex Pistols ou de Russ Meyer, como se poderia esperar, mas do próprio Malcolm: sua ascensão a partir de começos humildes, como o armarinho da King's Road por meio de engodos aplicados a três gravadoras a fim de conseguir uma substancial quantidade de dinheiro para uma banda que na verdade não sabia tocar (sim, aquela velha história!) e que estava então colocando os pés na indústria de cinema.

"Malcolm tinha perdido muito o interesse na banda como unidade de trabalho depois que eles assinaram contrato com a Virgin", o ex-gerente de *roadies* Nils Stevenson relembra pouco antes de sua morte repentina em 2002. "Ele sabia muito bem que não haveria mais volta em termos de dar golpes em gravadoras e então relegou o cotidiano normal da banda a Sophie Richmond, Boogie, Sue Steward e Roadent. A loja (Let It Rock/SEX/Seditionaries) foi sempre vista como o bebê de Vivienne e ninguém que conhecia Malcolm sabia que seu sonho sempre havia sido fazer um filme. Ele estava determinado a seguir o exemplo de Brian Epstein e Peter Grant, tornando seus garotos (Sex Pistols) astros de cinema. Afinal, bandas vão e vêm, mas astros de cinema duram para sempre."

Russ Meyer podia estar interessado em adicionar alguns peitos e Hollywood na história já picante dos Sex Pistols, mas o roteiro inicial era simplesmente inaproveitável e acabou sendo cortado. A cena mais notável, no entanto, é a que Sid usa heroína junto com sua mãe – a ser interpretada, se a lenda é verdadeira, pela sereia dos anos 1960 Marianne Faithfull – antes de transar com ela na cama familiar. Mas, embora Sid ficasse feliz com qualquer desculpa para cozinhar um pouco de heroína, ele – provavelmente por insistência de Nancy – desistiu definitivamente diante da ideia de fazer sexo com uma mulher que já fora de Mick Jagger.

#

No domingo, 3 de julho de 1977, o dia depois do lançamento de "Pretty Vacant", Malcolm voou para Los Angeles para encontrar-se com Russ Meyer no palácio do produtor, aninhado nas colinas da cidade, em Hollywood Hills. Com os Sex Pistols para embarcarem em uma turnê de duas semanas pela Escandinávia, Malcolm estava livre para ficar em Los Angeles pelo tempo necessário para deixar o roteiro em forma. Porém, em vez de reservar para si um hotel, chegou ao aeroporto da cidade esperando desfrutar um pouco da hospitalidade do sul da Califórnia. Embora Meyer estivesse feliz por trabalhar com Malcolm, sentiu que seu provável parceiro de negócios estaria mais bem acomodado ficando com alguém mais próximo de sua idade; alguém com interesses parecidos.

Esse alguém foi seu roteirista protegido, Rene Daalder, um loiro imigrante holandês de 32 anos que, como Malcolm, tinha paixão por moda e rock'n'roll antigo. Ambos se deram bem e rapidamente montaram juntos 60 páginas de tratamento para a leitura de Meyer. Porém, o conto sobre uma banda supostamente incorruptível (Sex Pistols) sendo desviada pelo empresário sedutor e bem-falante (Malcolm?), localizado em um cenário de filas de desempregados e dura depressão (Grã-Bretanha por volta de julho de 1977), não foi do agrado de Meyer. A partir de então ele convocou os serviços de seu velho amigo Roger Ebert, o crítico de cinema do *Chicago Sun-Times*. Ebert – que havia escrito o filme de Meyer de maior sucesso até então: *Beyond The Valley Of The Dolls* – acrescentaria um pouco de voyeurismo e violência ao roteiro. Ebert, então com 35 anos, aceitou devidamente o desafio e convidou Malcolm para sua suíte na lendária casa de hóspedes do rock'n'roll, o

Sunset Marquis Hotel, em North Alta Loma Road em West Hollywood, onde a dupla trabalhou em um roteiro provisoriamente chamado *Who Killed Bambi?*

Beyond The Valley Of The Dolls conta a história de uma banda de rock'n'roll fictícia formada por garotas, a Carrie Nations, que Ebert usava para atacar a hierarquia de Hollywood (leia-se os críticos da direção de Meyer). Embora sua alteração no tratamento do filme dos Pistols seguisse vagamente sua ascensão de montanha-russa dos esgotos de Londres à batalha contra a elite institucional britânica, continha várias subtramas à Meyer para excitar e provocar um público bem maior. Como os personagens dos filmes de Meyer eram frequentemente marcantes, Ebert exagerava cada um dos personagens dos Sex Pistols na tela; particularmente Sid, que foi transformado em uma caricatura de desenho animado. Isso deve ter acrescido um pontapé à mistura, mas iria revelar-se uma imagem muito exigente para o baixista.

As qualidades maquiavélicas de Malcolm expandiram-se para o empresário da banda fictícia, P. T. Proby – um talentoso detetive estilo Simon Cowell –, que sem dúvidas plantou a semente na mente egoísta de Malcolm de que ele era o manipulativo mestre de títeres sob o controle de todos os cordões. E como todo filme tem de ter um "vilão" para ser odiado pelo público, Ebert concebeu o personagem M. J. (Mick Jagger?), um famoso astro do rock – e principal cliente de P. T. Proby – que ganha a inimizade do público por tentar cooptar os Sex Pistols para salvar sua decadente carreira. A ideia de nomear o personagem M. J. podia referir-se a um incidente da vida real quando Mick Jagger fez uma visita à Seditionaries. De acordo com John, o flamejante homem de frente dos Rolling Stones havia passado vários minutos andando para cima e para baixo na Kings Road bem em frente à loja como que reunindo coragem para atravessar a porta, só para tê-la batida na cara por John quando finalmente se decidiu a entrar.

É justo dizer que, se Russ Meyer tivesse permanecido no leme da direção, então *Who Killed Bambi?* seria tido provavelmente como um tipo de "clássico cult" entre os especialistas em cinema da atualidade, um *Rock Horror Show* da geração punk. Essa eventualidade, é claro, nunca chegou a acontecer, mas, apesar de relatos de que Meyer só supervisionou um dia de filmagem, a verdade é que o americano esteve quatro dias no set durante outubro de 1977. Porém, ele só tem uma cena finalizada na lata, aquela de M. J. (depois renomeado B. J. para evitar potenciais processos por difamação) matando uma corça com uma seta com ponta de aço. Ela foi filmada no Queen's Game Reserve no pitoresco Wye

Valley, localizado na fronteira entre a Inglaterra e o País de Gales. Nessa cena hoje lendária, uma jovem inocente de olhos arregalados grita: "Mamãe, mamãe, venha depressa, eles mataram Bambi!". Na verdade, a garotinha não era a única horrorizada com o abate, já que vários membros da equipe deixaram o *set* em protesto ao que consideram pouco mais que derramamento de sangue gratuito.

Quando a equipe foi apaziguada, porém, Meyer – ao descobrir que não havia mais dinheiro disponível – deixou o *set e* voltou para o apartamento luxuoso com vista para o rio em Cheyne Walk, Chelsea, que Malcolm havia alugado para ele e sua namorada. Ficou apenas o suficiente para fazer as malas e seguir para Heathrow vociferando que iria "processar o rabo de Malcom!". Ao retornar a Hollywood, Meyer rapidamente se esqueceu de tudo sobre Malcolm (a quem impiedosamente apelidou de "Hitler"), os Sex Pistols e o que fosse que teria matado Bambi; em vez disso, concentrou-se em editar sua última obra nudista *Beneath the Valley of the Ultra Vixens* para lançamento no cinema. Pouco antes de o filme estar previsto para lançamento, começaram a circular boatos pelas vinhas de Los Angeles sobre como Meyer havia supostamente "emprestado" certas ideias do roteiro abortado de *Bambi*. Porém, esses boatos eram totalmente injustificados, já que Meyer havia rodado todo o filme antes de partir para Londres. Embora o americano nunca tenha visto um único centavo de seu pagamento de 30 mil libras, supreendentemente nunca entrou com um processo.

Malcolm tentaria depois diminuir Meyer fazendo circular uma história sobre como havia sido forçado a desmanchar a associação com o americano por conta da tentativa deste último de transformar *Who Killed Bambi?* em um tipo de *A Hard Day's Night* sexy e melodramático. Na época, porém, estava desesperado para aplacar Meyer a qualquer custo e histericamente pediu a Sandy Lieberson – diretora de produção e marketing em Londres da internacional 20th Century Fox, que havia assumido o filme quando Meyer estava envolvido – para buscar os fundos necessários por quaisquer meios. Infelizmente para Malcolm, entretanto, Meyer não era o único americano desiludido com o projeto. Lieberson podia ter convencido seu patrão, Alan Ladd Jr. (filho do astro de *Os Brutos Também Amam*, Alan Ladd), a aprovar as 150 mil libras iniciais de financiamento, amenizando a controvérsia então onipresente que cercava os Sex Pistols no Reino Unido. Quando os custos começaram a subir, aconteceu o mesmo com a pressão sanguínea de Ladd.

De fato, vários membros proeminentes da diretoria da Fox – incluindo a ex-atriz princesa Grace de Mônaco – não estavam dispostos a arriscar ver o nome da Fox manchado por um grupo pop e disseram a Ladd em termos incertos para tirar o plugue do filme. A imprensa do Reino Unido, é claro, teve um dia e tanto com a notícia de que os Sex Pistols tinham conseguido irritar a realeza, embora fosse aquela da princesa do principado mediterrâneo, pela segunda vez em seis meses: "filme sexy dos pistols provoca raiva em princesa", o *Evening Standard* noticiou com alegria. "Você tem de admitir que ficou um belo exemplar", Roadent dá hoje gargalhadas. "Quero dizer, não é todo dia que você tem as asas cortadas por uma princesa, não é? Ela (princesa Grace) podia já ter discado M para matar (o clássico de 1954 de Alfred Hitchcock,

Pôster da turnê dos Sex Pistols no Shinkiba de Tóquio.

o qual ela estrela com Ray Milland), mas não estava a fim de discar M para Malcolm."

#

Malcolm podia ter as 150 mil libras pagas pela Fox aninhadas nos cofres da Glitterbest, mas ainda foi forçado a colocar o filme em um hiato temporário até que um novo montante chegasse com o lançamento de *Never Mind The Bollocks*. Havia também o problema menor de achar um diretor, agora que Meyer estava fora da jogada. Sua ideia inicial era atrair Rene Daalder para Londres, mas o holandês estava suficientemente consciente sobre onde suas lealdades – e futuros pagamentos – residiam, sugerindo que Malcolm tentasse lançar a ideia para o diretor americano Jonathan Kaplan e o roteirista Danny Opatoshu, com quem havia trabalhado em vários projetos em anos recentes. Kaplan e Opatoshu eram ambos graduados pela New York University (NYU) Film School, onde haviam estudado sob a tutela do hoje lendário diretor Martin Scorsese. Com a graduação, tinham ambos seguido o mestre para Hollywood e trabalhado na New World Pictures de Roger Corman em filmes como *Night Call Nurses*.

Apesar de haver recebido várias fitas demo dos Sex Pistols – bem como vários recortes de jornais detalhando o comportamento anárquico da banda –, Kaplan e Opatoshu chegaram a Londres em 5 de novembro sabendo pouco sobre os Pistols, a cena punk inglesa ou que tipo de filme Malcolm pretendia fazer. Vários dias na companhia de Malcolm sendo "Malcolmizados", como mais tarde diriam, e a dupla rapidamente percebeu que havia uma única estrela no show dos Sex Pistols – o próprio Malcolm.

Com o novo produtor Jeremy Thomas pronto para entrar em ação e Kaplan verificando os *sets* do estúdio, Opatoshu trancou-se no seu quarto de hotel e começou a trabalhar em um tratamento de 11 páginas para o filme sem título nessa fase. Isso, porém, era mais fácil de dizer do que de fazer, porque, com as possíveis exceções de Elvis e Cliff Richard – ambos preparados para seus papéis –, astros de rock são músicos, e não atores, e portanto não se poderia esperar que decorassem resmas de diálogos para ser entregues pontualmente. John, Paul, George e Ringo podem ter gostado de se ver no cinema, mas os Sex Pistols eram uma proposta bem diferente. Opatoshu também tinha de escrever um roteiro a ser aceito pela banda e seu crescente número de fãs, caso os novos investidores do filme quisessem ter algum retorno. Com isso em mente, Opatoshu manteve o novo tratamento próximo do roteiro original de Meyer e Ebert. Mas, com Bambi literalmente abatido, o novo tratamento abria com uma exaltação comercial das delícias da *swinging london*, antes de dissolver-se em uma imagem dos Sex Pistols vagando com desinteresse em um cenário artificial do Dead End, uma miserável área dickensiana onde garotos esfarrapados percorriam as ruas em busca de sua próxima refeição, enquanto turistas clicavam suas câmeras fotográficas do alto de ônibus de dois andares. Na reescritura, B. J., o artista anteriormente chamado de M. J., passa a ser chamado de Rod Bollocks, e o envelhecido dinossauro do rock volta de seu exílio fiscal para descobrir que seu luxuoso cafofo foi ocupado pelos Pistols. Quando ele reclama para "Derek", o diretor executivo de sua gravadora, Mamie Records, o sábio Derek faz tentativas infrutíferas para contratar os Pistols para seu selo.

Até certo ponto, o tratamento de Opatoshu espelha a ascensão meteórica dos Pistols ao estrelato, bem como o contato da banda com as instituições. Ao contrário dos poderes sombrios de Whitehall que teriam tentado neutralizar a ameaça dos Sex Pistols ao *status quo* proibindo-os de tocar ao vivo e banindo seus discos, a oligarquia ficcional de Opatoshu – percebendo que não poderia se livrar do punk – escolheu absorvê-lo no sistema. Arranjaram para que o subserviente Derek raptasse Rotten, assim fragmentando a banda para maximizar seu valor comercial; entretanto, como na vida real, o vocalista provou que não era marionete de ninguém atirando-se pela janela do escritório de Derek.

A caneta de Opatoshu provar-se-ia desconfortavelmente profética, pois, quando Rotten despenca para a morte, a tela enche-se com uma montagem de imagens do que acontecerá quando o punk for assimilado pelo sistema: um marqueteiro da televisão americana vendendo kits punks para as massas; atores senis usando parafernália punk enquanto se apresentam no "Karaoke In The UK" (Karaokê no Reino Unido) no Holiday Inn local; uma típica família nuclear britânica com mamãe e papai usando cabelo espetado, alfinetes de segurança e roupas de sadomasoquista; e, finalmente, os quatro Sex Pistols sendo sagrados cavalheiros pela rainha no Palácio de Buckingham. Desnecessário dizer, o sangue e os miolos de Rotten não terminam decorando a calçada, pois o cantor é salvo por acaso por uma bandeira inglesa pendurada do lado de fora da Mamie Records. Quando ele finalmente cai ao chão, para descobrir-se de volta ao Dead End, outro Sex Pistol o informa de que não se trata de sonho e que a rainha vai inaugurar uma estátua para homenagear a banda no recém-nomeado Pistol Park. Rotten, no entanto, tem outras ideias, e, enquanto descem os créditos, ele e os outros Pistols – tendo confiscado um ônibus turístico de dois andares – avançam através do Pistol Park fulminando o cerimonial com fogo de metralhadora e granadas de mão.

O tratamento de Opatoshu ganhou o selo de aprovação de Malcolm e de Jeremy Thomas, e ele e Kaplan reuniram-se com todas as partes interessadas para começar a planejar a pré-produção. Até então, os americanos tinham trabalhado na base da confiança, mas, como as coisas estavam para começar a acontecer, acharam que deveriam ter algo no papel. Porém, apesar das garantias de Malcolm de que os contratos estavam sendo elaborados e de que ambos receberiam os 10 mil dólares que imaginavam lhes ser devidos por seu trabalho até esse ponto, eles – como Russ Meyer – estavam para ser deixados igualmente de mãos vazias.

Por Malcolm não achar mais que um filme narrativo era o caminho a seguir, sugeriu que os Sex Pistols podiam fazer um show em algum lugarejo remoto do norte do país, como Northumberland. Avisariam as autoridades locais com antecedência e filmariam o inevitável confronto entre fãs e polícia. Kaplan e Opatoshu ficaram pasmos diante da ideia. Podiam ser relativamente novos na indústria do cinema, mas sabiam reconhecer um trapaceiro quando viam um. Para Kaplan, foi o ponto final. "Àquele ponto sabia que eu tinha de partir", Kaplan disse a Craig Bromberg em *The Wicked Ways of Malcolm McLaren*. Voltei para Los Angeles e deixei Danny negociando os últimos detalhes." Mas, antes de dirigir-se a Heathrow, sugeriu a Malcolm entregar o projeto a Julien Temple.

#

Temple, cujo próximo filme seria o musical de 1986 *Absolute Beginners* (baseado no livro de Colin MacInnes de mesmo nome, escrito durante as revoltas raciais de Londres de setembro de 1958), podia ser um novato em termos de experiência como diretor, mas o rapaz então com 22 anos era um veterano em termos de compreender a mentalidade de Malcolm, por ter passado os 18 meses anteriores filmando os Sex Pistols em vários contextos. Embora os investidores do filme estivessem compreensivelmente ansiosos ante a decisão de deixar um *absolute beginner* (completo novato) perdido no *set* de filmagem, Malcolm estava feliz de poder sentar-se e observar o que Temple traria para a festa. Afinal, ele havia sido igualmente ingênuo em termos de experiência empresarial quando decidiu abrigar os Sex Pistols sob sua asa e hoje a banda havia se tornado uma das mais famosas do planeta. Evidentemente, quando Temple subiu a bordo os Sex Pistols já haviam implodido, não havia roteiro para ser discutido e pouquíssimo dinheiro no cofrinho, apesar de Malcolm ter garantido um contrato publicitário de 100 mil libras com a Warner Bros antes de a banda embarcar em sua malfadada turnê nos Estados Unidos.

No entanto, o jovem coelho aceitou prontamente a cenoura e acompanhou Malcolm ao Rio de Janeiro para juntar-se a Steve e Paul no final de janeiro de 1978. Enquanto filmavam Steve e Paul velejando no Rio Amazonas ao lado de Ronnie Biggs punk cantarolando "Belsen Was A

Gas" com a letra retrabalhada por ele, jamais imaginaria em seu pior pesadelo que acabaria sendo detido como "garantia humana" pela máfia local durante quatro tensas semanas, até Malcolm aparecer com o dinheiro pelos instrumentos utilizados e que o trio havia atirado fora da embarcação no final da música. Quando finalmente voltou a Londres, descobriu que Malcolm havia descartado a ideia do longa-metragem e voltado para a ideia original de fazer um documentário.

Com a ideia de Danny Opatoshu jogada às traças com *Anarchy In The UK* e *Who Killed Bambi?*, Malcolm e Temple passaram a vasculhar cada milímetro de filmagem relacionada aos Sex Pistols. E, quando a dupla voltou de Paris com a filmagem na lata de Sid cantando "My Way" e no geral brincando consigo mesmo no Quarteirão Judeu da capital francesa, começaram a trabalhar em um novo tratamento. A ideia inicial de Malcolm era contar a história dos Sex Pistols – com Rotten reduzido a uma figura de realidade virtual, aparecendo apenas em filmagens de shows –, desde o começo humilde da banda até seu tumultuado final na turnê americana, no Winterland; levando o filme a um clímax triplamente maldito, por matar metaforicamente cada um dos três membros de forma risível. Sid ficava fora de ação por um momento de glória, acidentando-se com sua motocicleta ao fazer um sinal de "V" para vacas de um campo dos arredores; o "Serial Shagger" ("fodedor em série") Steve perdia sua virilidade ao pular de paraquedas de um aeroplano, enquanto o pobre e velho Paul era assaltado em seu carro – em mais de um sentido – pelos membros da banda rival e ficcional Fabulous Blow-Waves, que tinha como homem de frente o ainda anônimo Sting.

De fato, Temple realmente foi a ponto de filmar a cena do estupro no carro antes de Malcolm aparecer com uma tangente inesperada decidindo que ele mesmo era o mais bem indicado para contar a história dos Sex Pistols. Afinal, havia estado presente na concepção da banda e em sua dissolução. Ele mais que ninguém sabia quanto os mitos, lendas e inverdades que cercavam os Sex Pistols faziam com que a maioria dos fãs da banda – para não mencionar o grande público britânico – tivesse apenas uma vaga ideia sobre o que realmente se passara nos bastidores durante sua curta e movimentada carreira. A história foi escrita por vencedores, e, com pouca consideração pelos esforços de John, Paul, Steve, Sid ou de fato Glen, ele deu a Temple um tratamento revisado, provisoriamente intitulado *A Grande Trapaça do Rock'n'Roll*. Nessa versão, Malcolm, o autoestilizado "Embezzler", narrava um (uma cópia de *Precisa-se de Sangue Novo* ridiculamente feita) conto sobre como, graças à sua criação manufaturada dos Sex Pistols, tinha inventado o "punk rock" e surrupiado mais de 1 milhão de libras da indústria musical.

Para dar sua versão cinematográfica revisada dos eventos, que continha Steve remodelado como "The Crook" (O Trapaceiro), Sid como "The Gimmick" (O Astucioso), Paul (impiedosamente) apelidado de "The Tea-Maker" ("O Bule") e John vilanizado como "The Collaborator" ("O Traidor"), Malcolm escolheu usar um macacão inteiriço de borracha complementado com um tipo de capuz inflável. A imagem na tela era fascinante, mas a roupa fetichista da Seditionaries não fora desenhada para ser usada sob as quentes luzes do estúdio e Malcolm podia apenas dizer algumas poucas falas por vez por medo de ser lentamente cozinhado em seu próprio suor.

#

Os fãs teriam de esperar 21 anos até o lançamento de *O Lixo e a Fúria* em 2001, também dirigido por Temple, para ter um relato acurado de alguém do meio sobre como os Sex Pistols ganharam e não surrupiaram quase 1 milhão de libras. O filme *A Grande Trapaça do Rock'n'Roll* seria duramente atacado tanto pelos puristas quanto pelos críticos, mas para nós, humildes fãs, entrar em um cinema para assistir a um longa-metragem sobre os Sex Pistols era como cruzar o limiar lendário da fabulosa fábrica de chocolate de Willy Wonka. Embora admitamos prontamente que ao menos 10% do filme é muito ruim, onde mais banquetearíamos nossos olhos em filmagens inéditas, como aquelas dos Pistols tocando na Festa de Valentine de Andrew Logan, em fevereiro de 1976, a festa de jubileu no barco e a turnê de 1978 dos Estados Unidos? Para não mencionar os vídeos promocionais de "God Save The Queen" e "Pretty Vacant".

Com John recusando-se a ter qualquer coisa a ver com o filme e Sid mal podendo funcionar sem Nancy ou uma agulha, a atuação interna foi – além de ocasionais participações especiais de Cookie, que incluíram os vocais de "Silly Thing" – feita em grande parte por Malcolm e Steve. De fato, Malcolm mostrava-se bastante natural em frente à câmera e sua performance – que incluiu sua versão do sucesso de Max Bygraves de 1958, "You Need Hands" – foi muito divertida. Sendo que os Sex Pistols eram puro *vaudeville*, como John classificou a banda na abertura de *O Lixo e a Fúria*, o filme *Trapaça* – à parte a morte de Sid, é claro – sempre foi considerado uma comédia pastelão.

Malcolm garantiu mais alegria trazendo a renomada comediante britânica Irene Handl para o papel de senil lanterninha de cinema que ganha mais do que pede quando tenta atenuar o ardor de Steve por sua última conquista, vivida pela atriz pornô Mary Millington. Fã confessa dos Bee Gees, Mary não tinha ideia de quem eram os Pistols, mesmo depois de seu agente lhe ter dado a informação! Mas Mary havia sido contratada para ficar nua e decorar algumas poucas falas, papel que vinha fazendo há anos.

Irene, então aos 77 anos, que era mais conhecida por seu papel como a cometedora de malapropismo Ada Cresswell da *sitcom* da Thames TV do começo dos anos 1970 *For The Love Of Ada*, era vista como a vovó favorita de todos. Os fãs poderiam ser perdoados por pensarem que a explosão de Steve: "O que você quer, sua piranha?", ao emergir do meio das meias e cintas-liga de Mary, teria sido acrescentada posteriormente para não ofender os ouvidos sensíveis da atriz septuagenária. Não foi assim, de acordo com Temple. Sempre que estava fora das câmeras, Irene divertia a equipe e o elenco regularmente com histórias picantes sobre seu passado de atriz. Irene faleceu em novembro de 1987, e seu último papel no cinema foi interpretando Mrs. Larkin em *Absolute Beginners* de Temple. *A Grande Trapaça do Rock'n'Roll* seria tristemente a última aparição em filme de Mary Millington, pois a atriz matou-se com uma dose letal de paracetamol e álcool em sua casa em Walton-On-The-Hill, Surrey, em 19 de agosto de 1979. Contava apenas 33 anos.

Com Ronnie Biggs já tendo provado que qualquer um – até mesmo um fugitivo do roubo do trem pagador – poderia ser um Sex Pistol, Malcolm tentou depreciar os feitos de John realizando testes livres no Duke of York Theatre, em St. Martins Lane. Qualquer um se imaginando um "aspirante a John", perambulando pelas ruas do West End, poderia entrar e dar tudo de si na faixa título do filme. E, vamos encarar isso, quem não gostaria de ganhar seus 15 minutos de fama cantando junto com Sid, Steve e Paul? Afinal, a última vez em que os três Sex Pistols restantes haviam aparecido em um palco juntos foi no Winterland.

Desnecessário dizer, nenhum dos candidatos foi digno de assumir o manto de John, mas os testes revelaram uma gema rara que atendia pelo nome de Edward Tudor-Pole. A lenda conta que o aspirante a ator e futuro apresentador do *Crystal Maze* estava indo para outro teste quando foi parado na rua por Malcolm e Julien e convidado para os acompanhar ao palco do Duke of York. A principal lembrança de Eddie sobre esse dia é como os outros candidatos estavam arrebatados por Sid e Nancy, aglomerando-se ao redor do casal a qualquer oportunidade. Ele mesmo não tinha interesse real em Sid, nos Pistols ou mesmo no punk rock, mas estava determinado a comparecer em qualquer que fosse o show que Malcolm e Julien estivessem oferecendo. Embora suas manobras improvisadas no palco fossem desclassificadas, ele ganhou o selo de aprovação de Malcolm encenando seu truque especial, que envolvia colocar um cigarro aceso na frente do palco e então lançá-lo para cima com a ponta do sapato e pegá-lo no ar com a boca. Apesar de ser convidado a cantar duas faixas, "Rock Around The Clock" e "Who Killed Bambi", Eddie ganhou o papel de Tadpole, auxiliar de Irene Handl no cinema. Apenas o profissionalismo de Irene a teria impedido de rir enquanto Eddie circulava pelo saguão do cinema como um John Cleese (comediante inglês) sob efeito de ácido, usando um aspirador como microfone improvisado enquanto cantava a última música.

Embora Eddie soubesse que nunca houvera sérios debates sobre ele substituir John nos Sex Pistols para sempre, o ator comprido e desengonçado deixou de lado temporariamente suas aspirações teatrais e ressucitou sua velha banda Tenpole Tudor. Graças a seu envolvimento com os Pistols, a banda assinou um contrato com a Stiff Records e lançou dois álbuns, desfrutando sucesso módico no *mainstream*, mais notadamente em 1981 com o *single* "Swords Of A Thousand Men" (STIFF-BUY109), que alcançou o número 6 da parada britânica. Desde que colocou a enigmática questão: "Quem matou bambi?", Eddie tem aparecido em inúmeros filmes e peças, incluindo o já mencionado *Absolute Beginners*, *Sid e Nancy* de Alex Cox (1986), *Coração de Caçador de Clint Eastwood* (1988), *Contos Proibidos do Marquês de Sade* (2000), *The Queen's Sister* (2005), no qual ele faz o fotógrafo de retratos reais Cecil Beaton (cuja foto oficial do jubileu de prata da rainha Elizabeth II foi famosamente utilizada por Jamie Reid), e mais recentemente no último *remake* do clássico de Dickens, *Oliver Twist* (2007). Quando não está aparecendo na telona, Eddie concentra suas atenções principalmente em sua atuação ao vivo, que descreve como seu "Show de Estádio de um Homem". Em ocasiões especiais, sai com a banda tributo dos Sex Pistols, o Sex Pistols Experience, para relembrar velhos clássicos do *Trapaça* e do Tenpole Tudor. É, de várias maneiras, um caso de predestinação.

#

Malcolm tinha visto seus sonhos cinematográficos se realizarem, mas, em 13 de janeiro de 1986, a claquete finalmente soou no décimo ano do seu Império Glitterbest, quando perdeu seu caso de sete anos na corte e acabou entrando em acordo. Renunciou ao controle da Glitterbest e da Matrixbest em favor de John, Steve, Paul e do espólio de Sid Vicious (inicialmente representado por Anne Beverley e, depois de seu suicídio em 1996, pelo primo de Sid, David Ross). O caso inicial de Lydon versus Glitterbest, ação legal 1.152 na lista de 1978, havia começado na quarta-feira de 7 de fevereiro de 1979; mesmo dia em que Anne Beverley despejaria as cinzas de seu único filho sobre o túmulo de Nancy no cemitério King David, na Filadélfia, depois de uma cerimônia discreta no crematório de Garden State, em North Bergen, em Nova Jersey. Em 1986, no entanto, apesar de os Sex Pistols ainda serem saudados como

Lançamento do livro Satellite. Paul Cook e Eddie Tenpole Tudor.

a banda que cada aspirante ao rock'n'roll deveria imitar, o mundo havia mudado.

Embora a nova década visse anarquia de verdade no Reino Unido, com um número de desempregados chegando a 3 milhões e os jovens insatisfeitos do país tomando as ruas do centro da cidade, a primeira-ministra Margaret Thatcher – que sobreviveria a uma tentativa de assassinato do

IRA em outubro de 1984 – havia ficado firme e ganhado a guerra contra os sindicatos. A "Dama de Ferro" também havia vencido a guerra com a Argentina pela soberania das Ilhas Malvinas. A indústria musical também havia passado por uma metamorfose: o punk fora inicialmente usurpado pelos "*new romantics*" (novos românticos), liderados pelo andrógino Boy George, ele mesmo um antigo devoto da King's Road, n° 430. Este, por sua vez, tinha dado lugar à cena *indie* representada pelos favoritos dos estudantes, os ascetas reis do *indie* The Smiths.

Os dois principais protagonistas de nossa história tinham também evoluído a partir de suas encarnações anteriores. John, agora em Nova York, tinha feito do PiL uma banda/marca de sucesso. Malcolm havia voltado de seu autoexílio parisiense para desferir novo ataque à indústria musical britânica com as cabriolas piratas do Bow Wow Wow, que tinha à frente a colegial anglo-birmanesa então com 14 anos Annabella Lwin (nascida Myint Myint Aye). Em lugar de atacar a indústria de dentro, como havia feito com os Sex Pistols, Malcolm tentou trazê-la a seus pés defendendo a gravação caseira. O *single* de estreia da banda, "C30 C60 C90 Go", foi lançado apenas em fita cassete, com o outro lado em branco para que a garotada pudesse usá-lo para gravar suas músicas preferidas de graça e negar à indústria musical seus lucros.

Steve e Paul tinham inicialmente ficado a favor de Malcolm, mas mudaram de lado na última hora, embora soubessem há muito que Malcolm adorava dominar a bola no campo sem ligar para a regra do impedimento. Por conta dessa imagem, já não tinham mais nenhuma confiança nos objetivos de seu ex-empresário. A cada dia que passava, sentavam impassíveis enquanto o advogado de John, John Wilmers, sem nenhum esforço contabilizava ponto após ponto contra Malcolm e o codiretor da Glitterbest, Stephen Fisher. O *iceberg* que finalmente afundou o navio surgiu quando Wilmers estimou que, das 880 mil libras que a Glitterbest havia recebido em nome dos Pistols entre setembro de 1976 e março de 1978, apenas 30 mil libras podiam ser contabilizadas. As contas descuidadads que Malcolm tinha conseguido apresentar revelaram que apenas 343 mil libras tinham sido gastas no filme *A Grande Trapaça do Rock'n'Roll*, o que ainda deixava o destino da enorme quantia de 537 mil libras em aberto.

Quando o juiz encarregado, Browne-Wilkinson, dera seu veredito em 14 de fevereiro de 1979, não estava disposto a ser enredado em um longo julgamento tentando desfazer o nó cego gerencial da Glitterbest ou a legalidade do contrato Sex Pistols/Glitterbest, retringindo-se em vez disso às transações orçamentais da Glitterbest. Os únicos ativos remanescentes viáveis da empresa eram o filme *A Grande Trapaça do Rock'n'Roll* e o álbum da trilha sonora que o acompanhava, e a Justiça nomeou uma terceira parte recebedora – o senhor Russel Gerald Hawkes, da firma londrina de contabilidade Spicer & Pegler – para administrar tais ativos. Embora tenha dissolvido a Glitterbest e a Matrixbest, a Justiça sugeriu que Malcolm deveria ajudar a explorar o filme. Mas você conhece Malcolm, ele não tinha interesse em um papel secundário de um projeto que havia orquestrado. Mais tarde naquele mesmo dia, depois de uma visita final ao cofrinho da Glitterbest, pegou um avião para Paris.

Entretanto, a relutância da Justiça em lidar com o contrato Glitterbest/Sex Pistols havia deixado a sentença inconclusa e o caso arrastou-se por outros sete anos, custando estimadas 250 mil libras em honorários legais. John havia finalmente conseguido seu dia de sol e poderia aquecer-se sob seus raios para sempre. Ele, Steve e Paul, com o advogado que atuava em nome de Anne Beverley, criaram a empresa "Sex Pistols Residuals" para lidar com futuros negócios dos Sex Pistols. Tendo finalmente recuperado sua carteira, John estava pronto para voltar sua atenção para o Public Image Limited, e mais tarde naquele ano a banda desfrutou de sucesso comercial e de crítica com o *single* "Rise" e seu álbum mãe criativamente chamado de *Album*. Para todos os efeitos práticos, os Sex Pistols haviam se tornado finalmente peça de museu.

CAPÍTULO 16

Gordos, Quarentões e de Volta com Tudo!

> *"Em 1976, o produtor Sid Bernstein ofereceu seu maior cheque até então para uma reunião dos Beatles: a quantia sem precedentes de 10 milhões de libras esterlinas por um show ao vivo. A única coisa da qual não abria mão era dos próprios* fab four. *Você vê, apesar de anos de entrevistas à imprensa dizendo que eles tinham algum carinho pelo tempo que haviam passado juntos, a única condição para promover uma reunião seria a de que todos a quisessem!"*
> Revista Mensal dos Beatles – 1990

Às 11h06 da manhã do sábado de 15 de março de 1996, o IRA detonou uma bomba gigante de 1,5 tonelada no coração do centro comercial de Manchester, espalhando destruição por cerca de 75 mil metros quadrados de uma área ocupada por escritórios e comércio de varejo. O artefato, que fora escondido na parte traseira de um caminhão Ford deixado na Corporation Street, do lado de fora do shopping center Arndale, era a maior bomba já detonada pelo IRA e a maior a explodir na Grã-Bretanha desde a Segunda Guerra Mundial. Embora os terroristas tivessem emitido um aviso em código dando tempo bastante às autoridades para evacuar a área imediata, cerca de 206 pessoas foram feridas por pedaços de vidro arremessados.

Três dias depois, os Sex Pistols lançaram sua própria bomba incendiária na Oxford Street de Londres, quando a formação original da banda convocou uma coletiva de imprensa no primeiro lugar onde foram detonados, o 100 Club, revelando planos para uma grande turnê mundial. Ironicamente intitulada Filthy Lucre Tour (Turnê Lucro Sujo) por inspiração de uma manchete do *Daily Mail* de 2 de dezembro de 1976 – punk: chame isso de lucro sujo –, seria lançada no Messila Festival, em Hollola, Finlândia, em 21 de junho, partindo para a Europa, incluindo três shows no Reino Unido, bem como nos Estados Unidos, na América do Sul, na Austrália e no Japão.

#

Para aqueles de vocês que não têm uma cópia do álbum de 1996 dos Neurotic Outsiders, a nona faixa é uma música composta por Steve Jones intitulada "Union". A música não tem nada de especial em termos de melodia, mas é algo surpreendente ouvir o ex-Sex Pistol lamentar sobre seu fracasso – e dos amigos ex-Sex Pistols – em deixar de lado as diferenças pessoais e alcançarem um compromisso capaz de colocar a banda no palco novamente. Steve, naturalmente, não era o único a desejar uma volta dos Sex Pistols e, como sabemos, várias ofertas substanciais foram colocadas à mesa ao longo dos anos para ter a formação original da banda reunida novamente.

Com mil diabos, algumas vezes, de acordo com a imprensa musical, ofertas foram feitas para que a banda voltasse a tocar mesmo sem Rotten ou Matlock! Alguém se lembra da famosa reunião de Axl Rose? Também sabemos agora que John era o único dos quatro firmemente convicto a se recusar a ir para a mesa de negociações, enquanto Steve, Paul e Glen assinariam alegremente um contrato para se juntar bem antes de 1996.

Em sua autobiografia, *No Irish, No Blacks, No Dogs*, John tinha convicção de que jamais haveria uma volta dos Sex Pistols e contentava-se em passar ao largo das mentiras a respeito. Isso, é claro, foi escrito com o substancioso adiantamento dos editores Hodder & Stoughton a salvo em sua conta bancária. Em 1996, o PiL estava chapinhando no pântano do rock'n'roll, adormecido desde 1992. John, porém, ainda acreditava ser uma entidade viável como artista do disco. Na época, estava ocupado trabalhando nas músicas que iriam aparecer em seu álbum solo de 1997, de pouco sucesso – ousamos dizer – *Psycho's Path*. John negaria, mas há gente próxima ao círculo íntimo da banda que acredita que, caso o multimilionário pai de Nora tivesse falecido vários meses antes, ainda estaríamos sonhando com qualquer tipo de volta dos Sex Pistols.

Então, quando o último boato de um possível retorno dos Sex Pistols começou a circular entre os fiéis do partido em fevereiro de 1996, apesar do dito boato vir de Jim Henderson, editor chefe do altamente informativo fanzine dos Sex Pistols *Never Trust A Hippy*, os cínicos entre nós ainda o consideravam apenas outro sonho ilusório e continuavam sua rotina diária. Dessa vez, no entanto, foi diferente. Jim recebeu a dica dos empresários de Steve, que estavam pedindo uma biografia do ex-Sex Pistol para uma coletiva de imprensa que aconteceria em breve e na qual tudo seria revelado. A imprensa nacional logo se inteirou da história e mais munição foi acrescentada à boataria quando John – em lugar de desmerecer o dito boato como havia feito no passado – disse aos repórteres para reservarem suas respectivas primeiras páginas em antecipação ao anúncio oficial.

Na terça-feira de 18 de março de 1996, o improvável aconteceu quando John, ao lado de Steve, Paul e Glen, subiu ao palco do outrora familiar 100 Club e ocuparam seus assentos à frente do palanque estampado com a bandeira inglesa a fim de revelar seus planos para uma grande turnê mundial. De acordo com Paul, os quatro travessos membros da banda tinham conseguido o número do telefone residencial de Malcolm em Paris e contactaram seu ex-empresário para oferecer seu velho emprego de volta. Embora Malcolm tenha comparado causticamente a volta dos Pistols à de uns cavalos de carroça em sua última volta antes de ser largados no pasto, supreendentemente aceitou a oferta só para ouvir, entre risadinhas coletivas, um "foda-se".

Os cerca de 350 jornalistas reunidos no porão do clube, esperando para inquirir os quatro envelhecidos Sex Pistols sobre sua decisão de voltar depois de 20 anos, devem ter imaginado que diabos estava acontecendo quando cinco travestis parcamente vestidos serviram a eles enroladinhos de queijo e enguia com creme, enquanto o PA sob a bandeira inglesa explodiu tocando hinos da Segunda Guerra Mundial. Durante uma entrevista para a *Mojo* em julho de 2008, John prontamente admitiu que havia chegado ao clube consciente de que a recepção da imprensa seria das mais implacáveis. Em lugar de passar a noite em claro preocupado com as perguntas que ele e os outros Sex Pistols deveriam responder, preferiu ficar em algum pub londrino de terceira reunindo coragem etílica para encarar o evento.

A maior parte da imprensa reunida sequer havia nascido ou era muito jovem para recordar o *zeitgeist* do final dos anos 1970, quando os Sex Pistols haviam aterrorizado a tépida cena musical britânica com sua anticristã "citação bíblica número". Você poderia pensar que eles teriam feito sua lição de casa sobre a banda. Mas não, estupidamente decidiram juntar-se a John em um jogo de xadrez verbal, que foi como disputar braço de ferro com Arnold Schwarzenegger, e logo todos os rapazes da imprensa estavam contorcendo-se em seus assentos, desejando ter escolhido outra profissão.

Por duas décadas, os Sex Pistols haviam sido considerados sacrossantos em termos de rebelião roqueira, e muitas pessoas consideraram sua decisão de voltar um pecado capital. Porém, como John disse a Jim Henderson em *Never Trust A Hippy* (edição 12): "Sabia que boa parte do falatório seria 'eles só estão nisso por dinheiro', mas francamente, em primeiro lugar nunca fomos bem pagos pelo que fizemos. Então, a perspectiva de ganhar seria como corrigir um erro". Sejamos honestos, por que esperar que a banda que (embora sem saber) impulsionou a cena do punk inglês e encheu bolsos empresariais no processo atenha-se a seus princípios? Afinal, todas as outras bandas punk britânicas, com as notáveis exceções do Clash e do Jam, mudaram o estilo por dinheiro e sentiram-se livres para fazê-lo quando bem entenderam sem temer o ridículo ou retaliações. Em último caso, o aspecto financeiro da volta dos Pistols tornou-se irrelevante, já que a pergunta queimando os lábios dos fãs não era se a banda ainda encontraria relevância na cena musical da metade dos anos 1990, mas se quatro músicos de meia-idade ainda "dariam no couro...".

No dia 23 de junho, domingo, tivemos a chance de conferir pessoalmente quando a banda fez o primeiro dos três shows programados para o Finsbury Park.

#

Ao contrário do que John havia informado aos repórteres na coletiva do 110 Club, Finsbury Park não é um estádio, e sim um parque público de cerca de 500 mil metros quadrados situado no burgo londrinho de Haringey; ficava colado ao município de Poole Park, que a família Lydon já tinha chamado de lar, e onde o vocalista havia passado sua primeira infância. As instalações do parque incluem campos abertos, jardins formais e um *arboretum* (o que para gente como eu e você significa um pomar); enquanto suas instalações esportivas incluem um estádio de atletismo, vários campos de futebol, tênis e basquete, bem como uma pista de *bowls* (jogo britânico aparentado com a bocha) para os moradores da terceira idade.

Porém, como a maioria das coisas em Londres na "década do descontentamento", o parque havia caído em sério declínio durante a metade dos anos 1970, e seu futuro permaneceu uma incógnita até que o financiamento da Loteria Nacional – no começo da década de 1990 – lhe proporcionou um renascimento. Tal reforma também tornou o

Finsbury Park um espaço para shows musicais – mais notadamente pelos festivais de Madstock e Fleadh, liderados pelas bandas Madness e The Pogues, respectivamente.

Embora John e os outros três Sex Pistols houvessem reagido negativamente a qualquer sugestão de transformar o show do Finsbury Park em um "depósito punk", entupindo o evento com velhas bandas punk de ontem (um "feriado geriátrico", diria John dessa proposta), tanto o Buzzcocks como o Stiff Little Fingers integraram o show ao lado dos 60 Foot Dolls, Three Colour Red, Skunk Anansie, the Wildhearts (quem pode se esquecer de suas incríveis camisetas com a inscrição "Never Mind the Headliners Here's the Wildhearts" – "Não ligue para a banda principal da noite, aqui estão os Wildhearts"?), e o tio Iggy Pop. Embora os Buzzers e o SLF tivessem feito boas apresentações, sua atitude no palco sugeria que ambas as bandas sabiam que seus esforços seriam sempre supérfluos no show; a rebelião original de Londres estava de volta e ninguém roubaria o impacto de seu trovão.

De fato, muitos dos músicos envolvidos no show estavam tão movidos pela banda principal da noite como o público. O então baixista dos Wildhearts, Danny McCormick, cujo irmão Chris era guitarrista do Three Colours Red, estava no sétimo céu na área VIP dos bastidores, quase podia tocar os Sex Pistols. Embora o tagarela Geordie tenha rapidamente se juntado à conversa com Glen e Paul, e a Steve em menor grau, escolheu propositalmente evitar John: "É preciso ser cuidadoso com os próprios heróis", disse-nos em uma tarde ensolarada de junho de 2002, enquanto velejávamos pelo Tâmisa com a banda de homenagem Sus-Sex Pistols. "Porque cada filho da puta presente tentava ter seus cinco minutos com John e eu o teria pegado de mau humor. E isto teria arruinado meu dia!"

Vinte anos haviam se passado desde aquele glorioso verão de 1976, e John, Steve, Paul e Glen não eram mais jovens invocados com sede de destruição. Mas as 30 mil pessoas presentes não estavam nem aí com as as rugas na testa franzida de Paul ou as barrigas salientes de John e Steve quando as luzes do palco se apagaram e a banda rompeu o pano de fundo de jornal estilizado, com as manchetes agora bastante conhecidas de 2 de dezembro de 1976, publicadas depois da aparição da banda no *Today*. É justo dizer que, se tivesse havido um telhado cobrindo o Finsbury Park, nesse dia o rugido coletivo teria ruído suas fundações quando Steve atacou com sua valorosa Les Paul lançando no ar o *riff* de abertura de "Bodies". A camisa preta que o guitarrista usava podia estar arrebentando as costuras por conta de outras visitas ao seu lugar preferido para comer de Londres – a loja Cooke de tortas e purê de batata em Shepherd's Bush –, mas ainda sabia como fazer a pose de herói do vídeo "God Save The Queen".

Embora ninguém estivesse esperando que John subisse ao palco nos velhos jeans de couro e musselina Destroy, a jaqueta xadrez em verde cobrindo sua respectiva barriga parecia ter sido cortada a partir de uma das toalhas de mesa do Cooke, e quanto menos dissermos sobre seu pantomímico topete verde espetado, melhor. Glen, é claro, que no passado nunca havia se sentido realmente muito à vontade nas roupas da SEX, jamais se vestiria de punk para a ocasião e escolheu o certo pelo duvidoso usando um jeans preto e uma camiseta listrada. Era evidente que mesmo o fã mais ingênuo estaria esperando que os Pistols serviriam ao público um conjunto de músicas tiradas de "Bollocks e Lados B" (e provavelmente "Belsen Was a Gas"), mas cada número – especialmente os quatro *singles* – era saudado pela multidão como um parente perdido retornando à casa. Enquanto a voz de John havia perdido muito de seu veneno cáustico, Steve, Paul e Glen tinham amadurecido como músicos, o que acrescentou uma dinâmica extra à apresentação.

#

Seguido a seu triufante retorno em casa, a banda voou para a Suécia para um show no Museu Naval de Estocolmo em 26 de junho, dando antes um pulo até a Dinamarca através da fronteira báltica para sua malfadada apresentação no festival Roskilde dois dias antes. Os quatro dias – lembrados entre os maiores festivais europeus de verão – estavam celebrando o 25º aniversário naquele ano, mas uma pequena porcentagem da multidão de 115 mil pessoas decidiu se indispor com os Pistols (ou mais provavelmente com o psicodélico traje de concha de John) e começou a jogar garrafas no palco, nem todas de plástico. Apesar de repetidos avisos de John de que ele e o restante da banda deixariam o palco, os encrenqueiros mantiveram a artilharia. A promessa se cumpriu quando uma garrafa voadora quase acertou Steve na cabeça no final de "Did You No Wrong".

Felizmente, o restante dos shows europeus passou sem nenhum incidente mais sério, incluindo um segundo show inesperado em Londres, no Empire, em Shepherd's Bush, em 17 de julho, depois de um cancelamento da próxima noite no Point Depot, em Dublin. Para muitos de nós, o show do Empire de Shepherd's Bush foi ainda melhor que o de Finsbury Park. Em primeiro lugar, por acontecer em um ambiente fechado em lugar de um campo ao ar livre; era, portanto, mais íntimo. Realmente, o líder do Creation – e aficcionado punk – Alan McGee estava suficientemente comovido pela performance da banda para desembolsar 20 mil libras e garantir as últimas páginas de cada uma das principais revistas musicais para seu *release* pago exortando o verdadeiro valor dos Sex Pistols no ambiente da então indiferente cena musical. Porém, lamentavelmente para a banda, tal proximidade do público os colocou ao alcance de cusparadas. E, John, evidentemente, não gostou nada de ser cuspido por uns moleques suarentos (que deveriam ter se ligado) e ameaçou descer até o público e quebrar a cara de alguns engraçadinhos caso os cuspes não parassem.

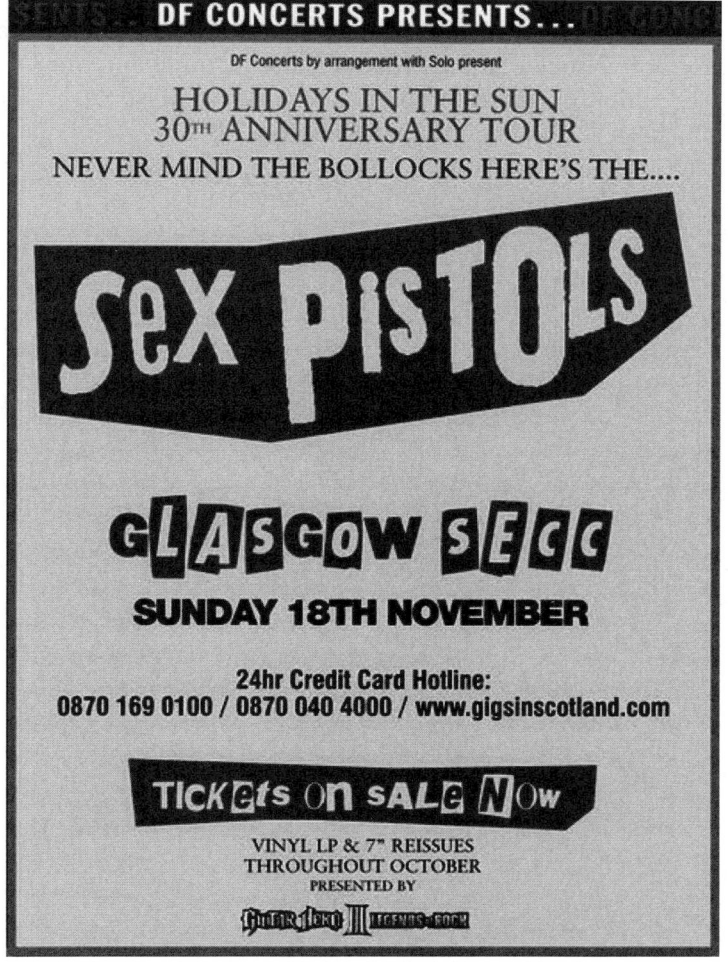

Panfleto do SECC de Glasgow, turnê de 2007.

A cusparada é um dos aspectos mais estúpidos, para não dizer nojentos, do punk rock, então ninguém sabe por que esses imbecis pensaram que o hábito ainda seria aceitável 20 anos depois. Por que acharam que John permitiria que seu palco fosse usado como uma escarradeira é ainda mais intrigante. Mais uma vez "I Wanna Be Me" foi deixada de fora; em compensação, ganhamos um inesperado petisco com "Roadrunner", o clássico de Jonathan Richman de 1972, que os Pistols originais integraram ao seu repertório dos primeiros tempos. E, dessa vez, John sabia a letra... ou ao menos a maior parte dela para passar na prova. O sentimento do dia seguinte foi aquele de "uau!". Provavelmente foi ver os Pistols do começo; sem ambiente ao ar livre, sem cerveja barata, uma visão perfeita do grupo no palco e uma apresentação incrivelmente afiada. Mas o show da noite anterior no SECC (Scottish Exhibition and Conference Centre), em Glasgow, foi um rojão molhado. Essa foi a segunda única vez que os Sex Pistols haviam se aventurado ao norte da Muralha de Adriano, mas parecia que os escoceses estavam de alguma forma menos entusiasmados com o retorno da banda que os ingleses e, chegado o dia do show, havia ainda muitos ingressos por vender. À última hora, embaraçosamente, alguém da equipe do produtor teve a ideia salvadora de convidar Stiff Little Fingers para o show. Os Fingers eram, e ainda são, tidos em alta estima entre os entusiastas de música escoceses e poderiam, portanto, ser invocados para conseguir uma montanha de ingressos vendidos em dois tempos. Embora a inclusão de último minuto do SLF tenha salvado a cara da bilheteria, o plano saiu pela culatra para os Pistols em si, já que os fiéis dos Fingers saíram de campo assim que seus heróis se retiraram o palco, deixando grandes lacunas na sala de cerca de 12.500 lugares sentados. Felizmente, o episódio esteve bem mais para exceção do que regra, e os Pistols levaram a parte europeia da turnê a um final grandioso no Festival de Phoenix, em 21 de julho.

Poderíamos pensar que a oportunidade de ver os Sex Pistols tocando ao vivo teria sido suficiente para secar o mais molhado dos assovios, mas certas pessoas (sem dúvida liberadas só no dia para a ocasião) tomaram para si a tarefa de posicionar-se diante de Glen e passar o show inteiro defendendo Sid. Agora, embora todos nós amemos assistir a vídeos e DVDs de Sid e suas travessuras no palco, em termos musicais, ele era – como John corretamente, se não cruelmente, observou na coletiva de imprensa – pouco mais que um "cabideiro". Em lugar de levantar-se contra Glen, esses babacas deveriam jogar flores aos seus pés por ter sido ele fundamental para proporcionar o retorno tão aguardado.

Aconteceu de Glen estar em Los Angeles no começo daquele mesmo ano sondando um possível vocalista para sua banda solo The Philistines e, achando-se ele mesmo no bairro de Steve, decidiu dar uma passada e ver o que seu velho parceiro e "herói da guitarra" andava fazendo. Steve não só ficou feliz em ver Glen, como também sugeriu que deveriam fazer um curto passeio à Praia de Venice, casa de John. Antes disso, a comunicação entre Glen e John havia se resumido a breves conversas transatlânticas por telefone, e ele ficou compreensivamente temeroso pela ideia de ficar cara a cara com seu inimigo de outrora; especialmente por conta da predileção de John de falar mal dele a toda oportunidade.

John Lydon no Apollo de Hammersmith.

Porém, o encontro correu surpreendentemente bem e, quando a conversa recaiu no Sex Pistols – o que certamente aconteceu –, o animado trio decidiu fazer uma ligação transatlântica para Paul em Londres. E o resto, como dizem, é história...

#

Depois de uma pausa de dez dias para recarregar as baterias, os rapazes seguiram para a a etapa americana de sua turnê mundial Filthy Lucre com um show no Anfiteatro Red Rocks em Denver, Colorado, em 31 de julho. Fazia 18 longos anos desde que a sombra dos Pistols havia obscurecido os portais do país, e, embora o Estado Centenário fosse lar de fãs suficientes do Green Day e do Offspring para assegurar que a banda tivesse boas-vindas esfuziantes, os críticos não estavam muito entusiasmados sobre o retorno: "Cidadãos da Glitterlândia, bem-vindos ao nascimento do punk de salão", como um ácido colono escreveu rudemente. De lá a turnê seguiu para o sul no Texas que, tendo recebido anteriormente o Sidera Sex Pistols em duas ocasiões, ficou um pouco indiferente quanto a ter a versão original da banda em sua cidade. Ao contrário de janeiro de 1978, os Pistols não tiveram pudores de tocar em Nova York e Los Angeles, mas, dito isso, para John e Steve, os três shows de LA (22, 23 e 25 de agosto) foram considerados como "jogar em casa".

Depois do último show norte-americano no Pacific National Exhibition Centre em Vancouver, em 31 de agosto, a banda tirou férias estendidas antes de reagrupar-se no começo de outubro e voar para a Nova Zelândia para dar início a uma turnê de dez dias na Austrália. De lá voaram para o Japão, outro país inédito para a banda, e começaram uma turnê de 18 dias "de férias na terra do sol nascente" com os primeiros dois shows no Club Citta, em Kanagawa. O *status* dos Pistols entre os jovens japoneses é quase icônico (sabemos de experiência própria que Sid é quase um profeta por lá!), e eles viram a banda tocar por três noites no Nippon Budokan de Tóquio, com capacidade para 14 mil pessoas. A quinta e última parte da turnê viu Steve e Paul voltarem ao Rio de Janeiro como Sex Pistols (embora não houvesse encontro com Ronnie Biggs), quando a banda tocou na segunda cidade do Brasil, na Praça da Apoteose, em 29 de novembro.

Depois de uma segunda parada no Brasil, em São Paulo, a banda fez uma curta parada de cinco dias para recuperar seu fôlego coletivo antes de seguir para a capital argentina de Buenos Aires para dois shows em noites consecutivas – em 4 e 5 de dezembro – na Arena Obras Sanitarias da cidade. Dois dias depois, Johnny e os rapazes levaram sua turnê mundial Filthy Lucre a seu clímax anárquico com um show em um estádio de basquete na capital chilena de Santiago. "Foi muito louco! Como ser um gladiador", Glen disse a *Mojo* em julho de 2008. Ainda apesar do caos, o baixista citou o show como seu favorito de todos os tempos com os Sex Pistols.

E, meninos e meninas, foi assim. John, Steve, Paul e Glen aqueceram-se sob os holofotes, pegaram suas cuias e finalmente coletaram seus polpudos pagamentos. E o mais importante, haviam sido capazes de dar aos Sex Pistols uma merecida saideira; e, ao fazê-lo, finalmente mandaram o fantasma da banda para seu descanso. O mundo, exceto em projetos solo, não ouviria mais falar sobre eles.

Embora possamos discutir se os Sex Pistols estavam certos em voltar, não podemos contestar que os shows do retorno – principalmente os de Finsbury Park e do Empire de Shepherd's Bush – foram fora de série e irão viver muito tempo na memória. A turnê Filthy Lucre não só proporcionou àqueles de nós que nasceram tarde demais para pegar a primeira rodada dos Pistols a chance de finalmente ver por nós mesmos como a formação original era incrível quando queimavam todos os cilindros, mas também deram à banda um final à sua altura.

#

Então, imaginem a surpresa quando anunciaram em abril de 2002 que os Sex Pistols estavam interrompendo suas aposentadorias para outro retorno único – e sem dúvidas altamente lucrativo – para ajudar a rainha Elizabeth II, Deus a abençoe, a comemorar seu jubileu de ouro.

É possível que a rainha sequer soubesse que um grupo pop tinha ousado espetar um alfinete de segurança através de seu nobre nariz em uma imagem sua 25 anos antes. Mas, se é que sabia da afronta, então a querida e velha Liz tinha obviamente abrandado com a idade durante os anos intermediários, pois em 3 de junho consentiu em dar um concerto pop – vendido como "Party at the Palace" – no Palácio de Buckingham. O evento foi tido como o maior concerto da Grã-Bretanha desde o Live Aid, e os 12 mil ingressos foram distribuídos por meio de uma loteria. Além desses 12 mil beneficiários, uma multidão estimada em 1 milhão de pessoas estava do lado de fora no Mall (larga avenida londrina que liga o palácio à Trafalgar Square), com outros 200 milhões de pessoas assistindo ao evento na televisão. Entre os que se apresentaram no dia estavam *sir* Paul McCartney, Dame Shirley Bassey, *sir* Elton John, Phil Collins, *sir* Cliff Richard e Ozzy Osbourne (com exceção de Ozzy, você pode notar o padrão). Os serviços dos Sex Pistols não foram procurados, desnecessário dizer.

Embora a banda não estivesse mais "banida da terra" e não precisasse cruzar o Tâmisa feito piratas de rio, a pergunta da hora era: havia alguma necessidade real para eles se incomodarem? Tão curiosamente como soa a frase "Pistols no Palácio", teria alguém do círculo interior da banda pensado nos fãs, e na dor de cabeça logística de ter de sair do Crystal Palace National Sports Centre, um dilapidado estádio atlético plantado no meio do nada (com todo o devido respeito aos leitores do livro que vivem em Sarf London)? Além de alguns durões (você sabe

Capa de disco argentina *Castigando Un Caballo Muerto*.

quem!) que saudaram as notícias com gosto e tiraram o gel do armário, junto com as camisetas que ainda serviam (se prendessem o fôlego), o resto de nós estava totalmente fora. Especialmente em vista de John já ter voltado a falar mal de Glen em *O Lixo e a Fúria;* um retrocesso que ninguém estava esperando, muito menos Glen, que se recusou a assinar as mercadorias relacionadas com o filme.

    Diz-se que uma boa ideia geralmente funciona apenas uma vez. Infelizmente para os Sex Pistols esse retorno não foi exceção à regra. A novidade de 1996 há muito havia se dissipado e o relançamento de "God Save the Queen" não ia mudar a opinião geral. Embora tenha havido um significativo número de fãs surpreendidos pelo telefonema pronto para pegar detalhes de seus cartões de crédito quando os ingressos – com o preço gritante de 32,50 libras mais 3,50 libras de impostos – foram postos à venda, o Crystal Palace é uma grande casa de espetáculos para encher. Como o sábado de 27 de julho chegava cada vez mais perto e as vendas de ingressos mostravam poucos sinais de aumentarem (e uma lista de convidados tão longa como as Páginas Amarelas de Londres também), John foi forçado ao impensável, aparecendo em vários programas de entrevistas da televisão para fazer publicidade e fazer seu apelo pessoal aos fãs ainda em dúvida sobre como passar sua noite de sábado, junto com quaisquer outros que quisessem esticar os dedos para a rainha Liz. Alexis Petridis do *The Guardian*, que também havia estado pouco impressionado com a oficial Festa do Palácio de seis semanas antes, estava menos impressionado ainda com os Pistols, e guardou sua crítica mais azeda para as peripécias de John nos *talk shows:* "Ele (John) tem uma figura estranhamente patética, preso em uma perpétua adolescência desdenhosa, incapaz de crescer porque não tem nada novo para oferecer". Ai!

Só podemos concluir que a ausência de mudança no ritmo de venda dos ingressos teve um efeito arrasador no moral da banda, porque uma coisa é o público em geral mostrar-se apático diante do que está sendo oferecido, outra bem diferente é a banda mostrar desinteresse total por sua causa. E foi precisamente o que aconteceu no Crystal Palace. Quaisquer dúvidas que ainda persistissem sobre o desastre esperando para desenrolar-se resolveram-se bem à nossa frente ao ver nossos amados Sex Pistols subirem ao palco e abrirem o show com o sucesso de 1972 do Hawkwind "Silver Machine". Na viagem de trem desde o escuro South East London, estávamos nos divertindo ouvir nossos companheiros de show que estavam todos debatendo fervorosamente sobre qual faixa clássica de *Bollocks* iriam os Sex Pistols escolher para começar os trabalhos. A favorita óbvia – dada a ocasião – era "God Save The Queen", mas havia os que estavam dispostos a apostar em "Bodies", enquanto outras bastante cogitadas eram "Anarchy In The UK", "Pretty Vacant" e "Holidays In The Sun". Mas ninguém, absolutamente ninguém, a bordo do trem teria acreditado no pior de seus pesadelos que seus heróis iriam – depois de umas poucas linhas antipatrióticas do excelentíssimo John – abrir o show com uma ode extravagante a uma moto prateada. E o suave falsete no meio de "God Save The Queen" não poupou rubores em ninguém!

Embora seja justo dizer que a turnê de retorno de 1996 já havia destruído o mito dos Sex Pistols, naqueles vergonhosos cinco minutos, John, Steve, Paul e Glen tornaram-se sua própria banda tributo. Enquanto nossa própria atitude poderia ser explicada por termos passado as horas anteriores enfurnados em um bar de segunda de Shoreditch, para sermos brutalmente honestos, as coisas não melhoraram em nada a partir de então. Então, na metade do show, depois de decidirmos que realmente era "No Fun", nos dirigimos à saída; e não estávamos sozinhos. Enquanto nos juntávamos à sinuosa procissão amarelo e rosa de fãs descontentes seguindo de volta para a estação de trem, uma policial confusa nos perguntou por que estávamos todos saindo do show. "Não era muito bom", um sujeito respondeu com um resignado encolher de ombros. "Já não era nada bom há 25 anos", foi a réplica. O canto sinuoso que emanava do palco atrás de nós não dava chance para uma resposta à altura. Naturalmente, os que ficaram até o fim diriam que eles haviam melhorado depois, mas o DVD sugere outra coisa. E o que estavam pensando ao tocar "My Way"? A música podia ter sido designada como um *single* dos Pistols em junho de 1978, com Sid participando da gravação, mas sua glória e seus louros pertencem a Sid e só a Sid. Mesmo assim eles poderiam ter se saído bem tivesse John dedicado a música à memória de seu suposto melhor amigo, mas não, ele ainda se esqueceu da letra e foi muito irônico ao dizer que Glen – suplantado por Sid – tinha de ir para o microfone.

Parece também que os 50 mil americanos que suaram sob um sol de 40ºC no deserto para testemunhar o show principal dos Sex Pistols no KROQ Inland Invasion, em 14 de setembro, ficaram igualmente desapontados. Os Pistols não foram o único desapontamento do dia, porém: a despeito de terem sido vendidos como um show de baixo custo, o preço de admissão era 35 dólares. Embora o festival, que aconteceu no Hyundai Pavilion, em Devore, Califórnia, supostamente celebrasse "25 anos de Punk Rock", nenhuma banda ou artista da cena de Nova York foi convidado a comparecer. Além dos Pistols, os Damned e os Buzzcocks, que estavam lá para representar o Reino Unido, os californinanos metidos a punk Offspring, Social Distortion, Blink 182 e Bad Religion compunham o evento.

#

De acordo com a música do tempo da guerra tornada famosa pelo "Docinho das Forças Armadas" Dame Vera Lynn DBE, "There Always Be an England" ("Sempre haverá uma Inglaterra"). E também parece que sempre vai haver uma desculpa ou outra para uma banda voltar enquanto o dinheiro for bom: os Sex Pistols não são exceção à regra. Os anarquistas com artrite estavam de volta novamente no ano seguinte para uma turnê de três semanas nos Estados Unidos objetivando um fundo de aposentadoria de primeira, vendida como "Piss Off Tour 2003". Além de fazerem uma parada em Toronto, no Canadá, a maior parte dos shows aconteceu nas duas costas americanas. Os americanos são obviamente mais tolerantes com as deficiências musicais de nossos heróis, mas o consenso geral deste lado do Atlântico era de que os Pistols jamais deveriam ousar lançar sua sombra sobre Londres novamente depois de seu letárgico show no Crystal Palace. Mas estávamos errados, velho, porque em novembro de 2007 – 12 meses depois de dizerem ao Rock'n'Roll Hall of Fame que deveriam enfiar sua indicação no... – estavam de volta com sua vingança.

Nessa época, naturalmente, John tinha se tornado querido pela nação aparecendo no programa de sobrevivência de celebridades da ITC *I'm A Celebrity, Get Me Out Of Here* ("Sou uma Celebridade, Tirem-me Daqui") no começo de 2004. Ao contrário de seus colegas participantes, que – com exceção de Alex Best – tinham todos a intenção de salvar suas carreiras ou construir um perfil na mídia, John estava feliz por estar em harmonia com a natureza. De fato, muitos acharam que ele fosse ganhar o show, não tivesse John optado por atirar a toalha na metade do programa. Suas habilidades na selva – que incluíram lutar com um bando de avestruzes irados – não foram inteiramente em vão, já que o fato de estar no Discovery Channel ofereceu a ele a chance de apresentar sua própria série de tevê, *John Lydon's Megabugs*, mais tarde naquele ano.

Foi claramente um caso de "Amnésia no Reino Unido" com os fãs, muitos dos quais devem ter estado presentes na derrocada do Crystal Palace, recebendo a banda de volta com braços abertos. Os três shows originais foram vendidos em 15 minutos, e o que havia começado como um show único na Brixton Academy com capacidade para 5 mil pessoas rapidamente se tornou uma residência de cinco noites, seguidas por mais dois shows vendidos no G-MEX Centre de Manchester em 17 de novembro e no SECC de Glasgow. No dia anterior, John, Steve e Glen haviam comparecido ao lançamento da imprensa do novo *game* de computador Guitar Hero III (que permitiu a aspirantes a Steve Jones acompanharem os *riffs* de "Anarchy In UK" e "Pretty Vacant"), no Hoxton Square Bat em Shoreditch, leste de Londres.

Seguros por sabermos que nossas entradas estavam garantidas naquela noite em Brixton, passamos uma tarde agradável encontrando e saudando amigos e colegas no pub Spice of Life (ou "The Glue Pot", como é mais conhecido) em Cambridge Circus, antes de seguir para o show. Por mais que quiséssemos, no entanto, não conseguimos convencer Roadent a nos acompanhar. "Não faço pantomimas", silvou ironicamente antes de nos acenar de fora do pub.

Já havia uma grande multidão em Stockwell Road, e mal conseguimos sair do táxi quando Steve English nos chamou à porta dos bastidores da Academy. Steve, que hoje ganha a vida como pintor e decorador, estava novamente atuando em sua função oficial de cuidar de Steve e Paul. Esgotar ingressos de cinco noites na Brixton Academy não é tarefa fácil, especialmente para uma banda que supostamente passou de seu prazo de validade e em vários momentos foi ao mesmo tempo amada e odiada pela mídia. As notícias de Los Angeles, onde a banda havia tido um show de aquecimento fechado, patrocinado pela Indie 103.1 (famosa estação de rádio alternativa) no Roxy em 25 de outubro, tinham sido favoráveis. Embora as memórias do Crystal Palace ainda estivessem vagando nas profundezas de nossa mente, estávamos dispostos a dar aos Pistols o benefício da dúvida.

Ainda nos permitimos ser pegos no clima de festa punk – apesar dos melhores esforços do DJ Goldie para entorpecer nossos sentidos coletivos – e sentimos o friozinho na barriga quando as luzes se apagaram e as melodias doces de Dame Vera flutuaram no ar sem fumaça. A visão do empresário pessoal/valete/cuidador de John, John "Rambo" Stevens, empertigado ao lado de seu empregador – e adiante de Steve, Paul e Glen – deve ter disparado o alarme. Se fosse preciso mais uma prova de que esse show seria um Crystal Palace revisitado, ela veio na forma do ridículo conjunto de caça em *tweed* com meias e ligas de John. Sim, sabemos que "individualidade" sempre foi a palavra de ordem de John e, enquanto jamais ousaríamos questionar seu direito de usar o que diabos escolhesse para vestir longe dos holofotes, ele é um Sex Pistol, porra! Dessa vez tivemos de aguentar vários minutos da tagarelice patriótica de lorde Lydon. Enquanto temos certeza de que John tem orgulho de ser britânico, ele passa tão pouco tempo no Reino Unido que seu batimento cardíaco britânico soa mais como um anel oco.

Com o encerramento da transmissão do partido político dos Pistols, o show estava no ar. Por vários momentos cheios de autodesilusão, pensamos que os Pistols estavam abrindo com uma nova música quando percebemos que era na verdade "Pretty Vacant", apenas sem o *riff* de introdução que qualquer um ali reconheceria de imediato. Depois soubemos que Steve estava sofrendo de um surto de gripe, o que por sua vez teve um efeito em cadeia em sua performance, mas ainda não era desculpa para estragar tudo de forma tão definitiva. Quando o número seguinte, "Seventeen", não conseguiu criar expectativas, era a hora do táxi para O'Shea e Parker, e por um momento parecia que Steve English também ia jogar a toalha e vir para um *curry*. É claro que na manhã seguinte estávamos ambos pensando se não tínhamos nos precipitado em bater uma retirada tão apressada, mas nossa ansiedade provou-se infundada. Quando todos se encontraram novamente no Spice of Life mais tarde naquele dia, mesmo Brian Jackson, o autointitulado "Sexto Pistol", lutava para dar uma interpretação favorável à noite anterior. O

DJ da Radio One Chris Moyles, porém, não teve tais pudores e estava disposto a falar francamente em seu nome. Cada manhã daquela semana o corpulento apresentador do programa matinal tocara um *single* diferente dos Sex Pistols para colocar os fãs no clima, mas naquela manhã ele tocou aparentemente uma faixa do Oasis. Parecia que Steve, ao ouvir uma opinião honesta sobre a noite de abertura de Steve English, ficou com vontade de cancelar os shows restantes e voltar para casa para tomar um sol californiano. Porém seu xará teve a presença de espírito de levá-lo para um café das redondezas onde foi capaz recuperar seu bom senso; era isso, ou a perspectiva dos donos da casa, Academy Music Group, chamarem sua equipe jurídica para pôr o traseiro do guitarrista insatisfeito de volta na sela.

Desnecessário dizer, os Pistols receberam alguns tiros desagradáveis das mãos tanto dos tabloides quanto da imprensa de música, embora o teriam provavelmente feito independentemente da performance da banda. Enquanto os duros na queda insistiam que a banda havia melhorado a cada show, os neutros – que não tinham nada a ganhar ou perder externando sua opinião – deixaram-nos com poucas dúvidas de que o cavalo tinha sido açoitado impiedosamente até chegar a uma morte vergonhosa.

#

Fomos tolos ou ingênuos o suficiente para achar que o mundo jamais ouviria sobre os Sex Pistols novamente? É claro que não. Então, daríamos nosso dinheiro para o agora eterno retorno, novamente em ação seis meses depois para realizar uma turnê de festival de verão – absurdamente intitulada Turnê do Festival 2008 "Combine Harvester" (colheitadeira) – começando no sábado de 7 de junho de 2008 com um show de ingressos esgotados no cassino The Joint, em Las Vegas, Nevada. Em 11 de junho, os Pistols estavam no Reino Unido para tocar em um show de aquecimento para o Festival da Ilha de Wight, marcado para três dias depois, na Carling Academy de Birmingham. Essa era a primeira vez que a banda tocava na segunda cidade da Inglaterra desde sua aparição no Bogart's em 20 de outubro de 1976, e, dado o tamanho da Academia – meros 800 metros quadrados –, podemos perdoá-los por pensarem ter voltado no tempo, se não fosse pelos espelhos do camarim refletindo suas idades, que somadas dão 207 anos. O Festival da Ilha de Wight veria os Pistols tocarem diante de seu maior público no Reino Unido até então: cerca de 55 mil pessoas. A banda parecia totalmente imperturbável em relação ao seu entorno – ou a ocasião – e fez uma sólida apresentação. Embora John reclamasse não ter podido ouvir a si mesmo através dos monitores, absteve-se de esmagar qualquer coisa como havia feito no Marquee e no High Wycombe em fevereiro de 1976, meramente mantendo seu desagrado vocal. Seguindo a partir daí, a banda esteve em festivais pela Europa, bem como perfazendo outra primeira vez dos Sex Pistols, tocando na Rússia.

Eles voltaram ao Reino Unido para o show como banda principal "Never Mind the Ballachs" no Loch Lomond Festival, em um sábado, 3 de agosto. O que deveria ter sido um grande dia sem quaisquer preocupações nos domínios tranquilos de Ballach Castle, porém, foi marcado pelo lugar ter sido reduzido a um lamaçal depois de vários dias de chuva torrencial; além disso, instalações precárias deixavam um desagradável cheiro no ar. Durante a apresentação, John resolveu comentar seus supostos insultos raciais que haviam aparecido em vários tabloides britânicos. John – como a maioria das pessoas sob os olhos do público – tem sido, e continua a ser, acusado de muitas coisas, mas chamá-lo de racista vai além do absurdo.

#

Na sequência de suas travessuras de festival, os Pistols anunciaram um show coberto no Apollo de Hammersmith, em 2 de setembro. Essa casa, naturalmente, foi um marco fundamental do mito dos Sex Pistols, por ter sido nela – no tempo em que operava como Hammersmith Odeon – que Steve e Wally se aproveitaram de algum segurança distraído e saíram com todo o PA de fundo de David Bowie. Como essa também havia sido a noite em que Bowie se despediu de seu personagem "Ziggy Stardust", os seguidores dos Pistols começaram a especular que John – com os Pistols tendo completado um círculo, por assim dizer – também se despediria de seu próprio ego extravagante. Os escritores, naturalmente, são conhecidos por sua disposição romântica, e, embora tenhamos feito vista grossa para a turnê do festival, falamos bastante sobre a ideia do Hammersmith. O resultado final foi que Alan não sentiu a necessidade de comparecer ao show, nem de pedir que alguém o fizesse por ele.

Mick, porém, deu uma olhada na noite final. Chegado o dia do show em si, a Broadway de Hammersmith era um mar de cores tão estranhas como maravilhosas – algumas das quais haviam viajado quilômetros para estar lá – dirigindo-se à casa de espetáculos. Quando Mick e seus amigos tomaram seus assentos – de modo figurativo: quem se senta em um show dos Sex Pistols? –, a banda já estava no palco tocando um peculiar "Pretty Vacant" em estilo *country* e, por conta desses

Gordos, Quarentões e de Volta com Tudo! 327

dois ou três minutos remeteram-se ao show de Brixton e se assustaram. Mas os temores foram dissipados quando Steve se lançou na música para valer. O show de abertura de Brixton – assim como o do Crystal Palace cinco anos antes – fora afetado por John negar-se a ensaiar pelo tempo necessário, mas a agenda de verão tinha visto os Pistols afinarem seu número. Steve, Paul e Glen pareciam perfeitos fazendo seu som consistente e mesmo a voz de John esteve poderosa a maior parte da noite. Também foi bom vê-lo usando roupas ao estilo do PiL – calças xadrez e uma camisa branca longa – em lugar do ridículo traje de caça

Pôster de show da turnê de 2008 no Apollo
de Hammersmith com bandeira inglesa.

de *tweed* e meias com liga de dez meses antes. De fato, nossa única crítica reside no motivo pelo qual ele insiste em pôr Rambo no palco durante o show. A presença dominante do acompanhante oficial tão perto da ação deve deixar o pobre Glen sentindo-se de castigo por conta de algum desentendimento de bastidores.

Fomos brindados com dois bis, mas por alguma razão inexplicável, conhecida apenas pela banda, eles escolheram finalizar o primeiro bis com "Anarchy In The UK". Realmente achavam que poderiam superar seu chamado às armas de 1976 com "Silver Machine"ou "Roadrunner"? Cada pessoa do público sabia que os Pistols não trariam novas músicas para a festa, mas eram indubitavelmente ignorantes a respeito de por que a banda havia escolhido omitir duas de suas músicas mais fortes: "I Wanna Be Me" e "Satellite" do show. Em 1996, John desculpou-se pela omissão de "I Wanna Be Me" dizendo que a música continha muitas palavras, o que é difícil de entender dado que a letra foi escrita por um J. Lydon em primeiro lugar. Temos de boa autoridade que "Satellite" – que esteve entre as músicas de Filthy Lucre – foi cortada por ter muitos versos. Memorando para John: se Steve, Paul e Glen estão felizes de tocar essas músicas, e o público quer ouvi-las, então por que não fazer a felicidade geral escolhendo alguém do público para cantá-las para você enquanto sai para uma cerveja e um cigarro nos bastidores? Em um dia mais ameno, John fez uma pausa no meio do show para pedir ao público que se juntasse a ele, Paul e Glen para desejar a Steve um feliz aniversário de 53 anos, o que aconteceria no dia daí a duas horas.

#

Com a temporada de festivais de 2008 finalizada, e nenhum show pela frente, os quatro Sex Pistols foram mais uma vez seguindo seus caminhos em separado. Sem aniversários comemorativos no horizonte, quem saberia quando, ou ainda se, os veríamos novamente. Porém, isso não significa que eles desapareceram do radar completamente. Paul ainda está fornecendo o ritmo para o Man Raze (junto com Phil do Def Leppard), cujo álbum de estreia, *Surreal*, recebeu críticas favoráveis. Glen juntou-se com o já guitarrista de David Bowie, Earl Slick, e Clem Burke, do Blondie, para formar o grupo com clima *glam* Slinky Vagabond. Ainda mais recentemente ele se tornou, não sem ironia, membro do renovado Faces. E tudo isso com seu projeto solo The Philistines muito ativo, com um novo álbum lançado em 2010.

Steve voltou para seu trabalho diário girando pratos na Indie 103.1 em Los Angeles e tocando em qualquer número de supergrupos, enquanto anda de moto pelas colinas de Los Angeles junto com Billy Morrison (The Cult/Billy Idol), em uma espécie de clube particular de celebridades motociclistas. John, sem dúvida, nos diria que tem vários projetos solo para preencher seu dia, com o PiL alcançando uma posição de mais importância (mais uma vez) no momento. Porém, ele ainda teve tempo para aceitar a oferta do Dairy Crest (empresa de latícinios britânica) para ser o novo rosto da manteiga Country Life em uma campanha publicitária para a televisão exaltando suas delícias. "Ele (John) é visto como um grande ícone britânico", o Dairy Crest disse em uma declaração oficial anunciando o compromisso do vocalista. "Suas visões independentes são parte de seu apelo ao consumidor, e seu senso de humor irônico brilha em nosso anúncio de televisão." Quem teria pensado nessa possibilidade no ano do jubileu de prata?

POSFÁCIO DE ALAN

Quem Usa um Rolo Compressor para Destruir uma Borboleta?

"Meus sonhos estão despertos; alguém está fazendo de mim o único na sala. O que ninguém poderia fazer, ninguém até você..."
De *Nobody Till you*, por Lindsay Lohan.
Para Alexa Morris

Assim que completamos o rascunho deste livro, John reformou o Public Image Limited, e, apesar das histórias iniciais da imprensa referindo-se à reunião da antiga formação de Lydon, Wobble & Levene, aconteceu que Jah quis muito dinheiro. Sabemos que Keith simplesmente não tinha interesse, porque estava sentado comigo quando aconteceu o telefonema do pessoal de John. Embora, para ser honesto, uma vez que ele desligou o telefone pedimos mais uma dose e brindamos ao PiL. Desde então, é claro, Keith fez uma aparição no palco do The 100 Club com o Sex Pistols Experience (em seu disfarce como Public Imitation Limited) para uns poucos números que caíram como uma tempestade para os fiéis da banda. No crédito de John, a declaração da missão original do PiL sempre versou sobre uma organização em constante evolução. O novo PiL completou duas turnês muito bem-sucedidas, com histórias sobre uma volta ao estúdio. À luz clara do dia parece que ele finalmente achou seu caminho para casa: só não o chame de "tesouro nacional"!

Em fevereiro de 2010, o The Rich Kids subiu ao palco do The Academy em Islington, Londres. Uma noite organizada e realizada porque Steve New, o original "Guitarrista do Whizz Kid", que quase foi um Pistol, foi diagnosticado com câncer terminal. No palco, os quatro Rich Kids originais (Ure/Matlock/New/Egan) foram unidos – em um dos melhores e mais divertidos shows que já testemunhei – por Mick Jones, Tony James, Viv Albertine, Gary Kemp e Patti Pallidan. Eu mesmo e a costumeira turma de suspeitos nos reunimos no Soho (aposto como você está surpreso por isso!) antes do show, bebemos algumas cervejas e compartilhamos muitas histórias envolvendo Steve ao longo dos anos. Em questão de meses mais tarde, Steve New já não estava entre nós, outro ótimo cara a ir antes do tempo. Elvis tinha novamente saído do prédio... embora eu tenha certeza de que ele sabia que seu confronto final foi um tributo apropriado a toda a sua vida.

Em 8 de abril de 2010, eu estava sentado do lado de fora de outro boteco do Soho com Steve Diggle e Steve "Roadent" Connolly, desfrutando da tarde com o sol e uma cerveja gelada, quando meu celular tocou. Era Brigitte, uma das melhores estilistas de Vivienne Westwood; ela me contou que estava ligando para que eu soubesse antes de ser informado pela mídia que Malcolm havia falecido. Roadent pôde ver em meu rosto que alguma coisa estava errada. Uma vez que lhe contei, ele ligou para sua ex-mulher na mesma hora. Eu liguei para Alan "Leather & Bones" Jones e John "Boogie" Tiberi, não querendo que nenhum deles descobrisse por meio do noticiário noturno. Vinte minutos depois, meu telefone tocou novamente, era a Radio 6 da BBC; eles queriam saber se eu comentaria sobre a morte de Malcolm: "Só dizer que ele foi uma pessoa inacreditável e sempre me apoiou em todos os meus projetos relacionados aos Pistols", falei, acrescentando: "Você sabe que ele irá fazer muita falta". Pensei em como me divertira com ele, andando por Paris e lembrando por um momento das palavras do falecido Nils Stevenson: "Apesar do que dizem, ele é realmente uma pessoa divertida para se ter por perto, Malcolm é assim. Podia não ser o melhor empresário do mundo, mas era divertido!".

Na manhã seguinte, Malcolm era capa de todos os jornais. Havia morrido de câncer aos 64 anos na Suíça, rodeado pelos seus. Os mesmos tabloides que haviam berrado contra "O Lixo e A Fúria" em 1976, agora o proclamavam "O Padrinho do Punk" e "O Melhor Empresário desde Epstein" – como ele teria adorado ler essas palavras. Trabalhou até o final, tentando finalizar uma série de 13 episódios para a BBC sobre cultura popular. John Lydon fez uma declaração imediata, dizendo: "Para mim, Malc foi sempre divertido, e espero que vocês se lembrem disso. Acima de tudo ele era um animador e vou sentir falta dele, e vocês também". Malcolm foi enterrado no Cemitério de Highgate depois

Lançamento do livro *Satellite*. Alan com o falecido grande Steve New.

de um funeral que paralisou partes de Londres. Teve a presença de dois dos Sex Pistols: Glen Matlock e Paul Cook.

Nos dias que se seguiram à morte de Malcolm, foi-me oferecida a chance de escrever um livro sobre sua vida, bem como de dirigir um documentário para DVD baseado em duas horas de entrevista que fiz com ele em 2007, das quais até agora só usamos uns 25 minutos. Dispensei os dois projetos sem hesitar. Meu amigo Nick Reynolds fez uma máscara mortuária em bronze de Malcolm para seu filho Joe. A última vez que vi Malcolm estávamos falando enquanto andávamos pela Dean Street no Soho, rindo e fazendo piada sobre algumas das últimas camisetas vendidas na King's Road, nº 430. Havia um plano para nos juntarmos a Roadent mais tarde naquela noite e reacender algumas velhas histórias de guerra em um bar de vinho no Soho, mas Roadent se atrasou no trabalho, então eu esperei por ele enquanto Malcolm foi jantar com algum executivo de televisão. Ambos riríamos de nós mesmos se houvesse outro tempo, outro lugar e, é claro, como não havia... Deus salve Malcolm McLaren...

Enquanto escrevia este posfácio, *Who Killed Nancy* foi finalmente lançado nos Estados Unidos e recebeu críticas entusiasmadas. No Japão, quase declararam o lançamento feriado público! E sempre há um esquisitão que não entende seu ponto de vista. Mas danem-se eles! Também tenho feito algumas poucas entrevistas por telefone com vários jornais e estações de rádio, aditivadas, sem dúvida, pelo fato de que o filme que fizemos a seguir, *Monty Python: Almost the Truth*, foi recentemente nomeado para um Emmy Award.

Então, só me resta dizer, se você gostou dos livros dos Pistols nos quais estive envolvido por anos, os documentários de rádio, relançamentos de CD ou ainda os filmes, "muito obrigado". Se não, então não há como você estar lendo isto agora, de qualquer forma. O processo de escritura de *Crescendo com Sex Pistols* parece ter acontecido há muito tempo agora, já que o livro foi originalmente finalizado em 2005, mas também foi atualizado duas vezes, desde a triste morte de Sean Body, que era quem o iria publicar originalmente. Da minha parte, agora pretendo trilhar um caminho muito diferente como diretor de cinema, com os livros tornando-se uma parte um tanto secundária de minha carreira. Mick acabou de ter seu primeiro roteiro de cinema comprado: *The Wonderland Gang*, com o astro Frank Harper. Então, quem sabe o que está para vir para nós dois? Mas, para mim sozinho, trata-se de um "Adeus A&M" e boa-noite para mim...

Alan G. Parker
– Olhando para a Abbey Road através de lentes cor-de-rosa.

Discografia dos Sex Pistols

Lançamentos do Reino Unido: *singles*
Anarchy In The UK/I Wanna Be Me (EMI Records EMI 2566)
Lançado em 26 de novembro de 1976
Posição mais alta nas paradas: nº 27
Participantes: Johnny Rotten/Steve Jones/Glen Matlock/Paul Cook

God Save The Queen/No Feeling (A&M Records AMS 7284)
Nunca lançado oficialmente
Posição mais alta nas paradas: não disponível
Participantes: Johnny Rotten/Steve Jones/Glen Matlock/Paul Cook

God Save The Queen/I Did You No Wrong (Virgin Records VS 181)
Lançado em 27 de maio de 1977
Posição mais alta nas paradas: nº 1?
Participantes: Johnny Rotten/Sid Vicious/Steve Jones/Paul Cook

Pretty Vacant/No Fun (Virgin Records VS 184)
Lançado em 2 de julho de 1977
Posição mais alta nas paradas: nº 6
Participantes: Johnny Rotten/Sid Vicious/Steve Jones/Paul Cook

Holidays In The Sun/Satellite (Virgin Records VS 191)
Lançado em 15 de outubro de 1977
Posição mais alta nas paradas: nº 8
Participantes: Johnny Rotten/Sid Vicious/Steve Jones/Paul Cook

No One Is Innocent/My Way (Virgin Records VS 220)
Lançado em 30 de junho de 1978
Posição mais alta nas paradas: nº 7
Participantes: Ronnie Biggs (vocais em No One Is Innocent)/Sid Vicious (vocais em My Way)/Steve Jones/Paul Cook/Simon Jeffes

Something Else/Friggin' In The Riggin' (Virgin Records VS 240)
Lançado em 23 de fevereiro de 1979
Posição mais alta nas paradas: nº 3
Participantes: Sid Vicious (vocais em Something Else*)/Steve Jones (guitarra & vocais em* Friggin' In The Riggin'*)/Paul Cook (bateria)/ Andy Allen (baixo)*

Silly Thing/Who Killed Bambi? (Virgin Records VS 256)
Lançado em 30 de março de 1979
Posição mais alta nas paradas: nº 6
Participantes: Steve Jones (guitarra & vocais em Silly Thing*)/Paul Cook (bateria)/Tenpole Tudor (vocais em* Who Killed Bambi?*)/Andy Allen (baixo)*

C'mon Everybody/God Save The Queen (Symphony)/Watcha Gonna Do About It? (Virgin Records VS 272)
Lançado em 22 de junho de 1979
Posição mais alta nas paradas: nº 3
Participantes: Sid Vicious (vocais em C'mon Everybody*)/Johnny Rotten(vocais em* Whatcha Gonna Do About It?*)/Steve Jones (guitarra)/ Paul Cook (bateria)/Glen Matlock (baixo em* Whatcha Gonna Do About It?*)/Andy Allen (baixo em* C'mon Everybody*)*

The Great Rock'n'Roll Swindle/Rock Around The Clock
(Virgin Records VS 290)
Lançado em 4 de outubro de 1979
Posição mais alta nas paradas: nº 21
Participantes: Steve Jones (guitarra)/Paul Cook (bateria)/Tenpole Tudor (vocais)/Andy Allen (baixo)

(I'm Not Your) Stepping Stone/Pistols Propaganda
(Virgin Records VS 229)
Lançado em 5 de junho de 1980
Posição mais alta nas paradas: nº 21
Participantes: Johnny Rotten (vocais I'm Not Your Stepping Stone*)/ Steve Jones (guitarra)/Glen Matlock (baixo)/Paul Cook (bateria)/Jon Snagg (vocais na Propaganda dos Pistols)*

Lançamentos do Reino Unido: Álbuns
Never Mind The Bollocks Here's The Sex Pistols
(Virgin Records CDVX2086)
Holidays In The Sun/Bodies/No Feelings/Liar/Problems/God Save The Queen/Seventeen/Anarchy In The UK/Submission/Pretty Vacant/New York/EMI Unlimited Edition

Lançado em 28 de outubro de 1977
Posição mais alta nas paradas: nº 1
Participantes: Johnny Rotten (vocais)/Steve Jones (guitarra & baixo)/ Paul Cook (bateria)/Glen Matlock (baixo)/Sid Vicious (baixo)

The Great Rock'n'Roll Swindle
(Virgin Records CDVDX2510)
The God Save The Queen Symphony/Rock Around The Clock/Johnny B Goode/Road Runner/Black Arabs/Anarchy In The UK/Something Else/ Anarchie Pour Le UK/Criminal War Belsen Bortrefflich/Belsen Was A Gas/No One Is Innocent/My Way/Watcha Gonna Do About It?/Who Killed Bambi?/Silly Thing/Substitute/No Lip/Stepping Stone/Lonely Boy/C'mon Everybody/EMI (Orq.)/The Great Rock'n'Roll Swindle/You Need Hands/Friggin' In The Riggin'
Lançado em fevereiro de 1979
Posição mais alta nas paradas: nº 7
Participantes: Johnny Rotten (vocais)/Sid Vicious (vocais)/Steve Jones (guitarra & baixo & vocais)/Paul Cook (bateria & vocais)/Glen Matlock (baixo)/Ronnie Biggs (vocais)/Malcolm McLaren (vocais)/Tenpole Tudor (vocais)/Black Arabs (vocais)/Jerzimy (vocais)/Andy Allen (baixo)/Simon Jeffes (cordas)

Some Product ... Carri On Sex Pistols
(Virgin Records CDVR2)
The Very Name 'Sex Pistols'/From Beyond The Grave/Big Tits Across America/The Complex World Of Johnny Rotten/Sex Pistols Will Play/Is The Queen A Moron?/The Fucking Rotter
Lançado em agosto de 1979
Posição mais alta nas paradas: nº 6
Participantes: Johnny Rotten/Steve Jones/Sid Vicious/Paul Cook/Malcolm McLaren/Glen Matlock

Flogging A Dead Horse
(Virgin Records CDV2142)
Anarchy In the UK/I Wanna Be Me/God Save The Queen/Did You No Wrong/Pretty Vacant/No Fun/Holidays In The Sun/No One Is Innocent/ My Way/Something Else/Silly Thing/C'mon Everybody/(I'm Not Your) Stepping Stone/The Great Rock'n'Roll Swindle
Lançado em fevereiro de 1980
Posição mais alta nas paradas: nº 21
Participantes: Johnny Rotten (vocais)/Steve Jones (guitarra & baixo & vocais)/Paul Cook (bateria)/Glen Matlock (baixo)/Sid Vicious (vocais)/ Ronnie Biggs (vocais)/Tenpole Tudor (vocais)/Andy Allen (baixo)

Kiss This (Virgin Records 07777 8 648925)
Anarchy In The UK/God Save The Queen/Pretty Vacant/Holidays In The Sun/I Wanna Be Me/Did You No Wrong/No Fun/Satellite/ No Lip/(I'm Not Your) Stepping Stone/Bodies/No Feelings/Liar/ Problems/Seventeen/Submission/New York/EMI Unlimited Edition/My Way/Silly Thing
Lançado em 5 de outubro de 1992
Posição mais alta nas paradas: nº 8
Cópias iniciais anexadas ao álbum ao vivo "Live in Trondheim" (21 de julho de 1977) com *Anarchy In The UK/I Wanna Be Me/Seventeen/New York/EMI Unlimited Edition/No Fun/No Feelings/Problems/God Save The Queen.*

Filthy Lucre Live (Virgin Records CDVUS 116)
Bodies/Seventeen/New York/No Feelings/Did You No Wrong/God Save the Queen/Liar/Satellite/(I'm Not Your) Stepping Stone/Holidays in the Sun/Submission/Pretty Vacant/EMI Unlimited Edition/Anarchy in the UK/Problems
Lançado em julho de 1996
Posição mais alta nas paradas: nº 26
Participantes: Johnny Rotten (vocais)/Steve Jones (guitarra)/Glen Matlock (baixo)/Paul Cook (bateria)

Jubilee (Virgin Records CDV2961)
God Save The Queen/Anarchy In The UK/Pretty Vacant/Holidays In The Sun/No One Is Innocent/My Way/Something Else/Friggin' In The Riggin'/Silly Thing/The Great Rock'n'Roll Swindle/(I'm Not Your) Stepping Stone/Pretty Vacant (live)/EMI Unlimited Edition/(Bonus videos) God Save The Queen/Anarchy In The UK/Pretty Vacant
Lançado em junho de 2002
Posição mais alta nas paradas: nº 29
Participantes: Johnny Rotten (vocais)/Sid Vicious (vocais)/Ronnie Biggs (vocais)/Tenpole Tudor (vocais)/Steve Jones (guitarra & baixo & vocais)/Paul Cook (bateria)/Andy Allen (baixo)

Lançamentos em DVD

Rock Case Studies (Edgehill RMS2477)
Book & DVD *set* – 60 minutos sem extras

The Filth & The Fury (New Line Home Video N5086)
Edição dos Estados Unidos – inclui documentário original "Un-Defining Punk"

Discografia dos Sex Pistols

John Lydon's Megabugs (Green Umbrella GUVD5479)
Capa em 3D *cover*, 2 x DVD – 234 minutos cada episódio

Sid & Nancy (Momentum Pictures MP738D)
Inclui "Love Kills", documentário *making-of* com Glen Matlock & Steve Connolly

Live At The Longhorn (Castle Music Pictures CMP 1004)
Inclui vídeos promocionais de *Anarchy in the UK* e *God Save the Queen*

Sid & Nancy (MGM 0792847970)
Edição dos Estados Unidos – disco de dupla face, apresenta tela panorâmica e 4.3

Sid & Nancy (Best Selection TBD 1041)
DVD japonês

The Great Rock'n'Roll Swindle (Sony/BMG 2028859)
Inclui entrevista e comentário de Julien Temple

No Future (Klock Work KWDV-10)
DVD japonês de "The Filth & The Fury", inclui excelente nova entrevista com John

Chaos! (Universal Music 06025172343-8)
A história secreta e a história de Dave Goodman – muitas entrevistas extras

Never Mind The Bollocks: Classic Albums (Eagle Vision EREDV282)
Inclui entrevistas e músicas extras

D.O.A. (King Records KIBF 146)
DVD japonês (melhor impressão de DOA que você vai ver em qualquer lugar!) Inclui uma galeria, tributo a Sid de Johnny Thunders

The Ultimate Review (Music Reviews Ltd CRP1990)
Basicamente "Rock Case Studies" com outro nome e mais âncoras!!

Never Mind The Sex Pistols (Demon Vision DVDM014)
Inclui Glen Matlock, Malcolm McLaren, Steve Diggle, Steve Connolly, Alan Jones, John Tiberi, etc.

The Filth & The Fury (Film Four VCD0067)
Versão britânica – inclui comentário e trailer

A Grande Trapaça do Rock 'n' Roll (Rock of Wonder VABS-0004)
DVD japonês – com mais cenas censuradas!

In Japan (Masterplan MP 42095)
Ao vivo em Tóquio em 16 de novembro de 1996 – mais um DVD extra do Phoenix Festival, Reino Unido, 21 de julho de 1996

The Best of British £1's (EMI 094633798793)
Embora seja um "o melhor de" do PiL, inclui alguns extras fantásticos dos Sex Pistols, mais notadamente o filme original de "Anarchy" da EMI.

There'll Always be an England (Fremantle Media FHED2464)
Show completo na Full Brixton Academy em novembro de 2007, filmado por Julien Temple. Mais uma turnê em Londres ciceroneada pelos próprios Pistols.

Who Killed Nancy (Soda Pictures SODA089)
Filme documentário aguardado de Alan G. Parker que visa a tirar de Vicious a acusação de assassinato. Os extras incluem: a filmagem feita por Don Letts de Sid no The Roxy. Bastidores. Gafes. Entrevista com Parker. Galeria da noite de abertura de Sid Vicious em Londres.

Who Killed Nancy (King Records KIBF620)
DVD japonês – O mesmo que o anterior, mas também inclui uma entrevista da televisão japonesa com Parker em seu apartamento alugado em Los Angeles. A caixa japonesa também incluiu durante um curto período de tempo uma camiseta e um livrete, mas agora esses itens foram suprimidos.

Livros anteriores de Alan G. Parker:

Sid's Way – The Life & Times of Sid Vicious (Omnibus Press)
Com Anne Beverley & Keith Bateson

Satellite: Sex Pistols (Abstract Sounds Publishing)
Com Paul Burgess

The Great Train Robbery Files (Abstract Sounds Publishing)
Com Bruce & Nick Reynolds

Hardcore Superstar – The Traci Lords Story (Private Books), apenas Estados Unidos

Rat Patrol from Fort Bragg: The Clash (Abstract Sounds Publishing)

Stiff Little Fingers – Song by Song (Sanctuary Books)
Com Jake Burns

John Lennon & the FBI Files (Sanctuary Books)
Com Phil Strongman

Too Fast To Live: Sid Vicious (Creation Books)

And Now For Something Completely Digital: Monty Python (Disinformation Books)
Com Mick O'Shea

Cum On Feel the Noize – The Story of Slade (Carlton Books)
Prefácio de Suzi Quatro
Com Steve Grantley

The Who by Numbers (Helter Skelter)
Com Steve Grantley

No One Is Innocent: Sid Vicious (Orion Books)
Prefácio de Malcolm McLaren

Livros anteriores de Mick O'Shea:

The Zootopia Tree (Abstract Sounds Publishing)

Only Anarchists Are Pretty: Sex Pistols (Helter Skelter)
Prefácio de Alan G. Parker

Guns & Roses A to Z Encyclopaedia (Chrome Dreams)

The Wonderland Gang (Publisher TBC)

Bibliografia selecionada:

Estes são os títulos mencionados no livro. A maioria teve várias reimpressões, então escolhemos deliberadamente suprimir o ano de publicação. Alguns títulos estão hoje fora de catálogo, mas você pode conseguir exemplares de segunda mão.

El Sid: Saint Vicious
David Dalton (Saint Martin's Press)

England's Dreaming
Jon Savage (Faber and Faber)

I Swear I Was There
David Nolan (Independent Music Press)

I Was A Teenage Sex Pistol
Glen Matlock & Pete Silverton (Reynolds and Hearn)

Memoirs of a Geezer: Music, Mayhem, Life
Jah Wobble (Serpent's Tail)

No Irish, No Blacks, No Dogs
Rotten: John Lydon (Hodder & Stoughton)

Please Kill Me: The Uncensored Oral History of Punk
Eddie 'Legs' McNeil & Gillian McCain (Abacus)

Rebel Rock: A Photographic History of The Sex Pistols
Dennis Morris (Epoch Productions)

Sex Pistols: Day By Day
Lee Wood (Omnibus Press)

Sex Pistols File
Ray Stevenson (Omnibus Press)

The Sex Pistols: The Inside Story
Fred & Judy Vermorel (Omnibus Press)

The Sex Pistols: 90 Days at EMI
Brian Southall (Omnibus Press)

The Wicked Ways Of Malcolm McLaren
Craig Bromberg (Harper Collins)

The Whispering Years
Bob Harris (BBC Books)

12 Days On The Road: The Sex Pistols and America
Noel E. Monk (Quill)

Vivienne Westwood: An Unfashionable Life
Jane Mulvagh (Harper Collins)

Filmes de Alan G. Parker:

Love Kills: The Making of 'Sid & Nancy'
(Momentum Pictures)

At The Edge: Stiff Little Fingers
Live at the Ocean – London
(Secret Films)

Never Mind The Sex Pistols
(Demon/2 Entertain)

Rebel Truce: The Clash
(Eagle Vision/Eagle Rock)
Ganhador de melhor documentário de 2007 da revista *Time Out* (Londres)

Still Burning: Stiff Little Fingers movie
(Fremantle Media)
Com Don Letts

All Mod Cons: The Jam
(Universal Records)
Com Don Letts

All Proud, All Live, All Mighty: The Almighty
Ao vivo em Astoria – Londres
(Landmark Productions)

Who Killed Nancy
(Moxie Makers/Soda Pictures)
Radio 6 da BBC– Melhor Novo Diretor de 2009

"Com efeito, um dos melhores documentários de rock'n'roll já feitos!"
(Andrew Loog Oldman – Empresário original dos Rolling Stones)

"Engraçado, surpreendente, inteligente e muito bem feito." (Brit Flicks)

"Apenas um homem era ou é capaz de achar sentido suficiente nisso e chamá-lo de filme, tenho orgulho de dizer que ele era a pessoa recrutada para o trabalho, Alan G. Parker, o mais perto que Sid chegou de ter um verdadeiro biógrafo, o garoto do norte que entendeu a nós, garotos do sul, possivelmente melhor do que alguém já o fez!"
(Malcolm McLaren – empresário original dos Sex Pistols)

Almost The Truth – The Lawyers Cut!
Monty Python 40th Anniversary Documentary
(Eagle Vision/IFC)
Cem minutos de versão para o cinema (mundial)
Seis episódios de uma hora cada (TV dos Estados Unidos)
Uma hora de edição editada (BBC 2 noite Monty Python)
Nomeado para um Emmy Award – 2010

"Os Pythons têm sido comparados aos Beatles. A comédia não tem a mesma influência cultural do que a música, mas é seguro dizer que eles foram comparados aos Beatles. A comédia não tem contemporâneos à altura. Um fato que claramente não ficou perdido tanto para a IFC quando para o diretor Alan G. Parker" (The New Yorker – Estados Unidos*)*

Respectable: The Mary Millington Story
(G2 Pictures/AG & AB Productions)
* *Correntemente em produção* *

Alan G. Parker também aparece em alguns documentários, entre eles:
Punk's Not Dead (Filme de Susan Dyner)

Sid Vicious: The Final 24 (Cineflix/Sky 1)
The Punk Years (BBC 3)
Understanding The Beatles (MTV)
The 100 Greatest Albums Ever Made! (VH1)
A History of Page 3 (ITV)
The Day They Shot John Lennon (Japanese TV)

Alan G. Parker e Mick O'Shea.

Agradecimentos de Alan ao Mundo

Minha maravilhosa, única e incomparável sócia Alexa Morris, Phil e Sue da Soundcheck Books (por terem retomado este livro a partir de onde o grande homem deixara), os únicos e incomparáveis Ted Owen, Frank Lea, Steve Grantley, Steve Diggle, Alan, Nick & Thomas da G2 Pictures, Ashley Reading da Fortress, Graeme Milton da Helter Skelter Books, Darrell Milnes, Jon "O Quinto Beatle" McCaughey, Miah Vu, Duly (o que eu posso lhe dizer, obrigado), Nick Reynolds, Robert Ryan, Dave Meehan e todos da Nyquest, Jerry Schilling, Glen Matlock, Steve "Roadent" Connolly, Ricky Warwick, Adam Parsons, Foxy Roxy G, Melissa "Wee Me" Palmer, Carol "Neve" McIntosh, Nicky L, Little Aussie Ruth, Lilly C. Sadie, Joanna C, Simon Sheridan, Alan "Leather & Bones" Jones, John "Boogie" Tiberi, Steve Dior, Jake Burns, Ian McCallum, Ali McMordie, Mr. Rav Singh (?), Pete Kodick, Steve "Diamond Geezer" English, Chris Remington, Darryl Gates & Gino Angelov e todos da Diamond Jacks Tattoos (Londres), Keith Badman (este livro demorou quase tanto como o seu! Agora há uma afirmação raramente feita!!), Jerry White, Ian D. Fleming, Terry Rawlings, Gary Crowley, Paolo Hewitt, Mick Jones, David "Our Kid" Parker, Dano e todos da Vince Neil Ink (Las Vegas), Lord George X – O Dom Cockney, Robert Kirby & Charlotte Knee da United Agents (a melhor opinião), David Ross da The Vicious Files, Malcolm McLaren RIP, Anne J. Beverley RIP, Nils Stevenson RIP, Steve New RIP, Rusty Egan, Steve Woof e todos da EMI Records, Don Letts, o único e incomparável Johnny "Brassneck" Osbourne, Kirk Brandon, Ginger/CJ e todos os The Wildhearts, Chris McCormack, Paul Roberts, Steve Gowans da Channel 5, Mark Helfond, Lisa & e toda a equipe da King's Road, nº

430, toda a equipe da Santander (Kensington, especialmente Tia!) e, é claro, a Sean Body por sugerir esta ideia, gostaria que você se orgulhasse deste livro, amigo.

Muitos agradecimentos ao "Sexto Pistol" Brian Jackson por fornecer muitos dos apoios para este livro.

O obrigado especial para Phil Singleton, responsável pelo *website God Save the Sex Pistols* por toda sua ajuda e generosidade. www.sexpistols.net

E, é claro, para todos da The Sanctum, Home House, The Century Club, The Phoenix e The Arts Club – sem os quais, etc.

Nenhum Jah Wobbles foi prejudicado ou entrevistado durante a redação ou entrevista deste livro!

www.myspace.com/aparker01
Alan G. Parker no Facebook e no Twitter

AGRADECIMENTOS DE MICK

Agradecimentos profissionais a Alan G. Parker por me envolver em um projeto começado a princípio pelo falecido Sean Body, da Helter Skelter, e para Phil e Sue Godsell por pegarem a tocha de Sean e finalmente levarem o livro à fruição.

Também gostaria de agradecer às seguintes pessoas: Tasha "Bodacious Babe" Cowen, Shannon "Mini-Hepburn" Stanley, Jackie e Richard da P-PR, Jade Overington, Paul Young (não o cantor), Zoë Johnson-Meadows, Phil e Nic Williams, Martin e Angela Jones, Lisa "T-bag" Bird.

Nota do Editor

A Madras Editora não participa, endossa ou tem qualquer autoridade ou responsabilidade no que diz respeito a transações particulares de negócio entre o autor e o público.

Quaisquer referências de internet contidas neste trabalho são as atuais, no momento de sua publicação, mas o editor não pode garantir que a localização específica será mantida.

Índice Remissivo

A

Albertine, Viv 158, 160, 266, 332
Alpert, Herb 152, 174
A&M Records 152, 171, 174, 335
Anarchy in the UK
    fanzine 89, 94, 104, 138, 338, 339
Anka, Paul 255, 256
Ant, Adam (Stuart Goddard) 79
Atlanta 223, 227, 228, 229, 230, 231, 233, 236
Atlantic Records 46

B

Bailey, Steve cf. Severin, Steve 80, 98, 102, 214
Ballion, 'Candy' Sue cf. Sioux, Siouxsie 80, 94, 98
Barclay, Eddie 209, 210, 215
Barclay Records 209
Barker, Simon 39, 80, 98, 117
Bayley, Roberta 232, 252
Bazooka Joe 78, 79
Berlim 80, 179, 207, 212
Beverley, Anne Jeanette (Anne Jeanette Ritchie) 11, 21, 72, 73, 154, 156, 157, 218, 305, 307, 340, 345
Beverley, Christopher 11, 21, 72, 73, 154, 156, 157, 218, 305, 307, 340, 345

Beverley, Simon John cf. Vicious, Sid 11, 21, 72, 73, 154, 156, 157, 218, 305, 307, 340, 345
Biggs, Ronnie 10, 58, 244, 245, 256, 261, 262, 263, 300, 303, 318, 335, 338
Billboard 173, 224, 229, 255
Bodies 151, 208, 210, 211, 215, 220, 313, 321, 336, 338
Bolan, Marc 42, 52, 81
Bowie, David 39, 42, 60, 62, 73, 81, 83, 158, 233, 270, 326, 328
Bow Wow Wow 186, 306
Branson, Richard 181, 188, 189, 193, 209, 210, 214, 215, 240, 247, 259, 260, 262
Brilleaux, Lee 100
Bromley Contingent 80, 94, 138
Brunger, Frank 136, 144
Burns, Ray cf. Captain Sensible 98, 340, 345
Buzzcocks, the 83, 88, 90, 95, 96, 102, 107, 127, 137, 313, 322

C

Caerphilly 125, 139, 140, 143, 238
Captain Sensible (Ray Burns) 98, 126, 151, 266
Cardiff 102, 106, 125, 139, 140
Casey, Patrick 21, 26, 39
Catwoman, Soo (Sue Lucas) 94, 102, 138
CBGBs 77, 232, 251, 276
Chapman, Graham 228, 231, 291, 292
Chelsea (banda) 18, 52, 56, 61, 102, 103, 143, 177, 188, 262, 269, 270, 274, 275, 276, 296
Chelsea Hotel 18, 52, 56, 61, 102, 103, 143, 177, 188, 262, 269, 270, 274, 275, 276, 296
Childers, Lee Black 117, 161, 176
Chrome, Cheetah 271, 341
Cincotti, Steve 275
Clash, The 12, 52, 86, 94, 95, 96, 97, 102, 103, 104, 110, 116, 125, 126, 127, 129, 132, 137, 142, 144, 154, 159, 160, 161, 186, 230, 243, 259, 267, 272, 279, 286, 287, 312, 340, 342
"C'mon Everybody" 257, 266
Cochran, Eddie 25, 43, 258, 266
Colicchio, Victor 275, 277, 285
Collins, Bill 65, 75, 76, 139, 258, 319, 342

Collins, Michael 65, 75, 76, 139, 258, 319, 342
Collins, Terry 65, 75, 76, 139, 258, 319, 342
Connolly, Steve "Roadent" 12, 125, 332, 339, 345
Cook, Paul
  infância 50, 55, 56, 118, 212, 213, 254, 256, 287, 291, 305, 333, 335, 336, 337, 338
    escola 10, 17, 22, 23, 24, 27, 29, 52, 56, 57, 58, 64, 65, 66, 72, 73, 74, 81, 156, 176, 186, 226, 263
      nos Sex Pistols 55, 77, 80, 96, 152, 158, 164, 221, 260, 304
Coon, Caroline 80, 87, 99, 106, 107, 115, 153, 168, 195
Cooper, Mark 75, 140, 237, 243, 244
Corré, Joseph Ferdinand 22, 23, 30
Corré, Rose cf. Isaacs, Rose Corré 22, 23, 30
Costello, Elvis 127, 225
Coventry 186, 187, 190, 219
Cox, Alex 90, 304
Crystal Palace 319, 320, 321, 323, 324, 327
Czezowski, Andy 143, 144

D

Daalder, Rene 291, 294, 298
Dadomo, Giovanni 96, 194
Daily Express 122, 133, 167
Daily Mirror 122, 127, 131, 185, 190, 191
Dallas 236, 237, 238, 241, 242, 258
Damned, the 94, 97, 98, 100, 101, 102, 104, 106, 116, 123, 126, 127, 129, 132, 138, 141, 160, 266, 280, 322
Dead Boys, the 227, 271
Dean, James 20, 44, 132, 334
Denmark Street 61, 75, 76, 77, 78, 101, 110, 111, 115, 117, 152, 153, 159, 170, 209, 271, 292
Devoto, Howard (Howard Trafford) 87
Dickens, Rob 23, 268, 291, 304
"Did You No Wrong" 55, 77, 85, 208, 314
Diggle, Steve 90, 228, 332, 339, 345
Dior, Steve (Stephen Hershcowitz) 271, 276, 283, 345
D.O.A. (Dead on Arrival) 234, 339
Dr. Feelgood 85, 100
Dylan, Bob 25, 88, 103, 215

E

Ebert, Roger 291, 294, 295, 298
Eddie & the Hot Rods 80
Edwards, Emily (Eve) 22, 23, 24, 32, 42, 282
Edwards, John "Eddie" 22, 23, 24, 32, 42, 282
Electric Circus, Manchester 125, 126, 129, 136, 137, 141
"EMI" 150, 180, 208, 210, 212, 213
EMI Records 111, 112, 121, 123, 134, 135, 136, 139, 144, 147, 148, 149, 150, 335, 345
English, Steve 12, 84, 257, 258, 323, 324, 325, 345
Epstein, Brian 50, 183, 293, 332
Escandinávia 192, 294
Estocolmo 196, 239, 244, 314
Evening News 122, 135, 145, 146, 147
Evening Standard 19, 95, 107, 122, 135, 139, 147, 297

F

Faces, The 45, 59, 60, 61, 62, 65, 66, 67, 78, 328
Factory Records 92
Filthy Lucre, turnê 55, 150, 310, 317, 318, 319, 328, 338
Finlândia 216, 239, 310
Finsbury Park 11, 25, 72, 73, 128, 265, 282, 312, 313, 314, 319
Fisher, Stephen 105, 148, 163, 174, 181, 200, 210, 306
Flamin' Groovies 67
Fletcher, Grahan 145, 146, 147, 148, 150
"Flowers of Romance" 160
Forcade, Thomas Kimg 226, 227, 230, 232
Foster, Nora 241
Foxton, Bruce 254
Frampton, Peter 164, 173
Front Line 259, 260
Fruin, John 189
Fury, Billy 14, 21, 37, 42, 63, 78, 338, 339

G

Generation X 143, 227
Glitterbest 79, 105, 111, 136, 148, 149, 152, 153, 163, 171, 174, 181, 182, 186, 208, 215, 217, 220, 239, 250, 253, 255, 260, 293, 297, 304, 305, 306, 307
"God Save The Queen" 10, 55, 116, 153, 165, 168, 169, 171, 174, 180, 183, 184, 188, 189, 190, 192, 194, 196, 208, 211, 219, 234, 236, 261, 273, 302, 314, 321
Goldman, Vivien 167, 253, 259
Goodman, Dave 86, 96, 110, 113, 114, 115, 129, 130, 136, 137, 142, 149, 152, 163, 164, 209, 339
Graham, Bill 145, 150, 242, 244, 291
Greedy Bastards, The 281, 286
Green, Derek 42, 79, 95, 97, 100, 109, 113, 154, 159, 163, 164, 165, 166, 167, 169, 170, 171, 172, 173, 174, 179, 218, 267, 291, 318, 339
Green, Johnny 42, 79, 95, 97, 100, 109, 113, 154, 159, 163, 164, 165, 166, 167, 169, 170, 171, 172, 173, 174, 179, 218, 267, 291, 318, 339
Grey, John 47, 74, 75, 141, 159, 169, 172, 289
Gruen, Bob 111, 213, 229, 231, 238, 241, 252, 255
Grundy, Bill 72, 80, 118, 119, 120, 121, 122, 123, 126, 127, 132, 151

H

Haight, Ashbury 243, 246, 247, 251
Hakim, Jocelyn 34, 37
Hall, Eric "Monster" 79, 88, 90, 91, 116, 117, 118, 125, 126, 130, 136, 139, 141, 160, 167, 174, 192, 193, 195, 197, 218, 228, 229, 239, 243, 282, 323
Hammersmith Odeon/Apollo 62, 326
Handl, Irene 156, 302, 304
Harrigan, Brian 168
Harris, "Whispering" Bob 169, 172, 173, 174, 289, 342
Harvest 114, 136, 144
Harwood, Barbara 198, 220
Hasler, Shanne 86
Havoc, Steve cf. Severin, Steve 102, 106
Hayes, Stephen 56, 58, 59, 61, 112, 123, 183

Heartbreakers 116, 117, 126, 129, 132, 138, 142, 143, 144, 161, 176, 193, 221, 253, 271
Hell, Richard (Richard Meyers) 69, 71, 77, 176, 196
Helsinque 239
Hill, Leslie 10, 23, 61, 104, 123, 124, 133, 136, 139, 147, 148, 157, 181, 214, 258, 303
Holanda 145, 147, 148, 150, 152, 199, 217, 218, 219
"Holidays In The Sun" 151, 207, 208, 212, 321
Holmstrom, John 227, 232, 252, 270

I

Idol, Billy (Billy Broad) 80, 102, 106, 143, 267, 329
Ingham, John 86, 99, 107, 115, 153, 168, 195
Isaacs, Emily cf. Edwards, Emily 21, 22, 42
Isaacs, Mick 21, 22, 42
Isaacs, Rose Corré 21, 22, 42
Ivanhoe's (Huddersfield) 16, 220, 221
"I Wanna Be Me" 105, 115, 208, 316, 328

J

Jackson, Brian 32, 90, 192, 204, 324, 346
Jamaica 143, 232, 252, 259, 260, 262
James, Tony 20, 21, 44, 77, 102, 103, 109, 120, 132, 143, 153, 196, 215, 263, 280, 282, 332
Jam, The 110, 184, 207, 254, 312, 343
Japão, Simon 8, 310, 318, 334
Jeanette 154
Jeffes 256, 335, 337
Jetters, James 263
Johansen, David 47
Johnston, Rory 226, 231, 291
Jones, Alan 12, 51, 52, 53, 55, 56, 57, 70, 76, 77, 86, 90, 96, 139, 154, 158, 179, 186, 189, 195, 204, 254, 261, 272, 279, 310, 323, 332, 335, 336, 337, 338, 339, 345, 346
Jones, Mick 12, 51, 52, 53, 55, 56, 57, 70, 76, 77, 86, 90, 96, 139, 154, 158, 179, 186, 189, 195, 204, 254, 261, 272, 279, 310, 323, 332, 335, 336, 337, 338, 339, 345, 346

Jones, Steve
  infância 56, 58, 64, 78, 178, 312
    escola 10, 17, 22, 23, 24, 27, 29, 52, 56, 57, 58, 64, 65, 66, 72, 73, 74, 81, 156, 176, 186, 226, 263
      crimes 57, 227, 262

K

Kane, Arthur "Killer" 271, 276
Kaplan, Jonathan 298, 299, 300
Keller, Helen "Killer" 237, 243, 257, 266
Kelly, Ben 176, 188, 230
Kent, Nick 57, 67, 81, 95, 97, 105, 115, 153, 167
Kingsley, prof. James 215
Kiss 45, 47, 195, 237, 338
Kodick, Peter 166, 283, 345
Kowalski, Lech 226, 227, 230, 234, 251
Krevine, John 177

L

Let It Rock 39, 40, 41, 42, 43, 44, 45, 60, 65, 293
Letts, Don 259, 340, 342, 343, 345
Levene, Keith 102, 104, 161, 279, 289, 331
Levi, Martin cf. Edwards, Martin 20, 22, 23
Lewis, Alan 75, 115
"Liar" 210, 212
Logan, Andrew 81, 82, 302
London SS 77, 161
Lott, Tim 263
Lucas, Sue cf. Catwoman, Soo 43, 94
Lydon, John cf. Rotten, Johnny 20, 64, 69, 71, 72, 73, 78, 84, 104, 120, 150, 158, 159, 161, 188, 209, 279, 288, 305, 312, 317, 323, 324, 328, 331, 332, 339, 341

M

Mackin, Jimmy 56, 59, 61
MacKinnon, Angus 289

Manchester 27, 79, 83, 85, 87, 88, 89, 90, 91, 92, 96, 104, 111, 112, 113, 114, 122, 123, 125, 126, 127, 129, 133, 136, 137, 138, 139, 141, 144, 149, 150, 165, 176, 243, 245, 282, 291, 309, 323
Man Raze 328
Marquee Club 80
Matlock, Glen 12, 15, 52, 63, 64, 148, 214, 221, 254, 266, 310, 332, 333, 335, 336, 337, 338, 339, 341, 345
Matrixbest 293, 305, 307
Max's Kansas City 270, 273, 274, 277
McNeil, Eddie "Legs" 121, 227, 342
McNeish, Pete cf. Shelley, Pete 83
Mellor, John "Woody" cf. Joe Strummer 85
Melody Maker 46, 77, 80, 87, 96, 115, 168, 183, 207, 212, 280
Memphis 196, 227, 228, 229, 230, 231, 232, 233, 235, 236, 242
Mendelson, Bradley 17, 18, 20, 21, 40, 55
Mendelssohn, Vera 278
Merberg, James "Jimmy" 282, 283
Meyer, Russ 7, 192, 193, 263, 291, 292, 293, 294, 295, 296, 297, 298, 300
Millar, Chris cf. Scabies, Rat 107
Millington, Mary 170, 303, 343
Mininberg, Helen cf. Wellington-Lloyd, Helen 34, 40
Mobbs, Nick 97, 110, 111, 114, 149
Mojo 311, 318
Monk, Noel 226, 229, 230, 231, 232, 238, 239, 243, 342
Morris, Dennis 5, 98, 194, 236, 259, 279, 331, 342, 345
Morrissey, Stephen 91, 92
Morro, Michael cf. Redglare, Rockets 274
Mortimer, John QC 214, 215
Moss, Jerry 90, 152, 164, 174
Murcia, Billy 46, 47
Murray, Charles Shaar 96
Myers, Paul 286
"My Way" 255, 256, 257, 266, 267, 272, 274, 301, 322

N

Nashville Rooms 85
Nationwide 117, 277
NBC 170, 175
Needs, Kris 212

Never Mind The Bollocks Here's The Sex Pistols 151, 336
"New York" 84, 210, 212
New York Dolls 45, 47, 60, 67, 77, 84, 92, 232, 270, 271, 279
Nicholson, George 172
Nightingale, Warwick "Wally" 35, 39, 42, 43, 50, 55, 79, 289
NME (New Musical Express) 46, 67, 81, 82, 83, 96, 115, 132, 141, 144, 153, 180, 183, 184, 207, 212, 230, 235, 251, 288, 289
"No Feelings" 86, 92, 187, 210, 212
"No Fun" 84, 133, 212, 244, 321
"No Future" (cf. também "God Save The Queen") 130, 153, 190
Nolan, Jerry 47, 69, 89, 90, 126, 137, 175, 176, 193, 253, 271, 272, 283, 341
"No One Is Innocent" 255, 256, 262, 263
Norwich 50, 116, 125, 131
Nos Sex Pistols 55, 77, 80, 96, 152, 158, 164, 221, 260, 304
Notre Dame Hall 117, 167, 174, 218, 243

O

Old Grey Whistle Test 47, 169, 172, 289
O Lixo e a Fúria
  jornal 9, 32, 122, 133, 135, 144, 145, 146, 184, 190, 209, 212, 231, 234, 239, 249, 254, 276, 279, 313
    manchete 10, 81, 122, 131, 135, 145, 146, 185, 190, 207, 234, 249, 255, 310
Only, Jerry 12, 37, 77, 283, 341
Opatoshu, Danny 298, 299, 300, 301
O'Rourke, Cathi "Honi" 276
Outcastes 241, 243

P

Palácio de Buckingham 166, 171, 185, 299, 319
Paris 32, 34, 47, 97, 98, 101, 146, 210, 256, 257, 301, 307, 311, 332
Parnes, Larry 28, 37, 78, 127
Parry, Chris 95, 109, 110, 164
Parsons, Tony 132, 133, 151, 204, 345
Peel, John 122, 143, 184
Philistines, The 317, 328

Phonogram 46, 286
Pink Fairies 45, 98, 101
Polk, Eileen 283
Polydor Records 109
"Pretty Vacant" 15, 77, 92, 113, 144, 151, 188, 192, 193, 210, 212, 217, 224, 266, 281, 294, 302, 321, 323, 324, 326
Price, Bill 102, 191, 204, 210, 212
"Problems" 86, 92, 210, 212
Professionals, The 75, 286, 287, 288
"Public Image" 240
Punk (revista) 79, 87, 97, 99, 107, 128, 131, 138, 145, 160, 195, 209, 227, 232, 243, 255, 259, 262, 322, 332, 338, 342, 343, 344
Pyro, Howie 283

Q

Queen 10, 16, 55, 56, 57, 100, 116, 117, 130, 153, 165, 168, 169, 171, 174, 180, 183, 184, 185, 187, 188, 189, 190, 192, 194, 196, 208, 211, 219, 234, 236, 243, 261, 273, 295, 302, 304, 314, 320, 321, 335, 336, 337, 338, 339

R

Ramones, The 68, 69, 90, 94, 126, 161, 175, 227, 232, 243, 270
Read, sir John 112, 134, 135, 146, 147, 149, 181
Record Mirror 133, 183, 218, 229, 243, 244, 246, 253, 254, 263, 264
Redglare, Rockets (Michael Morro) 274, 276, 278, 285
Regehr, Bob 225, 230, 239, 260, 262, 263, 264
Regent Palace Hotel, coletiva de imprensa 166
Reid, Jamie 31, 95, 96, 100, 101, 114, 115, 138, 171, 178, 184, 189, 191, 207, 208, 262, 292, 304
"Religion" 240
Rhodes, Bernie 52, 279
Rich Kids, The 150, 152, 214, 221, 268, 331, 332
Richmond, Sophie 60, 101, 153, 188, 262, 293
Rio de Janeiro 58, 244, 254, 261, 300, 318
Ritchie, Anne Jeanette cf. Beverley, Anne 21, 154, 155, 156, 166, 194, 269
Ritchie, John George 21, 154, 155, 156, 166, 194, 269

Ritchie, Simon John cf. Vicious, Sid 21, 154, 155, 156, 166, 194, 269
Riviera, Jake 100, 101, 106
Roadent cf. Connolly, Steve "Roadent" 12, 125, 142, 186, 187, 188, 194, 195, 197, 201, 217, 218, 239, 250, 257, 267, 293, 297, 323, 332, 334, 345
Roberge, Philip 172, 173
Robinson, Dave 100, 101, 120, 149, 276
Robison, Michelle 283
Rolling Stone (revista) 212, 213
Romera, Palma "Palmolive" 160
Rondor Music 163
Rooke, Pamela cf. Jordan 49
Ross, David 305, 345
Roterdã 144
Rotten, Johnny (John Joseph Lydon) 13, 15, 69, 72, 78, 79, 81, 85, 90, 97, 103, 132, 146, 151, 152, 170, 212, 218, 220, 227, 249, 251, 253, 254, 255, 257, 260, 262, 280, 281, 288, 299, 301, 310, 335, 336, 337, 338, 341
Russell, Rosalind 35, 44, 218

S

San Antonio 231, 232, 233, 234, 235, 236, 237, 238
São Francisco 224, 244
"Satellite" 86, 208, 212, 328
Saturday Night Live 225
Savage, Jon 22, 31, 47, 49, 50, 72, 74, 176, 180, 200, 209, 213, 245, 341
Scabies, Rat (Chris Millar) 107, 266, 280
Scott, Robin 31, 34, 60, 156, 281
Screen On The Green 79, 95, 97, 100, 113, 179, 218, 291
Searle, Christopher 214
Seditionaries 177, 178, 180, 187, 217, 240, 281, 293, 295, 302
"Seventeen" 77, 210, 212, 324
Severin, Steve (Steven Bailey, Steve Havoc) 80, 102, 106, 121
SEX 39, 48, 49, 50, 51, 53, 62, 71, 72, 74, 79, 80, 81, 82, 83, 90, 99, 102, 109, 117, 119, 132, 135, 145, 148, 152, 178, 179, 293, 314
Sex Pistols Experience, The 187, 304, 331
Shelley, Pete (Pete McNeish) 87, 92
"Silly Thing" 68, 281, 287, 302

Silverton, Pete 137, 138, 281, 341
Sioux, Siouxsie ("Candy" Sue Ballion, Susie) 80
Slinky Vagabond 328
Slits, The 158, 160, 180
"Sod In Heaven" 240, 241
So It Goes 15, 92, 100, 180, 291
"Something Else" 257, 266
Sounds 10, 86, 96, 115, 137, 167, 172, 184, 194, 207, 209, 213, 253, 281, 288, 340, 341
Southall, Brian 82, 139, 147, 342
Speakeasy, The 255, 289
Spedding, Chris 92, 97, 102, 113
Speight, Johnny 291, 292
Spencer, Neil 81, 82, 83
SPOTS, turnê 196, 197, 218
Spungen, Deborah 175, 176, 216, 277
Spungen, Frank 175, 176, 216, 277
Spungen, Nancy 175, 176, 216, 277
Spunk 209, 210, 211
Stevens, Joe 87, 230, 238, 250, 251, 324
Stevens, John "Rambo" 87, 230, 238, 250, 251, 324
Stevenson, Nils 81, 90, 99, 101, 127, 128, 138, 260, 293, 332, 342, 345
Stevenson, Ray 81, 90, 99, 101, 127, 128, 138, 260, 293, 332, 342, 345
Stiff Little Fingers 313, 316, 340, 342
Stiff Records 100, 304
Stinky Toys, The 102, 106
Strand 61, 67
Strummer, Joe (John "Woody" Mellor) 85, 137, 160, 179, 186, 243, 272, 286
"Submission" 84, 207, 209, 210, 212
Suburban Press 32, 101, 114
Suécia 195, 201, 216, 239, 314
Sunday Mirror, The 190
Sun The 122, 151, 207, 208, 212, 216, 230, 249, 254, 255, 294, 321, 335, 336, 337, 338
Sutch, Screanin'Lord 84, 85
Swankers, The 52, 61
Swire, Gordon 26, 28

Swire, Vivienne Isabelle cf. Westwood, Vivienne Isabelle 26, 28
Sylvain, Sylvain 45, 69, 70, 84, 236

T

Temple, Julien 55, 184, 185, 221, 257, 300, 301, 302, 303, 339, 340
Thin Lizzy 64, 66, 251, 281, 286
Thomas, Chris 31, 58, 80, 113, 114, 115, 117, 136, 168, 191, 207, 209, 210, 211, 212, 215, 225, 226, 256, 269, 298, 299, 345
Thomas, Jeremy 31, 58, 80, 113, 114, 115, 117, 136, 168, 191, 207, 209, 210, 211, 212, 215, 225, 226, 256, 269, 298, 299, 345
Thomas, Simone 31, 58, 80, 113, 114, 115, 117, 136, 168, 191, 207, 209, 210, 211, 212, 215, 225, 226, 256, 269, 298, 299, 345
Thorne, Mike 97, 110, 113, 133, 145, 150
Thunders, Johnny 45, 69, 77, 84, 126, 132, 137, 146, 175, 193, 253, 255, 270, 272, 279, 339
Tiberi, John "Boogie" 12, 178, 179, 332, 339, 345
Today 15, 66, 116, 117, 118, 120, 121, 123, 127, 128, 129, 132, 134, 139, 146, 147, 151, 167, 180, 181, 253, 282, 292, 313
Too Fast To Live Too Young To Die 60
Top Of The Pops 15, 42, 60, 192, 193, 194, 210, 256, 286
Trafford, Howard cf. Devoto, Howard 27, 83, 91
Tudor-Pole, Eddie "Tenpole" 303

U

Ure, Jim "Midge" 72, 150, 332

V

Vanian, Dave 106
Varnom, John 181, 185, 193
Vermorel, Fred 25, 26, 28, 33, 34, 36, 56, 57, 58, 123, 249, 254, 342
Vibrators, The 102, 107, 282
Vicious, Sid (Simon John Ritchie, John Beverley, Spiky John) 9, 15, 21, 67, 102, 153, 154, 156, 159, 165, 168, 213, 218, 254, 258, 266, 268, 273, 274, 305, 335, 336, 337, 338, 340, 341, 344, 345
Vicious White Kids, The 266, 268
Virgin Records 46, 181, 183, 192, 249, 274, 335, 336, 337, 338

W

Wakeman, Rick 168, 169, 173
Walker, Jim 280, 282
Wardle, John cf. Wobble, Jah 74, 159
Warner Bros 46, 163, 164, 225, 226, 227, 230, 231, 239, 244, 250, 260, 264, 268, 289, 300
Watts, Paul 84, 85, 93, 121, 130, 134, 136
Watts, Ron 84, 85, 93, 121, 130, 134, 136
WEA Records 189
Webster, Neon Leon 276
Westwood, Benjamin Arthur 17, 18, 28, 36, 178, 201, 236, 332, 342
Westwood, Derek 17, 18, 28, 36, 178, 201, 236, 332, 342
Westwood, Vivienne Isabelle (Vivienne Isabelle Swire) 17, 18, 28, 36, 178, 201, 236, 332, 342
Who Killed "Bambí?" 9, 11, 158, 238, 265, 267, 276, 285, 295, 296, 301, 304, 334, 336, 337, 340, 343
Wilson, Tony 15, 80, 92, 256
Wobble, Jan (John Wardle) 74, 159, 171, 172, 188, 265, 280, 289, 331, 341

Z

Zermati, Marc 97, 99
Zigzag 212